현대 영미 철학에서 **헤겔로의
귀환**

현대 영미 철학에서 **헤겔로의 귀환**

초판 1쇄 인쇄 2022년 4월 18일
초판 1쇄 발행 2022년 4월 25일

–

엮은이 강순전
펴낸이 이방원
편 집 정조연·김명희·안효희·정우경·송원빈·박은창
디자인 박혜옥·손경화·양혜진 **마케팅** 최성수·김 준·조성규

–

펴낸곳 세창출판사
 신고번호 제1990–000013호 **주소** 03736 서울특별시 서대문구 경기대로 58 경기빌딩 602호
 전화 02–723–8660 **팩스** 02–720–4579 **이메일** edit@sechangpub.co.kr **홈페이지** http://www.sechangpub.co.kr
 블로그 blog.naver.com/scpc1992 **페이스북** fb.me/Sechangofficial **인스타그램** @sechang_official

–

ISBN 979–11–6684–104–0 93160

이 책은 2018년도 정부 재원(교육부)으로 한국연구재단의 지원을 받아 발간되었음.

현대 영미 철학에서 **헤겔로의 귀환**

강순전 편집

세창출판사

분석철학의 창시자 중 한 사람으로 간주되는 러셀의 철학적 수련은 칸트와 헤겔의 철학에서 시작되었다. 그는 케임브리지에서 4년 동안 헤겔을 집중적으로 공부했다. 러셀은 헤겔 철학을 떠났을 때, 마치 더운 찜질방에 있다가 시원한 바람이 부는 벌판으로 도망쳐 나온 느낌이었다고 말했다. 난해한 용어로 가득 찬 헤겔의 철학과 씨름하던 러셀에게 헤겔 철학은 비트겐슈타인의 표현대로 병 속에 갇혀 출구를 못 찾고 헤매는 파리와 같은 것으로 간주되었음에 틀림없다. 헤겔 철학에 대한 러셀의 반발로부터 시작된 영미 철학은 헤겔 철학의 무덤이라고 할 수 있다. 하지만 최근에 아이러니하게도 그 무덤에서 헤겔의 정신이 아름다운 꽃으로 피어나고 있다.

실로 헤겔 철학은 영미권 철학에서 오랫동안 거부되었거나 겨우 주변부에서만 다루어져 왔다. 하지만 최근에는 매우 놀랍지만 분명하게 감지되는 **헤겔로의 귀환**이라는 경향이 관찰되고 있다. 영미 철학에서 헤겔은 이제 헤겔 연구자들조차 놀랄 정도로 다시 활발한 논의의 중심에 서 있다. 폴 레딩의 책『분석철학과 헤겔적 사유의 귀환*Analytic Philosophy and the Return of Hegelian Thought*』은 이러한 상황을 분명하게 표현해 주고 있다.

그는 이 책에서 "헤겔은 영미 철학에서 분석철학 이전의 전통에 속하는 가장 나쁜 사례로 간주되어 왔지만, 최근에 맥다월과 브랜덤은 헤겔을 20세기 후반의 영미 철학이 봉착한 이론적 핵심 난제를 해결하는 대표적 인물로서 그리고 있다. 이것은 20세기 초반의 분석철학적 전통에서는 전혀 생각할 수 없던 광경이다"라고 강조하고 있다.

분석철학의 헤겔로의 귀환을 계기로 현대 영미 철학과 대륙 철학 사이의, 그리고 자연주의적 철학과 관념론적 전통 사이의 오랜 냉전 기간이 지나고, 진기하고 놀랄 만한 담론이 생겨나서 활기를 띠고 있다. 이제 막 시작된 활발한 담론들은 헤겔 연구자들과 분석철학자들을 연결하는 다리를 놓고 그들 사이의 교류를 가능하게 할 뿐만 아니라, 대륙 철학과 분석철학 사이에서 벌어지는 일반적 논쟁에 중요하고도 미래 지향적인 해결책을 제시함으로써, 철학사적으로 매우 의미 있는 국면을 형성할 것이다. 이 새로운 세계적 연구의 흐름에 참여하기 위해, 한국헤겔학회는 2018년 국제학술대회를 개최하여 현대 영미 철학에서 이루어지고 있는 **헤겔로의 전회**라는 배경하에서 헤겔 철학의 근본 단초들에 대한 해석을 둘러싸고 국제적으로 벌어지고 있는 풍부하고도 생산적인 논쟁을 탐구하였다.

당시의 국제학술대회는 맥다월과 브랜덤의 헤겔 해석을 둘러싼 논쟁에 비판적 관여를 통해 영향력을 발휘한 영국의 대표적 헤겔 학자인 워릭대학 스티븐 홀게이트 교수와, 헤겔 형이상학에 관해 국제적으로 진행되는 논쟁과 관련하여 독일 측에서 자신의 고유한 입장을 표명하고 있는 독일의 대표적 칸트·헤겔 학자인 하이델베르크대학 안톤 프리드리히 코흐 교수를 초빙하고, 한국에 재직 중인 헤겔 전공 독일인 교수들과 한국인 헤겔 학자들이 함께 어우러져, 현대 영미 철학에서 진행되는 헤겔 철학에 대해 한국 땅에서 국제적 수준의 연구를 도모하였다. 당시의 학술대회에서 발표되었던 발표문에 기존에 연구된 몇 편의 논문들을 보충하여 출간되는 이 책은 현대 영미 철학에서의 헤겔 담론을 두 가지 방향에서 제시한다.

첫째는 헤겔 철학 자체에 대한 해석보다는 헤겔 철학의 단초와 관련된 논쟁들, 말하자면 분석철학에서 지배적이었던 반헤겔주의라는 주요 흐름 속에 원천을 두면서도 인식론적이고 경험론적인 실재론의 맥락에서 여러 '헤겔적 사유들'의 현재성을 부각하는 담론들이다. 이와 관련해서 미국 피츠버그대학의 로버트 브랜덤과 존 맥다월은 현재 분석철학의 가장 영향력 있는 철학자들로서 현대 영미 철학에서 헤겔 르네상스의 주역으로 활약하고 있다. 이들은 헤겔적 사유를 현대 영미 철학의 문제를 해결할 인식론적 근본 입장을 위해 영향력을 발휘할 수 있는 시의 적절한 이론으로 부활시킨다. 하지만 이 방향의 연구들은 헤겔의 철학적 단초 전체나 헤겔 철학의 체계 자체에 대한 연구, 또는 논쟁을 의도하지는 않는다. 이와 같은 방식의 헤겔로의 귀환은 헤겔을 현대 철학의 여러 문제들에 놀라운 통찰력을 제공해 주는 '현명한 조언자'로 간주한다.

둘째로는 헤겔 철학 자체에 대한 객관적 해석을 위해 **하나의 새로운 패러다임**을 부각시키고 있는 영미권의 담론들이다. 헤겔 철학은 이러한 새 패러다임에 따라 "전통과 무관한", "**비형이상학적**", 또는 "자연주의적" 철학으로 해석되고 있다. 이러한 논의는 전체 헤겔 철학 속에서 헤겔의 입장을 **정확히 이해**하는 것과, 특히 헤겔 철학을 현재화할 수 있는 가능성들을 새로이 재구성하는 것을 우선적인 과제로 삼는다. 새로운 패러다임은 헤겔 철학의 현재화를 가능하도록 하기 위해, "전통적"이고 "위조된" 헤겔 이해로부터 하나의 새로운, 덜 형이상학적이고, 더 **자연주의적인** 관점으로 이행하는 근본적인 패러다임 전환을 시도한다. 이러한 새로운 패러다임은 헤겔을 형이상학자로, 정신일원론자로, 초월론적 사유의 반자연주의자로 간주하는 전통적인 해석으로부터 거리를 두고자 한다. 헤겔에 대한 이러한 전통적 해석은 러셀과 무어에 의해 희화화되었고, 찰스 테일러 역시 이러한 해석을 보다 진지하게 헤겔의 근본 입장으로서 간주하고 있지만 더 이상 시류에 적합하지는 않은 것으로서 거부한다. 전통적 해석에 반대해서 제기되는 새로운 헤겔 해석은 헤겔 논리학을 포스트 칸트적, **비형이상학적 범주론**으로 간주하는 클라우스 하르트만의 비형이상학적 헤겔 해석에 기초한다. 이러한 입장은 헤겔이 칸트와 함께 전통적인 **독단적 형이상학**을 **거부**하고 있다는 점을 강조한다. 이와 같이 헤겔을 형이상학자로서 해석하려는 시도를 거부함으로써 헤겔은 무엇보다 시대에 걸맞은 자연주의적 철학자로 더 많이 이해되었다.

하지만 최근에는 헤겔에 대한 이러한 독해에 관해 반박이 제기되고 있다. 특히 프레더릭 바이저, 로버트 스턴, 제임스 크라인스와 서배스천 가드너와 같은 헤겔 학자들은 헤겔의 형이상학적 주제들에 대한 이해 없이는 헤겔 철학에 대한 충분한 해석과 재구성이 불가능하며, 헤겔을 현재화하는 작업도 사실상 불가능하다고 주장한다. 크리스토프 할비히도 마찬가지로, 헤겔에 대한 개별적 통찰들을 재고찰하려는 브랜덤과 맥다월의 담론들도 헤겔적 통찰들의 형이상학적 근거들을 살피지 않으면 존재론에 관한 인식론적 논쟁 속에서 제대로 수행될 수 없다고 주장한다. 크라인스에 따르면 헤겔은 사실상 **형이상학자**로서 간주되어야 하는데, 비형이상학적 해석은 헤겔의 이러한 근본 입장을 놓치고 있다. 하지만 이러한 해석도 헤겔이 논리 경험주의자나 많은 분석철학자들과 마찬가지로 "논증적이고 반성적인 사유의 **피안**"을 인정하지 않았다는 비형이상학적 해석의 주장에 동조하면서, 미래의 헤겔 해석과 헤겔 철학의 현재화를 위한 핵심적 관점을 드러내고자 노력하고 있다.

폭넓고 다각적으로 진행되고 있는 현대 영미 철학에서의 헤겔적 전회는 이상의 두 가지 방향에서 체계적으로 다루어질 필요가 있다. 이 책은 맥다월과 브랜덤에 의한 **분석철학에서의 새로운 헤겔 수용뿐만 아니라, 현재의 분석철학적 문제들을 배경으로 시도되는 헤겔의 형이상학에 대한 현재적 해석**에 관한 논쟁도 포함한다. 두 가지로 세분화될 수 있는 이 책의 주제는 다음과 같은 두 가지 물음으로 요약될 수 있다. 오늘날 분석철학은 헤겔에게서 무엇을 배울 수 있는가? 헤겔이 초기 분석철학계에서 거의 완전히 배척당한 이후에 분석철학에서 발흥하는 헤겔에 대한 새로운 관심은 어디에 근거하는가? 이러한 물음을 통해, 이 책은 현대 영미 철학에서 진행되는 헤겔로의 전회라는 배경하에서 헤겔 철학과 관련하여 벌어지는 풍부하고 생산적인 논쟁을 탐구한다.

이 책은 한국헤겔학회의 학회지 『헤겔연구』의 첫 번째 별책으로 기획되었다. 2018년 국제학술대회의 결과물이 『헤겔연구』 제44호에 게재되었지만 외국인 참가자들의 논문은 모두 독일어로 게재되었다. 이제 독일어 발표문을 번역하고 기존의 연구 성과들을 보충하여 단행본으로 출간함으로써 분석철학에서 헤겔로의 귀환이라는 주제에 대한 보다 체계적인 연구 성과를 많은 독자들과 공유하고자 한다.

제1장 "현대 영미 분석철학의 헤겔주의적 전회: 왜 칸트가 아니라 헤겔인가?"는 학술대회 때 발표되지는 않았지만, 이미 2008년 『헤겔연구』 제23호에 게재되어 이 책의 주제와 관련된 영미 철학에서의 헤겔로의 복귀에 대한 경향을 처음으로 본격적으로 소개한 글이다. 이 글은 칸트의 이원론이 갖는 물자체와 주관주의의 문제가 현대 영미 철학에서 실재론과 정합론의 문제로 반복되고 있으며, 헤겔이 칸트의 문제에 답한 방식에 힌트를 얻어 셀라스, 맥다월, 브랜덤이 영미 철학의 오랜 갈등인 실재론과 반실재론 사이의 갈등을 해소한다는 사실을 소개한다. 헤겔 학자들에게는 다소 낯선 관점이지만 현대 영미 분석철학의 헤겔 해석의 특징을 알 수 있는 의미 있는 작업이라고 생각된다.

제2장 "분석철학과 헤겔 연구의 분기점으로서 무어와 러셀에 의한 '관념론 논박'"은 분석철학의 창시자들로 알려진 무어와 러셀이 주관적 관념론과 심리주의를 비판하면서 플라톤적 관념 실재론으로 시작하여 자신들의 입장을 스스로 비판하고 감각 소여를 실재로 간주하는 토대론으로 이행하는 과정을 설명한다. 이 글은 러셀과 무어가 자신들의 초기 입장인 플라톤적인 실재론과 함께 헤겔의 객관적 관념론을 포함한 형이상학을 비판하지만, 그들이 생각한 관념 실재론은 본질적인 보편 개념과 허구로서의 보편 개념을 구별하지 못하는 무구별적 플라톤주의로서, 그들은 잘못 이해된 헤겔을 비판하고 있다는 사실을 밝히고 있다. 이로

써 러셀과 무어가 비판한 헤겔이 허수아비 헤겔임이 드러난다.

　　제3장 "감각 소여의 신화와 헤겔적 전회"는 학술대회 때 발표된 글을 수정·보완하여 2020년『헤겔연구』제47호에 게재하였던 글이다. 이 글은 감각 소여를 실재로 간주하는 토대론에 대한 셀라스의 비판을 상세히 소개한다. 이를 통하여 셀라스가 이러한 소여의 신화에 대한 비판을 통해 영미 철학이 헤겔로 귀환하는 계기를 어떻게 마련하고 있는지를 보여 준다.

　　제4장 "칸트의 직관-개념 관계 문제에 대한 헤겔적 해결로서 맥다월의 철학"은 학술대회에서 발표되지 않았지만 2016년『철학』제128집에 게재되었던 "헤겔주의의 변형: 칸트 철학에 대한 맥다월의 헤겔적 해석"을 수정·보완한 글이다. 학술대회에서는 "헤겔에 있어서 개념의 절대성과 맥다월의 개념의 무한성 테제"가 발표되었으나 주제가 다소 특수하고, 이 책의 구성상 현대 영미 철학자 중에서 헤겔과 가장 유사하다고 인정되는 맥다월 사상의 전반적인 내용을 보다 상세하게 소개하는 글이 필요하여 이 글을 대신 싣게 되었다.

　　제5장 "독일 고전 철학과 현대 영미 철학에서 개념과 언어: 개념주의-비개념주의 논쟁을 중심으로"는 이 책에 처음 실리는 글로서, 현대 영미 철학에서 칸트의 직관과 개념의 결합 문제에 대해 헤겔주의자들이 헤겔과 함께 제시하는 개념주의적 해석과 그에 반대하는 비개념주의자들의 주장들을 소개하면서, 칸트와, 특히 헤겔이 생각하는 개념이 논쟁에서 영미 철학자들이 생각하는 개념과 어떻게 다른지를 해명한다.

　　제6장과 제7장의 "헤겔 '논리학'에 대한 해석의 다양성과 그 문제

들 I, II"는 헤겔 논리학 연구에서 제시되는 다양한 해석들을 소개한다. I은 학술대회 때 발표되지는 않았지만 헤겔 논리학 해석들을 보다 체계적으로 소개하기 위해 2012년『헤겔연구』제31호에 게재되었던「헤겔 '논리학'의 현재성」을 수정·보완하여 여기에 포함시킨 것이다. 이 글들은 독일 학자들의 논리학에 대한 해석뿐만 아니라 특히 영미권에서 제시된 비형이상학적 논리학 해석과 이에 대해 최근에 대두되는 다양한 형이상학적 헤겔 해석들을 다룬다.

제8장 "규범적 존재론으로서 헤겔 논리학: 형이상학적 독해의 관점들"은 논리학을 형이상학으로 독해하기 위해 우선 형이상학의 일반적 이해를 위한 유형학적 구분을 제안하고 이에 따라 논리학 전체의 내용을 개괄한다. 이를 통해 형이상학의 다양한 양상들 사이의 개념적 연관이 해명되면서 논리학의 형이상학적 특징을 규범성과 매체성에서 찾는다.

제9장 "헤겔 철학에서 존재와 사유"는 헤겔의 개념의 개념, 부정 이론 같은 논리학의 주요 내용들을 다루며, 논리학에서 실재철학으로의 이행을 통해 나타난 개념과 감성적 직관의 관계를 칸트의 경우와 비교하여 소개한다. 이 글은 함축적인 서술을 통해 헤겔 논리학에 대한 깊이 있는 이해를 제시하고 있지만, 칸트와 대조되는 헤겔의 관점을 칸트주의자인 저자의 입장에서 비판적으로 평가하고 있다.

제10장 "헤겔 논리학에서 사유와 존재: 헤겔, 칸트 그리고 피핀에 대하여"는 논리학의 시작이 갖는 무전제성에서 기인하는 사유와 존재의 동일성을 치밀하게 분석하면서, 논리학을 '존재에 대한 사유'로서 해석하는 피핀에 반해 '존재로서의 사유'로 해석한다. 이로써 '존재에 대한 사유'

로 환원될 수 없는 논리학의 존재론적 성격을 규명함으로써, 논리학을 피핀의 비형이상학적 해석과 달리 형이상학으로 해석해야 한다고 주장한다.

이 책은 한국헤겔학회 창립 30주년 발전 기금과 국제학술대회 기부금에 힘입어 기획된 국제학술대회의 성과에 기초하기 때문에, 이 자리를 빌려 당시 기부자들께 다시 한번 감사의 말씀을 전하면서 이 책의 끝에 명단을 첨부함으로써 그분들의 뜻을 길이 보전하고자 한다. 멀리 한국까지 와서 발표를 해 주시고 자상하고 친절한 토론으로 한국 학자들과 교류해 주신 코흐 교수님과 홀게이트 교수님께 감사드리며, 학술대회에서 발표해 주시거나 번역과 통역을 위해 수고해 주시고 자신의 글을 수록하도록 허락해 주신 이 책의 저자 및 역자분들께 감사드린다. 그 밖에 학술대회의 전반적인 기획에 도움을 주신 계명대학교의 크리스티안 슈판 교수님, 항상 곁에서 조언을 통해 많은 도움을 주신 명지대학교의 랄프 보이탄 교수님, 원고를 처음부터 끝까지 검토해 준 한국헤겔학회 편집간사 윤휘종 군, 이 책이 나오기까지 세세한 모든 부분을 살펴 주시고 작업해 주신 세창출판사의 김명희 이사님과 편집자 정조연 씨의 노고에 감사드린다. 마지막으로 이 책의 학술적 의미를 인정하여 기꺼이 출판에 응해 주신 이방원 사장님께 깊이 감사드린다.

편집자 강순전

차례

현대 영미 철학에서
헤겔로의 귀환

제1장

현대 영미 분석철학의 헤겔주의적 전회
왜 칸트가 아니라 헤겔인가?

이병덕

1.

현대 영미 분석철학이 관념론에 대한 반동으로 태동했다는 것은 잘 알려진 사실이다. 영미 분석철학 태동기에 관념론에 대항하여 실재론을 주장한 대표적 철학자는 러셀$^{B.\ Russell}$과 무어$^{G.\ E.\ Moore}$이다. 특히 이들이 반대한 것은 '오직 마음들과 심적 사건들만이 존재한다'는 버클리$^{G.\ Berkeley}$식의 주관적 관념론이다. 이에 반대하여, 이들은 마음과 독립적인 다수의 외부 대상들이 존재한다는 실재론과 이런 대상들에 대한 지식을 직접적 경험을 통해 알 수 있다는 강한 경험론을 옹호했다. 특히 러셀의 '논리적 원자주의$^{logical\ atomism}$'에 의하면, 세계는 각각 독립적인 원자 사실들의 집합이고, 각각의 원자 사실은 다른 원자 사실들과 독립적으로 파

악될 수 있다. 이와 같은 원자주의는 헤겔의 절대적 관념론을 포함한 모든 종류의 관념론을 부정한다.[1]

2.

칸트의 '코페르니쿠스적 전회'의 핵심은 '모든 주체의 인식적 태도와 독립적인 진리는 불가능하다'는 일종의 관점주의perspectivism이다.[2] 이 견해에 따르면, 진리는 명제적인 것이고, 명제는 개념적인 것이다. 그리고 개념은 개념 체계에 의존하는 것이다. 따라서 어떠한 개념 체계와도 독립적인 진리는 있을 수 없다. 또한 인식 주체의 관점과 독립적인 물자체에 대한 지식은 불가능하다. 그렇다면 대상을 인식할 수 있는 조건은

[1] 헤겔은 자신의 입장을 칸트의 초월적 관념론과 구별하기 위해 '절대적 관념론(absolute idealism)'이라고 부른다(G. W. F. Hegel, *The Encyclopaedia Logic*, trans. by T. F. Geraets, W. A. Suchting, & H. S. Harris, Indianapolis: Hackett Publishing Company, 1991, 89쪽, 45절). 관념론에 반대하는 러셀과 무어의 견해를 위해서는 B. Russell, *The Problems of Philosophy*, Oxford: Oxford University Press, 1911; B. Russell, *Our Knowledge of the External World*, La Salle, Ill.: Open Court Publishing Company, 1914; G. E. Moore, "Proof of an External World", in: G. E. Moore, *Philosophical Papers*. London: Allen & Unwin, 1959를 참조할 것. 그리고 초기 분석철학자들이 관념론을 어떻게 이해했으며, 또한 어떤 이유에서 반대했는지에 대한 자세한 논의를 위해서는 T. Rockmore, *Hegel, Idealism, and Analytic Philosophy*, New Haven: Yale University Press, 2005, Chapter 1을 참조할 것.

[2] '관점주의'는 주로 니체의 인식론적 입장과 관련하여 사용된다. 니체에 의하면, 진리는 단지 특정 관점의 진리로서만 존재하고, 따라서 특정 관점을 초월한 객관적 진리는 존재하지 않는다. 따라서 니체적 의미에서의 관점주의는 상대주의를 함축한다. 필자는 이 논문에서 '관점주의'를 이와 같은 강한 의미로 사용하지 않고, 단지 '모든 주체의 인식적 태도와 독립적인 진리는 불가능하다'는 약한 의미로 사용한다. 그리고 이런 의미의 관점주의는 적어도 반실재론자라면 옹호해야 하는 입장이다.

제1부 현대 영미 철학에서 헤겔로의 귀환

무엇인가? 칸트의 대답은 "내용 없는 사유는 공허하고, 개념 없는 직관은 맹목적이다"[3]라는 유명한 명제로 요약된다. 마음이 외부 세계에 대한 정보를 얻기 위해서는 외부 세계로부터 어떤 내용이 전달돼야 한다. 칸트에 의하면, 이렇게 외부 세계로부터 마음에 전달된 내용이 '감각 인상'[4]이다. 그리고 감각 인상을 받아들이는 것은 마음의 수동적 측면인 감성 sensibility이다. 그런데 감각 인상 자체는 아직 개념적으로 분류된 것이 아니기 때문에 맹목적이고, 따라서 세계에 대한 인식을 우리에게 제공할 수 없다. 즉 아직 개념화되지 않은 감각 인상은 맹목적이다. 따라서 인식이 성립하기 위해서는 감각 인상에 대한 개념적 분류가 필요하다. 감각 인상을 개념적으로 분류하는 것이 바로 마음의 능동적 측면인 지성 understanding이다. 따라서 인식은 감성과 지성의 종합synthesis을 통해서 가능하게 된다. 칸트는 이와 같은 이유에서 감성과 지성의 종합을 통해 인식할 수 있는 현상계와 그렇게 인식할 수 없는 본체계를 구분하고, 전자에 대해서는 경험적 실재론empirical realism을, 그리고 후자에 대해서는 초월적 관념론transcendental idealism을 주장한다. 그의 입장이 초월적 관념론인 이유는, 버클리의 입장과 마찬가지로, 경험적 대상은 그 존재esse가 표상됨 being represented에 있다고 보기 때문이다. 달리 말하면, 칸트는 시공간 속에 있는 것으로 직관되는 모든 것, 즉 모든 경험적 대상은 현상에 불과하며,

---

3   "Thoughts without contents are empty, intuitions without concepts are blind"(I. Kant, *Critique of Pure Reason*, trans. by N. K. Smith, London: Macmillan, 1929, A51/B75).

4   칸트는 감각 인상(sense impressions)을 '경험적 직관의 잡다(the manifold of an empirical intuition)', 또는 '현상의 잡다(the manifold of appearances)'라고 부른다(같은 책, B144/A113).

따라서 우리의 마음에 독립적인 것이 아니라고 본다. 그런데 이와 같은 칸트의 입장은 크게 두 가지 문제에 직면한다. 첫째, 인식은 마음이 수동적으로 받아들인 감각 인상을 지성이 능동적으로 개념화함으로써 성립하기 때문에, 인식 주체는 자신이 구성한 것만을 알 수 있다는 일종의 주관주의에 직면한다. 둘째, 현상계 너머의 물자체에 대해 전혀 알 수 없다는 물자체에 대한 회의주의에 직면한다.

3.

영미 분석철학의 주류적 입장은 경험적 대상의 존재는 표상됨과 독립적이라는 강건한 실재론이다. 예컨대, 러셀(1910)에 의하면 우리의 인식적 관점과 독립적으로 개별화될 수 있는 사실들이 있고, 또한 그러한 사실들 각각에 대한 직접적 인식이 가능하다. 그리고 이처럼 추론 과정, 또는 다른 지식의 매개 없이, 대상과 직접 대면함으로써 얻게 되는 지식을 '직접지knowledge by acquaintance'라고 부른다.

초기 분석철학의 경험주의는 비엔나학파의 논리 실증주의logical positivism에 의해 한층 더 강화된다. 논리 실증주의에 의하면, 경험적으로 검증될 수 없는 문장은 무의미하다. 그렇지만 이 학파의 대표적 철학자인 카르납R. Carnap의 견해에는 중요한 측면에서 칸트의 견해와 유사한 점이 있다. 카르납(1950)은 두 가지 종류의 물음을 구분한다. '내 책상에 책이 있는가?', '유니콘unicorn은 존재하는가?'와 같은 물음은 적절한 과학적·경험적 절차를 통해 답할 수 있다. 이와 같은 물음을 카르납은 '내재적 물음internal question'이라고 부른다. 반면에, '세계에 물체가 존재하는가?', '보편자는 존재하는가?', '수는 존재하는가?'와 같은 근본적인 존재론적 물음은 과학적·경험적 절차에 의해 결정될 수 없다. 이와 같은 물음을 카르납은 '외재적 물음external question'이라고 부른다. 카르납에 의하면, 외재적 물음은 단지 어떤 종류의 언어 체계를 받아들이는지에 따라 상대적으로 결정될 수 있을 뿐이며, 또한 어떤 언어 체계를 채택할지는 과학적·경험적 절차가 아니라, 규약적 또는 실용적 고려에 의해 결정될 수 있을 뿐이다. 앞서 언급한 바와 같이, 칸트는 현상계와 본체계를 구분하고, 경험적 인식은 전자에만 가능하다는 '두-단계 견해two-level view'를 주장했다. 이와 유사하게, 과학적·경험적 절차에 의해 결정될 수 있는 문제와 그렇지 않은 문제를 구분한다는 점에서 카르납도 일종의 두-단계 견해를 주장한다고 볼 수 있다.

4.

카르납의 두-단계 견해를 콰인W. V. O. Quine은 「존재론에 관한 카르납의 견해에 관하여」(1951)라는 그의 논문에서 다음과 같이 비판한다. 우리는 우리 자신의 개념 체계에서 벗어날 수 없기 때문에, 개념 체계-초월적인 관점에서 다양한 개념 체계들을 비교하고, 그중 어느 것이 실용적으로 더 나은지를 판단할 수 없다. 따라서 우리는 언어 체계의 수정을 체계 내부에서 할 수밖에 없다. 즉 노이라트O. Neurath가 언급한 것처럼, "우리는 배를 드라이독에서 해체한 후 최상의 재료로 재건하는 대신에 불가피하게 망망대해 위에서 고칠 수밖에 없는 선원과 유사하다."[5] 따라서 콰인은 개념 체계를 채택하는 기준과 과학적 가설을 채택하는 기준은 단지 개념 체계-내재적 관점에서 상대적으로 구분될 수 있을 뿐이라고 주장한다. 이런 의미에서 콰인은 두-단계 견해 대신에 한-단계 견해one-level view를 주장한다.

그러나 콰인은 '개념 체계와 경험 내용의 이원론the dualism of conceptual scheme and empirical content'을 받아들인다는 점에서는 여진히 칸트적이다. 콰인에 의하면 세계관world view은 두 가지 요소로 구성된다. 하나는 마음이 수동적으로 외부로부터 받아들이는 경험 내용empirical content이고, 다른 하나는 마음의 능동적 측면으로서의 개념 체계conceptual scheme이다. 여기서 외부로부터 주어지는 경험 내용은 고정된 것이지만, 이러한 고정된 경험 내용은 다양한 개념 체계에 의해 다양한 방식으로 분류될 수 있다. 따라서 콰인은 대상이 개념 체계에 상대적이라는 '존재론적 상대주의ontological relativism'를 옹호한다. 또한 콰인은 그의 논문 「경험주의의 두 독단」에서 "외부 세계에 대한 우리의 진술들은 경험의 심판에 개별적이 아니라 오직 전체로서 직면한다"는 인식론적 전체론epistemological holism을 주장한다.[6]

---

5   "We are like sailors who must rebuild their ship on the open sea, never able to dismantle it in dry-dock and to reconstruct it there out of the best materials"(O. Neurath, "Protocol Sentences", in: O. Neurath, *Logical Positivism*, ed. by A. J. Ayer. Glencoe, Ill.: The Free Press, 1959, 201쪽).

6   "Our statements about the external world face the tribunal of sense experience not individually but only as a corporate body"(W. V. O. Quine, *From a Logical Point of View*, Cambridge, Mass.: Harvard University Press, 1953, 41쪽).

즉 경험적 확증은 개별 문장 단위가 아니라 개념 체계 전체의 차원에서 이루어진다는 것이다.

물론 콰인의 입장이 모든 점에서 칸트적인 것은 아니다. 예컨대, 그는 칸트와 달리 초월적 관념론이 아니라 과학적 실재론을 주장한다. 즉 과학이 언젠가는 궁극적 실재의 모습을 우리에게 알려 줄 것이라고 주장한다. 그렇지만 '개념 체계와 경험 내용의 이원론'과 '인식론적 전체론'을 받아들인다는 점에서 콰인은 일종의 '언어적 칸트주의자'라고 간주될 수 있다. 그리고 이러한 칸트적 요소 때문에 칸트 철학이 직면하는 것과 유사한 문제에 직면한다. 첫째, 콰인의 개념 체계와 경험 내용의 이원론은 존재론적 상대주의를 함축한다. 둘째, 콰인의 경험주의에 따르면 인식의 토대는 궁극적으로 세계 사실과 우리의 믿음 사이에서 인식적 매개체epistemic intermediaries의 역할을 수행하는 '감각 자극의 패턴patterns of sensory stimulation'이다. 그러나 이처럼 인식적 매개체를 받아들이는 간접 실재론indirect realism은 회의주의의 문제에 직면한다. 왜냐하면, 감각 자극의 패턴은 동일하지만, 이러한 패턴 너머의 세계 사실은 매우 다를 수 있기 때문이다.[7]

---

7   콰인의 경험론이 왜 회의주의에 직면하는지에 대한 자세한 논의를 위해서는 D. Davidson, "A Coherence Theory of Truth and Knowledge", in: D. Davidson, *Subjective, Intersubjective, Objective*, Oxford: Clarendon Press, 2001. 특히 145쪽과 156-157쪽을 참조할 것.

5.

존재론은 크게 실재론metaphysical realism과 반실재론metaphysical anti-realism으로 구분된다. 대략적으로 말하면, 실재론은 실재 속의 대상이 모든 인식적 태도와 독립적으로 존재할 수 있다는 입장이다. 다시 말하면, '객관적 사실', 또는 '객관적 참'은 개념 체계에 상대적인 것이 아니라는 것이다. 따라서 실재론자는 '객관적 사실'을 관점-초월적attitude-transcendental으로, 또는 일종의 신적인 관점a God's eye point of view에서 규정하고자 한다. 그러나 그러한 신적인 관점은 유한한 인간에겐 불가능한 것이다. 세계 속의 대상, 또는 사실을 개념적으로 분류하는 것은 바로 우리 자신이다. 어떤 대상에 대한 판단이든 그 대상은 우리의 개념을 사용해 파악된 대상이다. 따라서 반실재론에 의하면 '인식 태도와 독립된 대상', 또는 '개념 체계와 독립적인 객관적 실재'와 같은 개념은 이해할 수 없는 개념이다.

앞서 언급했던 칸트의 '관점주의'는 위와 같은 의미에서 반실재론의 입장이다. 그리고 칸트의 관점은 기본적으로 인식 주체의 주관적 관점이다.[8] 그렇다면 칸트의 입장은 주관주의인가? 칸트 자신은 모든 인류가 동일한 개념 체계를 공유한다고 봤다. 그리고 이런 의미에서 칸트

---

8   셀라스는 칸트 시기의 철학자들의 대다수가 주체의 철학에 몰두하여, 간주관성의 문제를 심각하게 생각하지 않았고, 따라서 기본적으로 '로빈슨 크루소 인식 이론 (Robinson Crusoe theories of knowledge)'의 입장에서 철학적 작업을 했음을 지적한다. 이에 대해서는 W. Sellars, *Kant and Pre-Kantian Themes. Lectures by Wilfrid Sellars*, ed. by P. V. Amaral, Atascadero, Calif.: Ridgeview Publishing Company, 2002, 22쪽을 볼 것.

는 간주관성을 받아들인다. 그렇지만 인간의 유한성과 오랜 역사를 통한 인류의 지적 발전에 비추어 볼 때, 이러한 칸트의 주장은 별로 설득력이 없는 듯 보인다. 예컨대, 칸트는 공간과 시간을 직관의 선험적 형식으로 봤지만, 아인슈타인의 상대성 이론은 칸트가 가정한 절대 시간을 거부하며, 또한 유클리드 기하학의 절대 공간도 거부한다. 또한 현대의 양자역학은 배중률, 보편 인과 법칙, 더 나아가 실체의 범주조차 부정한다. 또한 '전자', '질량', '입자'와 같은 표현에 관련된 20세기 초의 러더퍼드E. Rutherford나 보어N. Bohr의 개념들과 현대 양자역학의 개념들 사이에는 많은 차이가 있다. 따라서 다양한 개념 체계가 가능하다는 콰인의 주장은 매우 설득력이 있어 보인다. 앞서 언급했던 것처럼, 지금까지 분석철학의 지배적인 입장은 실재론이었다. 즉 대다수의 분석철학자들은 반상대주의적·객관적 인식을 추구해 왔다. 그런데 관점주의는 앞서 지적했던 것처럼 존재론적 상대주의를 함축하는 것처럼 보인다. 그렇다면 지금까지 대다수의 분석철학자들이 추구해 왔던 객관성은 과연 신기루인가?

6.

앞서 2절에서 언급했던 것처럼, 칸트에 의하면 인식은 마음이 수동적으로 받아들인 감각 인상을 지성이 능동적으로 개념화함으로써 성립한다. 따라서 인식 주체는 자신이 구성한 것만을 알 수 있고, 구성한 것을 넘어선 실재에 대해서는 알 수 없다는 일종의 주관주의에 직면한다. 또한 칸트는 현상을 설명하기 위해 본체계를 가정한다. 그에 의하면 본체계는 감성이 수동적으로 받아들이는 감각 인상의 원인이다.[9] 그렇지만 칸트는 이와 같은 초월적transcendental 지식을 제외하고, 물자체에 대해서는 전혀 알 수 없다고 주장한다. 따라서 칸트 철학은 물자체에 대한 회의주의에 직면한다.

위와 같은 주관주의와 회의주의의 문제를 극복하고자 한 대표적인 철학자가 바로 헤겔이다. 물론 헤겔도 개념 체계와 독립적으로 사실을 파악힐 수 있음을 부인한다는 점에서 관점주의를 받아들인다. 헤겔에 의하면 "이성적인 것은 실재적인 것이고, 실재적인 것은 이성적이다."[10] 그리고 이처럼 실재를 이성적rational인 것으로 보는 점에서 관념론자이다. 다시 말해서, 헤겔에 의하면 실재는 우리가 이성적으로 이해할 수 있는 '이성적 구조rational structure'를 갖고 있다. 그렇지만 헤겔은 현상계와 본체계를 구분하는 칸트의 이원론은 거부한다. 그는 현상을 설명하기 위해 본체계가 필요 없다고 주장한다.[11] 그에 따르면, 우리가 설명해야 하

---

9   칸트는 '원인(cause)'에 관해 '이중 영향 이론(double affection theory)'을 주장한다. 첫 번째는 경험적 차원의 영향이다. 즉 한 경험적 대상이 다른 경험적 대상의 원인이 되는 경우이다. 다시 말하면, 경험적 대상들 사이의 인과 관계의 차원이다. 두 번째는 본체계 차원의 영향이다. 즉 본체계가 감각 인상, 또는 경험적 잡다(the manifold of sense)를 발생시킨 원인이라고 말하는 차원의 영향이다. 이에 대한 좀 더 자세한 논의를 위해서는 같은 책, 62-63쪽을 참조할 것.

10   "What is rational is actual and what is actual is rational"(G. W. F. Hegel, *Hegel's Philosophy of Right*, trans. by T. M. Knox, Oxford: Oxford University Press, 1967, 10쪽).

11   "[E]ven the objectivity of thinking in Kant's sense is itself again only subjective in its form, because, according to Kant, thoughts, although they are universal and necessary determinations, are still *only our* thoughts, and are cut off from what the thing is *in-itself* by an impassable gulf. On the contrary, the true objectivity

는 것은 현상 너머의 그 무엇이 아니라, 현상들 사이의 구조적 상호 관계이다. 만일 우리가 현상들 사이의 구조적 상호 관계를 설명하는 이론을 제시하고, 이 이론이 설명하지 못하는 '완강하게 반항하는 경험recalcitrant experience'이 없다면, 세계에 대한 우리의 설명은 완결된 것이다. 따라서 헤겔은 물자체에 대한 회의주의에 직면하지 않는다.

그렇다면 헤겔은 칸트 철학의 주관주의적 요소를 어떻게 피하는가? 그는 주관주의를 '인간 지식에 대한 사회 이론a social account of human knowledge'과 '변증법적 방법dialectical method'에 호소함으로써 극복한다.

칸트에 의하면, 개념은 규범적normative이다. 즉 개념은 심적 대상mental particulars과 같은 것으로 이해되기보다는, 그것이 옳게 적용되는 경우와 그렇지 않은 경우를 규정하는 규범, 또는 규칙으로 이해돼야 한다. 예컨대 '개'의 개념은 오직 개에게만 적용돼야 한다. 그리고 칸트는 우리의 개념이 이미 고정되고fixed 확정되어determinated 있는 것으로 본다. 따라서 경험은 주어진 감각 인상에 이미 고정되고 확정되어 있는 개념을 선택하여 적용하는 것이다. 그리고 이성이 가능한 경험의 한계를 초월하려

of thinking consists in this: that thoughts are not merely our thoughts, but at the same time the *In-itself* of things, and of whatever else is objective"(G. W. F. Hegel, *The Encyclopaedia Logic*, §41, 83쪽); "[T]he distinction between what things in themselves are, and what things only are for consciousness or knowledge, must itself be a distinction drawn within consciousness, that the former can be only the corrected view of an object, while the latter is merely a view formerly entertained but now abandoned as incorrect"(G. W. F. Hegel, *Phenomenology of Spirit*, Findley's Foreword, trans. by A. V. Miller, Oxford: Oxford University Press, 1977, xiv쪽).

할 때 이율배반antinomy에 직면하게 된다.

헤겔은 개념의 규범성은 받아들이지만, 고정성은 거부한다. 헤겔에 의하면 인간은 유한한 존재고, 따라서 각 개인의 개념과 판단에는 한계가 있다. 그렇지만 헤겔은 유한한 각 인식 주체의 경험적 한계를 초월할 수 있는 방법을 제시한다. 우선 한 개인의 개념, 또는 판단은 타자들의 비판적 검토에 직면함으로써 보다 적절한 것으로 교정될 수 있다. 달리 말하면, 지식 주장은 사회 공동체가 채택한 간주관적 표준에 의해 보다 적절한 것으로 교정될 수 있다.[12] 물론 공동체의 인식도 개인의 인식과 마찬가지로 오류 가능하다. 달리 말하면, 공동체 전체의 판단은 주관성을 넘어선 간주간성을 갖지만, 그렇다고 해서 객관성이 확보되는 것은 아니다. 그렇다면 간주관성을 기반으로 해서 어떻게 객관적 인식에 도달할 수 있는가? 헤겔에 의하면 어떤 시점의 간주관적 판단도 끊임없이 계속된 비판에 직면할 수 있다. 달리 말하면, 우리의 개념은 고정된, 또는 정적인 것이 아니라, 공동체의 경험과 반성을 통해서 끊임없이 수정되거나 대체될 수 있는 역동적인 것이다. 다시 말하면, 우리는 우리의 개념 체계가 현재의 개념 체계에 비해 덜 모순적인 것이 되도록 끊임없이 수정할 수 있다. 헤겔이 말하는 '변증법적 과정'은 이처럼 자기비판과 상호

---

12   "Self-consciousness exists in and for itself when, and by the fact that, it so exists
      for another; that is, it exists only in being acknowledged"(G. W. F. Hegel, *Phenomenology
      of Spirit*, §178, 111쪽); "[W]e see language as the existence of Spirit. Language is self-
      consciousness existing *for others*, self-consciousness which *as such* is immediately
      present, and as *this* self-consciousness is universal"(같은 책, §652, 393쪽).

비판을 통해 개념과 실재가 일치하도록 끊임없이 스스로를 교정하는 과정이다.[13] 그리고 이와 같은 끊임없는 변증법적 과정을 통해 종국적으로 아무런 '모순'이 없는 인식 상태, 즉 우리의 개념 체계와 경험이 대응하는 상태, 주관과 객관이 일치하는 상태, 이성과 실재가 일치하는 상태에 도달할 수 있다.[14] 이런 의미에서 "이성적인 것은 실재적인 것이고, 실재적인 것은 이성적이다."

앞서 언급했던 것처럼, 헤겔은 관념론자이기 때문에 그의 입장은 어떤 관점과도 독립적인 실재가 있다는 형이상학적 실재론과 양립하지 않는다. 그렇지만 헤겔은 여전히 중요한 의미에서 실재론자이다. 첫째, 헤겔은 현상계와 본체계의 이원론을 거부한다. 그에 의하면 존재하는 것은 단지 경험 세계 하나뿐이다. 그리고 그는 이 하나뿐인 경험 세계에 대해 실재론의 입장을 취한다. 헤겔에 의하면, 경험적 지식에서 가장 근본적인 것은 자연적 대상에 대한 개념적 분류이며, 이러한 분류는 우리가 세계 속에서 발견하는 대상들을 분류하는 것이지, 우리 마음대로 할 수 있는 것이 아니다. 또한 앞서 언급했던 것처럼, 헤겔은 세계가 이성적으

---

13 바이저에 의하면, 헤겔의 변증법은 모든 명제에 관한 선험적 추론 법칙들로서의 형식 논리학이 아니라, 우리의 정신, 또는 이성이 내적 모순을 지양하면서 발전해 가는 전개 과정이다(F. C. Beiser, *Hegel*, New York & London: Routledge, 2005, 160-162쪽).

14 "Hegel … assumes that this [dialectical] process *must* have a final term, a state where knowledge need no longer transcend or correct itself, where it will discover itself in its object and its object in itself, where concept will correspond to object and object to consciousness. … [On] the teleological view of objectivity, … no shadow of the hidden or inexplicable will remain to haunt us"(G. W. F. Hegel, *Phenomenology of Spirit*, Findley's Foreword, xiv쪽).

로 이해 가능한 이성적 구조를 갖고 있다고 본 점에서 관념론자이지만, 그렇다고 세계의 이성적 구조가 마음에 의해 부여된 것으로 보지는 않는다. 그러한 이성적 구조는 우리의 마음에 의해 구성되는 것이 아니라, 세계 속에 내재하고 있는 것이다.[15] 또한 헤겔에 의하면 이성과 실재가 일치를 이루는 상태에서의 우리의 인식은 상대적이 아니라 객관적인 진리를 우리에게 제시한다.

또 한 가지 주목할 점은 헤겔 철학은 '개념 체계와 경험 내용의 이원론'을 거부한다는 점이다. 헤겔은 개념 영역과 비개념 영역의 이원론을 거부한다. 즉 개념 영역에 외적 경계가 있고, 이 영역 밖에 아직 개념화되지 않은 어떤 경험 내용이 있다는 견해를 거부한다. 앞서 언급했던 바와 같이, 우리의 개념 체계는 고정된 것이 아니라 변증법적 과정을 통해 끊임없이 역동적으로 발전하는 것이다. 그리고 이러한 과정의 종점에 도달하면, 더 이상 존재론적 상대주의의 여지가 없는, 절대적이고 일원론적인 개념 체계에 도달하게 된다. 즉 더 이상 개념 체계와 경험 내용 사이의 구분이 성립하지 않는 단계에 이르게 된다. 즉 "이성적인 것은 실재적인 것이고, 실재적인 것은 이성적인 것이기" 때문에, 개념 영역에 외적 경계는 존재하지 않는다. 따라서 헤겔에 의하면 개념 체계는 우리가

---

15   "[T]he 'I', a *knowing* which knows the object only because the *object* is, while the knowing may either be or not be. But the object *is*: it is what is true, or it is the essence. It is, regardless of whether it is known or not; and it remains, even if it is not known, whereas there is no knowledge if the object is not there"(G. W. F. Hegel, *Phenomenology of Spirit*, §93, 59쪽).

벗어날 필요가 있는 것이 아니다. 우리는 개념 체계라는 올가미에 걸려 옴짝할 수 없는 상태에 있는 것이 아니라, 변증법적 과정을 통해 사유와 실재가 일치하는 단계에 도달할 수 있다.

요컨대, 헤겔은 주관주의를 간주관적 사회적 실천에 호소하여 피하고, 객관적 인식의 문제를 이러한 사회적 실천을 정적으로 파악하는 대신 변증법적으로 파악함으로써 확보한다. 그리고 이것이 관점주의와 객관성 사이의 충돌에 대한 헤겔의 해결책이다.

7.

이제 현대 영미 철학의 헤겔주의적 전회Hegelian Turn에 대해 살펴보자. 현대 영미 철학의 헤겔주의적 전회를 가장 먼저 선도한 철학자는 셀라스W. Sellars이다.

첫째, 셀라스는 헤겔과 마찬가지로, 우리의 믿음이 직접적 경험에 의해 정당화될 수 있다는 고전적 영국 경험론의 주장을 거부한다. 고전적 영국 경험론에 의하면, 우리의 모든 지식의 궁극적 토대는 직접적 감각이다. 그리고 직접적 감각은 지각적 믿음을 정당화해 주는 인식적 토대이기는 하지만, 그 자체는 아직 개념화되지 않은 상태이다. 헤겔은 『정신현상학』의 첫 장인 '감각 확실성sense-certainty'16에서 이와 같은 경험론을

---

16   같은 책, 58-66쪽.

비판한다. 경험론에 따르면 감각에 직접적으로 주어지는 대상은 아직 개념화되지 않은 상태이기 때문에, 즉 어떤 매개mediation에 의해 아직 '오염되지' 않은 상태이기 때문에, 순수하게 '이것the 'This''의 형태로 주어진다. 그런데 순수하게 '이것'은 대상으로서의 동일성을 위해 필요한 확정성determinateness을 결여한다. 이러한 확정성은 다른 대상들과 구별됨으로써 성립하기 때문이다. 따라서 헤겔은 이와 같은 '매개되지 않은', 직접적 인식은 불가능하다고 주장한다. 마찬가지로, 셀라스도 아직 개념화되지 않은 상태인 감각은 맹목적이고, 따라서 증거의 역할을 할 수 없다고 본다. 왜냐하면 칸트가 지적하듯이 '개념 없는 직관은 맹목적'이기 때문이다. 따라서 감각이 '비개념적'이면서 또한 '증거의 역할'을 할 수 있다고 본 고전적 영국 경험론의 주장은 '소여의 신화the Myth of the Given'에 불과하다고 주장한다.[17]

둘째, 셀라스는 선험적 종합a priori synthetic 명제의 존재를 인정함에 있어서는 칸트에 동의하지만, 개념 체계의 고정성을 거부함에 있어서는 헤겔에 동의한다. 예컨대 칸트에 의하면 '모든 개는 동물이다'는 선험적 분석 명제이지만, 셀라스에 의하면 수정 가능한 선험적 종합 명제이다. 개를 동물로 분류하는 것은 우리의 개념적 규범이다. 따라서 우리가 이 규범을 따르는 한에 있어서, 개가 동물이 아닐 수는 없다. 즉 모든 가능

---

17 셀라스가 말하는 '소여의 신화'에 대한 자세한 논의를 위해서는 W. Sellars, "Empiricism and the Philosophy of Mind", in: W. Sellars, *Science, Perception and Reality*, Atascadero, Calif.: Ridgeview Publishing Company, 1963을 참조할 것.

제1부 현대 영미 철학에서 헤겔로의 귀환

세계에서 개는 동물이어야만 한다. 이런 의미에서 이 명제는 일종의 개념적 진리이고, 따라서 선험적으로 참이다. 그러나 만일 개가 외계인이 지구인을 감시하기 위해 보낸 스파이 로봇이라는 음모론의 시나리오가 참으로 밝혀진다면, 개는 더 이상 동물로 분류되어서는 안 된다. 그리고 이와 같은 시나리오가 불가능한 것이 아니므로, '모든 개는 동물이다'는 경험적 증거에 의해 수정될 수 있는 세계에 관한 주장이다. 그리고 이런 의미에서 셀라스는 이와 같은 명제를 분석 명제가 아니라 종합 명제로 간주한다. 그리고 이처럼 개념적 진리조차도 원리상 경험과 반성을 통해 수정될 수 있기 때문에, 셀라스는 우리의 범주들과 개념들이 경험과 반성을 통해 변화할 수 있는 역동적인 것이라는 헤겔의 견해에 동의한다.[18]

셋째, 셀라스에 의하면 이성의 논리적 공간은 자연의 논리적 공간으로 환원될 수 없는 독자적인 것이다. 따라서 그는 모든 것을 자연주의

---

18 **부정합한 개념들**(discordant concepts)을 발견하고, 이를 정합적인 것으로 수정하는 것을 셀라스는 그의 논문, W. Sellars, "Language, Rules and Behavior", in: W. Sellars, *Pure Pragmatics and Possible Worlds. The Early Essays of Wilfrid Sellars*, ed. by J. F. Sicha, Atascadero, Calif.: Ridgeview Publishing Company, 1980, 136쪽, 각주 2에서 '소크라테스적 방법(Socratic method)'이라고 부른다. 이 방법은 개념이 암묵적으로 함축하는 귀결들을 명시적으로 표현한 후, 이를 '정당화를 요구하고 이런 요구에 응답하는 우리의 사회적 실천' 속에서 정당화의 심판을 받도록 하고, 이 과정에서 정당화에 실패할 경우, 이를 정합적인 것으로 수정하는 합리적 과정이다. 따라서 셀라스의 소크라테스적 방법은 헤겔의 변증법적 방법과 본질적으로 같은 역할을 한다. 선험적 종합 판단의 수정 가능성에 대한 자세한 논의를 위해서는 W. Sellars, "Is There a Synthetic A Priori?", in: W. Sellars, *Science, Perception and Reality*, Atascadero, Calif.: Ridgeview Publishing Company, 1963을 참조할 것. 그리고 셀라스의 '소크라테스적 방법'에 대한 자세한 논의를 위해서는 R. Brandom, *Articulating Reasons*, Cambridge, Mass.: Harvard University Press, 2000, 56-57쪽, 71-75쪽을 참조할 것.

적 용어로 환원시켜 설명하고자 하는 '노골적 자연주의bald naturalism'에 반대한다. 예컨대, 그에 의하면 인식적 정당화는 규범적 개념이다. 어떤 믿음이 정당화됐다고 말하는 것은, 그 믿음을 긍정적으로 평가하는 것이고, 정당화되지 못했다고 말하는 것은 부정적으로 평가하는 것이다. 그리고 이러한 규범성은 자연 세계 자체에서 비롯하는 것이 아니라, 처벌과 보상을 통한 사회적 실천에서 비롯된 것이다.[19] 따라서 셀라스는 우리의 인식이 근본적으로 공동체의 간주관성에 의존한다는 헤겔의 견해에 동의한다.

넷째, 셀라스는 콰인의 존재론적 상대주의를 거부한다. 퍼스에 의하면, "모든 탐구자들이 궁극적으로 동의할 수밖에 없는 의견이 우리가 진리라고 말하는 것이고, 이런 의견에 의해 표상된 것이 바로 실재이다."[20] 다시 말하면, 실재는 탐구자들의 전체 공동체가 탐구의 이상적인 극한점에서 발견한 바이다. 마찬가지로, 셀라스[21]에 의하면 '이상적 진

---

19   셀라스는 다음과 같이 말한다. "한 에피소드, 또는 상태를 앎의 상태로 규정할 때 우리는 그 에피소드, 또는 상태를 경험적으로 기술하는 것이 아니다. 우리는 그것을 우리가 말하는 것을 정당화하거나, 또는 그렇게 할 수 있는 이성의 논리적 공간에 위치시키는 것이다"(W. Sellars, "Empiricism and the Philosophy of Mind", 169쪽; W. Sellars, *Empiricism and the Philosophy of Mind*, with an Introduction by R. Rorty and a Study Guide by R. Brandom, Cambridge, Mass.: Harvard University Press, 1997, 76쪽).

20   "The opinion which is fated to be ultimately agreed to by all who investigate, is what we mean by the truth, and the object represented in this opinion is the real"(C. S. Peirce, "How to Make Our Ideas Clear", reprinted in: C. S. Peirce, *Philosophical Writings of Peirce*, selected and ed. by J. Buchler, New York: Dover Publications, 1955, 38쪽).

21   W. Sellars, *Science and Metaphysics*. Atascadero, Calif.: Ridgeview Publishing Company, 1967, 142쪽.

리'와 '실제로 존재하는 것'의 개념은 비록 아직 충분히 발전되지 못한 현재의 과학에 의해서는 물론 아니지만, 퍼스적인 궁극적 과학 체계에 의해 정의될 수 있다. 즉 퍼스적인 궁극적 과학 체계에 의해 발견된 대상들이 실제로 존재하는 것들이라는 주장이다. 따라서 셀라스는 헤겔과 비슷한 방식으로 관점주의와 객관적 실재론을 조화시킨다고 말할 수 있다.

8.

관점주의와 객관적 실재론을 조화시키고자 한 셀라스의 시도는 최근 브랜덤에 의해 좀 더 세련된 형태로 발전됐다.[22] 특히, 브랜덤[23]은 객관성을 논증적 간주관성discursive intersubjectivity의 특색으로 이해하는 '객관성의 구조적 개념a structural conception of objectivity'을 옹호한다. 객관성은 주관성과 간주관성, 둘 다와 구별된다. 우선 주관적 참은 객관적 참과 구별된다. 어떤 명제를 어떤 인식 주체가 참으로 여긴다는 사실은 이 명제가 객관적으로 참임을 보증하지 않는다. 또한 간주관적 참도 객관적 참을 보증하지 않는다. 어떤 공동체에 속한 모든 사람이 어떤 명제를 참으로 여긴다고 해서 이 명제가 반드시 객관적으로 참인 것은 아니다. 이런 의미

---

22   로티(R. Rorty)는 최근 재출판된 셀라스의 책, 『경험주의와 심리철학』에 첨가한 그의 서문에서 "브랜덤의 작업은 분석철학을 칸트주의에서 헤겔주의의 단계로 인도하는 시도"라고 지적한다(W. Sellars, *Empiricism and the Philosophy of Mind*, 8-9쪽을 참조할 것).

23   R. Brandom, *Making It Explicit*, Cambridge, Mass.: Harvard University Press, 1994, 593-608쪽.

에서 객관적 참은 특정 개인이나 특정 공동체의 태도에 초월적인^{attitude-} transcendental 성격을 지닌다. 그렇다고 해서 객관적 참이 모든 주체의 태도와 독립적인 것은 아니다. 브랜덤에 의하면, 우리는 '전체 공동체가 객관적으로 사실인 것에 관해 틀릴 수 있다'는 주장이 무슨 뜻인지 적절히 설명함으로써 '전체 공동체가 간주관적으로 참으로 여기는 것'과 '객관적으로 참인 것' 사이를 여전히 유의미하게 구분할 수 있다. 전체 공동체가 어떤 것, 예컨대 아인슈타인의 상대성 이론을 간주관적으로 참으로 여긴다고 가정해 보자. 여전히 이러한 간주관적 믿음은 객관적 사실과 관련하여 잘못된 것으로 밝혀질 수 있다. 예컨대 이 믿음이 미래의 과학자에 의해 정당한 근거에 의해 적절히 비판될 경우, 우리는 이 믿음이 객관적으로 틀린 믿음이라고 판단해야 된다. 이처럼 전체 공동체가 참으로 여기는 믿음조차도 원리상 언제든 새로운 증거가 제시되면 포기될 수 있다. 그러나 만일 어떤 주장이 '정당화를 요구하고 이에 응답하는 우리의 사회적 실천' 속에서 간주간적으로 참으로 여겨질 뿐만 아니라, 앞으로도 항상 그렇게 여겨지는 주장이라면, 그것은 객관적으로 참인 주장이다. 예컨대 '지구는 둥글다'와 같은 주장은 이런 의미에서 객관적으로 참인 주장이다. 물론 이러한 주장조차도 원리상 오류 가능하다. 그렇다고 해서 '지구는 둥글다'가 객관적으로 참이라는 우리의 믿음이 틀린 것은 아니다. 원리상 오류 가능하지만, '지구가 둥글다'는 우리의 믿음은 객관적으로 참일 개연성이 매우 높다. 즉 장차 미래에 거짓으로 판정될 개연성이 매우 낮다. 이런 의미에서 '객관적 참' 개념은 관점주의와 양립될 수 있다.

9.

현대 영미 분석철학에서 '가장 헤겔적인' 철학자는 맥다월J. McDowell 이다.

첫째, 맥다월(1994)은 헤겔과 마찬가지로 이성과 실재의 이원론을 철저하게 거부한다. 그에 의하면 칸트적인 초월 세계는 존재하지 않는 다. 즉 세계는 단지 경험 세계 하나뿐이다. 또한 그에 의하면 개념 영역 에는 외적 경계가 없으며, 따라서 세계는 그 자체로 개념적이다.[24] 맥다 월이 세계 자체가 개념적이라고 주장하는 이유는 다음과 같다.

우리의 경험적 판단은 세계의 경험 사실에 관한 것이고, 따라서 이러한 사실과 합리적으로 부합해야 한다.[25] 그런데 만일 경험이 비개념 적이라면, 경험은 맹목적이고, 따라서 사실을 판정할 수 있는 재판장의 역할을 할 수 없다. 따라서 맥다월은 경험이 개념 내용을 갖고 있어야 한 다고 본다.[26] 또한 그는 지각 경험과 세계 사실 사이에 인식론적, 또는 의

---

24 "We must not picture an outer boundary around the sphere of the conceptual, with a reality outside the boundary impinging inward on the system"(J. McDowell, *Mind and world. with a new introduction*, Cambridge, Mass.: Harvard University Press, 1994, 34쪽); "The conceptual is unbounded; there is nothing outside it"(같은 책, 44쪽).

25 "We can make sense of the world-directedness of empirical thinking only by conceiving it as answerable to the empirical world only as mediated by answerability to the tribunal of experience, conceived in terms of the world's impacts on possessors of perceptual capacities"(같은 책, xvii쪽).

26 "The content of a perceptual experience is already conceptual. A judgment of experience does not introduce a new kind of content, but simply endorses the

미론적 간극이 없다고 주장한다. 즉 사유와 세계는 인식적, 또는 의미론적 매개 없이 직접적으로 맞닿아 있다고 본다. 예컨대, '고양이 한 마리가 매트 위에 있다'는 사실이 있고, 이 사실에 대한 어떤 인식 주체의 지각 경험이 있다고 하자. 이 경우 '고양이 한 마리가 매트 위에 있다'는 지각 경험은 고양이 한 마리가 매트 위에 있을 경우, 그리고 오직 그럴 경우에만 참이다. 그런데 지각 경험과 경험 사실 사이에 인식적 매개가 있다고 가정해 보자. 즉 이와 같은 지각 경험이 근거하고 있는 보다 기초적인 어떤 심적 상태가 있고, 지각 경험은 이러한 심적 상태를 매개로 인식되는 것이라고 하자. 또한 사실 자체는 비개념적이고 따라서 사실은 지각 경험에 인식적 제약rational constraint이 아니라, 단지 인과적 제약causal constraint의 역할만을 한다고 하자. 이럴 경우 위와 같은 매개적인 심적 상태는 데카르트의 악령을 포함한 다양한 원인들에 의해 야기될 수 있다. 따라서 이와 같은 심적 상태 자체와 '고양이 한 마리가 매트 위에 있다'는 외부 사실과는 아무런 논리적, 또는 인식적 연결 관계가 없게 된다. 또한 이럴 경우 '고양이 한 마리가 매트 위에 있다'는 지각 경험은 '고양이 한 마리가 매트 위에 있다'는 사실에 의해 인과적으로 야기된다고 말할 수는 있겠지만, 전자의 경험이 후자의 사실에 의해 정당화된다고 말할 수는 없게 된다.[27] 그러나 '고양이 한 마리가 매트 위에 있다'는 지각 경험은

conceptual content, or some of it, that is already possessed by the experience on which it is grounded"(같은 책, 48-49쪽); "Experience must stand in rational relations to judgments if we are to understand the very possibility of empirical content"(같은 책, 125쪽).

27   "The real trouble with conceiving experiences as intermediaries is that we cannot

제1부 현대 영미 철학에서 헤겔로의 귀환

'고양이 한 마리가 매트 위에 있다'는 경험 사실에 관한 것이지, 결코 어떤 특정한 심적 상태에 관한 것이 아니다. 따라서 맥다월은 '경험 내용'을 미스터리로 만들지 않기 위해서는 지각 경험과 세계 사실이 인식적 매개 없이 직접적으로 맞닿아 있어야 한다고 주장한다.[28] 또한 '고양이 한 마리가 매트 위에 있다'는 경험 사실은 현재 어떤 특정 인식 주체가 제대로 파악하지 못한다 할지라도, 원리상 간주관적으로 다른 지성적 존재에 의해 파악될 수 있는 사실이기 때문에, '사실facts'은 '생각할 수 있는 내용thinkable contents'과 동등하다고 주장한다.[29] 다시 말하면, 특정 인식 주체 밖에 있는 어떤 사실도 다른 지성적 존재에 의해 간주관적으로 생각될 수 있는 개념 내용을 갖고 있으며, 따라서 개념의 한계 밖에 있는 사실은 없다는 것이다.

둘째로, 맥다월의 견해는 우리의 개념 체계가 고정된 것이 아니라, 변증법적 과정을 통해 끊임없이 역동적으로 발전한다고 보는 점에서도 헤겔의 견해와 일치한다. 맥다월에 의하면 세계가 어떤 특정한 역사적 시점에서의 우리의 개념 체계에 의해 완전히 포착된다는 보장이 없기

---

make sense of experiences, so conceived, as purporting to tell us anything, whether truthfully or not"(같은 책, 143쪽).

28 "The world itself must exert a rational constraint on our thinking. If we suppose that rational answerability lapses at some outermost point of the space of reasons, short of the world itself, our picture ceases to depict anything recognizable as empirical judgment; we have obliterated empirical content altogether"(같은 책, 42-43쪽).

29 "There is no gap between thought, as such, and the world"(같은 책, 27쪽); "When we see that such-and-such is the case, we, and our seeing, do not stop anywhere short of fact. What we see is: that such-and-such is the case"(같은 책, 29쪽).

때문에, 개념 체계가 세계와 완전히 대응될 때까지 끊임없이 수정돼야 한다는 것이다.[30]

셋째로, 맥다월의 견해는 '인간 지식의 사회 이론'을 강조하는 점에서도 헤겔의 입장과 동일하다. 앞서 6절에서 언급했던 것처럼, 헤겔에 의하면 한 개인의 개념, 또는 판단은 타자들의 비판적 검토에 직면함으로써 보다 적절한 것으로 교정될 수 있다. 즉 개념과 판단은 본질적으로 사회적 성격을 지닌다.[31] 맥다월에 의하면, 인간의 아이가 단순한 동물 수준에 머무르지 않고 이성적 존재로 성숙할 수 있는 것은 인류가 오랜 역사와 전통을 통해 축적한 지혜의 저장소의 역할을 하는 언어를 사회적 학습을 통해 공유할 수 있게 되었기 때문이다.[32]

끝으로, 맥다월의 입장은 한편으로 개념 영역에 외적 경계가 없다

---

30 "Ensuring that our empirical concepts and conceptions pass muster is ongoing and arduous work for the understanding. It requires patience and something like humility. There is no guarantee that the world is completely within the reach of a system of concepts and conceptions as it stands at some particular moment in its historical development. Exactly not; that is why the obligation to reflect is perpetual"(같은 책, 40쪽).

31 헤겔에 의하면 자기의식적 자아는 타자들과의 상호 인정(mutual recognition)을 통해 구성되며, 따라서 지식은 일종의 사회적 성취(social achievement)이다. 헤겔 철학의 이와 같은 사회적 성격에 대한 자세한 논의를 위해서는 R. Brandom, *Tales of the Mighty Dead*, Cambridge, Mass.: Harvard University Press, 2002, Chapter 7을 참조할 것.

32 "The first thing to say about language is that it serves as a repository of tradition. Initiation into a language is initiation into a going conception of the layout of the space of reasons. That promises to make it intelligible how, beginning as mere animals, human beings mature into being at home in the space of reasons"(J. McDowell, *Mind and World*, 184쪽).

고 주장하는 점에서도 헤겔의 입장과 유사하지만, 다른 한편으로 실재론을 옹호한다는 점에서도 헤겔의 입장과 유사하다. 맥다월은 자신의 입장이 다음과 같은 의미에서 관념론이 아니라고 주장한다. 첫째, 만일 그 자신이 '사실facts'과 인식 주체들의 '실제 사유acts of thoughts'를 동일시했다면 관념론을 주장하는 것이 맞겠지만, 그 자신은 사실을 실제 사유가 아니라, 원리상 '생각할 수 있는 내용thinkable contents'과 동일시하기 때문에 관념론이 아니라는 것이다.[33] 둘째, 우리의 지각 경험은 우리의 자발적 통제에 의한 것이 아니라 수동적으로 발생하는 것이고, 실재는 이런 의미에서 우리의 사유에 대한 외적 제약의 역할을 한다는 것이다. 맥다월은 이런 의미에서 실재가 우리의 사유와 독립적이라고 주장한다.[34] 또한, 우리는 경험을 일인칭 관점뿐만 아니라, 삼인칭 관점에서도 파악할 수 있기 때문에, 실재가 어떤 의미에서 우리의 주관적 경험에 대해 독립적인지를 설명할 수 있다고 주장한다.[35] 예컨대, 우리는 '나는 돌부리에 넘어져

[33] "If we are to give due acknowledgement to the independence of reality, what we need is a constraint from outside *thinking* and *judging*, our exercises of spontaneity. The constraint does not need to be from outside thinkable contents"(같은 책, 28쪽).

[34] "The fact that experience is passive, a matter of receptivity in operation, should assure us that we have all the external constraint we can reasonably want. The constraint comes from outside *thinking*, but not from outside what is *thinkable*. When we trace justifications back, the last thing we come to is still a thinkable content; not something more ultimate than that, a bare pointing to a bit of the Given"(같은 책, 28-29쪽).

[35] "[The operations of conceptual capacities] are not restricted to the first-person and present-tense mode: the very same circumstances of which these motions of our conceptual powers constitute awareness are also thinkable otherwise than in the first-person present"(같은 책, 120쪽).

아픔을 느낀다'와 같은 일인칭 문장을 사용할 수 있을 뿐 아니라, '내 친구 철수는 돌부리에 넘어져 아픔을 느낀다'와 같은 삼인칭 문장을 사용할 수 있고, 후자의 경우 철수와 철수에게 고통을 야기한 돌부리는 구별되는 대상들로서 경험된다. 우리가 일인칭 관점의 경우에도 심적 상태와 심적 상태를 일으킨 외적 대상을 구분할 수 있는 이유는 이와 같이 삼인칭 관점에서 생각할 수 있기 때문이다.

10.

결론적으로, 최근 셀라스, 브랜덤, 맥다월을 중심으로 일단의 현대 영미 분석철학자들이 칸트주의에서 벗어나 헤겔주의로 전회하게 된 가장 중요한 이유는 반실재론(또는 관점주의)과 실재론 사이의 오랜 갈등을 헤겔주의의 틀 속에서 해결하기를 원하기 때문이다. 물론 이 같은 사실은 분석철학이 관념론에 대한 반동으로 태동했다는 점을 고려할 때, 다소 아이러니한 일이다. 그렇지만 사유의 발전이 테제와 안티테제 사이의 지양을 통해 이루어진다는 헤겔주의적 관점에서 보면 어쩌면 자연스러운 귀결일 수도 있다.[36]

---

36 필자는 셀라스와 브랜덤의 '헤겔주의적 접근 방식'에는 매우 동조적이지만, 세계 자체를 개념적인 것으로 보는 맥다월의 '과도한 헤겔주의'에 대해서는 다소 비판적인 입장이다. 필자가 어떤 이유에서 전자에 대해 동조적이지만 후자에 대해 부정적인지에 대해서는 이병덕, 「추론주의는 포도와 르포오의 비판들을 피할 수 있는가?」, 『철학적 분석』 12, 한국분석철학회, 2005, 47-76쪽; 이병덕, 「데이빗슨의 정합론과 맥도웰의 고립반론」, 『철학논집』 14, 서강대학교 철학연구소, 2007, 43-74쪽을 참조할 것.

이병덕, 「추론주의는 포도와 르포오의 비판들을 피할 수 있는가?」, 『철학적 분석』 12, 한국분석철학회, 2005.

_____, 「데이빗슨의 정합론과 맥도웰의 고립 반론」, 『철학논집』 14, 서강대학교 철학연구소, 2007.

Beiser, F. C., *Hegel*, New York & London: Routledge, 2005.

Brandom, R., *Making It Explicit*, Cambridge, Mass.: Harvard University Press, 1994.

_____, *Articulating Reasons*, Cambridge, Mass.: Harvard University Press, 2000.

_____, *Tales of the Mighty Dead*, Cambridge, Mass.: Harvard University Press, 2002.

Carnap, R., "Empiricism, Semantics, and ontology", reprinted in: R. Carnap, *Meaning and Necessity*, Chicago: The University of Chicago Press, Second Edition, 1956.

Davidson, D., "A Coherence Theory of Truth and Knowledge", in: D. Davidson, *Subjective, Intersubjective, Objective*, Oxford: Clarendon Press, 2001.

Hegel, G. W. F., *Hegel's Philosophy of Right*, trans. by T. M. Knox, Oxford: Oxford University Press, 1967.

_____, *Science of Logic*, trans. by A. V. Miller, New York: Humanity Books, 1969.

_____, *Phenomenology of Spirit*, trans. by A. V. Miller, Oxford: Oxford University Press, 1977.

_____, *The Encyclopaedia Logic*, trans. by T. F. Geraets, W. A. Suchting, & H. S. Harris, Indianapolis: Hackett Publishing Company, 1991.

Kant, I., *Critique of Pure Reason*, trans. by N. K. Smith, London: Macmillan, 1929.

McDowell, J., *Mind and world. with a new introduction*, Cambridge, Mass.: Harvard University Press, 1994.

Moore, G. E., "The Refutation of Idealism", in: G. E. Moore, *Philosophical Studies*, London: Kegan Paul, 1922.

_____, "Proof of an External World", in: G. E. Moore, *Philosophical Papers*, London: Allen & Unwin, 1959.

Neurath, O., "Protocol Sentences", in: O. Neurath, *Logical Positivism*, ed. by A. J. Ayer, Glencoe, Ill.: The Free Press, 1959.

Peirce, C. S., "How to Make Our Ideas Clear", reprinted in: C. S. Peirce, *Philosophical Writings of Peirce*, selected and ed. by J. Buchler, New York: Dover Publications, 1955.

Quine, W. V. O., "On Carnap's Views on Ontology", reprinted in: W. V. O. Quine, *The Ways of Paradox and Other Essays*, New York: Random House, 1966.

_____, "Two dogmas of empiricism", in: W. V. O. Quine, *From a Logical Point of View*, Cambridge, Mass.: Harvard University Press,

제1부 현대 영미 철학에서 헤겔로의 귀환

Second Edition, 1961.

_____, *Ontological Relativity and Other Essays*, New York: Columbia University Press, 1969.

_____, *From a Logical Point of View*, Cambridge, Mass.: Harvard University Press, 1953.

Rockmore, T., *Hegel, Idealism, and Analytic Philosophy*, New Haven: Yale University Press, 2005.

Russell, B., "Knowledge by Acquaintance and Knowledge by Description", reprinted in: B. Russell, *Mysticism and Logic*, London: Allen & Unwin, 1917.

_____, *The Problems of Philosophy*, Oxford: Oxford University Press, 1911.

_____, "The Philosophy of Logical Atomism", reprinted in: B. Russel, *Logic and Knowledge*, ed. by R. C. Marsh, London: Allen & Unwin, 1956.

_____, *Our Knowledge of the External World*, La Salle, Ill.: Open Court Publishing Company, 1914.

Sellars, W., "Empiricism and the Philosophy of Mind", in: W. Sellars, *Science, Perception and Reality*, Atascadero, Calif.: Ridgeview Publishing Company, 1963a.

_____, "Is There a Synthetic A Priori?", in: W. Sellars, *Science, Perception and Reality*, Atascadero, Calif.: Ridgeview Publishing Company, 1963b.

_____, *Kant and Pre-Kantian Themes. Lectures by Wilfrid Sellars*, ed. by P. V. Amaral, Atascadero, Calif.: Ridgeview Publishing Company, 2002.

_____, *Science and Metaphysics*, Atascadero, Calif.: Ridgeview Publishing Company, 1967.

_____, "Language, Rules and Behavior", in: W. Sellars, *Pure Pragmatics and Possible Worlds. The Early Essays of Wilfrid Sellars*, ed. by J. F. Sicha, Atascadero, Calif.: Ridgeview Publishing Company, 1980.

_____, *Empiricism and the Philosophy of Mind*, with an Introduction by R. Rorty and a Study Guide by R. Brandom, Cambridge, Mass.: Harvard University Press, 1997.

제1부 현대 영미 철학에서 헤겔로의 귀환

제2장

분석철학과 헤겔 연구의 분기점으로서 무어와 러셀에 의한 "관념론 논박"

크리스티안 슈판 | 정대성 역

1. 서론: 형이상학과 관념론에 대항하는 무어와 러셀의 두 논의

분석'철학'의 여러 영역에서 오늘날까지도 지배적인 '자연주의'는 무어와 러셀의 반ᵗ관념론적 철학에서 그 기원을 찾는 경우가 많다.[1] 이 때 관념론과 전통 형이상학에 반대하는 무어와 러셀의 다음과 같은 두 가지 중심 논의가 그 핵심을 이룬다.

첫째, 관념론적 사유와 전통 형이상학은 언어적 혼란에서 기인하

---

[1]   무어와 러셀에 대한 비판적 논의는 T. Rockmore, *Hegel, Idealism, and Analytic Philosophy*, New Haven: Yale University Press, 2004, 42-63쪽과 P. Redding, *Analytic Philosophy and the Return of Hegelian Thought*, Cambridge: Cambridge University Press, 2007, 1-8쪽을 참조하라.

는데, 이는 러셀의 새로운 지시 이론Theory of Denotation[2]에서 제기되고 있다. 아리스토텔레스 시대 이래로 우리 언어의 구조는 가능한 모든 문법적 주어들로부터 **실체와 존재**Substanzen und Entitäten를 추출하도록 우리를 유혹한다. 프레게 이후 개념들을 함수들로 이해하는 현대 논리학[3]의 도움으로 비로소 정확한 분석이 가능해졌는데(그리고 이로써 개념들을 반드시 존재나 대상들을 위한 이름으로 이해할 필요가 없게 되었는데), 이 분석으로 인해 우리는 일상 문법의 형이상학적 존재론을 철학적으로 적절한 존재론과 구별할 수 있게 되었다.[4]

둘째, 철학에서 관념론Idealismus은 '관념'이라는 말의 모호함에서 기인한다. 그것은 '**정신 안에서의**' 주관적 표상,[5] 또는 그러한 표상의 **내용**(즉 의미)을 의미하는데, 이것이 혼란을 불러일으킨다. 한편, 우리가 알고 있는 모든 것은 (인간의) 의식 **안에** 현상하며, 그리고 **이러한 방식으로**

---

2   B. Russell, "On Denoting", in: *Mind* 14(56), Oct., 1905와 B. Russell, *The Philosophy of Logical Atomism*, London: Routledge, 1919[2010]을 참고하라.

3   G. Frege, "Über Begriff und Gegenstand", in: *Vierteljahreszeitschrift für wissenschaftliche Philosophie* 16, 1892, 192-205쪽.

4   좀 더 자세한 논의는 나의 다음 글 "Transformationen des Hegelianismus: Objektivität vor und nach McDowell", 『헤겔연구』 37, 2015를 참조하라. 전통적인 언어 이해의 오류에 대해서는 러셀의 *The Philosophy of Logical Atomism*, 65쪽 이하와 *On Denoting*, 82쪽을 보라. 러셀은 *The Philosophy of Logical Atomism*, 110쪽에서는 다음과 같이 말한다. "나는 모든 전통 형이상학이 실제로 잘못된 문법에 기초한 오류로 가득 차 있으며, 거의 모든 전통적인 형이상학의 문제와 그 (추정적인) 전통적인 결론들이 우리가 이전 강의에서 다룬 철학적 문법이라 부를 수 있는 것들의 구별의 문제에서 기인한다고 생각한다."

5   이것은 로크가 지각(perception)과 관념(ideas)을 구별하는 방식을 따른다.

만 우리는 대상에 접근하기 때문에 우리는 잘못된 추론을 하게 된다. 즉 ① 우리는 우리 의식 밖에 있는 **세계 자체**에 대한 지식이 아니라 **주관적인** 현상지知만을 다룰 수 있거나(주관적 관념론), 아니면 ② 의식을 넘어갈 수 없다면 진리 개념은 세계 그 자체가 '정신적인' 한에서만 의미 있게 된다(객관적 내지 절대적 관념론, 또는 '정신주의적 일원론'). 하지만 이 두 경우 모두 오류 추리다.[6]

전통 형이상학의 '언어적 혼란'에 대한 러셀의 논증도 그러하지만, 무어의 상세한 '관념론 논박'[7]은 '분석철학'의 전통에서 반反관념론적인

---

6   이에 대해서는 특히 G. E. Moore, "The Refutation of Idealism", in: *Mind* 12(48), 1903, 433-453쪽을 참조하라. 이념(Idee)의 여러 의미에 대해서는 이 글 433쪽 이하를 보라 [역자 주: 독일어 Idee는 영어로 보통 idea로 번역되는데, 우리 번역에서 Idee는 이념으로, idea는 관념으로 번역한다. 그리고 영어의 idea는 자주 독일어 Vorstellung(표상)으로 번역되며, 이 경우 Idee(이념)와는 전혀 다른 의미를 갖는다. 우리 언어 습관에서 관념과 이념은 전혀 다른 표상을 갖는 경우가 많다]. 그리고 맥타가르트의『헤겔의 우주론』에 반대해서 제기하는 다음과 같은 무어의 주장을 보라. "사실 내가 의식하는 것이 나의 마음 안에 있어야 한다는 것은 아무런 근거도 없이 그저 전통적으로 가정하고 있었던 것이다. … 버클리가 말했듯이 직접적 검토에 따르면 내가 알고 있는 것이 언제나 나의 마음 안에 명백히 있다고 일반적으로 상정된다. 반면 실제로 그렇게 명백하게 있는 유일한 것은 어떤 사물에 대한 나의 의식이 그렇게 명백하다는 것일 뿐이다. 철학사는 내가 의식하는 것과 그것에 대한 나의 의식 사이의 차이를 구별할 능력이 없다는 것을 드러낸다. 이 무능력은 통상 이 둘을 대신하는 '관념'이라는 말에서 하나의 기념비를 발견했다 G. E. Moore, "Mr. McTaggart's 'Studies in Hegelian Cosmology'", in: *Proceedings of the Aristotelian Society* 2(1), 1902, 187쪽.

7   무어는 자신의 학위논문에서 칸트의 관념론을 반박하고, 자신의 유명한 글 "The Refutation of Idealism"에서 객관적 관념론을 반박한다. 그리고 그 이전에 맥타가르트의『헤겔의 우주론』에 대한 서평에서도 그러한 작업을 한다. 이에 대해서는 P. Hylton, *Russell, Idealism, and the Emergence of Analytic Philosophy*, Oxford: Clarendon Press, 1990, 118쪽 이하를 보라. 또한 버클리에 대한 주된 비판에 대해서는 B. Russell, *The Problems of Philosophy*, London: Oxford University Press, 1912,

논증을 위한 보다 더 **전통적인 규준**으로 알려져 있으며, 보다 자주 언급된다.[8] 그러나 무어와 러셀은 앞서 말한 논의로 모든 형이상학적 관념론을 공격하기 **전에** 그들이 환원적 심리주의에 대해 그리고 주관적-칸트적 관념론에 대해 비판할 때 철저하게 플라톤적-관념론적 기본 입장을 대변하고 있었는데, 어떤 이유에서 그런 입장을 취하였는지는 잘 알려져 있지 않다. 최근에 피터 힐턴은 '분석철학'의 기원에 대한 연구에서 러셀의 사유에 그런 플라톤적-관념론적 입장이 내재해 있음을 설득력 있게 재구성했다.[9]

2. 주관적 관념론과 심리주의의 탈출구로서 러셀과 무어의 "플라톤적 원자론"[10]

피터 힐턴은 정당하게도 무어와 러셀이 극복하고자 한 입장들이 주관적 관념론과 심리주의라고 정리한다.[11] 세계는 **단지 하나의** (주관적인)

IV장 Idealism을 보라.

8   이에 대한 표준적 분석으로는 T. Nagel, *The View from Nowhere*, New York: Oxford University Press, 1986, VI장 Thought and Reality, 90-109쪽을 보라. 여기(103쪽 이하)에 사용된 "나쁜 버클리적 추론"에 대한 비난은 무어와 러셀에게로 거슬러 올라간다.

9   P. Hylton, *Russell, Idealism, and the Emergence of Analytic Philosophy*.

10   나는 이 용어를 같은 책, 제II부에서 그대로 가져왔다.

11   같은 책, 106쪽. 그런데 여기서 힐턴은 관념론자들 역시 심리주의에 대해 거리를 두는 논증을 펼치지만 '사유 그 자체'라는 것은 그대로 둘 수밖에 없었다는 사실을 재구성한다. 정신의 객관성에 대한 그런 확신을 분유하지 않은 채 정신을 단적으로 '인간의 영혼(심리)'과 등치시킨다면 모든 관념론은 심리주의적인 것으로 들릴 수밖에 없

정신적 구성물이 아니며, 철학, 논리학 그리고 수학은 사유의 **단지 주관적인 심리 법칙들**을 제시하는 것이 아니다. 이 입장들을 극복하기 위해 러셀과 무어는 먼저 관대한 존재론, 즉 플라톤적이라고 명명된 실재론을 주장한다.[12]

1) 무어와 러셀의 초기 일반적 '플라톤주의'

이 일반적 플라톤주의의 기본 주장은 다음과 같다. **우리가 그것에 대해 말할 수 있는 것, 그리고 우리가 인식하는 모든 것은 하나의 존재**^{Sein}**를 가지며, 어떤 것**^{Etwas}**이다.** 그리고 그것은 **단지 '사고된 것', 또는 '(심리적인) 인간의 인식 작용'이 아니다.** 따라서 이러한 사실이 소박한 경험론에 반대해서 말하는 것은 우리의 수동적인 수용적 감성의 객체들뿐만 아니라 **우리의 이성이 사유한 사물과 사상들도 하나의 존재 자체를 가지며,** 우리는 개념적 이성 속에서 '실재'와의 접촉을 갖는다는 (무어의 경우 「판단의 본성」에서 이것은 본래적 실재라고 한다)[13] 사실이다. 감성에서 우리는 외적 대

다. 힐턴은 다음과 같이 쓴다. "··· 관념론은 어떤 형이상학적인 것에 전념함으로써만 심리주의를 피한다. 예컨대 경험적 심리학의 대상이 아닌 사유 자체, 또는 판단 자체의 본성과 같은 것이 존재한다는 사실을 강하게 주장한다. ··· 이러한 생각의 다른 측면은 만일 우리가 사유 그 자체에 대해 말하는 것이 가능하다는 사실을 처음부터 받아들이지 않는다면, 관념론자들은 자신들의 항의에도 불구하고 심리학적으로 보일 수 있다는 것이다. 관념론은 심리학적이라는 무어와 러셀의 주장 뒤에는 이와 같은 것이 있다고 생각한다."

12 그런데 여기서 '플라톤적'이라는 표현은 오류인데, 왜냐하면 플라톤과는 달리 문법적 주어인 단어와 본질인 개념이 구별되지 않은 채 언표되는 모든 보편 개념에 존재가 귀속되기 때문이다.

상들을 지각하지만, 마찬가지로 우리의 의식에서 우리의 인식 작용과 독립해 있는 논리적 관계들, 모종의 보편자들과의, 그리고 수와 보편적 사유 법칙들과의 직접적 친밀함도 발견한다.[14] 더 정확히 말하자면 다음과 같다. 수들, 개념들, 논리적 규칙들, 관계들과 판단들 등이 있으며es 'gibt', 이 인식 대상들이 (사물들로서, als Dinge) 실존하지 않는 경우에도, 이것들은 어떤 것Etwas, Something이다sind. 그것에 대해 우리가 말할 수 있는 모든 것은 '존재Sein'를 가져야 하며(물론 반드시 실존하는 것은 아니다), 그렇지 않을 경우 **우리는 어떤 것에 대해서도 말하지 못할 것이다.**[15] 러셀은 다음과 같이 쓴다.

"존재Being는 이해할 수 있는 모든 술어, 가능한 모든 사유 대상

---

13   무어의 「판단의 본성」의 마지막 문장은 이를 강조한다. G. E. Moore, "The Nature of Judgment", in: *Mind* 8(30), 1899.

14   이에 대해 러셀의 *The Problems of Philosophy*(『철학의 문제들』), 81쪽을 보라. "개별적으로 존재하는 특정한 것들에 대한 우리의 지식 외에 우리는 우리가 보편자라고 불러야 하는 것, 말하자면 보편적 관념들에 대한 지식도 가지고 있다. 보편자에 대한 의식을 파악(역자 주: conceiving, 상으로서 내면에 품고 있는 것)이라고 부르고 우리가 의식한 것의 보편자를 개념(역자 주: concept, 파악한 것에 이름을 붙인 것)이라고 부른다." 그리고 또한 러셀이 플라톤의 보편자 이론을 제시하는 제9장(142쪽 이하)과 제10장도 보라. 우리는 개별적 사실에 대한 앎뿐만이 아니라 보편적 사실에 대한 앎도 인정해야 한다는 러셀의 주장에 대해 *Logical Atomism*(『논리적 원자론』), 9쪽 이하 및 70쪽을 보라. "일반 명제에 대한 지식이 존재하는 것처럼 보이듯이, 그것이 실제로 존재한다면, 일반 명제에 대한 원초적 지식이 있어야 한다(이것은 추론에 의해 습득되지 않은 일반 명제에 대한 지식을 의미한다)."

15   "수들, 호머의 신들, 관계들, 키메라들 그리고 4차원 공간 등, 이 모든 것은 존재를 가진다. 왜냐하면 이것들이 하나의 종에 대한 존재가 아니라면 우리는 이것들에 대한 어떤 명제도 만들어 낼 수 없을 것이기 때문이다"(B. Russell, *Principles of Mathematics*, reprinted, London: Routledge, 1903(2010), 455쪽).

에 속한다. 간단히 말하면 존재는 어떤 명제로, 즉 참이나 거짓으로 표현할 수 있는 모든 것에 속하며, 그러한 모든 명제들 자체에 속한다."[16]

무어는 유사하게 개념들과 명제들에 대해 이 개념과 명제들은 그것들의 내용상 객관적으로 존재하는 것으로 이해되어야지 인간적인 주관적, 또는 심리적 작용들로 이해되어서는 안 된다고 쓴다.

"개념들은 사유의 가능한 대상들이지만, 사유가 개념들에 대한 정의는 아니다. 그것은 그저 개념들이 사유하는 자와의 관계로 진입할 수 있다는 것을 진술하고 있을 뿐이다. 그리고 개념들이 어떤 것을 할 수^{may} 있기 위해 그것들은 이미 어떤 것**이어야**^{be} 한다. 누군가가 개념들을 생각하는지 않는지의 문제는 개념들의 본성과 상관이 없다. 개념들은 변할 수 없으며, 개념들이 앎의 주체와 만들어 내는 관계는 어떤 작용이나 반작용도 함의하지 않는다. 그것은 주체에서의 변화를 시작하거나 그칠 수 있는 유일한 관계이지만, 개념은 그런 변화의 원인도 결과도 아니다. 관계의 발생은 의심의 여지 없이 발생의 원인

---

16 이에 대해 B. Russell, *Principles of Mathematics*, 455쪽을 보라. 무어의 윤리학 강의에 나오는 '개념 플라톤주의'는 이에 상응한다. "사실 모든 개념들에 대해 말하자면 그것들이 실존하건 그렇지 않건 간에 그것들은 있다"(G. E. Moore, *The Elements of Ethics*, edited and with an Introduction by T. Reagon, Philadelphia: Temple University Press, 1991, Lecture V, 100쪽).

들과 결과들을 가지지만, 그것들은 주체에서만 발견될 수 있다. 하나의 명제는 이것들과 같은 그런 존재들로 구성된다."[17]

피터 힐턴은 『러셀, 관념론』, 109쪽에서 무어와 러셀의 이런 객관적 실재론적 시각을 다음과 같이 요약하여 기록한다. "… 판단들, 또는 러셀이 나중에 바꿔 부르는 명제들은 우리의 판단 작용, 또는 종합 작용과 독립해 있으며, 나아가 어떠한 종류의 작용과도 독립해 있다. 간단히 말하자면 명제들은 객관적이고 독립적인 존재들로서 이해된다. 만약 우리의 판단 작용들의 조건들이나 전제들이 있다면, 이것들은 어떤 의미에서도 명제나 대상의 조건들이나 전제들이 아니다."

힐턴은 이런 시각을, 이미 말한 바와 같이, "플라톤적 원자론"이라고 부른다. 그는 이 입장의 특징을 다음과 같이 말한다. "내가 명제들의 독립성에 관한 플라톤적 원자론의 교설을 표현하는 방법들 중 하나는 판단 **작용**(행위)과 판단 **대상** 사이의 구별을 주장하는 것과 같은 것이었다. 이것은 (심적) 작용들과 이 작용들의 (객관적이지만 심적이지 않은) 대상들을 구별하는 특별한 경우로 (그리고 가장 중요한 경우로) 간주될 수도 있다. 무어와 러셀은 이 구별을 아주 일반적으로 주장하는 것 같다. 그들은 지식, 신념, 사유, 지각, 그리고 심지어 상상 등에서 이 구별을 사용한다. 그들의 견해에 따르면 이러한 심적 행위나 상태에서 우리는 심적이지 **않은** 객체

---

17   G. E. Moore, "The Nature of Judgement", 4쪽 이하.

와 접촉하고 있다."[18]

이렇게 심적 판단의 모든 내용에 존재를 일반적이고 무차별적으로 종속시키는 것, 그리고 임의의 주관적 관념과 객관적인 본질 진술을 구별하지 않는 이렇게 모호한 개념의 개념은 나중에 러셀 자신의 강력한 자기비판의 대상이 된다는 사실은 일반적으로 잘 알려져 있다. 이 자기비판은 유사한 논증을 가지고 둥근 사각형의 실존에 대해 말하는 마이농을 러셀이 독해한 후에 이루어진다.[19] 무엇 때문에 러셀과 무어는 유지될 수 없는 그런 '플라톤주의'를 받아들여 한동안 방어하게 되었는가?

2) 무구별적 플라톤주의의 개념 이해가 갖는 반反주관주의적 동기

놀랄 정도로 '관대한' 저 플라톤주의는 확실히 단순한 철학적 혼란, 또는 근거 없는 기초적 실수일 뿐 아니라 철저히 하나의 이성적, 철

---

18 같은 논문, 111쪽. 이것 자체가 **상상(환상)의 대상들**로 간주된다는 사실이 주목된다. 왜냐하면 그것들은 내용을 갖고, 그리하여 지각하거나 상상하는 행위와 분리되어 있는 대상이나 존재에 관계하기 때문이다. 환각들에 대해서는 B. Russell, *The Philosophy of Logical Atomism*, 166쪽 또한 참조하라. "그것들은 어떤 것이든 가질 수 있는 가장 완전하고 절대적이며 완벽한 실재를 가지고 있다. 그것들은 덧없는 감각 데이터와 마찬가지로 세계의 궁극적인 구성 요소다."

19 러셀은 자신의 새로운 반플라톤주의적 지시체 이론에 관한 논문에서 마이농(Meinong)의 견해를 비판한다. 이에 대해서는 *On Denoting*, 482쪽을 보라. "위의 이론에 대한 증거는 우리가 지시구를 명제의 ―명제의 언어적 표현 속에서 지시구가 발생하는― 진정한 구성 요소를 대표하는 것으로 간주할 경우 피할 수 없는 것처럼 보이는 난점으로부터 도출된다. 그러한 구성 요소를 인정하는 가능한 이론 중 가장 단순한 것은 마이농의 이론이다. 이 이론은 문법적으로 정확한 지시구를 어떤 대상을 대표하는 것으로 간주한다."

학적 본능의 표현, 즉 실재론을 추구하는 본능의 표현이다.[20] 이미 시사했듯이 **반주관주의**와 **반심리주의**가 그들에게 플라톤주의를 받아들이도록 자극했다.[21] 어떤 대상들은 외부 감각의 대상들이 **아니**거나 **아닐** 수 있다는 사실로부터, 그런 대상들은 사물들과 같이 객관적인 것이거나 자연적인 것이 아니라 주관적이며, 인간 이성의 문제 많은 첨가물이라고 말하는 급진적 경험론이 이끌려 나온다. 따라서 밀에 따르면 수학의 필연성과 보편타당성은 그저 주관적이고 경험적일 뿐인데, 러셀은 이에 대해 반박한다.[22] 마찬가지로 보편자들과 일반적, 필연적, 논리적 관계들 사이의 연관들도 '주관적', 사상적gedanklich, 또는 '심리적'인 것에 불과하게 되는데, 이에 반하여 러셀은 정당하게도 우리는 여기서 진리를 가능케 하는 통찰들을 갖는다는 사실을 강조한다.[23] 가치들은 경험적인 것이 아

---

20 실재론을 향한 본능에 대해서는 B. Russell, *The Philosophy of Logical Atomism*, 56-57쪽을 보라.

21 P. Hylton, *Russell, Idealism, and the Emergence of Analytic Philosophy*, 106쪽 이하. 이 점에서 록모어 또한 러셀과 헤겔의 공통성을 인식한다. T. Rockmore, *Hegel, Idealism, and Analytic Philosophy*, 49쪽 이하.

22 이에 대해서는 B. Russell, "My Mental Development", 41쪽을 보라. "이것은 또한 과거의 경험주의와 대조적으로 **논리**를 지식의 원천으로 **인정하는** 새로운 논리 경험주의와도 관련이 있다." A. Blumenberg & H. Feigl, "Logical Positivism", *The Journal of Philosophy* 28(11), 1931, 281-296쪽, 특히 283쪽.

23 러셀의 다음과 같은 말을 참조하라. "보편자들에 관한 사실들을 지각할 수 있다." B. Russell, "Limits of Empiricism", *Proceedings of the Aristotelian Society* 36(1), 1936, 131-150쪽, 140쪽. 그리고 이 글은 148쪽도 보라. 나아가 B. Russell, *The Problems of Philosophy*, 81쪽, 142쪽과 보편자를 다루는 제10장도 보라. 무어의 다음 글도 이에 상응한다. G. E. Moore, "The Nature of Judgement", 8쪽. "역으로 추론의 본성에 빛이 비추어진다. 왜냐하면 결론은 내 생각 속에서 전제와 연결되어 있었을 뿐이고 추

니기 때문에 인지적으로 파악될 수 없다고 하는데, 이에 반해 무어는 직관적 가치 파악 이론을 제기한다.[24] 간단히 말하자면 ('지식은 경험으로부터만 나온다'고 주장하는) **일관성 있는 경험주의**는 쉽게 받아들일 수 없는 회의적 결과에 도달한다. 러셀은 다음과 같이 쓴다.

> "따라서 순수 경험론이 우리가 알 수 없다고 생각할 것들을 우리가 알고 있다는 사실을, 우리 모두가 흔들림 없이 확신하고 있는 것이 명백해 보인다. 따라서 우리는 순수 경험론과는 다른 지식 이론을 추구해야 한다."[25]

인간 이성의 "부가"를 수용성의 기여와 구별하고, 그 부가를 경험적 인식을 위한 가능 조건으로 받아들이는 (또는 도덕적 행위에 의미를 부여하기 위한 필연적 요청으로 받아들이는) 칸트적 해결책은 거부된다. 왜냐하면 그러한 해결책은 적어도 칸트의 이론이성에서는 주관성과 인간 이성의 한계를 내가로 지불하고 나서 생겨나기 때문이다. 이런 해결책에 대해 러셀과

론은 아무도 추론하고 있지 않았다면 아무것도 아니었다고 주장될 수는 없었던 반면에, **실존은 객관성의 유형으로 간주되기 때문에** 항들과 이 항들 사이의 관계에 속하는 객관성의 종과 관련해서는 커다란 어려움이 느껴졌기 때문이다." 세계 개념을 시간적 실존으로 한정 짓는 것에 대항하여 러셀과 무어는 앞에서 살펴보았듯이 보다 확장된 존재(Sein) 개념을 옹호한다.

24　무어의 다섯 번째 강의는 특히 '플라톤적'이다. G. E. Moore, *The Elements of Ethics*. 주 16도 참조하라.

25　B. Russell, *Limits of Empiricism*, 148쪽.

무어는 앞에서 말한 실재론과 상식을 위한 본능에서 반박한다. 그 대신 그들은 (이미 보았듯이 본질 개념과 표상과 환상과 같은 임의의 술어들 사이를 구별하지 않는) 저 무구별적 플라톤주의를 가지고 **주관적 관념론을 위한 논의**를 역전시킨다. 그들은 모종의 개념들이 인간 이성에서**만** 등장하지 감성에서는 등장하지 않는다는 사실로부터, 그리고 이 개념들이 세계에 대한 인간의 조망을 가능하게 하고 이 조망을 관통한다는 사실로부터 (경험적 인식을 포함한) 모든 인식의 원리적 주관성이 도출된다고 말하는 것이 아니라 오히려 **그 반대가 타당하다고 말한다.** 즉 비경험적 의식(즉 이성)에서만 등장하는 것도 객관적일 수 있으며, 이것은 의심의 여지 없이 직접적으로 **소여된 것**으로서 환상이나 환각의 경우에도 그러하다는 것이다. 하지만 이와 더불어 감각적으로 실존하는 대상들을 다루지 않는 객관적이고 적합한 비경험적 개념들과 판단들이 있다는 사실도 유효하다.

따라서 무어는 영어로 의미가 일정치 않고 대개는 **주관적이라는 의미를 지니는 '관념**^{idea}**'이라는 용어를 보다 객관적 단어인 '개념**^{concept}**'으로** 대체하고자 한다. 이때 그는 명백히 객관적인 의미를 지니는 독일어 단어 "개념"(사물의 총괄)을 염두에 두고 있다.[26] 무어는 개념적 관계들과 판단들(명제들)이 이성적 사고 속에서 파악되지만, 그 자체로 '주관적인 것'이 아니라고 말한다. 판단들은 **사유**될 수 있지만, 이것이 판단들의 정의

---

[26] 주 20 참조. 무어는 브래들리에 동의하면서 다음과 같이 말한다. "관념은 의미이지, 심적 상태가 아니다"(G. E. Moore, "The Nature of Judgement", 1쪽). 'Idea(역자 주: 관념, 이념, 표상 등으로 번역됨)' 개념의 애매함에 대해서는 러셀의 *The Problems of Philosophy*, 154쪽 이하를 참조하라.

는 아니라고 한다. 반대로 (초기 러셀의 항^{Term} 개념과 유사하게[27]) 판단들이 사유될 수 있기 **전에** 그것들은 **어떤 것이어야** 한다.[28] 무어는 『판단의 본성』에서 한 걸음 더 나아간다. 즉 감성의 사물들 '곁에' 개념들, 관계들, 보편자들 등의 플라톤적 영역도 인식 대상들로 '있을' 뿐 아니라, 우리가 **모든 것**을 개념적으로 파악하기 때문에 실제로 개념들은 세계의 **최종적 구성 요소들**이라는 것이다. 무어는 다음과 같이 강조한다.

> "그렇다면 세계를 개념들로 형성된 것으로 간주하는 것은 필연적인 것처럼 보인다. 이 개념들은 지식의 유일한 대상들이다. 그것들은 근본적으로 사물들에서 추상된 것으로도, 관념들에서 추상된 것으로도 간주될 수 없다. 왜냐하면 어떤 것이든 그것이 사물이나 관념이라면 이 사물이나 관념은 둘 다 똑같이 개념들 이외에 어떤 것으로도 이루어질 수 없기 때문이다."[29]

---

27 사유의 대상이 될 수 있거나 어떤 참, 또는 거짓 명제에서도 생길 수 있고 하나라고 셀 수 있는 것은 그것이 무엇이든 나는 그것을 항(term)이라고 부른다. 그렇다면 이것은 철학적 어휘 중에서 가장 광범위한 어휘이다. … 한 사람, 한 순간, 하나의 숫자, 하나의 집합, 하나의 관계, 하나의 키메라, 또는 언급할 수 있는 다른 모든 것은 확실히 하나의 항이다. 이런저런 것이 하나의 항임을 부정하는 것은 언제나 잘못된 것임이 틀림없다(B. Russell, *Principles of Mathematics*, 44쪽 이하).

28 같은 책, 5쪽을 보라.

29 G. E. Moore, "The Nature of Judgement", 8쪽. 나아가 무어는 다음과 같이 말한다. "마치 실체적인 어떤 것, 개념보다 궁극적인 어떤 것이 있거나 하듯이, 개념은 어떤 이해 가능한 의미에서도 하나의 형용사가 되지는 않는다. … 따라서 결국 개념은 유

무어에 따르면 세계는 왜 '근본적으로 개념적으로' 이해되어야 하는가? 무어는 판단들만이 진리를 가능케 한다고 주장한다. 판단들과 이념들을 한갓 주관적인 것으로 이해하기 위해, 그리고 그것들을 **대응설적으로 판단 외부의 존재**와 비교하기 위해, 나는 어떤 것이 ('주관적' 판단의 외부에) 이런저런 방식으로 있다는 것을 알아야(따라서 판단해야) 한다. 그러나 나는 이러한 사실조차도 하나의 판단을 통해서만 안다. 대응설과는 반대로 무어에게는 나는 언제나 판단들을 판단들과 비교하지, '외부의 존재'와 비교하지 않는다는 사실이 타당하다.[30] 그런 외부 존재를 가정하는 것, 그럼으로써 또한 모든 판단들을 주관화하는 것은 자기모순적이다. 달리 말하면 판단들은 (완전히 플라톤적으로) 세계 자체 속에 있는 '**근본적인 것**'이며, (만약 판단에서 언표된 결합이 개념들 사이에서 성립한다면) 판단들은 바로 진리가 되지, 단지 **자기 외부의** 진리와 **관계**할 뿐인 것은 아니다.[31] 무어는 이 판단들 중 몇 개만이 경험적 실존과 연관을 갖는다고 할지라도 실재

일한 실체, 또는 주어로 판명되며, 어떤 개념도 다른 것보다 많거나 적은 형용사가 아니다"(같은 책, 18쪽). 또한 무어는 이에 상응하게 "참된 명제의 본성이 궁극적인 자료 (datum)"라고 말한다(같은 책, 7쪽).

30 같은 책, 특히 6-8쪽을 참조하라. "사실에 호소하는 것은 무용하다. 왜냐하면 하나의 사실이 판단의 토대일 수 있기 위해 그것은 우선 명제의 형식 속에 놓여야 하고 더 나아가 이 명제는 참인 것으로 가정되어야 하기 때문이다."

31 "판단에 대한 우리의 설명으로부터 볼 때, 우리의 마음을 향한 지시이든 세계를 향한 지시이든 모든 지시는 사라져야 한다. 둘 중 어느 것도 그것들이 복합적인 판단일 경우를 제외하고는 어떤 것을 위한 '근거'를 제공할 수 없다. 판단의 본성은 둘 중 어느 것보다 더 궁극적이며, 단지 판단의 구성 요소인 개념, 또는 논리적 관념의 본성보다는 덜 궁극적이다"(같은 책, 18쪽).

는 **명제들로 구성된다**고 말한다.[32] (어떤 것이 실존한다는 것은, 이미 말했듯이, 그 자체로 다시 하나의 판단이다) 따라서 존재라는 개념은 경험적 실존이라는 개념보다 더 나아갔고, 더 근본적이며, 진리라는 개념은 동일한 의미에서 존재라는 개념만큼 근본적이다.[33] 요약해 보자. 모종의 판단들은 (감성을 통해서가 아니라) 인간의 이성에 의해서만 파악된다는 사실은 어떤 문젯거리나 (나쁜 의미의) 주관성의 징후가 아니다. 오히려 **이성은 경험적 직관들 한 복판에서만이 아니라 순수 개념들 한가운데서도 실재성을 띠거나 존재와 접촉할 수 있다. 왜냐하면 세계 그 자체가 판단의 성격을 띠고, 따라서 개념적이기 때문이다.** 시간적 행위로서의 인식 **작용**은 주관적일 수 있으며(어떤 것의 표상이라는 의미에서의 '관념idea'), 사유된 것Gedanke으로서의 내용은[34] 객관적인 어떤 것(총괄)이다.

3) 무어의 플라톤주의와 절대적 관념론 사이의 유비

무어가 『판단의 본성』에서 정교화하는 이러한 주장에는 ―이때 무어는 그런 존재론이 상식에 얼마나 도발적으로 보일지를 의식하고 있

32 　같은 책, 특히 5-8쪽.

33 　"실존은 논리적으로 진리에 종속된다고 … 주장된다. 또한 진리는 실존에 대한 지시에 의해 정의될 수 없지만, 실존은 오직 진리에 대한 지시에 의해서만 정의될 수 있다고 주장된다"(같은 책, 6쪽).

34 　이러한 언급은 독일어의 어감에서만 의미를 지닌다. 러셀과 무어는 세계를 '사유된 것(thought)'라고 표기하려고 하지 않는다. 왜냐하면 영어에서 사유라는 것은 빈번히 전적으로 주관적인 심적 작용을 의미하기 때문이다. 세계는 이념과 명제들로 이루어진다.

었다[35] – 확실히 **헤겔의 객관적 관념론의 기본 사상과 원칙적이고 논리 적인 유사성**이 있다.[36] 경험적 진리 증명이 우리에게 "세계로의 접근"을 제공해 줄 (그리고 순수하게 개념적이고 비경험적인 모든 것은 주관적인 것일) 뿐만 아니 라, 개념적인 이성도 객관적 내용을 갖는다(플라톤주의, 객관적 관념론). 나아 가 세계가 개념적이며 개념적 사유 또한 세계의 성격을 띤다는 사상은 무어의 숙고를 맥다월의 절대적-관념론적 근본 사상과 결합시킨다. 맥다 월은 '개념적인 것의 무한계성'을 강조하며, 또한 비슷한 의미에서 세계 의, 또는 자연의 개념성(논리성Logizität)에 대해 말한다.[37]

3. 무어와 러셀의 자기비판: 그리고 자기비판에 대한 비판

1) 무어의 '관념론 반박'

『판단의 본성』(이 저작은 주관적 관념론과 심리주의를 비판한다)에 이어 무어 는 이제 객관적 관념론에 대한 비판을 감행한다. 『관념론 반박』에 따르

---

35 같은 책, 특히 5쪽.

36 '우리는 개념적인 숙고를 통해 실재의 내적 핵심을 파악한다'는 헤겔의 격언도 이를 뒷받침한다. "사유가 대상과 관련하여 활동하는 것으로서, 즉 **어떤 것에 대한 숙고로** 서 간주되기 때문에, 사유의 활동의 산물인 보편자는 **사태의 가치, 본질적인 것, 내 적인 것, 참된 것**을 포함한다"(G. W. F. Hegel, *Wissenschaft der Logik I*, Werke in zwanzig Bänden, Theorie Werkausgabe, Frankfurt a. M.: Suhrkamp, 1969ff., Bd. 5, 76쪽).

37 J. McDowell, *Mind and World. With a New Introduction*, Cambridge, Mass.: Harvard University Press, 1996과 J. McDowell, "Two Sorts of Naturalism", in: J. McDowell, *Mind, Value, and Reality*, Cambridge, Mass.: Harvard University Press, 2001, 그리고 C. Spahn, "Transformationen des Hegelianismus"도 참조하라.

면 인식 작용과 인식 내용의 분리는 일반적인 반反관념론적 주장으로 해석될 수 있다.[38] 어떤 것이 사유된다는 사실로부터 그것이 그 내용상 (단지) 사상적인 어떤 것이라는 사실이 추론되는 것은 아니다. 그러나 무어에 따르면 이러한 사실은 주관주의에 반대해서만(플라톤적 개념들의 주관화에 반대해서만) 타당한 것이 아니라, 세계를 **정신적인 것으로, 사상적인 것으로**, 또는 심지어 (범심리주의적으로) **사유하는 것으로** 간주하려고 하는 **모든 관념론**에 반대해서도 타당하다. 존재하는 것esse, to be은 지각된 것percipi, to be perceived이 아니다(또한 지각하는 것percipere, to perceive도 아니다). 무어는 (개념성의 객관성과는 구별되는) **세계의 정신성**을 주장하는 그런 주장이 모두 오류라고 한다.[39]

무어의 반대 논증을 여기서 계속 소개할 수는 없지만, 그 반대 논증은 자신의 원래의 플라톤적 논증과 긴장 속에 놓일 수밖에 없다. 비록 그가 이 긴장을 처음에 보지 못했다고는 해도 말이다.[40] 실로 세계의 논리성Logitität과 정신일원론("모든 것은 정신이다"[41]) 사이에는 확실히 구별이 있

---

38   이것이 『관념론 반박』에서 무어의 주된 주장이다.

39   "네가 참으로 esse(to be)를 서술할 수 있는 곳이라면 어디에서나 어떤 의미에서든 percipi(to be perceived)를 참으로 서술할 수 있다는 사실은 모든 논증에서 필요한 단계이며 관념론적이라고 불리는 것이 적절하다. 더군다나 그것은 지금까지 관념론적 결론을 주장하는 모든 논증들에서 필요한 단계다"(G. E. Moore, "The Refutation of Idealism", 26쪽).

40   볼드윈(Baldwin)은 무어가 나중에 자신의 책 『관념론 논박』을 돌이켜 보면서 혼란스럽고 오류투성이의 책으로 간주했다고 말한다. G. E. Moore, *Selected Writings*, iv쪽을 보라.

41   헤겔이 자신의 『철학사 강의』에서 수행하는 버클리 비판(G. W. F. Hegel, *Vorlesung über die Geschichte der Philosophie III*, Frankfurt a. M.: Suhrkamp, 1986, 270-275쪽)과 또 최근에 헤겔을 '정신

지만, 여전히 의문은 남는다. 말하자면 무어는 존재 개념esse을 포착됨의 개념percipi[42]에서 새롭게 분리하는데, 이 분리가, 판단하는 인식 행위를 넘어서는 **피안의 존재**를 대응설적으로 가정하는 것에 대해서 자신이 이전에 공격했던 것과 어떻게 함께 생각될 수 있는지가 의문으로 남는다. 무어의 원래의 인식적 논증은 강력하게 남아 있어서, 개념 초월적 존재에 대한 모든 언술은 ('존재하는 것은 지각된 것이 아니다'라는 형식에서도) 이 초월이 다시 **개념**으로 다루어져야 하는 한에서 자기모순적이 된다. 그럼에도 불구하고 초기 무어는 개념들의 객관성만을 수용하지, 그것을 넘어서는 **객관 정신, 또는 절대정신의 이론**을 수용하지는 않는다(여기서도 맥다월의 조심스러운 관념론과의 유사성을 확인할 수 있다).[43] 이같이 최대한으로 나아간다고 해도 누스Nous 없는 플라톤주의,[44] '정신성이 빠진' 플라톤주의만을 우리는

주의자'로 이해하고자 하지 않는 가브리엘(M. Gabriel)의 "What kind of an Idealist (if any) is Hegel?", in: *Hegel Bulletin* 37(2), 2016도 보라.

42 G. E. Moore, "The Refutation of Idealism", 30쪽 이하.

43 예를 들어 할비히는 맥다월이 자연철학적으로 각인된 절대적 관념론을 제거해 버린다고 비난한다[C. Halbig, "Varieties of Nature in Hegel and McDowell", in: European Journal of Philosophy 14(2), 2006, 234쪽]. 이에 반해 맥다월은 자신이 구성주의 철학을 추구하지 않는다고 한다. 이에 대한 나의 비판은 C. Spahn, "Transformationen des Hegelianismus", 155쪽 이하를 참조하라.

44 헤겔의 플라톤 해석은 역사적으로도 확실히 이것과 반대된다. 특히 G. W. F. Hegel, *Volesunsen über die Geshichte der philosophie II*, Werke in zwanzig Bänden, Theorie Werkausgabe, Frankfurt a. M.: Suhrkamp, 1969ff. Bd. 19, 83쪽 이하를 보라. 헤겔은 신플라톤주의와 일치된 의견을 가지며, 플라톤의 『파르메니데스』가 플라톤의 '참된 신학', 즉 신적 존재의 모든 신비를 참되게 드러낸 것으로 간주되어야 한다고 말한다(같은 책 82쪽). 헤겔의 플라톤 해석의 요점은 플라톤의 논리적 이데아가 정신의 표현으로 이해되어야지 '죽은 논리적 개념'으로 이해되어서는 안 된다는 것이다(같은 책,

무어에게서 발견할 수 있을 뿐이다. 하지만 **무어와 러셀은 자신들의 초기 플라톤주의에서 '객관적 판단'과 참된 비경험적 '사상'들이 우리의 인식 작용과 상관없이 존재한다는 것을 받아들였었는데**, 이제 그런 객관적 판단과 사상들이 '비정신적' 존재론에서 어떤 존재 위치를 가질 수 있는지 의문이 아닐 수 없다. 그것들이 반┼관념론적인 존재론적 그림 안에서 볼 때는 **의심스러운** 것으로 여겨진다는 사실은 정당한 것이며, 따라서 그것들은 후에 러셀에 의해서도 제거되며 논리 실증주의자들에 의해서 더 강력하게 제거된다.

2) 『논리적 원자론』에서 러셀의 자기비판

러셀의 자기비판에 따르면 이제 다음과 같은 사실이 타당하다. **명제들은 무이며, 거의 모든 복합적, 비경험적 개념들은 실체화된 것** Hypostase, **즉 문법적 주어들을 사물화한 것**, 간단히 말하면 **논리적 허구들**이다.[45] 이름Namen만이 직접적으로 실재하는 것에 관계하지만, 우리는 종

83쪽 이하).

45   B. Russell, *Logical Atomism*, 55쪽. "그것의 곤란함은 명제들이 명백하게 아무것도 아니라는 것이다. … 명제들이 있다고 생각한 때가 있었다. 하지만 사실들 외에 또한 실제로는 화요일인데 '오늘은 수요일이다'와 같이 기이하고 어두운 것들도 있다고 말하는 것이 나에게는 그다지 그럴듯하게 들리지 않는다." 마찬가지로 존재로서의 숫자와 같은 '기이한' 것들에 대해 러셀은 다음과 같이 말한다. "숫자들은 집합들의 집합이고 집합은 논리적 허구이므로 숫자는 말하자면 두 번의 허구를 거친 허구, 즉 허구의 허구이다. 따라서 당신은 당신이 수라고 부르는 경향이 있는 이 이상한 존재들을 당신의 세계의 궁극적 구성 요소의 일부로서 가지고 있지 않다. 동일한 사실이 다른 방향에서도 동일하게 적용된다"(같은 책, 111쪽).

종 '사이비-이름', 즉 단축된 기술들을 사용한다. 단축된 기술이란 어떤 대상을 대신하지 않으며, 어떤 직접적 성분도 갖지 않는, 따라서 의미 분석에서 해소되어야 하는 것들(예컨대 유니콘, 프랑스의 현재 왕, 형이상학의 개념들 등)이다.[46] 『논리적 원자론』에서 내적 감각 자료와 외적 감각 자료는 최종적인 관계항이며, 모든 논리적 의미 분석의 **원자**다. '모든 항들에는 존재가 귀속되며', '모든 판단은 (비록 몇몇 판단에만 실존이 귀속된다고 할지라도) 어떤 것이다'라는 순진한 주장은 순진한 반대 주장으로 이행한다. 즉 모든 명제는 무이며, (이름을 제외한) 거의 모든 개념은 존재와의 어떤 내적 연관도 가지지 않고, 어떤 존재도 구성하지 않는다.[47] 그리하여 이러한 전복에 뒤이어서 논리 실증주의는 경험적 검증이라는 생각을 가지고 그들의 유명한 반형이상학적 프로그램을 시작할 수 있다.[48]

---

46   B. Russell, *On Denoting*, 483쪽 이하; B. Russell, *Logical Atomism*, 88-91쪽.

47   이미 인용한 대로 이전의 러셀에게는 호머와 숫자가 '존재했지만' 이제는 (우리에게) 소크라테스, 런던에 있는 루마니아나 피카디리는 결코 더 이상 '존재하지' 않는다. 이것들은 이름도 술어들의 구성 요소도 아니고 그저 '불완전한 기호', 또는 '논리적 허구'일 뿐이다. "이러한 기호들의 집합체는 내가 '논리적 허구'라고 부르는 것과 실제로 동일하며, 일상생활의 거의 모든 친숙한 대상인 테이블, 의자, 피카디리, 소크라테스 등을 포함한다"(B. Russell, *Logical Atomism*, 18쪽 이하 및 91쪽 참조). 이것은 **전도된 일면성**이다. 이전에는 의미 있고 참된 진술에서 주어에 술어를 할당하는 것이 유효했기 때문에, 이것이 허구적 존재들에도 타당해야 한다. 허구적 존재들은 존재하지만 실존하지는 않는다. 하지만 이제 반대로 루마니아, 소크라테스, 유니콘 등은 이름이 **아니며**, 따라서 그것들은 모두 존재하지 않으며, 개별적인 감각 데이터들만이 궁극적인, 그리고 현실적인 원자적인 것이다.

48   이에 대해서는 R. Carnap, "Überwindung der Metaphysik durch logische Analyse der Sprache", in: *Erkenntnis* 2, 1931, 219-241쪽과 A. Ayer, *Language, Truth, and Logic*, New York: Dover Publications, 1952[1936]을 보라.

3) 무어와 러셀의 자기비판에 대한 비판

주관주의와 심리주의에 대항하는 무어와 러셀의 근본적인 직관은 동의를 얻을 만하며, 그들의 반ᵏ회의적 프로그램은 일관성이 있고, 또 '플라톤적' 해결책은 비록 그것의 수행 방식에 의문의 여지가 있기는 해도 **철학이 비경험적인 객관적 개념들에 관한 이론을 필요로 한다**는 그것의 근본적 사상에 있어서는 설득력이 있다. 주관적인 비경험적 이성과 실재성을 띤 지각 사이의 이원론을 둘러싼 오랜 논쟁 이후에야 비로소 누구보다도 데이비드슨과 맥다월이 이미 무어의 강력한 논증으로 대변되었고, 직관적으로 **주관주의 문제와 회의주의 문제의 해결 지점으로 인식되었던** 이러한 **근본적인 통찰**로 되돌아온다.[49] 우리는 개념들과 '현실' 사이의 어떤 근본적인 이원론도 올곧게 유지할 수 없으며, 우리가 개념들 가운데서 실재 안에 있으려 하면, 도식과 내용의 이원론은 거부되어야 한다. 참된 개념적 이성은 마치 이성이 '외부', 또는 '외적 한계'를 가지기라도 하듯이 그렇게 고찰될 수는 없다. 맥다월은 "만약 우리가 정확한 재현에 대한 생각을 간직한다면, 우리는 자연 세계가 로고스의 공간 속에 있다고 말함으로써 우리가 제시하게 될 결론을 피할 수 없다"[50]고 말한다.

하지만 놀랍게도 첫 번째 입장인 '무구별적 플라톤주의'에서만이

---

49 J. McDowell, *Mind and World*, 특히 22쪽 이하와 "Two Sorts of Naturalism"의 일반적인 서술을 참조하라.

50 J. McDowell, "Two Sorts of Naturalism", 179쪽.

아니라 반대로 그 이후의 입장인 논리적 원자론에서도 분명하게 보이는, 앞서 언급한 무구별성은 비판되어야 한다. 전자의 국면에서 러셀의 경우, 급진적 격변이 일어난다. 이제 **모든** 감각 자료는 '참'이며(앞에서 모든 항에 '존재'가 부가된다고 했듯이, 이제 러셀에 따르면 환상도 꿈도 수미일관하게 실제적이고 참된 것으로 간주된다),[51] 반대로 모든 복합 개념은 (책상, 루마니아, 소크라테스 등과 같은 일상적인 개념들도 포함하여) '논리적 허구들'이다.[52] 러셀은 복합 개념들이 **도대체가** 어떻게 기능하는지를 『원자적 실재론』에서 허구적 개념들을 특별히 관찰하면서 탐구하며, 거기서부터 허구적 개념이든 아니든 상관없이 **모든** 복합 개념으로 확장한다.[53]

이러한 무구별적인 전도는 내 생각에 두 가지 이유로 설명된다. ① 무어와 러셀은 시대정신과 함께 점점 더 '반자연주의적' 결론들로부터

51 　이것은 '직접적으로 주어져 있는 것은 곧바로 파악된다'고 하는 러셀의 '친숙함'의 이론과 관련이 있다. 앞의 주 18도 참조하라.

52 　주 47 참조. 다른 한편, 최근에 나온 매우 통찰력 있는 글 A. C. Varzi, "From Language to Ontology: Beware of the Traps", in: M. Aurnague, M. Hickmann & L. Vieu (eds.), *The Categorization of Spatial Entities in Language and Cognition*, Amsterdam: John Benjamin, 2007을 보라. 그는 올바르게도 러셀에 대해 형식적 언어 분석이 특정 존재론적 임의성을 갖는다고 강하게 반박한다. 그는 러셀의 형식적 언어 분석이 그 자체로 단순하거나 복잡한 사물 및 사실의 존재론에 대해 어떤 것도 결정하지 않는다고 한다.

53 　복합 개념들에 대해서는 B. Russell, *Logical Atomism*, 57쪽을 보라. "네가 참 명제를 믿든 거짓 명제를 믿든 논리 형식은 똑같다." 하지만 나는 모종의 복합적인 대상들은 있고 다른 대상들은 없다는 사실로부터 출발한다고 러셀은 말한다. 그런데 러셀은 부정적인 '오류의' 예들(오늘이 화요일임에도 불구하고 '오늘은 수요일이다'라고 한 앞의 언급 참조)로부터 출발하여 참된 진술들의 논리적 구조를 위한 결론들을 이끌어 내면서 양자를 형식논리적으로 동일하게 취급한다. 이것은 보다 복합적인 지시 이론에서는 분명하게 구별될 수 있을 것이다.

퇴각한다. 그렇다면 '플라톤적 이념들'에 관한 이론 내지 개념들의 존재에 관한 이론은 수상쩍은 것이 된다. ② 그들의 이론은 전회 이전, 그리고 전회 직후에 중요한 점에서 추상적이다. **'소여된 것'은 '만들어진 것'과 대조적으로 구별**되며, 소여된 것에서만 진리와의 접촉이 추구되지, 소여 존재의 결핍된 양태들과 적합한 양태들이 서로 구별되거나, 매개되고 판단된 것의 결핍된 양태들과 구체적 양태들이 서로 구별되지는 않는다.

다른 말로 하면 러셀과 무어는 비경험적 개념들의 보편적이고 직접적인 인식을 주장할 뿐, **비경험적 개념 형성 이론**을 상세히 다루지 않는다. 우리는 보편자와 (직접적으로) 친숙하며, 우리는 명제들로의 (직접적, 무매개적) 통로를 갖는다. 하지만 개념들은 보이는 것이 아니라 판단의 산물이다. 따라서 이미 보았듯이, 우선 (무어의 직관 개념은 우리를 가상의 직관으로부터 보호하지 못하며, 러셀의 직접적 친숙함의 이론은 더 상세히 논구되지 않기 때문에) 무어와 러셀에게는 임의로 정립된 것들과 본질적인 개념들을 구별하는 기준이 없다. 이렇듯 저 플라톤주의는 '사유될 수 있는 모든 개념에 대한 존재론적 증명'을 서술한다는 것을 발견한 후에, 이 플라톤적 폭발을 한정짓기 위해 결국 **경험적 진리 증명**(과 공허한 논리적 분석성)을 지시하는 일만 남게 된다. 이로써 객관적, 비경험적 개념에 관한 이론은 **모두 실체화라는 혐의를 받게** 된다. 목표한 것에 보다 효과적으로 도달하기 위해서는 감각의 수용성과 메마르고 파생된 개념성을 **수평적으로** 구별하는 대신, 수직적으로 감성에서는 환각과 지각을 서로 구별하여야 하며(그런 한에서 러셀은 다른 지점에서 아주 의미 있다), 또한 비경험적 이성에서는 유니콘과 같은 허구를 철학적으로 필연적인 본질 개념과 구별하여야 할 것이다.[54] 하지만 이를 위해 경험적 인식에 관한 이론과 더불어 복합적인 개념 형성에 관한 이론도 필요하며, 따라서 형식논리학 외에 형식적 '의미론'도 필요하다.

마지막으로 앞서 살펴본 자기 교정이 **지금까지의 모든 형이상학과 전통의 '근본 오류'로 지나치게 격상되는 것**은 비판되어야 한다.[55] 이와 더불어 전통이 매우 복잡한 수준에서 작동했다고 오인된다. 적어도 위대한 형이상학자들에 대해 우리는 그들이 '언어에 의해' 속지는 않았다고 말해도 될 것이다.[56] 유니콘의 형이상학에 대한 책들은 오랜 전통을 가지지 않으며, '존재'와 '실존' 같은 개념들에 도대체 이런 문제가 있는가? 그런 종류의 허구와 철학적으로 불가피한 개념들 사이에 구별이 존재하는 것으로 보인다. 그러한 종류의 '형이상학적' 개념들이 **실체화된 사물들**이나 **감각적 대상들**과는 다르게 고찰되어야 한다는 것, 따라서 우리는 **비경험적 개념 형성에 관한** (변증법적) **이론**을 필요로 한다는 것은 플

---

54   이와 유사한 반론에 대해서는 V. Hösle, "What can we learn from Hegel's objective-idealist theory of the concept that goes beyond the theories of Sellars, McDowell, and Brandom?", in: N. Limnatis (ed.), *The Dimensions of Hegel's Dialectic*, London & New York: Continuum, 2010을 참조하라.

55   이것은 자주 모든 전통의 근본적인 결함을 말하는 러셀 자신에게 해당한다(주 6 참조).

56   헤겔은 자신의 회의론 논문에서 칸트 이후의 형이상학 비판에 반대해서 유사한 제한을 제기한다. 그는 당시 통용되고 있던 감각적 이원론이 철학을 위해 불충분하다는 사실에 관한 통찰이 참된 철학 체계들에게 알려져 있지 않은 것이 아니라, 참된 철학 체계들이 그러한 통찰에서 기인하는 것이라고 말한다(G. W. F. Hegel, *Jenaer Schriften*, Werke in zwanzig Bänden, Theorie Werkausgabe, Frankfurt a. M.: Suhrkamp, 1969ff., Bd. 2, 238쪽 이하).

라톤과 헤겔의 근본 통찰이다(이는 칸트의 중요한 통찰이기도 하다). 따라서 형이상학에 경험적 개념들이 결여되어 있다는 사실에 대한 통찰은 독일 관념론이나 전통 형이상학을 역사적으로 순진한 것으로 치부해 버릴 만큼 이철학들의 맹점이 아니다. 오히려 특히 칸트 이후 저 통찰은 비로소 객관적 관념론으로의 발전의 시초가 된다. 우리는 무어와 러셀과 더불어 나쁜 형이상학을 경험 과학적 사유로부터 떼어 내야 하며, 무어와 러셀을 넘어 —그리고 헤겔과 더불어— 우리는 나쁜 감각적-경험적 사유를 철학에서 떼어 내야 한다. 말하자면 우리는 비감각적 개념 형성에 관한 이론을 발전시켜야 한다. 하지만 인간의 사유 작용으로도, 자연의 시공간적 대상들로도 환원되지 않는 객관적, 논리적 개념에 관한 이론이 정신에 관한 객관적 이론 없이 존재할 수 있는지는 물론 해결되지 않은 문제다.

Ayer, A. J., *Language, Truth, and Logic*, New York: Dover Publications, 1936[1952].

Blumenberg, A. & Feigl, H, "Logical Positivism", *The Journal of Philosophy* 28(11), 1931.

Carnap, R., "Überwindung der Metaphysik durch logische Analyse der Sprache", in: *Erkenntnis* 2, 1931.

Frege, G., "Über Begriff und Gegenstand", in: *Vierteljahreszeitschrift für wissenschaftliche Philosophie* 16, 1892.

Gabriel, M., "What kind of an Idealist (if any) is Hegel?", in: *Hegel Bulletin* 37(2), 2016.

Halbig, C., "Varieties of Nature in Hegel and McDowell", in: *European Journal of Philosophy* 14(2), 2006.

Hegel, G. W. F., *Jenaer Schriften*, Werke in zwanzig Bänden, Theorie Werkausgabe, Frankfurt a. M.: Suhrkamp, 1969ff., Bd. 2.

_____, *Wissenschaft der Logik I*, Werke in zwanzig Bänden, Theorie Werkausgabe, Frankfurt a. M.: Suhrkamp, 1969ff., Bd. 5.

_____, *Volesunsen über die Geshichte der philosophie II*, Werke in zwanzig Bänden, Theorie Werkausgabe, Frankfurt a. M.: Suhrkamp,

제1부 현대 영미 철학에서 헤겔로의 귀환

1969ff. Bd. 19.

_____, *Vorlesung über die Geschichte der Philosophie III*, Werke in zwanzig Bänden, Theorie Werkausgabe, Frankfurt a. M.: Suhrkamp, 1969ff., Bd. 20.

Hösle, V., "What can we learn from Hegel's objective-idealist theory of the concept that goes beyond the theories of Sellars, McDowell, and Brandom?", in: N. Limnatis (ed.), *The Dimensions of Hegel's Dialectic*, London & New York: Continuum, 2010.

Hylton, P., *Russell, Idealism, and the Emergence of Analytic Philosophy*, Oxford: Clarendon Press, 1990.

McDowell, J., *Mind and world. With a New Introduction*, Cambridge, Mass.: Harvard University Press, 1996.

_____, "Two Sorts of Naturalism", in: J. McDowell, *Mind, Value, and Reality*, Cambridge, Mass.: Harvard University Press, 1998, S.167-197.

Moore, G. E., "The Nature of Judgment", *Mind* 8(30), 1899, in: G. E. Moore, *Selected Writings*, ed. by T. Baldwin, New York: Routledge, 1993.

_____, "Mr. McTaggart's 'Studies in Hegelian Cosmology'", in: *Proceedings of the Aristotelian Society* 2(1), 1902.

_____, "The Refutation of Idealism", in: *Mind* 12(48), 1903.

_____, *The Elements of Ethics*, edited and with an Introduction by T. Reagon, Philadelphia: Temple University Press, 1991.

Nagel, T., *The View from Nowhere*, New York: Oxford University Press, 1986.

Rockmore, T., *Hegel, Idealism, and Analytic Philosophy*, New Haven: Yale University Press, 2004.

Russell, B., *Principles of Mathematics*, reprinted, London: Routledge, 1903[2010].

_____, "On Denoting", in: *Mind* 14(56), 1905.

_____, *The Problems of Philosophy*, London: Oxford University Press, 1912.

_____, *The Philosophy of Logical Atomism*, London: Routledge, 1919[2010].

_____, "The Limits of Empiricism", *Proceedings of the Aristotelian Society* 36(1), 1936.

_____, *My Religious Reminiscences* [1938], in: B. Russell, R. E. Egner, & L. E. Denonn, *Basic Writings of Bertrand Russell, 1903-1959*, New York: Simon & Schuster, 1961[1987].

_____, "My Mental Development", in: *The Philosophy of Bertrand Russell*, ed. by. P. A. Schilp, Library of Living Philosophers, New York: Tudor, 1951, in: *Basic Writings of Bertrand Russell, 1903-1959*.

Redding, P., *Analytic Philosophy and the Return of Hegelian Thought*, Cambridge: Cambridge University Press, 2007.

Spahn, C., "Transformationen des Hegelianismus: Objektivität vor und nach McDowell", 『헤겔연구』 37, 한국헤겔학회, 2015.

Varzi, A. C., "From Language to Ontology: Beware of the Traps", in: M. Aurnague, M. Hickmann, & L. Vieu (eds.), *The Categorization of Spatial Entities in Language and Cognition*, Amsterdam: John Benjamin, 2007.

Watson, R. A., "Shadow History in Philosophy", in: *Journal of the History of Philosophy* 31, 1993.

제3장

감각 소여의 신화와 헤겔적 전회

권영우

1. 서론

프레게로부터 출발한 분석철학은 20세기를 거쳐 무어, 러셀, 비트겐슈타인, 비엔나학파, 포퍼 등과 같은 많은 철학자들에 의해 빠르게 발전하면서 현대 철학사에 중요한 흐름을 형성하고 있으며 앞으로도 이러한 흐름은 지속될 것으로 생각한다. 그런데 초기 분석철학자들은 대부분 반헤겔적 태도를 취하고 있었다. 반헤겔적 성향을 가진 초기 분석철학자로 러셀과 무어를 꼽을 수 있는데 러셀에 따르면 그는 1890년부터 다니기 시작한 케임브리지대학에서 칸트와 헤겔뿐만 아니라 영국 관념론에 거의 8년 정도 관심을 가졌었다.[1] 러셀은 자신의 이 시기를 "관념론으로의 외도excursion into idealism"였다고 말한다.[2] 잘 알려져 있다시피 무어도 비숫한 시기 관념론자였지만, 후에 대표적인 반관념론자가 되었다.[3] 러셀의 말에 따르면 그와 무어는 1898년 "칸트와 헤겔로부터 돌아섰다"고 한다.[4] 러셀과 무어의 반헤겔적 입장은 그들이 초기 분석철학의 기틀을 닦는 데 크게 기여했다는 점에서 초기 분석철학이 반헤겔적 성향을 띠도록 하는 데 영향을 주었을 것으로 생각된다.

초기 분석철학의 반헤겔적 경향의 이론적 근거를 살펴보면 그 근거는 초기 분석철학이 따랐던 감각 소여 이론과 경험주의적 전통에 입각한 진리 대응론에서 찾아질 수 있다.[5] 분석철학에서 진리 대응론은 프레게의 의미론으로부터 많은 영향을 받았다고 평가될 수 있다. 하지만 무

---

1   B. Russell, *My Philosophical Development*, Nottingham: Spokesman, 2007, 37-43쪽, 54쪽.

2   같은 책, 37-43쪽; T. Rockmore, "Analytic Philosophy and the Hegelian Turn", in: *The Review of Metaphysics* 55(2), 2001, 343-344쪽.

3   다음을 참조. T. Baldwin, "Moore's rejection of idealism", in: *Philosophy in History*, eds. by R. Rorty, J. B. Schneewind & Q. Skinner, Cambridge: Cambridge University Press, 1984.

4   B. Russell, *My Philosophical Development*, 54쪽; C. Spahn, "Transformationen des Hegelianismus: Objektivität vor und nach McDowell", 『헤겔연구』 37, 한국헤겔학회, 2015, 126-128쪽; B. Russell, *The Problems of Philosophy*, Columbia: CreateSpace Independent Publishing Platform, 2018, 125-129쪽; P. Basile & W. Röd, *Die Philosophie des ausgehenden 19. und des 20. Jahrhunderts 1: Pragmatismus und analytische Philosophie*, Geschichte der Philosophie, München: C.H. Beck, 2009ff., Bd. XI, 207-210쪽; 이광모, 「무어와 러셀의 '관념론' 비판과 헤겔의 반론」, 『헤겔연구』 46, 한국헤겔학회, 2019, 53-59쪽.

5   P. Hylton, "The nature of the proposition and the revolt against idealism", in: *Philosophy in History*, eds. by R. Rorty, J. B. Schneewind & Q. Skinner, Cambridge: Cambridge University Press, 1984, 375쪽.

엇보다도 러셀의 감각 소여 이론이 초기 분석철학의 경험주의에 입각한 진리 대응론, 또는 진리 조건론에 큰 영향을 끼쳤다. 초기 분석철학은 진리 대응론에 따라 우리의 언명 중 의미 있는 문장과 의미 없는 문장을 구별하는 명제론을 발전시켰다. 참, 또는 거짓으로 판명 가능한 진술은 명제로 정의하고 참과 거짓으로 검증될 수 없는 진술은 명제가 아닌 것으로 정의하는 데에는[6] 감각 소여 이론이 기초에 놓여 있다. 감각 소여 이론에 따르면 감각 경험은 객관적 세계에 대한 직접적 지식을 제공하고 종합적 인식은 감각 소여로부터 획득된다.[7] 따라서 감각 소여는 객관 세계가 어떠한지를 가장 직접적으로 알려 주는 경험적 인식의 토대로 간주된다. 초기 분석철학자들은 감각 소여와 객관적 대상 간의 일치를 강하게 확신한 나머지 감각 소여와 대상의 불일치 가능성에 대해서는 진지하게 생각하지 못했던 것으로 여겨진다.[8] 감각 소여 이론은 더 이상 분해될 수 없다고 생각되는 원자적 사실, 예를 들어 '이 사과는 빨갛다'와 같은 사실에 대한 직접적 경험은 그 해당 사실과 가장 직접적으로 일치한다고 수장한다. 그리고 가장 직접적인 그러한 감각 경험은 감각 소여로부터 직접적으로 획득된다는 신념이 감각 소여 이론에 강하게 자리 잡고 있었

---

6   B. Russell, *The Philosophy of Logical Atomism*, La Salle, Ill.: Open Court Publishing Company, 1998, 46-48쪽; R. Carnap, *The Logical Structure of the World and Pseudoproblems in Philosophy*, übers. von Rolf A. George, Chicago, Ill.: Open Court Publishing Company, 2005, 325쪽.

7   B. Russell, *The Problems of Philosophy*, 38-47쪽.

8   B. Russell, *The Philosophy of Logical Atomism*, 38쪽.

다. 이러한 신념하에서 감각 소여와 대상의 불일치는 생각될 수 없었을 것이다.

러셀의 감각 소여 이론에 따르면 가장 기초적인 원자적 사실에 대응하는 명제는 원자 명제로 정의된다. 원자 명제는 더 이상 분해될 수 없는 가장 단순한 명제며 하나의 술어, 또는 동사로 이루어진다.[9] 그리고 원자 명제는 객관적 사태와 세계에 대한 가장 직접적이고 기초적인 진술이다. 그의 감각 소여 이론에 따르면 원자 명제와 객관적 세계의 대응은 감각 소여에 의해서 보장되며 감각 소여는 가장 직접적으로 객관 세계에 대한 정보를 제공하기 때문에 원자 명제와 객관 세계의 대응에는 어떠한 매개도 개입될 수 없다. 그리고 러셀에 따르면 모든 사실에는 두 개의 명제가 존재한다. 왜냐하면 한 사실에 대해 우리는 거짓 진술을 할 수도 있고 또한 참된 진술도 할 수 있기 때문이다.[10] 그런데 어떤 진술은 참이 되고 어떤 진술은 거짓이 되는 것은 그 진술이 대응하는 사실에 달려 있다. 종합 명제를 참으로 만들어 주는 진리 조건은 명제 내부에서 찾을 수 없고 반드시 명제에 대응하는 객관적 사실에서 찾아지기 때문이다. 그런데 우리가 어떤 객관적 사실을 가장 먼저, 그리고 가장 직접적으로 인식하는 방식은 감각 경험이다. 러셀에 따르면 감각은 '가장 기초적이고 직접적인 경험acquaintance'이다. 그런데 감각 소여 이론은 이러한 직접적 감각

---

9   B. Russell, *The Philosophy of Logical Atomism*, 60-61쪽, 70-71쪽; S. Soames, *Philosophical Analysis in the Twentieth Century*, Vol. 1, Princeton, NJ.: Princeton University Press, 2003, 182-193쪽, 186-188쪽.

10   B. Russell, *The Philosophy of Logical Atomism*, 71쪽.

제1부 현대 영미 철학에서 헤겔로의 귀환

경험을 통해 우리는 사실과 명제가 일치하는지를 무매개적으로 알 수 있다고 주장한다.[11] 러셀의 감각 소여 이론에 따르면 가장 기초적인 감각 경험보다 더 확실하고 더 직접적으로 대상과 세계에 대해 알 수 있는 인식 방법은 사실상 없다고 해도 과언이 아니다. 따라서 러셀은 직접적인 기초적 감각 경험을 통해 획득된 인식은 다른 종합적 인식의 확실한 토대가 된다고 생각했다. 감각 소여가 종합적 인식의 토대라는 점에서 러셀의 감각 소여 이론은 인식론적 토대주의의 입장을 취한다.

감각 소여 이론에 기초한 토대주의적 입장에 따라 직접적인 감각 경험에 의해 획득될 수도 없고 감각 경험에 의해서 검증될 수도 없는 종합적 진술은 토대가 없는 진술이며, 따라서 무의미한 언명에 불과하게 된다. 그러한 진술이 대응하는 객관적 사태가 존재하는지 여부를 알 수 없기 때문에 그러한 진술의 진리값을 판정할 수 없게 된다. 따라서 감각 소여 이론과 진리 대응론에 따르면 형이상학적 주장은 자연스럽게 무의미한 진술이 된다. 초기 분석철학은 전통 형이상학에 대한 비판을 넘어 형이상학적 진술과 같은 무의미한 진술들을 학문의 영역으로부터 제거하려고 시도했다. 이런 가운데 초기 분석철학은 특히 19세기 철학에 큰 영향력을 끼쳤던 헤겔에 대한 강한 거부감을 갖게 되었다.[12] 헤겔의 영

---

11   B. Russell, *The Problems of Philosophy*, 37쪽.

12   B. Russell, *History of Western Philosophy*, London: Allen & Unwin, 1993, 701-706쪽, 715쪽; B. Russell, *Our Knowledge of the External World*, London & New York: Routledge, 1993, 47-48쪽; B. Russell, *The Problems of Philosophy*, 125-129쪽; K. Popper, *The Open Society and Its Enemies*, Vol. II, London: Routledge & Kegan

향력이 크면 클수록 그에 대한 거부감은 더 클 수밖에 없었을 것이다. 왜냐하면 초기 분석철학자들은 검증 불가능한 무의미한 진술들로 가득한 사이비 이론의 영향력이 클수록 학문의 발전에는 큰 장애가 된다고 생각했기 때문이다.[13]

초기 분석철학의 반헤겔적 경향을 이끈 대표적인 철학자로 러셀을 꼽을 수 있지만, 대부분의 초기 분석철학자들은 무의미한 진술들을 모든 학문에서 제거하는 것이 철학의 역할이라고 생각했기 때문에 분석철학의 반헤겔적 경향이 오직 러셀의 영향 때문이라고 할 수는 없을 것이다. 하지만 분석철학의 기틀을 다진 러셀의 인식론적 입장으로 인해 적어도 초기 분석철학의 반헤겔적 경향은 더욱 강화될 수 있었다고 말할 수 있을 것이다.[14] 초기 분석철학은 경험주의에 기초한 진리 대응론적 입장을 강하게 견지하고 있었다. 그런데 러셀의 감각 소여 이론은 진리 대응론을 정당화하는 대표적인 이론이다. 그리고 진리 대응론은 인식론적 토대주의를 지지한다.[15] 초기 분석철학자들은 칸트가 말한 것처럼

Paul, 1973, 27-29쪽, 79쪽; R. Carnap, "Überwindung der Metaphysik durch logische Analyse der Sprache", in: *Erkenntnis*, hrsg. v. R. Carnap & H. Reichenbach, Leipzig: Felix Meiner, 1931ff., Bd. 2, 219-241쪽; A. J. Ayer, *Language, Truth and Logic*, New York: Dover Publications, 2014, 33-45쪽. 다음을 비교 참조. L. Corti, "Hegel After Sellars", in: *Sellars and the History of Modern Philosophy*, eds. by L. Corti & A. M. Nunziante, New York: Routledge, 2018, 98쪽.

13 A. J. Ayer, *Language, Truth and Logic*, 31-45쪽.

14 이병덕, 「현대영미분석철학의 헤겔주의적 전회: 왜 칸트가 아니라 헤겔인가?」, 『헤겔연구』 23, 한국헤겔학회, 2008, 142쪽.

15 B. Russell, *The Philosophy of Logical Atomism*, 37-38쪽.

모든 인식은 분석적이거나 종합적이라고 생각했다. 그런데 객관 세계에 대한 의미 있는 인식은 종합적이다. 감각 소여 이론에 따르면 종합적 인식은 모두 경험적이고 경험적 인식은 최종적으로 가장 직접적인 감각 소여에 기초한다. 감각 소여는 가장 단순한 원자적 사실과 직접적으로 일치하기 때문에 감각 소여보다 더 기초적인 경험적 인식의 토대는 없다고 여겨졌다. 종합 명제는 다른 경험적 인식으로부터 추론되거나 아니면 감각 소여로부터 직접 획득된다. 다른 인식으로부터 추론된 명제는 분석 가능하지만 감각 소여로부터 직접 획득된 명제는 비추론적이며 분석 불가하다는 것이 감각 소여 이론의 입장이다. 즉 경험적 인식은 추론된 인식과 비추론적 인식으로 구분된다. 그런데 러셀은 추론된 인식을 "기술에 의해 획득된 지식knowledge by description"으로, 비추론적 인식은 원자 명제로 표현되는 "직접적 경험에 의해 획득된 지식knowledge by acquaintance"으로 정의했다.[16]

그런데 만약 감각 소여가 직접적이지 않거나 감각 소여가 경험적 인식과 대응하는 사실과의 일치를 보증할 수 없다면 초기 분석철학자들이 고수했던 진리 대응론이나 인식론적 토대론은 흔들리게 된다. 즉 감각 소여 이론이 흔들리면 초기 분석철학의 중요한 기반들이 위협받게 되는 것이다. 따라서 감각 소여의 신화는 감각 소여의 직접적 확실성이 하나의 신화에 불과하다는 감각 소여 이론에 대한 비판이자 인식론적 토대

---

16   B. Russell, *The Problems of Philosophy*, 37-48쪽.

주의에 대한 비판이다. 분석철학계 내부에서 일어난 이러한 비판을 계기로 분석철학의 근간에 새로운 변화가 생기게 된다. 이와 더불어 분석철학의 근간적 변화와 맞물려 분석철학 내부로 헤겔 철학을 수용하는 헤겔적 전회가 이루어지는 중요한 계기가 생기게 되었다. 영미 철학계에서는 사실 셀라스가 제기한 감각 소여의 신화와 무관하게 이미 헤겔 철학에 대한 연구가 활발히 이루어지고 있었다. 헤겔 철학에 대한 영미 철학계의 관심과 연구들은 "헤겔 르네상스"라는 말이 나올 정도로 많아졌지만 그러한 헤겔 철학에 대한 관심들은 상당수 영미 분석철학의 근간에 대한 분석철학 자신의 태도 변화와 무관하게 이루어졌다. 왜냐하면 헤겔 르네상스라고 불리는 헤겔 철학에 대한 영미 철학계의 관심은 대부분 분석철학의 본령과 무관한 헤겔 철학에 대한 실천철학적 관심에 집중되어 있었기 때문이다.[17] 하지만 감각 소여 이론에 대한 분석철학의 자기비판을 계기로 생긴 헤겔적 전회는 분석철학의 근간적 변화와 불가분의 관계를 맺는다.

분석철학에서 헤겔적 전회를 일으키는 데 기여한 감각 소여 이론에 대한 비판은 셀라스에 의해서 주효하게 이루어졌다고 평가된다. 따라서 감각 소여 이론에 대한 셀라스의 비판을 검토하는 것은 분석철학의 근본적 변화 속에서 분석철학 내부로 수용된 헤겔 철학의 변형과 분석철학

---

17   P. Redding, *Analytic Philosophy and the Return of Hegelian Thought*, Cambridge: Cambridge University Press, 2007, 17-18쪽. 다음을 함께 참조. F. C. Beiser, "Puzzling Hegel Renaissance", in: *The Cambridge Companion to Hegel and Nineteenth-Century Philosophy*, ed. by F. C. Beiser, New York: Cambridge University Press, 2008, 1-14쪽.

의 헤겔적 전회를 살피는 데 필수적인 예비 작업이라고 할 수 있을 것이다. 이러한 맥락에서 2절에서는 감각 소여 이론에 대한 비판이 어떻게 인식론적 토대주의에 대한 비판이 되는지를 살펴볼 것이다. 3절에서는 감각 소여 이론에 대한 비판의 핵심이 되는 감각 소여의 직접적 확실성에 대한 비판을 살펴볼 것이며, 4절에서는 감각 소여 이론에 대한 비판이 분석철학의 자기비판이자 자기 객관화를 의미하며 이를 통해 분석철학이 헤겔적 의미에서 자기의식적으로 발전하고 있다는 점을 밝히고자 한다.

2. 감각 소여 이론에 기초한 인식론적 토대주의의 문제

나는 셀라스가 감각 소여 이론을 비판함으로써 분석철학이 자신의 기초에 대해 스스로 성찰할 수 있는 계기를 분석철학에게 마련해 주었다고 생각한다. 감각 소여 이론에 대한 그의 비판은 인식론적 토대주의에 대한 비판인 동시에[18] 감각 소여의 직접적 확실성에 대한 믿음은 하나의 미신에 불과하다는 점을 밝히는 작업이었다.[19]

셀라스는 먼저 감각 소여 이론의 기초에 감각 소여 이론 스스로 해결할 수 없는 문제가 있음을 비판했다. 그는 원자적 사실에 대한 가장 기초적인 감각 경험이 인식인지 아닌지에 대해 비판적으로 검토하면서

---

18   A. Breunig, *Von Grund zu Grund. Zum Zusammenhang von Denken und Wissen bei Wilfrid Sellars*, Paderborn: Mentis, 2019, 20-24쪽.

19   W. Sellars, *Empiricism and the Philosophy of Mind*, Cambridge, Mass. & London: Havard University Press, 1997, 68-69쪽.

감각 소여 이론이 비추론적이라고 여겼던 감각 소여에 대한 직접적 감각이 추론적이라는 결론에 빠지는 문제를 지적한다. 이를 통해 셀라스는 추론적 인식과 비추론적 인식의 엄격한 구별이 가능한지에 대해 비판적 입장을 취한다. 경험주의적 입장을 고수하며 감각 소여의 직접적 확실성을 강하게 신뢰하고 있었던 초기 분석철학자들은 인식론적 토대주의를 따르고 있었다. 감각 소여의 직접적 확실성을 강하게 확신하는 감각 소여 이론에 대한 비판은 자연스럽게 경험적 인식의 토대에 대한 근본적 비판으로 작용하게 되었다. 감각 소여 이론에 놓여 있는 근본적 문제는 객관적 대상으로부터 직접적으로 주어진다고 믿어졌던 감각 소여에 대한 감각이 인식인지의 문제와 그 감각이 명제 형식을 띠는지의 문제다.[20] 러셀이 주장하는 원자 명제의 경우 가장 단순한 형태의 명제로서 더 이상 분해될 수 없는 명제며, 감각 소여에 의해 직접 획득되기 때문에 다른 명제로부터 추론되는 명제가 아니다. 따라서 원자 명제는 비추론적이며 분석 불가능하다. 하지만 추론된 인식은 다른 인식으로부터 추론되었기 때문에 분해가 가능하다. 추론된 인식은 기술에 의한 지식knowledge by description으로서 최종적으로 비추론적 인식인 직접적 경험에 의한 지식knowledge by acquaintance에 근거한다. 다시 말해 추론된 인식의 최종적 토대는 비추론적 인식이다. 토대가 되는 비추론적 인식은 감각 소여로부터 직접 획득된다고 여겨졌다. 그리고 비추론적 인식 또는 명제는 직접적

---

20   W. DeVries & T. Triplett, *Knowledge, Mind and the Given*, Indianapolis, Ind. & Cambridge: Hackett, 2000, xxxi쪽.

으로 가장 기초적인 사실에 대응하기 때문에 다른 지식이나 명제로부터 추론될 수 없다.[21] 이와 같은 감각 소여 이론의 기초에는 다음과 같은 문제가 있다. 그 문제는 감각 소여로부터 획득된 비추론적 인식, 즉 감각이 과연 인식인지 아닌지의 문제다.[22]

그럼 먼저 감각 소여에 대한 감각을 인식이라고 생각해 보자. 그러면 감각 소여 이론은 인식론적 토대주의를 따르고 있기 때문에 그 인식도 마찬가지로 토대를 가져야 할 것이며 만약 토대를 갖는다면 분석될 수 있어야 할 것이다. 그리고 원자 명제라 하더라도 명제인 이상 'X는 Y이다'라는 문장 형식으로 표현된다.[23] 물론 모든 인식이 명제 형식으로 표현된다는 입장에 반대하는 입장도 존재하지만, 감각 소여 이론을 정립한 러셀이 "원자 명제"라는 개념을 사용했다는 점에서, 가장 직접적이고 기초적인 감각 경험이 명제 형식으로 표현된다는 주장이 더 타당하다.[24] 아무튼 이러한 명제는 더 이상 분해될 수 없는 원자적 사실에 대한 직접적 인식을 의미한다.[25] 가령 'X는 Y이다'라는 가장 단순한 사실을 알기 위

21   B. Russell, *The Problems of Philosophy*, 99쪽.

22   W. Sellars, 앞의 책, 16쪽; K. R. Westphal, "Hegel, Russell, and the Foundations of Philosophy", in: *Hegel and the Analytic Tradition*, ed. by A. Nuzzo, London & New York: Continuum, 2010, 186-189쪽; 김영건, 『이성의 논리적 공간』, 서강대학교 출판부, 2014, 23쪽 참조.

23   R. Brandom, *Study Guide to Empiricism and the Philosophy of Mind*, Cambridge, Mass. & London: Havard University Press, 1997, 128쪽, 133쪽.

24   W. DeVries & T. Triplett, *Knowledge, Mind and the Given*, xxiv쪽; B. Russell, *The Philosophy of Logical Atomism*, 65-78쪽.

25   B. Russell, *The Philosophy of Logical Atomism*, 60쪽.

해서는 주어인 대상 X뿐만 아니라 술어 Y에 대해서도 알아야 한다. 그런데 감각 소여 이론은 대상을 아는 것과 술어를 아는 것은 다르다고 주장한다. 대상을 아는 것은 대상의 이름을 이해함으로써 가능하다. 하지만 술어를 아는 것은 대상의 이름을 이해하는 것과는 다르다. 술어를 이해하는 것은 이름을 아는 것과는 달리 또 다른 문장의 형식으로 이해하는 것을 의미한다.[26] 그런데 감각 소여에 대한 직접적 감각을 나타내는 진술인 원자 명제는 개별적 대상에 대한 인식이라기보다 사실 '그 대상 X가 어떠하다'는 기초적 '사실'에 대한 인식이라고 할 수 있다. 감각 소여 이론에 따르면 감각 소여를 감각하는 것은 더 이상 분해될 수 없는 인식의 토대가 된다. 그런데 감각이 인식이라면 이 인식도 토대를 가져야 할 것이다. 그렇다면 원자 명제가 다시 분석되어야 함을 의미한다.[27] 이것은 토대가 토대를 가져야 한다는 모순적 의미를 갖는다. 이 문제에 대해 감각 소여 이론이 명확한 해답을 제공하지 못한다면 감각 소여 이론의 중요한 근간인 '감각은 더 이상 분해될 수 없는 사태에 대한 직접적 인식이다'라는 믿음은 하나의 신화에 불과하게 될 것이다.

그럼 반대로 만약 감각이 인식이 아니라고 가정해 보자. 감각은 감각 소여의 수용으로서 그 자체에 비추론적 인식을 포함하지 않는다. 그런데 인식론적 토대론에 따르면 모든 검증 가능한 종합적 인식은 이미 검증된 인식에 근거해야 한다. 하지만 감각 자체는 토대를 갖지 않는다.

---

26   같은 책, 67쪽.

27   K. R. Westphal, 앞의 논문, 186-187쪽.

따라서 감각적 지각은 인식이 아니게 된다.[28] 그런데 감각이 인식이 아니라면 감각은 명제 형식으로 표현되어서는 안 된다. 감각이 인식이 아니라는 것은 가장 직접적으로 감각되는 것은 '사실'이 아니라 '개별 대상'이라는 것을 함축한다. 그런데 인식론적 토대주의에 따라 모든 종합적 인식은 비추론적인 인식적 토대를 갖는다. 이에 따르면, 감각 소여에 대한 수용인 감각이 바로 인식의 토대로서 비추론적인 것이라고 여겨진다. 앞서 살펴본 바와 같이 만약 감각이 인식이라고 하면 또 다른 토대를 요구하게 되는 모순에 빠지게 되기 때문에 감각이 인식이 아니라고 주장하면 감각은 토대가 필요 없다고 말함으로써 이 문제로부터 벗어날 수 있을 것처럼 보인다. 하지만 그렇게 되면 감각은 인식의 토대가 되는 비추론적 '인식'과 무관하게 된다.[29] 따라서 이것은 감각이 종합적 인식의 토대가 아니라는 결론에 빠지게 된다.[30] 또한 개별 대상에 대한 감각도 명제의 형식으로 표현된다는 점에서 감각이 명제가 아니라고 한다면, 사실에 대한 앎과 개별 대상에 대한 앎을 어떻게 명확히 구분할 수 있는지 해명해야 할 것이다. 하지만 감각 소여 이론은 "가장 기초적이고 직접적인 경험에 의한 지식"을 주장한다. 그런데 이때 "가장 기초적이고 직접적인 경험"이 사실에 대한 앎인지 대상에 대한 앎인지는 사실 매우 불분명하다. 따라서 감각 소여 이론은 대상에 대한 앎과 사실에 대한 앎을 명확히

---

28   W. Sellars, 앞의 책, 16쪽.

29   같은 곳.

30   같은 책, 21쪽.

구분하지 못한다. 만약 감각이 인식이 아니라고 하면 감각을 통해 아는 바에 대해 감각 소여 이론은 전혀 대답할 수 없게 된다.

감각 소여 이론은 감각 소여가 아무런 매개 없이 직접적으로 객관적 세계와 일치함을 주장한다. 그리고 감각 소여에 대응하는 객관적 사태들은 실제로 존재하며 세계는 이러한 사태들로 구성되어 있다는 입장을 취한다.[31] 이러한 입장은 대표적으로 비트겐슈타인에게서도 찾아볼 수 있다.[32] 초기 비트겐슈타인의 입장은 러셀과의 학문적 교류 속에서 발전했다는 점에서 초기 비트겐슈타인과 러셀의 입장이 상당한 일치점을 가지고 있다는 견해가 일반적이다.[33] 따라서 비트겐슈타인의 그림 이론은 경험주의적 입장으로 해석하면 감각 소여와 객관 세계의 일치를 주장한다고 말할 수 있을 것이다.[34] 이런 입장에 근거하여 초기 분석철학은 우리가 감각적 경험을 통해 객관 세계를 직접적으로 파악할 수 있다는 신념을 가지고 있었다. 그리고 감각적 경험의 원천이 되는 감각 소여는 객관 세계에 대한 직접적이고 의미 있는 정보를 우리에게 제공한다고 믿었다. 물론 경험을 통해 획득한 객관 세계에 대한 지식은 다시 또 다른

31   L. Wittgenstein, *Tractatus Logico-Philosophicus*, London, Boston & Henley: Routledge & Kegan Paul, 1981, 1.1.

32   같은 책, 1-2쪽.

33   B. Russell, *My Philosophical Development*, 112-113쪽.

34   비트겐슈타인의 초기 입장을 논리적 원자론으로 보고자 했던 러셀의 입장과 다르게 초기 비트겐슈타인을 해석할 수 있는 가능성도 열려 있다. 비트겐슈타인의 그림은 셀라스가 말한 우리의 이성이 구성한 논리적 공간으로 이해될 수 있을 것이다. 이에 대해서는 김영건, 앞의 책, 29-30쪽, 85-89쪽을 참조.

경험을 통해 반박되기도 하고 수정되기도 한다. 하지만 이러한 과정 속에서 종합적 지식의 준거는 여전히 최종적으로 감각 소여로부터 직접 획득된 경험이다. 잘 알려져 있다시피 초기 분석철학은 우리의 감각적 경험은 객관적 사태들에 관한 것이며, 어떤 진술이 객관 세계에 대한 경험과 일치하는지의 여부에 따라 그 진술의 참과 거짓이 판명된다고 생각했다.[35]

결론적으로 감각 소여 이론은 '감각은 인식이 아니다'와 '감각은 인식이다'를 두고 딜레마에 봉착한다.[36] 정리하자면 다음과 같다. 감각 소여의 수용은 비추론적 인식을 포함하지 않기 때문에 인식이 아니다.[37] 왜냐하면 감각 소여 이론은 모든 검증 가능한 인식은 이미 검증된 인식에 근거해야 한다는 인식론적 토대론을 따르고 있기 때문이다. 그러면 가장 직접적인 감각 경험이 토대 인식이라는 점을 스스로 부정하게 된다. 감각 소여 이론을 고수하는 사람들은 감각적 지각이 인식이라는 입장을 지지할 수 있다. 그러면 감각은 비추론적 인식에 근거해야 한다. 왜냐하면 감각이 인식이기 때문이다.[38] 그러면 비추론적 인식이 분석 가능하다는 결론에 빠진다. 즉 비추론적 인식이 추론적이라는 자기모순에 봉착하게 된다.

---

35   L. Wittgenstein, 앞의 책, 2.222.

36   W. Sellars, 앞의 책, 16쪽.

37   같은 책, 16쪽.

38   같은 책, 16-17쪽.

3. 감각 소여의 직접적 확실성에 대한 비판

감각 소여 이론에 대한 셀라스의 비판은 '감각 소여가 객관적 실재와 직접적으로 일치한다'는 감각 소여 이론의 근본적 신념에 대한 비판을 의미한다. 감각 소여가 객관 세계와 독립적으로 인식 주체의 심적 상태나 외부적인 인지 조건을 매개로 주어질 수 있다면 감각 소여의 직접적 확실성에 대한 신념은 제거될 수 있을 것이다. 즉 셀라스의 이런 비판은 감각 소여의 직접적 확실성은 하나의 신화에 불과하다는 점에 대한 해명이다. 감각 소여의 직접적 확실성에 대한 확신은 가장 단순한 사실에 대한 우리의 일상적·감각적 경험을 통해 거부감 없이 받아들여질 수 있다. 가령 우리 앞에 놓여 있는 빨간 사과를 보고 우리는 즉각적으로 '이 사과는 빨갛다'라고 말할 수 있다. 이러한 언명은 우리가 아무런 매개 없이 직접적으로 '이 사과가 빨갛다'라는 것을 알 수 있음을 의미한다. 즉 이것은 '이 사과가 빨갛다'라는 가장 기초적인 사실과 '이 사과가 빨갛다'라는 감각적 경험, 또는 명제가 즉각적으로 일치함을 의미한다. 감각 소여 이론은 인식 주체의 주관적 생각이나 심적 상태와 독립적으로 '이 사과가 빨갛다'라는 사실이 우리의 감각적 경험을 통해 직접적으로 주어진다고 주장한다. 그런데 만약 감각 소여가 직접적으로 주어지는 것이 아니라 외부적인 인지적 조건과 인식 주체의 심적 상태를 매개로 주어진다면 감각 소여의 직접성은 비판될 수 있게 된다.

셀라스는 감각적 지각과 인식에서 심리적 과정과 인식 주체의 내적 사건에 주목한다.[39] 바로 이러한 점을 셀라스는 현상의 논리로 설명한다. 다시 말해 '이 사과는 빨갛다'는 '이 사과는 나에게 빨갛게 보인다'로 표현될 수 있다는 것이다.[40] 그리고 다시 '이 사과는 정상적인 인지적 조건하에서 나에게 빨갛게 보인다'라는 방식으로 또 다르게 표현될 수 있다. 'X가 빨갛다'와 같은 단순한 사태는 원자적 사실이라고 할 수 있다. 그리고 이러한 사실에 대응하는 'X가 빨갛다'라는 진술은 비추론적인 원자 명제에 해당한다. 그리고 'X가 빨갛다'라는 사실은 X에 대한 감각적 경험을 통해 직접적으로 확인할 수 있으며, 감각 소여 이론에 따르면, 이러한 감각적 경험을 통해 'X가 빨갛다'라는 진술이 참인지도 직접적으로 검증할 수 있다. 이러한 검증이 가능하기 위해서는 감각 소여와 대상, 또는 대상에 대한 사실이 직접적으로 일치해야 한다. 이것이 바로 감각 소여 이론이 확신하고 있는 감각 소여의 직접적 확실성이다.

논리 실증주의자들에 따르면 종합 명제의 검증은 감각 소여와 사실의 일치에 근거한다. 가령 '지금 서울에 눈이 온다'라는 진술이 참이기 위해서는 지금 실제로 서울에 눈이 와야 한다. 따라서 이 진술에 대한 검증은 지금 서울에 눈이 오는지를 봄으로써 가능하다. 즉 지금 서울에 눈이 오는 것을 볼 수 있다면 이 진술은 참이고 그렇지 않다면 거짓이다. 이는 매우 상식적이며 당연한 얘기라 어떠한 문제가 없는 것처럼 보인다. 하지만 감각 소여 이론에 대한 비판은 우리가 지금 서울에 눈이 온다는 것을 어떻게 알게 되었는지를 물으면서 시작된다. 그리고 이 물음으

---

39   같은 책, 45-46쪽, 87쪽.

40   같은 책, 32-46쪽; P. Redding, 앞의 책, 23쪽.

로 제기된 문제는 사실 그렇게 간단히 해결될 수 있는 문제가 아니다. 서울의 날씨를 아는 방법은 다름 아닌 가장 기초적이고 직접적인 감각 경험이다. 감각 소여 이론에 따르면 바로 이러한 감각 경험이 검증의 척도다. 그리고 이러한 가장 기초적이고 직접적인 감각 경험의 내용이 바로 감각 소여다.[41] 감각 소여가 직접적으로 사실과 일치한다는 믿음을 근거로 감각 소여는 종합적 진술을 검증하는 시금석으로 간주되었다.[42]

셀라스는 감각 소여 이론의 이러한 신념을 비판하기 위해 어떤 물체를 녹색으로 보이도록 하는 특수한 장치에 의해 X가 실제로는 파랗지만 우리 눈에는 녹색으로 보일 수 있다는 점을 사고 실험의 예로 제시한다.[43] 이러한 사고 실험의 예는 두 가지 중요한 함의를 갖는다. 첫째는 감각 소여가 실재와 일치하지 않을 수 있다는 점이다. 둘째는 감각 소여가 사실로부터 직접 주어지는 것이 아니라 매개를 거쳐 주어진다는 점이다.[44] 'X가 빨갛다'는 사실은 X가 관찰자에게 어떤 색으로 보이든 관계없이 주관 독립적인 사태다. 하지만 'X가 관찰자에게 이러저러하게 보임'은 관찰자에게 나타난 X의 현상이다. 그리고 관찰자는 X에 대한 주관 독립적인 사태 자체를 감각하는 것이 아니라 X의 현상을 감각한다. 그리고 이 현상은 특수한 장치에 의해 달라질 수도 있다. 따라서 X에 대한 주관

41   W. Sellars, 앞의 책, 15쪽.

42   B. Russell, *The Problems of Philosophy*, 25쪽.

43   W. Sellars, 앞의 책, 37-39쪽.

44   같은 책, 45-46쪽; P. Redding, 앞의 책, 23쪽.

제1부 현대 영미 철학에서 헤겔로의 귀환

독립적인 사태와 X의 현상은 일치하지 않을 수 있다. 하지만 관찰자에게 X가 이러저러하게 보인다는 사실은 관찰자에게는 부인할 수 없는 사실이다. 그런데 이 경우 감각 소여는 대상 X에 관한 객관적 사실에 대응하는 것이 아니라 관찰자에게 나타난 X의 현상에 대응한다. 그렇다면 감각 소여가 객관 세계와 직접적으로 일치한다는 감각 소여 이론의 신념은 무너지게 된다. 그리고 X의 현상은 우리의 감각 경험을 왜곡할 수 있는 특수한 장치에 의해 매개될 수 있다. 이 점은 감각 소여가 관찰자에게 직접적으로 주어지는 것이 아님을 말해 준다. 셀라스의 이러한 비판은 감각 소여가 실재와 직접적으로 일치한다는 감각 소여 이론의 근본적 믿음에 대한 비판이 된다. 감각 소여 이론을 기반으로 발전했던 초기 분석철학은 셀라스의 이러한 비판으로 말미암아 새로운 전환점을 맞게 되었다고 볼 수 있다.

어떠한 인지적 조건하에서 주어진 감각 소여를 우리가 감각적으로 수용한다면 감각 소여는 객관 세계로부터 직접적으로 주어지는 것이 아니게 된다. 그리고 그 인지적 조건에 따라 하나의 사태는 다르게 감각될 수 있다. 셀라스는 바로 이러한 점을 지적함으로써 감각 소여와 대상의 직접적 일치는 신화에 불과하다는 점을 해명하고자 했다. 감각 소여 이론에 따르면 감각 소여는 대상으로부터 직접적으로 주어진 것이기 때문에 감각 소여로 획득된 인식은 다른 인식으로부터 추론된 것이 아니라 대상에 대한 가장 직접적인 인식이 된다. 따라서 이러한 인식은 종합적 인식의 토대가 되는 비추론적 인식이라고 여겨졌다. 그런데 감각 소여가 직접적으로 주어지는 것도 아니며 대상과 일치한다는 보장도 없다면 감각 소여로부터 획득된 인식이 비추론적이라고 할 수 있는 근거가 사라지게 된다. 그러면 더 나아가 감각 소여 이론에 의해 토대 인식으로 여겨졌던 감각 소여로부터 획득된 인식도 앞서 살펴본 바와 같이 분석 가능할 수 있다는 문제가 제기된다. 이런 점에서 셀라스는 감각 소여 이론에 대한 비판을 통해 인식론적 토대주의를 비판하고자 했다. 하나의 사태는 외부적인 인식 조건에 의해 다르게 경험될 수 있고 또한 인식 주체의 내적인 심리 상태에 따라 다르게 경험될 수 있다. 셀라스는 객관적 외부 대상을 직접적인 방식이 아니라 매개적인 방식으로 지각하고 인식하는 인간의 심적 능력에 주목했다. 그에 따르면 우리는 칸트와 헤겔이 말한 것처럼 심적 능력을 매개로 대상을 경험한다. 즉 객관적 대상은 외부적인 인식적 조건 아래서 심적 능력을 매개로 우리에게 이러저러하게 현상한다. 따라서 셀라스는 감각 소여가 물리적 대상에 대한 인식의 내용인 것은 분명하지만 물리적 대상 자체보다는 심적 과정에 더 많은 영향을 받으면서 우리에게 주어진다고 생각했다.[45]

감각 소여 이론에 대한 셀라스의 비판은 분석철학의 근간에 놓여 있는 경험주의적 전통에 대한 비판이었다. 하지만 그는 이러한 비판을 통해 분석철학으로부터 경험주의를 완전히 제거하려고 했던 것이 아니라 분석철학 안에 있는 경험주의적 전통을 비판적으로 재검토하면서,

---

45   W. Sellars, 앞의 책, 24쪽, 33-34쪽. 감각 소여를 경험적 차원이 아닌 지향성의 차원에서 해명을 시도한 브로이니히의 입장도 함께 참조. A. Breunig, 앞의 책, 24-30쪽, 80-85쪽.

보다 확실한 경험주의적 전통을 세우고자 한 것으로 평가된다. 셀라스는 이러한 비판적 재검토 속에서 감각 소여와 객관적 대상 사이의 직접적 일치는 하나의 신화에 불과하다는 점을 밝히고자 했다. 나는 셀라스의 이러한 비판이 분석철학의 비판적 자기 성찰의 계기가 되었다고 생각한다.

감각 소여가 외부적 인식 조건에 의해 매개될 수 있고 인식 주체의 심적 상태에 의해 다르게 주어질 수 있다는 점은 감각 소여가 주관 독립적이지 않음을 함축한다.[46] 셀라스는 감각 소여 자체를 부정하지 않는다. 감각 소여 이론에 따르면 감각 소여는 외부 객관에 대한 직접적 정보를 담고 있기 때문에 주관 독립적이며 객관적이다. 그런데 만약 감각 소여가 주관 의존적이라면 감각 소여의 직접적 객관성은 신화에 불과하게 된다. 현상의 논리에서 살펴본 것처럼 대상에 대한 가장 직접적이라 여겨졌던 감각 경험도 주관의 심적 상태를 매개로 이루어지기 때문에 감각 소여는 인식 주체의 심적 상태에 의존하게 된다. 물론 셀라스는 감각 소여가 주관 독립적이라는 입장을 비판했지만 그렇다고 감각 소여가 완전히 주관적이라는 입장을 취하지는 않는다. 그에 따르면 오히려 감각 소여는 중립적이다.[47] 감각 소여는 분명히 감각적 지각의 내용이다. 셀라스에 따르면 우리는 세계에 대한 그림을 갖는다. 그런데 이 그림은 감각 소여로 이루어진다. 하지만 세계에 대한 그림은 감각 소여 이론이 주장

---

46   W. Sellars, 앞의 책, 24쪽, 108-110쪽.

47   같은 책, 15쪽.

하는 것처럼 객관 세계로부터 직접 주어지는 것이 아니다. 그리고 그 그림은 세계에 대한 직접적인 비추론적 인식을 의미하는 것도 아니다.[48] 감각 소여는 항상 인식적 조건에 의해 매개된다. 하지만 인식적 조건은 내부적인 것도 있고 외부적인 것도 있다. 주관의 심적 상태는 내부적 조건이라고 할 수 있다. 그리고 가령 특수한 조명과 같은 장치는 외부적 조건에 해당한다. 감각 소여를 매개하는 조건이 오직 심적 상태만이라면 감각 소여가 주관에 의해서만 구성된 것이라고 할 수 있을 것이다. 하지만 주관독립적인 외적 조건도 있다는 점에서 감각 소여는 주관에 의해서만 구성된 것이라 볼 수는 없다. 감각 소여의 신빙성을 확신한 상태에서 우리는 통상적으로 시공간적으로 경험되는 세계를 실제적이라고 생각하며 건강한 지성이 파악한 세계의 상^{image}이라고 생각한다. 하지만 셀라스는 이러한 물리적 대상들의 세계가 오히려 비현실적이라고 보았다.[49]

셀라스에 따르면 우리는 세계에 대한 두 가지 그림을 갖는다. 하나는 현상적 그림이고, 다른 하나는 과학적 그림이다. 실제로 우리가 경험을 통해서 갖게 되는 세계에 대한 상은 현상적이다. 하지만 과학적 방식으로 세계의 상을 가질 수도 있다. 그런데 세계에 대한 현상적인 상과 세계에 대한 과학적인 상은 상당히 다른 측면이 있다. 과학적 그림은 인과적이고 실재적이며 자연적 세계의 질서를 나타내고 현상적 그림은 지

---

48   같은 책, 53쪽.
49   같은 책, 83쪽; 김영건, 앞의 책, 41쪽.

향적이고 개념적이며 논리적인 세계의 질서를 나타낸다.[50] 객관적인 실제 세계의 모습에 더 근접한 세계의 상은 현상적 상들이 아니라 과학적인 상들이다.[51] 따라서 이 둘은 서로 충돌하는 것처럼 보인다. 하지만 셀라스에 따르면 이 둘은 양립 가능하다.[52] 가령 예를 들어 이론물리학에서 제시하는 물리적 세계는 실제로 우리에게 관측되지 않는 경우도 많다. 하지만 우리가 관측하는 현상적인 물리적 세계는 이론물리학에서 제시하는 물리적 세계와 다르지 않다는 점을 생각해 보면 쉽게 알 수 있을 것이다. 이론물리학적인 세계의 상은 경험적 관측에 의해 검증되기도 하고 이론물리학적 법칙의 발견이 더 많아질수록 관측으로부터 얻는 정보의 양이 많아질 수도 있다. 그리고 자연과학적 이론은 이미 이성에 의해 구성된 개념에 의해 성립된다. 세계에 대한 과학적 그림이 더 실재적이고 세계에 대한 현상적 그림이 비실재적이라고 해서 현상적 상이 제거되거나 과학적 상으로 완전히 환원될 수 있다는 것을 의미하지는 않는다. 세계에 대한 과학적 상은 현상적 상에 의존하며 과학적 상과 현상적 상은 서로 독자적인 영역을 구축하면서 동시에 상호적으로 영향을 끼친다.[53] 셀라스는 감각 소여 이론을 비판하면서 일반적으로 우리의 지성이

---

50   같은 책, 35쪽.

51   같은 책, 233-236쪽.

52   W. Sellars, "Philosophy and the Scientific Image of Man", in: W. Sellars, *Science, Perception and Reality*, Atascadero, Calif.: Ridgeview Publishing Company, 1991, 24쪽, 38-39쪽, 43쪽; J. R. O'Shea, *Wilfrid Sellars. Naturalism with a Normative Turn*, Cambridge: Polity Press, 2007, 43-45쪽.

53   김영건, 앞의 책, 41-42쪽, 45쪽.

시공간적으로 경험하는 세계가 비현실적이라고 말하지만, 그렇다고 감각 소여 자체를 거부한 것은 아니다. 다만 감각 소여의 직접적 확실성에 대한 감각 소여 이론의 믿음을 비판한 것이다.

나는 분석철학이 셀라스의 이러한 비판을 통해 하나의 전환점을 맞이하게 되었다고 생각한다. 물론 콰인도 「경험주의의 두 가지 도그마」에서 분석철학의 근간인 경험주의가 분석적 진리와 종합적 진리를 명확히 구분할 수 있다는 독단과 검증적 환원주의라는 두 가지 독단에 빠져 있음을 비판한다.[54] 특히 환원주의는 과학이 감각 소여에 기초한 직접적 경험 진술들로 환원될 수 있음을 주장한다.[55] 이러한 경험주의의 독단에 대한 콰인의 비판은 감각 소여 이론에 대한 셀라스의 비판과 마찬가지로 분석철학에 중요한 전환점을 제공했다고 평가된다.[56] 그리고 이 비판들은 분석철학의 비판적 자기 성찰로부터 나온 것이다. 하지만 분석철학에서 일어난 헤겔적 전회의 관점에서 보자면 셀라스의 비판이 더 의미 있다고 볼 수 있다. 감각 소여 이론에 대한 셀라스의 비판으로 촉발된 헤겔적 전회는 분석철학의 자기 관계적 부정성을 함축한다고 생각된다. 그리고 셀라스가 분석철학의 발전에 적지 않은 기여를 했다는 점에서 분석철학의 발전도 헤겔적 의미에서 자기 관계적 부정성을 통해 이루어졌다고

---

54   W. V. O. 콰인, 「경험주의의 두 가지 도그마」, 『논리적 관점에서』, 허라금 옮김, 서광사, 1993, 35-65쪽.

55   같은 논문, 57-58쪽.

56   S. Soames, 앞의 책, 352쪽.

말할 수 있을 것이다. 감각 소여와 객관 세계의 직접적인 일치에 대한 비판적 검토는 감각 소여의 직접적 확실성에 대한 감각 소여 이론의 믿음이 신화에 불과하다는 점으로 귀결된다.[57]

4. 분석철학의 자기의식적 발전에 관하여: 감각 소여의 신화를 중심으로

셀라스는 원자 명제의 직접성과 감각 소여의 직접적 확실성에 대한 비판을 통해 감각 소여 이론의 비일관성을 보여 주고자 했다. 셀라스에 따르면 감각 소여 이론은 다음과 같은 세 가지 점을 주장한다. 첫째, "X가 붉은 감각 내용 S를 감각한다는 것은 X가 비추론적으로 S가 붉다는 것을 안다." 둘째, "감각 내용을 감각하는 능력은 선천적이다unacquired." 셋째, "'A는 ~이다'와 같은 형식의 사실을 아는 것은 후천적이다acquired."[58] 그런데 이러한 세 가지 점은 비일관성을 갖기 때문에 감각 소여 이론은 비일관적이라고 셀라스는 지적한다. 왜냐하면 첫 번째와 두 번째가 옳다면, 이 둘은 세 번째와 상충하고, 두 번째와 세 번째가 옳다면 이 둘은 첫 번째를 부정하게 되며, 첫 번째와 세 번째가 옳다면 이 둘은 두 번째를 부정하게 되기 때문이다.[59]

---

57   W. Sellars, *Empiricism and the Philosophy of Mind*, 33쪽.

58   같은 책, 21쪽.

59   같은 곳.

첫 번째는 'X가 빨갛다'와 같은 원자적 사실에 대한 인식이 비추론적임을 함축한다.[60] 두 번째는 감각적 지각 능력이 선천적이라는 것이다. 세 번째는 말 그대로 '무엇이 어떠하다'와 같은 사실을 아는 능력은 후천적이라는 뜻이다. 이 말은 우리가 후천적으로 개념 사용과 언어체계를 습득하지 않으면 명제 형식의 인식이 불가능하다는 점을 의미한다.[61] 그런데 'X가 빨갛다'와 같은 비추론적 인식은 가장 직접적인 감각 경험이라고 말하고(첫 번째) 이러한 감각 능력은 선천적이라고 말한다(두 번째). 그리고 만약 첫 번째와 두 번째가 옳다면 세 번째는 부정된다. 왜냐하면 우리의 감각 경험은 선천적으로 'X는 ~이다'와 같은 형식으로 어떠한 기초적 사실에 대해서 아는 것이기 때문이다.

또 다른 한편으로 감각과 인식을 구분하면서 감각은 선천적이지만 인식은 후천적이라고 말한다. 그러면 두 번째와 세 번째를 긍정하게된다. 이 경우 'X는 붉다'와 같은 명제 형식의 사실을 아는 것은 감각이 아니라 후천적인 인식을 의미한다. 그리고 이것은 이러한 인식이 감각에 기초한다는 입장을 취한다. 따라서 'X는 붉다'와 같은 인식은 비추론적이지 않고 추론적이게 된다. 이런 경우는 두 번째와 세 번째는 긍정하지만

---

60   같은 책, 20쪽.

61   같은 곳; W. Sellars, "Is There a Synthetic A Priori?", in: W. Sellars, *Science, Perception and Reality*, Atascadero, Calif.: Ridgeview Publishing Company, 1991, 318-319쪽. 다음을 함께 참조. 권영우, 「헤겔철학에서 정신과 자연 그리고 인륜: 맥도웰의 기획과 헤겔철학과의 관계검토」, 『헤겔연구』 33, 한국헤겔학회, 2013, 109쪽; 이병덕, 앞의 논문, 151쪽.

첫 번째는 부정하게 된다.

혹자는 이러한 비일관성에 대안을 제시하기 위해 우리는 'X가 붉다'는 것을 비추론적으로 알지만(첫 번째) 'X가 붉다'는 것을 아는 능력은 후천적이라고 말할 수도 있을 것이다(세 번째). 하지만 'X가 붉다'는 것을 아는 능력은 우리의 감각 능력이다. 그런데 감각 능력이 후천적이라면 두 번째가 부정된다.

셀라스가 이와 같이 감각 소여 이론의 비일관성을 지적한 것은 앞서 언급한 감각이 인식인지의 문제와 연관성을 갖는다. 셀라스는 초기 분석철학이 신뢰했던 감각 소여의 직접적 확실성이 한갓 신화에 불과하다는 점을 밝힘으로써 분석철학의 경험주의적 전통에 대한 비판적 성찰을 시도했다. 그리고 이를 통해 초기 분석철학이 신뢰했던 인식론적 토대주의를 비판했다. 이러한 비판은 분석철학의 자기반성을 의미한다. 나는 이런 맥락에서 감각 소여에 대한 비판은 헤겔적 의미에서 분석철학의 자기의식적이며[62] 자신을 객관화하는 전개 과정이라고 이해될 수 있다고 생각한다.

감각 소여의 직접적 확실성은 신화에 불과하다는 셀라스의 비판은 분석철학 내부에서 헤겔로 향하는 분석철학의 한 흐름을 만드는 실마리가 되었다. 물론 셀라스와 무관하게 영미 철학계에서는 헤겔 철학에 대한 관심이 이미 높아지고 있었다. 하지만 이러한 관심은 대부분 영미

---

62   G. W. F. Hegel, *Phänomenologie des Geistes*, Werke in zwanzig Bänden, Theorie Werkausgabe, Frankfurt a. M.: Suhrkamp, 1969ff., Bd. 3, 143쪽.

철학의 본령과 무관한 영역에서 이루어지는 헤겔 철학에 대한 관심이었다고 볼 수 있다. 정확히 말하면 이러한 관심은 분석철학의 근본적 변화와 무관하다고 볼 수 있다. 하지만 셀라스를 통해 촉발된 헤겔적 전회는 분석철학의 근본적 변화와 함께 맞물리면서 이루어진 분석철학의 헤겔로의 전회라고 볼 수 있다. 이런 점에서 분석철학의 헤겔적 전회에 있어 셀라스의 비중은 매우 높다고 볼 수 있다.

초기 분석철학은 감각 소여와 객관 세계의 직접적 일치를 주장하는 감각 소여 이론을 강하게 지지했다. 그리고 인식론적 토대주의에 입각하여 논리 실증주의자들은 모든 경험적 인식이 감각 소여에 최종적으로 기초한다고 생각했다.[63] 이러한 입장은 『정신현상학』에서 의식이 감각적 확신에 빠져 있는 것과 비교될 수 있을 것이다.[64] 감각적 확신과 감각 소여 이론은 공통적으로 감각 경험이 객관적 대상에 대한 직접적인 인식이라고 확신한다.[65] 하지만 헤겔은 대상에 대한 감각적 지각을 대상에 대한 직접적 인식으로 간주하는 감각적 확신의 문제점을 지적하고 대상에 대한 감각적 지각은 대상에 대한 직접적인 인식이 아니라 오히려 매개된 인식이라고 주장한다.[66] 이러한 점은 감각 소여가 직접적으로 주어지는 것이 아니라 심적 상태와 외부적 인식 조건에 매개되어 주어진다

---

63   B. Russell, *The Problems of Philosophy*, 29쪽.

64   G. W. F. Hegel, *Phänomenologie des Geistes*, 83쪽.

65   윤병태, 「헤겔의 [정신 현상학]에서 감성지의 진리 한계」, 『헤겔연구』 16, 한국헤겔학회, 2004, 7-10쪽 참조.

66   G. W. F. Hegel, *Phänomenologie des Geistes*, 82-83쪽.

는 셀라스의 입장과 일맥상통한다.[67]

헤겔에 따르면 감각적 확신에 빠진 의식은 감각적 지각을 객관 세계에 대한 가장 직접적인 진리로 확신한다. 따라서 감각적 확신은 감각적 지각과 실제 세계의 직접적 일치에 대한 확신을 의미한다. 헤겔에 의하면 정신은 감각적 확신에 빠져 있는 의식의 상태에 머물러 있지 않고 보다 고양된 자기의식의 단계로 이행하는데, 자기의식으로의 이행은 의식의 단계에서의 감각적 확신에 대한 부정을 계기로 생겨난다.[68] 감각적 확신에 대한 부정은 감각 경험 자체를 거부하는 것이 아니라 경험적 인식의 오류 가능성에 대한 정신의 자기 발견이며 감각적으로 지각된 대상은 실제 객관적 대상을 직접적으로 반영하는 것이 아니라 오성에 의해 표상된 대상이라는 점에 대한 자각을 함축한다. 이 점에서 헤겔은 칸트의 코페르니쿠스적 전회의 입장을 따르고 있다고 볼 수 있다.[69] 그리고 지각된 대상이 인식 주체의 오성이 표상한 대상이라는 점은 감각 소여가 심적 상태에 의해 매개됨을 의미한다. 이 점에서 셀라스는 칸트와 헤겔의 입장을 동시에 따르고 있으며 어떤 면에서는 칸트와 헤겔의 접점에 위치한다고 평가될 수 있을 것이다.[70] 우리의 경험적 인식이 우리 자신에 의해 구성되었다는 점에서는 칸트와 헤겔의 입장이 공통점을 가질 수

---

67   다음을 함께 참조. 이병덕, 앞의 논문, 150쪽.

68   G. W. F. Hegel, *Phänomenologie des Geistes*, 136쪽.

69   I. 칸트, 『순수이성비판』, 백종현 옮김, 아카넷, 2014, BXVI-BXVII.

70   김영건, 앞의 책, 21-22쪽.

있다. 하지만 칸트에게 있어서 오성에 의해 구성된 대상과 그 대상에 대한 인식의 대응은 경험에 의해서 확인될 수 있는 반면, 헤겔에게 있어서 감각적 지각과 대상의 일치는 경험에 의해서 보장되지 않는다. 왜냐하면 칸트에게 있어서 인식의 대상은 인식의 초월론적transzendental 조건들에 의해 구성된 현상적 대상에 불과하지만, 헤겔은 현상적 대상과 물자체의 구별을 허용하지 않기 때문이다. 아무튼 의식이 감각적 확신을 극복하는 것은 의식의 자기 관계적 자기부정을 함축한다. 의식의 이러한 자기 관계적 부정을 통해 정신은 의식의 단계에서 자기의식으로 이행할 수 있게 된다. 이와 같은 의식의 자기부정을 분석철학의 발전과 비교해 본다면 감각 소여 이론에 대한 자기비판을 통해 감각 소여와 객관 세계와의 직접적 일치에 대한 확신에서 벗어나 분석철학이 새로운 발전 국면을 맞이하게 된 것은 의식에서 자기의식으로의 이행과 유사하다고 볼 수 있을 것이다.[71] 바로 이 점은 감각 소여 이론에 대한 분석철학의 자기비판이 분석철학 자신의 근간에 대한 성찰을 헤겔 철학적 입장 속에서 진행시킬 수 있었던 이유를 설명하게 해 준다.[72] 이미 1950년대부터 분석철학은 감각 소여의 직접적 확실성에 대한 비판적 물음을 던지기 시작했다. 그리고 이를 통해 분석철학의 발전에 새로운 전기를 마련했다는 점은 주목할 만한 사실이라 할 수 있다.

---

71   G. W. F. Hegel, *Phänomenologie des Geistes*, 137-139쪽.

72   P. Redding, "Hegel and Sellars Myth of Jones: Can Sellars Have More in Common with Hegel than Rorty and Brandom Suggest?", in: *Wilfrid Sellars, Idealism, and Realism*, ed. by P. J. Reider, London & New York: Bloomsbury Academic, 2018, 42쪽.

감각 소여 이론과 인식론적 토대주의에 대한 비판은 분석철학의 경험주의적 기초 신념에 대한 비판을 의미한다. 하지만 앞서 언급한 바와 같이 이러한 비판이 경험주의 자체에 대한 거부를 의미하는 것은 아니다. 셀라스는 오히려 분석철학 내부의 경험주의적 전통을 비판적으로 강화시키려는 의도를 가진 것으로 보인다. 왜냐하면 셀라스는 감각 소여의 신화를 회피할 수 있는 "스스로를 교정하는 경험주의"라는 새로운 경험주의를 제시하기 때문이다.[73] 그는 이러한 새로운 경험주의를 통해 토대론도 정합론도 아닌 제3의 길을 찾고자 했다.[74] 그런데 그가 새로운 경험주의를 제시했다는 점에서 이 제3의 길은 큰 틀에서 경험주의를 따른다고 볼 수 있다. 셀라스는 우리의 경험적 인식은 객관 세계와 직접적으로 일치하지 않지만 우리의 경험적 인식은 자기 교정을 통해 지속적으로 발전하면서 객관 세계에 다가간다는 입장에 서 있다.[75] 그가 분석철학에 헤겔적 전회를 마련한 철학자임에는 분명하지만[76] 헤겔을 정합론자로 이해한다는 점에서 헤겔 철학에 정통한, 그리고 헤겔 철학을 추종하는

---

73   W. Sellars, *Empiricism and the Philosophy of Mind*, 79쪽; T. Rockmore, *Hegel, Idealism, and Analytic Philosophy*, New Haven & London: Yale University Press, 2005, 141쪽.

74   W. DeVries & T. Triplett, *Knowledge, Mind and the Given*, xxxii-xxxvii쪽, 88-95쪽; A. Breunig, 앞의 책, 23쪽.

75   W. Sellars, *Empiricism and the Philosophy of Mind*, 78-79쪽.

76   T. Rockmore, 앞의 책, 105-156쪽; T. Rockmore, "Some Recent Analytic Realist Readings of Hegel", in: *Hegel and the Analytic Tradition*, ed. by A. Nuzzo, London & New York: Continuum, 2010, 165-167쪽.

헤겔주의자라고 할 수는 없을 것이다.[77] 따라서 셀라스를 정통 헤겔주의
자로 볼 수는 없을 것이다.

헤겔에 따르면 감각적 지각은 유한 정신에게 피할 수 없는 숙명
과 같다. 하지만 정신은 감각적 지각을 하면서 빠지게 되는 감각적 확신
을 지양하면서 객관에 대한 참된 인식으로 고양해 나아간다. 이는 정신
이 자기 관계적 부정을 통해 끊임없이 자신의 인식을 수정해 나감으로
써 가능하다. 이러한 과정은 부정적 자기 관계 속에서 이루어지는 정신
의 무한한 발전 과정으로 이해될 수 있다. 헤겔은 현상과 물자체의 구별
을 거부한다.[78] 하지만 정신의 무한한 자기 발전 과정 속에 있는 유한 정
신에게 대상의 현상과 대상 그 자체 사이에는 극복할 수 없는 장벽이 있
는 것처럼 보일 수 있다. 하지만 그러한 간극은 고정된 것이 아니라 정신
의 무한한 발전 속에서 해소된다는 것이 헤겔의 입장이다. 셀라스의 "스
스로를 교정하는 경험주의"도 인간 정신의 끊임없는 지적인 발전을 함축
한다.

"스스로를 교정하는 경험주의"를 주장하는 셀라스는 과학주의적
전통에 서 있다고 볼 수 있다. 이러한 셀라스의 입장은 밀리칸과 처치랜
드와 같은 셀라스 우파를 통해 계승된다.[79] 그런데 사실 셀라스의 우파

---

77   T. Rockmore, *Hegel, Idealism, and Analytic Philosophy*, 63쪽.

78   G. W. F. Hegel, *Enzyklopädie der philosophischen Wissenschaften (1830) I*, Werke in
      zwanzig Bänden, Theorie Werkausgabe, Frankfurt a. M.: Suhrkamp, 1969ff., Bd. 8,
      44쪽.

79   김영건, 앞의 책, 42쪽.

는 헤겔적 전회와 거리가 있는 철학자들이다. 셀라스 철학의 계보에서 헤겔적 전회를 주도하고 있는 철학자들은 브랜덤과 맥다월 같은 셀라스 좌파다.[80] 이런 점에서 셀라스의 과학주의적 전통은 헤겔적 전회와 거리가 있는 것은 사실이다. 하지만 셀라스가 제시하는 경험주의적 입장은 현상과 물자체 사이에 극복 불가능한 간극을 주장하는 칸트보다 오히려 헤겔에 더 가깝다고 여겨진다. 이런 점에서 "스스로를 교정하는 경험주의"는 분명히 헤겔 철학을 분석철학의 본령으로 불러오는 데 중요한 기여를 한 것으로 생각된다. 그리고 셀라스로 말미암아 20세기 초중반까지 칸트적 전통에 서 있었던 분석철학이 헤겔로 방향을 전환할 수 있게 되었다고 평가할 수 있을 것이다.[81] 감각 소여 이론에 대한 셀라스의 비판은 자신을 객관화하면서 자기 자신으로부터 완전히 이탈하지 않는 자기의식적 방식으로 분석철학이 발전했음을 보여 준다.

5. 결론

분석철학계에서 감각 소여의 직접적 확실성을 비판한 대표적인 철학자로 셀라스와 콰인을 꼽을 수 있다. 감각 소여 이론에 대한 분석철학의 자기비판은 이미 1950년대부터 이루어졌으며 이를 통해 분석철학

---

80   W. A. Rottschaefer, "Why Wilfrid Sellars is Right (And Right-Wing): Thinking with O'Shea on Sellars, Norms, and Nature", in: *Jounal of Philosophical Research* 36, 2011, 292쪽; *Sellars and his Legacy*, ed. by J. R. O'Shea, Oxford: Oxford University Press, 2016, 2쪽.

81   L. Corti, "Hegel After Sellars", 106-109쪽.

은 새로운 발전의 전기를 마련할 수 있었다. 그리고 분석철학의 이러한 발전은 분석철학 자신의 비판적 자기 성찰을 통해 이루어졌다는 점에서 헤겔이 말한 것과 같은 자기 관계적 부정성이 분석철학의 발전 내부에서 발견된다고 볼 수 있을 것이다. 그리고 감각 소여 이론에 대한 분석철학의 자기비판은 분석철학 내부로 헤겔 철학을 수용하는 계기를 낳았다고 평가될 수 있다. 감각 소여 이론에 대한 분석철학의 비판을 통해 분석철학이 내적으로 헤겔로 전환하는 계기가 생길 수 있었다고 생각한다.

초기 분석철학이 반헤겔적 경향을 띠게 된 요인은 여러 가지가 있었겠지만 그중에 중요한 한 요인으로 감각 소여 이론을 꼽을 수 있다. 감각 소여 이론에 따르면 종합적 진술의 검증은 궁극적으로 감각 소여에 기초한다. 이러한 입장으로 인해 헤겔의 관념론은 검증 불가능한 사이비 철학으로 간주되었다. 그런데 분석철학은 스스로 감각 소여 이론을 비판하면서 자신의 경험주의적 기초에 자기 성찰적 변화를 가함으로써 분석철학이 진지하게 헤겔 철학을 자신의 본령으로 수용할 수 있는 계기를 마련하였다. 만약 위와 같은 분석철학의 자기의식적 비판과 자기 객관화가 없었다면 분석철학의 근간에서 이루어진 헤겔적 전회는 없었을지도 모른다. 이런 점에서 셀라스의 감각 소여 이론에 대한 비판은 분석철학의 자기의식적 발전에 중요한 역할을 한 것으로 생각된다. 그리고 이를 계기로 분석철학의 근간적 변화와 맞물려 헤겔 철학이 진지하게 분석철학 내부로 수용될 수 있었다고 생각한다. 이러한 수용은 분석철학의 근본적 변화와 맞물리면서 분석철학이 스스로 헤겔로 향하게 된 것이라고 볼 수 있을 것이다. 나는 이와 같은 분석철학의 변화가 분석철학의 자기

의식적 발전을 보여 준다고 생각한다.[82]

셀라스는 흥미롭게도 감각 소여 이론에 대한 자신의 비판을 헤겔적 명상이라고 말한다.[83] 감각 소여가 신화라는 비판은 분석철학이 거부했던 헤겔 철학이 오히려 자신에게 유용할 수 있다는 가능성을 보여 주었다. 이러한 변화는 분석철학의 자기 교정과 자기반성을 통해 가능했다. 헤겔적 전회는 분석철학의 모든 영역에서 지배적으로 나타나는 현상은 아니다. 하지만 헤겔적 전회는 헤겔 철학에 대한 분석철학의 태도에 변화가 일어났음을 보여 준다. 감각 소여 이론에 대한 비판을 통해 생겨난 헤겔적 전회는 분석철학에서 헤겔 철학이 복권된 것으로 이해될 수 있다.[84] 영미 철학 분야에서 헤겔 철학에 대한 관심이 증가한 것은 분명하다. 하지만 그 관심의 방향들이 모두 감각 소여 이론에 대한 비판과 관련된 것은 아니다.[85]

물론 분석철학에서의 헤겔적 전회는 헤겔 철학을 액면 그대로 받아들인 것이라 보기 힘들다. 헤겔적 전회에서 헤겔 철학은 분석철학적 관점에서 새롭게 변형된 하나의 헤겔주의를 형성하고 있다고 보는 것이 타당할 것이다. 그리고 그 새로운 변형과 수용은 엄연히 분석철학적 전통 속에서 이루어지고 있으며 분석철학의 발전과 함께 이루어지고 있다.

---

82   T. Rockmore, *Hegel, Idealism, and Analytic Philosophy*, 62쪽.

83   W. Sellars, *Empiricism and the Philosophy of Mind*, 45쪽.

84   L. Corti, 앞의 논문, 98쪽.

85   F. C. Beiser, 앞의 논문, 1-14쪽; H. S. Harris, "The Hegel Renaissance in the Anglo-Saxon World Since 1945", in: *The Owl of Minerva* 15(1), 1983, 77-106쪽.

따라서 헤겔적 전회는 헤겔 철학 전체의 타당성을 입증한다기보다 헤겔 철학이 분석철학에 얼마나 유용한가를 보여 준다고 생각된다. 나도 오늘날 우리가 헤겔 철학을 있는 그대로 수용하고 답습해야 한다고 생각하지는 않는다. 그러한 답습은 오히려 진정한 의미에서 철학적 연구와 사뭇 거리가 있을 수 있기 때문이다. 하지만 내 생각에 헤겔의 자기 관계적 부정성을 통한 학문의 발전만큼은 헤겔의 주장에 설득력이 있음을 보여 준다고 생각한다. 이와 유사하게 이병덕에 따르면 분석철학에서의 헤겔적 전회는 분석철학에서 오랫동안 지속되었던 실재론과 반실재론의 싸움을 해결하기 위해 헤겔 철학을 수용함으로써 생겨났다. 그리고 "분석철학이 관념론에 대한 반동으로 태동했다는 점을 고려할 때, 다소 아이러니컬한 일이다. 그렇지만 사유의 발전이 테제와 안티테제 사이의 지양을 통해 이루어진다는 헤겔주의적 관점에서 보면 어쩌면 자연스러운 귀결일 수도 있다"고 이병덕은 말한다.[86] 자기 관계적 부정성은 현실적으로 여러 가지 형태로 나타날 수 있다. 그런데 분석철학이 감각 소여 이론을 비판하고 자신의 발전을 이어 갔던 것은 자기 교정과 자기 객관화를 통한 발전이었다. 그리고 이러한 자기 교정과 자기 객관화는 분석철학의 자기 관계적 부정성을 통한 자기의식적 발전을 보여 준다고 생각한다.

---

86   이병덕, 앞의 논문, 157쪽.

참고문헌

권영우, 「헤겔철학에서 정신과 자연 그리고 인륜: 맥도웰의 기획과 헤겔철학과의 관계검토」, 『헤겔연구』 33, 한국헤겔학회, 2013.

김영건, 『이성의 논리적 공간』, 서강대학교 출판부, 2014.

윤병태, 「헤겔의 [정신 현상학]에서 감성지의 진리 한계」, 『헤겔연구』 16, 한국헤겔학회, 2004.

이광모, 「무어와 러셀의 '관념론' 비판과 헤겔의 반론」, 『헤겔연구』 46, 한국헤겔학회, 2019.

이병덕, 「현대영미분석철학의 헤겔주의적 전회: 왜 칸트가 아니라 헤겔인가?」, 『헤겔연구』 23, 한국헤겔학회, 2008.

칸트, I., 『순수이성비판』, 백종현 옮김, 아카넷, 2014.

콰인, W. V. O., 「경험주의의 두 가지 도그마」, 『논리적 관점에서』, 허라금 옮김, 서광사, 1993.

Ayer, A. J., *Language, Truth and Logic*, New York: Dover Publications, 2014.

Baldwin, T., "Moore's rejection of idealism", in: *Philosophy in History*, eds. by R. Rorty, J. B. Schneewind & Q. Skinner, Cambridge: Cambridge University Press, 1984.

Basile, P. & Röd, W., *Die Philosophie des ausgehenden 19. und des 20. Jahrhunderts 1: Pragmatismus und analytische Philosophie*, Geschichte der Philosophie, München: C.H. Beck, 2009ff., Bd. XI.

Beiser, F. C., "Puzzling Hegel Renaissance", in: *The Cambridge Companion to Hegel and Nineteenth-Century Philosophy*, ed. by F. C. Beiser, New York: Cambridge University Press, 2008.

Brandom, R., *Study Guide to Empiricism and the Philosophy of Mind*, Cambridge, Mass. & London: Havard University Press, 1997.

Breunig, A., *Von Grund zu Grund. Zum Zusammenhang von Denken und Wissen bei Wilfrid Sellars*, Paderborn: Mentis, 2019.

Carnap, R., *The Logical Structure of the World and Pseudoproblems in Philosophy*, übers. von R. A. George, Chicago, Ill.: Open Court Publishing Company, 2005.

_____, "Überwindung der Metaphysik durch logische Analyse der Sprache", in: *Erkenntnis*, hrsg. v. R. Carnap & H. Reichenbach, Leipzig: Felix Meiner, 1931ff., Bd. 2.

Corti, L., "Hegel After Sellars", in: *Sellars and the History of Modern philosophy*, eds. by L. Corti & A. M. Nunziante, New York: Routledge, 2018.

DeVries, W. & Triplett, T., *Knowledge, Mind and the Given*, Indianapolis, Ind. & Cambridge: Hackett, 2000.

Harris, H. S., "The Hegel Renaissance in the Anglo-Saxon World Since 1945", in: *The Owl of Minerva* 15(1), 1983.

Hegel, G. W. F., *Phänomenologie des Geistes*, Werke in zwanzig Bänden, Theorie Werkausgabe, Frankfurt a. M.: Suhrkamp, 1969ff., Bd. 3.

_____, *Enzyklopädie der philosophischen Wissenschaften (1830) I*, Werke in zwanzig Bänden, Theorie Werkausgabe, Frankfurt a. M.: Suhrkamp, 1969ff., Bd. 8.

Hylton, P., "The nature of the proposition and the revolt against idealism", in: *Philosophy in History*, eds. by R. Rorty, J. B. Schneewind & Q. Skinner, Cambridge: Cambridge University Press, 1984.

O'Shea, J. R., *Sellars and his Legacy*, ed. by J. R. O'Shea, Oxford: Oxford University Press, 2016.

_____, *Wilfrid Sellars. Naturalism with a Normative Turn*, Cambridge: Polity Press, 2007.

Popper, K. R., *The Open Society and Its Enemies*, Vol. II, London: Routledge & Kegan Paul, 1973.

Redding, P., *Analytic Philosophy and the Return of Hegelian Thought*, Cambridge: Cambridge University Press, 2007.

_____, "Hegel and Sellars' Myth of Jones: Can Sellars Have More in Common with Hegel than Rorty and Brandom Suggest?", in: *Wilfrid Sellars, Idealism, and Realism*, ed. by P. J. Reider, London & New York: Bloomsbury Academic, 2018.

Rockmore, T., "Analytic Philosophy and the Hegelian Turn", in: *The Review of Metaphysics* 55(2), 2001.

_____, *Hegel, Idealism, and Analytic Philosophy*, New Haven & London: Yale University Press, 2005.

_____, "Some Recent Analytic Realist Readings of Hegel", in: *Hegel and the Analytic Tradition*, ed. by A. Nuzzo, London & New York: Continuum, 2010.

Rottschaefer, "Willian A., Why Wilfrid Sellars is Right (And Right-Wing): Thinking with O'Shea on Sellars, Norms, and Nature", in: *Jounal of Philosophical Research* 36, 2011.

Russell, B., *History of Western Philosophy*, London: Allen & Unwin, 1993.

_____, *My Philosophical Development*, Nottingham: Spokesman Books, 2007.

_____, *Our Knowledge of the External World*, London & New York: Routledge,, 1993.

_____, *The Philosophy of Logical Atomism*, La Salle, Ill.: Open Court Publishing Company, 1998.

_____, *The Problems of Philosophy*, Columbia: CreateSpace Independent Publishing Platform, 2018.

Sellars, W., *Empiricism and the Philosophy of Mind*, Cambridge, Mass. & London: Havard University Press, 1997.

_____, "Is There a Synthetic A Priori?", in: W. Sellars, *Science, Perception and Reality*, Atascadero, Calif.: Ridgeview Publishing Company, 1991.

_____, "Philosophy and the Scientific Image of Man", in: W. Sellars, *Science, Perception and Reality*, Atascadero, Calif.: Ridgeview Publishing Company, 2018.

Soames, S., *Philosophical Analysis in the Twentieth Century*, Vol. 1, Princeton, NJ.: Princeton University Press, 2003.

Spahn, C., "Transformationen des Hegelianismus: Objektivität vor und nach McDowell", 『헤겔연구』 37, 한국헤겔학회, 2015.

Westphal, K. R., "Hegel, Russell, and the Foundations of Philosophy", in: *Hegel and the Analytic Tradition*, ed. by A. Nuzzo, London & New York: Continuum, 2010.

Wittgenstein, L., *Tractatus Logico-Philosophicus*, London, Boston & Henley: Routledge & Kegan Paul, 1981.

제4장

칸트의 직관-개념 관계 문제에 대한
헤겔적 해결로서 맥다월의 철학

강순전

1. 서론

러셀과 무어에 의해 칸트와 헤겔에 반대하는 새로운 철학이 시작되었다는 분석철학의 창조 신화에 대해 어느 때보다도 오늘날 영미 철학에서 비판적 평가가 이루어지고 있다. 러셀은 8년간 케임브리지에서 철학을 공부하면서 처음 4년은 칸트와 헤겔을, 나머지 4년은 헤겔을 집중적으로 공부한다. 그가 헤겔 철학으로부터 벗어났을 때, 그는 더운 찜질방에서 시원한 바람이 부는 벌판으로 도망쳐 나온 느낌이었다고 소감을 말하고 있다.[1] 러셀의 (독일) 관념론에 대한 반발의 특징은 그것이 관념론의 핵심적 공리를 반박하고 그것을 새로운 것으로 대치한 것이 아니라 단지 내적 관계를 외적 관계로 대치했을 뿐이라는 점이다.[2] 러셀은 실제의 역사적 헤겔과는 거의 유사하지 않은 문학적 창조물로서 '그림자 헤겔'을 창조해 냈지만, 그것은 분석철학의 발전에서 중요한 역할을 해 왔다.³ 관념론에 대한 러셀의 희화화는 수사적 차원에서 매우 성공적이어서 관념론의 역사적 실재에 관심을 갖지 않은 분석철학의 세대들은 러셀의 설명을 무비판적으로 받아들였다.⁴ 현대 영미 철학은 러셀과 논리 경험주의를 따라 **관념론**에 반대하면서 **소여**에로 전회하였다. 하지만 그들이 성취한 성과에 대한 의심이 증가되면서 현대 영미 철학의 흐름은 토대론으로부터의 이반이라는 뚜렷한 특징을 나타낸다. 이러한 전환과 더불어, 더 이상 잘못된 역사적-적대적인 관점에서 헤겔을 다루는 것이 아니라, 구성적이고 체계적인 관점에서 헤겔을 수용하는 움직임이 일기 시작한다.

셀라스ᵂ· Sellars, 브랜덤ᴿ· Brandom, 맥다월ᴶ· McDowell은 이러한 움직임을 주도하면서 헤겔에 대한 반동으로 태동한 현대 영미 철학에서 헤겔 르네상스라는 진기한 풍경을 연출하고 있다. 셀라스는 자신의 선구적인 고찰 "소여의 신화"를 "헤겔적 명상"⁵이라고 지칭하고, 맥다월은 "나

1   P. Redding, *Analytic philosophy and the return of Hegelian Thought*, Cambridge: Cambridge University Press, 2007, 2쪽.

2   같은 책, 3쪽.

3   같은 책, 7쪽.

4   같은 책, 8쪽.

5   W. Sellars, "Empiricism and the Philosophy of Mind", in: W. Sellars, *Science, Perception and Reality*, Atascadero, Calif.: Ridgeview Publishing Company, 1963[1991], 148쪽.

는 이 작품(『마음과 세계』)을 (헤겔의) 『정신현상학』의 서론으로서 생각하고 싶다"[6]라고 쓰고 있다. 셀라스, 브랜덤, 맥다월은 헤겔 철학이 칸트가 비난하는 전 비판적인 형이상학으로 다시 떨어졌다는 전통적 해석을 거부한다.[7] 브랜덤과 맥다월은 헤겔 철학을 칸트 철학의 더 나아간 발전 Weiterentwicklung으로 간주한다. 셀라스는 여전히 칸트적 구도에 머물러 있지만, 셀라스의 칸트 해석은 이미 "칸트의 초월론적 관념론transzendental idealism으로부터 헤겔화된 이탈"[8]을 시작하였고, 맥다월은 이 길을 가장 급진적이고 근본적인 형태로 걸어간다.[9] 맥다월은 그의 화제작 『마음과 세계』에서 '직관 없는 개념은 맹목'이기 때문에 양자가 불가분하게 결합되어야 한다는 칸트의 주장이 칸트의 방식이 아닌 헤겔의 방식으로만 성공적으로 성취될 수 있다는 점을 논증한다. 이것은 칸트에 대한 헤겔의 비판을 현대 영미 철학의 용어와 논증 방식으로 수행하는 것에 다름 아니다.

맥다월은 자신의 『마음과 세계』를 헤겔의 『정신현상학』의 서론으로 생각한다면서도 자신의 책에서는 주로 칸트에 대한 자신의 비판적 서술만을 수행할 뿐, 헤겔에 대해서는 거의 언급하지 않고 있다. 이 글은

---

6   J. McDowell, *Mind and World. With a New Introduction*, 1. Aufl. Cambridge, Mass.: Harvard University Press, 1996, ix쪽.

7   P. Redding, 앞의 책, 18쪽.

8   같은 책, 50쪽.

9   이에 대한 상세한 내용은 칸트의 직관 표상에 대한 셀라스와 맥다월의 개념주의적 해석을 다룬 강순전, 「순수이성비판에서 일차적 현상과 이차적 현상의 구별 문제」, 『철학사상』 59, 서울대학교 철학사상연구소, 2016을 참조.

맥다월의 논의를 분석하면서 그 안에 숨어 있는 헤겔을 드러내고자 한다. 그럼으로써 맥다월이 어떻게 헤겔을 현대적으로 변형하고 있는지를 보여 줄 것이다. 이러한 작업은 헤겔 연구자들에게는 헤겔 철학의 현대적 해석 가능성과 그것의 현재성에 대한 이해를, 현대 영미 철학 연구자들에게는 맥다월의 논의에 대한 내용적으로 보다 심층적인 이해를 제공해 줄 것이다.

2. 논의의 틀: 정합론과 소여의 신화, 이성의 공간과 인과의 공간, 칸트의 직관 표상의 개념주의적 해석

맥다월은 최근 영미 철학의 논의가 **토대론**과 내재주의적 **정합론** 사이의 "끊임없는 동요"(MW, 9) 속에 놓여 있었다고 진단하면서 여기로부터 벗어날 자신의 해결책을 제시한다.[10] 그는 토대론의 대표적인 생각을 셀라스가 비판한 경험론의 '**소여의 신화**'에서 찾는다. 셀라스는 감각 인상이나 감각 자료sense-data와 같이 판단의 (개념적) 내용을 결여한 직접지를 토대로 하여 지각 판단을 정당화할 수 있다고 생각하는 고전적 경험론이나 러셀의 '친숙지' 이론theory of acquaintance을 '소여의 신화'라고 한다. 셀라스에 따르면 판단은 대상의 **논리적** 내용만큼만 정당화될 수 있기 때문에

---

10   이병덕은 셀라스, 브랜덤, 맥다월을 위시한 현대 영미 철학자들이 칸트주의에서 벗어나 헤겔주의로 전회하게 된 가장 중요한 이유는 **실재론**과 **반실재론**(관점주의) 사이의 오랜 갈등을 헤겔주의의 틀 속에서 해결하기를 원하기 때문이라고 한다(이병덕, 「현대영미분석철학의 헤겔주의적 전회: 왜 칸트가 아니라 헤겔인가?」, 『헤겔연구』 23, 한국헤겔학회, 2008, 156쪽 이하).

비개념적 소여가 판단에 **개념적**, 이성적 제약을 가할 수 있다는 것은 잘못된 판단이다. '소여의 신화'와 대립된 입장을 취하는 정합론의 대표적 이론으로서 맥다월은 데이비드슨의 이론을 다룬다. 맥다월이 어떻게 이 양자를 비판하며 자신의 고유한 입장을 취하는지를 살펴보기 전에, 이를 위해 맥다월이 셀라스로부터 차용하는 '이성의 논리적 공간logical space of reasons'과 '인과의 논리적 공간', 또는 '자연법칙의 공간'이라는 분석의 틀을 고찰할 필요가 있다.

토대론과 정합론이 처한 문제를 설명하기 위해 맥다월은 "이성의 논리적 공간"과 "인과적 관계들의 논리적 공간"이라는 셀라스의 구별로부터 시작한다.[11] 여기서 우선 맥다월이 셀라스와 공유하는 것은 '**이성의 공간**'에 대한 규정이다. 셀라스와 맥다월은 "합리성은 자신의 고유한 영역에서 자유롭게 작동한다는 칸트의 생각", 또는 "이성이 자율적이라는 칸트의 생각"을 '이성의 공간'의 기본적인 이념으로 삼는다.[12] 이성의 공간은 칸트가 말하는 이론이성과 실천이성을 모두 포괄한다. 칸트에게 이성적 사유와 윤리적 행위는 인과성에 의해 지배되는 것이 아니라 **근거**reasons를 갖는다. 이론이성으로서 순수 오성 개념은 흄의 감각 인상이나 심적 대상을 필연적 인식으로 만드는 초월론적 **근거**로서 제시되고, 실천이성으로서의 보편 법칙도 개별 의지를 도덕적인 것으로 만들어 주는 **근**

11   정확히 "대상들에 대한 인과적 관계들의 논리적 공간"이라고 표현되는 후자는 셀라스 자신의 표현이 아니라 셀라스를 대신하여 로티가 표현하는 것이다(J. McDowell, *Mind and World*, 71쪽).

12   같은 책, 85쪽.

거라고 할 수 있다. 범주와 정언 명법은 모두 개별적인 믿음이 옳게 적용되는 경우와 그렇지 않은 경우를 판정하는 근거가 되기 때문에 **규범**으로서 기능한다고 할 수 있다.[13] 또한 그것들은 타자에 의해 필연적으로 강제되는 인과적 연쇄 속에 놓여 있는 것이 아니라 자기 자신에 근거하는 **자율적**인 것이다. 셀라스와 맥다월은 칸트의 이성이 갖는 이러한 자율적 규범성을 '이성의 논리적 공간'의 특징으로 삼는다.

의미를 결여한 자연의 공간과 달리, '이성의 공간'은 "이해 가능한 종류의 의미를 인식"하는 "독자적인sui generis 논리적 공간"[14]이다. 그래서 셀라스와 맥다월은 '이성의 공간'을 '**개념의 체계**'라고도 부른다. '이성의 공간'에 속하는 칸트의 이성은 이론이성, 실천이성, 미적 판단력으로 구분되지만, 셀라스와 맥다월은 이것을 하나의 '개념의 체계'로 통합한다. 헤겔은 이 모든 분야에 개념이 관통한다고 주장하기 때문에, 셀라스와 맥다월이 말하는 '개념의 체계'는 헤겔의 개념과 더 가깝다고 할 수 있다. 칸트와 헤겔이 개념을 존재의 본질, 즉 경험적 소재에 객관성을 부여하는 초월론적 원리라고 보는 반면,[15] 셀라스와 맥다월은 한 믿음을 그

---

13   이병덕, 앞의 논문, 148쪽.

14   J. McDowell, 앞의 책, 72쪽.

15   경험적 소재에서 지식이 성립하는 것이 아니라, 그것을 초월한 개념이 경험적 소재에 객관성을 부여하여 인식을, 또는 대상의 객관적 규정을 가능케 한다는 것이 초월론적 설명이므로, 칸트와 헤겔은 모두 개념의 초월론적 성격을 주장한다. 다만 초월의 방식이 서로 다르다. 칸트에게 개념은 경험적 소재 **밖에서** 부가되지만, 헤겔에게 개념은 경험적 소재에 **내재**하면서도 그것을 **초월**해 있는 것이다. 셸링은 『초월론적 관념론의 체계』에서 칸트와 피히테의 주관적 관념론을 객관적 관념론으로 확장하지만, 초월론이라는 그들의 철학적 이념을 계승하며, 헤겔은 셸링과 입장을 공유한다. 칸

안에서 **정당화**할 수 있는 **이성적** 맥락으로 간주한다. 그래서 셀라스는 어떤 것을 인식한다는 것은 "그것에 대해 경험적 서술을 하는 것이 아니라", 그것을 "이성의 논리적 공간", 즉 "정당화할 수 있는 공간에 위치시키는 것"[16]이라고 말한다. 이렇게 볼 때 '이성의 공간', 또는 '개념의 체계'라는 것은 감각 자료에 의해 판단이 근거 지어진다는 토대론적 정당화에 반대하여 제시된 정합론의 정당화 장치라고 할 수 있다.

하지만 맥다월은 단순히 **정합론**을 주장하는 것이 아니라 그것과 '**소여의 신화**'가 주장하는 **감각적 요소**를 결합하여 지각적 경험의 성립 가능성을 논증하려고 한다. **감각적 소여**와 **개념의 체계**를 각각 정당화의 근거로서 제시하는 소여의 신화와 정합론을 맥다월은 칸트의 감성적 **직관**과 순수 오성 **개념**의 틀 속에서 다룬다. 직관에 대해 칸트는 이중적인 애매한 입장을 취한다. 칸트는 우선 감성론에서 직관과 개념이 전혀 이질적인 성격을 갖는다는 초월론적 구별을 강조하면서, 직관이 **비개념적**인 것임을 분명히 한다. 그다음 그는 연역 장에서 직관과 개념의 결합을 시도하면서 직관이 항상 개념과 더불어서만 주어질 수 있고 개념의 방식으로 구조 지어진다고 주장함으로써, 직관이 **개념적**인 것으로 해석될 수

트, 헤겔, 맥다월의 초월론에 대한 자세한 논의는 제5절에서 이루어질 것이다. 여기서는 칸트와 헤겔이 모두 현대 영미 철학에서와는 달리 개념을 초월론적이라는 존재론적 의미로 사용하고 있다는 점만을 지적해 둔다. 칸트에게서도 현상 존재론이라는 의미에서 '존재론적'이라는 표현이 적용될 수 있다.

16   W. Sellars, 앞의 글, 169쪽, J. McDowell, 앞의 책, 5쪽.

있는 여지를 제공한다.[17] 직관과 개념의 관계에 대한 칸트 자신의 애매한 입장 때문에 이에 대한 해석도 개념주의적 및 비개념주의적 해석으로 이분화된다. 맥다월은 칸트의 직관을 개념주의적으로 해석하면서 정합론과 소여의 신화의 갈등을 화해시키고자 한다.

데이비드슨의 정합론은 감각적 자극이 개념의 공간 바깥으로부터 주어지며, 그것은 개념의 공간에 **인과적** 원인만을 제공할 뿐, 결코 내용적, **개념적**으로 인식을 제약하지 않는다고 주장한다. 데이비드슨이 말하는 인과적 원인으로서의 감각적 자극은 칸트의 비개념적 직관에 해당한다고 할 수 있다. 데이비드슨은 감각적 자극이 한 믿음을 정당화하는 근거가 될 수는 없고, "다른 믿음만이 한 믿음을 주장하는 근거로서 설명될 수 있다"[18]고 주장한다. 맥다월은 개념의 체계만이 정당화의 공간이 될 수 있다는 데이비드슨의 주장에는 동의하지만, 데이비드슨이 감각적 자극으로부터 개념의 체계를 유리시킴으로써 그가 말하는 개념의 체계는 "허공 속에서 공회전"[19]을 하고 있다고 비판한다.

이러한 공허함을 피하기 위해 **소여의 신화**는 개념의 체계 외부로부터 주어지는 **비개념적 자극**을 인식의 요소로서 포함시킨다. 이렇게 비개념적 자극이 인식의 요소가 됨으로써, 소여의 신화는 정당화의 공간을 개념의 체계를 넘어 비개념적 자극에까지 확장한다. 하지만 맥다월에 따

---

17   직관과 개념의 관계에 대한 칸트의 애매한 입장에 대해서는 이 책의 제5장 제2절 참조.
18   J. McDowell, 앞의 책, 14쪽.
19   같은 책, 11쪽.

르면 정당화의 공간은 개념의 공간을 넘어설 수 없다. 왜냐하면 "우리는 한 판단이 어떻게 개념의 영역 **밖에서** 근거 지어지는지를 이해할 수 없기"[20] 때문이다. 이성의 공간에 있는 판단이 비개념적 내용에 근거한다는 것은 소여의 신화에 빠져 있는 것이다. 맥다월은 **감성**이 **비개념적**인 내용을 산출한다고 생각하는 것은 잘못된 것이라고 주장한다. 왜냐하면 "자발성이 없이는 (감각적) 세계가 주어질 수 없기" 때문이다.[21]

데이비드슨과 소여의 신화에서 보았듯이, **자발성**을 강조하면 사유와 실재 간의 연결이 사라지고 실재와 **마찰 없는** 정합론에 빠진다. 이에 대한 반작용으로 실재와의 **마찰**을 강조하면 **비개념적** 실재와의 접촉에 의해 경험적 판단을 정당화하려는 소여의 신화에 빠진다. 데이비드슨에게는 외부로부터의 이성적 제약, 즉 개념적 내용을 지닌 **수용성**이 결여되어 있는 반면, 소여의 신화에는 외부로 향하는 **자발성**이 결여되어 있다. '직관과 개념'의 통일이라는 칸트의 모토를 실현하기 위해 맥다월은 이 두 가지를 포함하는 경험을 구상한다. 맥다월은 "범주들의 통일에 의해 대상으로 사고되는 한"에서만 "현상"이 성립할 수 있다는 칸트의 직관에 대한 개념주의적 해석을 통해 데이비드슨과 소여의 신화가 각기 대변하고 있는, 또는 결여하고 있는 인식의 두 가지 요소, 즉 수용성과 자발성을 결합하고자 한다.[22] 수용성을 도입함으로써 '허공 속에서의 공회

---

20   같은 책, 7쪽, 강조는 나의 것.

21   같은 책, 114쪽.

22   I. Kant, *Kritik der reinen Vernunft*, Hamburg: Felix Meiner, 1998, A248.

전'에 **마찰**을 도입할 수 있다. 하지만 이 마찰은 이미 **개념적**이어야 한다. 수용성을 통해 경험적 **자극**이 들어올 때, 경험 내용은 이미 **개념적**이므로 개념에 의한 경험적 판단에 정당화의 근거로서 작용할 수 있다. 수용성에 개념적 능력이 이미 수동적으로 작용할 가능성을 고려하지 못한다면, 경험이 사유에 대해 이성적, 개념적인 제약을 가할 수 없다. 따라서 맥다월은 직관이 개념적으로 생각될 때만 '직관과 개념의 통일'로서의 **온전한** 경험이 가능하다고 생각한다.

3. 칸트에 대한 개념주의적 해석과 개념의 무경계성 테제

맥다월은 경험적 자극이 이미 개념적이어야 한다는 칸트의 직관에 대한 개념주의적 해석을 비개념주의적 해석으로부터 거리를 두면서 명료한 어조로 제시한다. "개념적 능력은 수용성 **속에서**^{in} 사용된다. … 이것이 말하는 것은 개념적 능력이 비개념적으로 전달된 수용성에 **대해서**^{on} 작용한다는 것이 아니다. 칸트가 직관이라고 부르는 것을 우리는 비개념적 소여를 순수하게 취하는 것으로 보아서는 안 되며, 오히려 이미 개념적 내용을 갖는 사건 내지 상태라고 보아야 한다."[23] 전치사의 강조는 비개념적 해석으로부터 거리를 두고자 하는 맥다월의 의도를 알려준다. 하지만 맥다월은 칸트 철학의 본 모습이 자신이 주장하는 개념주

---

23   J. McDowell, 앞의 책, 9쪽.

의적 성격을 지닌다고 생각하는 것은 아니다. 맥다월의 직관에 대한 개념주의적 해석은 칸트에 대한 비판으로부터 헤겔로의 이행을 의미한다. 맥다월은 직관과 개념을 결합하려는 칸트의 의도가 성공적으로 실현되기 위해서는 칸트적인 그림을 버리고 "헤겔적으로 칸트를 급진화"시켜야 한다고 주장한다.[24] 왜냐하면 칸트에게는 개념이 직관에 대해[on] 작용하는 비개념주의적 요소가 존재하기 때문이다.

본래 칸트 인식론의 근본 구도는 감성의 수용성과 오성의 자발성을 "완전히 상이한 표상들의 원천"[25]으로서 간주하는 이원론이다. 따라서 칸트가 시도하는 인식의 가능성에 대한 증명도 이러한 이원론에 기초하여 감성과 오성, 직관과 개념 각자의 타당성을 증명하고 난 후에 양자를 결합하는 종합의 방법을 취한다.[26] 이미 헤겔은 맥다월에 앞서 칸트 인식론은 그것이 지니는 이원론의 근본 결함 때문에 이 과제를 성취할 수 없다고 비판하였다. 헤겔에 따르면 "이원론적 체계의 근본 결함"은 "앞서 독립적인 것, 따라서 **통일될 수 없는 것**이라고 설명한 것을 **통일하려고** 하는 비일관성"에 놓여 있다. 그것은 "통일된 것이 참된 것이라고 설명"하다가, 금방 "자신들의 진리인 통일 속에서 자신들의 독자 존재성

---

24   J. McDowell, *Having the World in View*, *Essays on Kant, Hegel and Sellars*, Cambridge, Mass.: Harvard University Press, 2009, 81쪽.

25   I. Kant, 앞의 책, A271/B327.

26   D. Henrich, "Die Beweisstruktur von Kants transzendentaler Deduktion", in: *Kant. Zur Deutung seiner Theorie von Erkennen und Handeln*, hrsg. v. G. Prauss, Koeln: Kiepenheuer & Witsch, 1973, 97쪽.

을 빼앗겼던 **두 요소**가 각기 분리된 채로 있을 때 진리와 현실성을 갖는다"고 말하는 비일관성을 보여 준다는 것이다.[27]

칸트의 인식론이 갖는 이원론적 제약 때문에 칸트의 개념도 감성적 직관에 제한된다. 칸트는 『순수이성비판』의 도처에서, 그리고 『판단력비판』의 §76, §77에서 신적 인식과 인간 인식을 비교하면서 인간의 직관은 감성적이며, 순수 오성 개념은 **논변적**diskursiv이라는 점을 강조한다. 칸트는 그의 『논리학』에서 "개념을 보편 표상, 또는 반성 표상reflektierte Vorstellung, repraesent. discursiva"이라고 규정한다.[28] 여기서 우리는 반성 표상의 라틴어 표기를 통해 **논변적**diskursiv 개념이 곧 **반성적**reflektiert 개념임을 확인할 수 있다. 반성적re-flektiert 개념은 언제나 자신의 사고가 **적용될** 반사면으로서의 직관을 필요로 한다.[29] 칸트에게서 개념은 직관**에**on 적용된다. 직관과 그것에 적용되어야 할 개념 사이에는 근원적인 분리가 놓여 있다. 따라서 헤겔에 따르면 근원적으로 분리되어 있는, 자립적인 두 요소의 결합은 앞서 이원론의 비일관성에 대한 서술에서 보여졌듯이 "그 자체로 분리되어 있는 것들의 외적인 통일",[30] 즉 기계적인 결합을 이룰

27 G. W. F. Hegel, *Enzyklopädie der philosophischen Wissenschaften (1830) I*, Werke in zwanzig Bänden, Theorie Werkausgabe, Frankfurt a. M.: Suhrkamp, 1969ff., Bd. 8, §60, 143쪽.

28 I. Kant, *Logik*, Kants Gesammelte Schriften, AA. Berlin, 1900ff., Bd. 9, 91쪽.

29 이에 대한 자세한 논의는 강순전, 『정신현상학의 이념』, 세창출판사, 2016, 21쪽, 주 7 참조.

30 G. W. F. Hegel, *Wissenschaft der Logik II*, Werke in zwanzig Bänden, Theorie Werkausgabe, Frankfurt a. M.: Suhrkamp, 1969ff., Bd. 6, 261/22쪽(앞의 쪽수는 Werke in

수 있을 뿐이다. 하지만 외적이고 기계적인 결합이란 개념이 직관을 관통하지 못하고 그것에 외적으로 부가되는 것을 말할 뿐이다.

칸트에게 직관은 질료이고 개념은 형식이다. 우리는 형식이 질료에 부가될 수 있다는 것을 무반성적으로 받아들인다. 하지만 직관과 개념이 '완전히 상이한 인식의 두 원천'이라면 양자의 결합을 증명하는 일은 매우 어려운 일이다. 칸트 자신도 "현상들은 오성의 기능 없이도 직관에 주어질 수" 있는데, "어떻게 사고의 주관적 조건들이 객관적 타당성을 가질 것인가", 즉 개념이 직관에 타당할 것인가를 규명하는 연역의 과제를 "어려운 문제"라고 말하고 있다.[31] 문제 해결로서 제시되는 칸트의 논증에 따르면, 직관과 개념은 분명한 경계에 의해 구분되어 있지만, 자발성의 능력으로서 오성이 본래 자신의 경계를 넘어서 감성적 직관에 침투할 수 있다는, 오성의 우월성을 통해서만 양자의 결합이 성취될 수 있다. 하지만 헤겔이 앞서 지적했듯이 칸트의 개념은 **논변적, 반성적**이어서 직관에on **적용**되며, 이때 개념은 직관에 **외적**으로 관계할 뿐이다. 이러한 외적 관계는 칸트 자신의 용어로는 '포섭Subsumtion'이라고 표현된다. 칸트의 개념은 직관을 **관통**하지 못하고 자신의 틀 아래로 **포섭**할 뿐이다. 헤겔은 이러한 포섭 작용을 **추상** 작용이라고 한다. "추상 작용Abstrahieren"은 소재들의 구체적 내용에 관계하지 못하고 소재를 자신이 본질적이라고 간주하는 개념으로 환원하는 것이다.[32] 이때 개념은 주관적인 관심에 의

---

zwanzig Bänden, 뒤의 쪽수는 Gesammelte Werke의 것).

31   I. Kant, *Kritik der reinen Vernunft*, A89f./B122.

한 **"특징**^{Merkmal}"에 머물 뿐 존재를 관통하는 존재의 원리가 될 수 없다.[33] 실제로 칸트의 범주는 매우 추상적이어서 대상의 구체적 내용들은 감성적 직관의 잡다 속에 남겨진다. 이러한 **범주의 추상성**은 칸트 이후의 철학자들에게 늘 불만스러운 것이었다. 피히테, 셸링, 헤겔은 개념의 세분화를 통해 칸트의 비개념적 직관 속에 남겨진 구체성을 개념의 체계 속에 포함시킨다.

　헤겔의 칸트 비판은 판단표로부터 형이상학적으로 채택된 범주의 **추상성**이 지니는 내용적 빈약함만이 아니라 범주가 **논변적**, 반성적 개념임으로 인해서 지니는 원리적 한계를 지적하는 것이다. 칸트의 이원론, 즉 개념과 직관의 이질성에 대한 비판을 위해 헤겔이 **개념**의 측면에서 칸트의 논변적 개념이 갖는 한계를 비판한다면, 맥다월은 칸트의 **직관**이 갖는 비개념적인 성격에 초점을 맞춘다. 칸트의 관념론을 주관적으로 만드는 것은 개념이 아니라 직관의 형식이다.[34] 맥다월은 경험적 직관은 문제가 아니지만 우리의 형식적 직관의 질료, 즉 초월론적 관념성을 지닌 직관의 형식, 다시 말해 시공간의 방식이 문제라고 한다. 왜냐하면 경험적 직관은 개념에 의해 관통되는 소재에 불과하여 개념적으로 구조 지어지고 조직될 수 있지만, 순수 직관의 형식인 시공간은 경험적 직관이 주어지는 선험적 질서이기 때문이다. 칸트에 따르면 개념은 부분을

32　　G. W. F. Hegel, *Wissenschaft der Logik II*, 258/21쪽.

33　　같은 책, 259/21쪽.

34　　J. McDowell, *Having the World in View*, 84쪽.

자신 **아래**^{unter} 포섭하지만, 직관은 그 자체 전체^{totum}이기 때문에 부분이 전체 **안에**^{in} 있으며, 이렇게 개념과 직관은 본질적으로 상이한 방식으로 존재한다. 순수 직관의 형식이 갖는 비개념적인 성격 때문에 직관은 개별적인 시공간에서 개별적인 주관에게 개별적 사례로서 일어난다. 이 때문에 비개념주의자들은 직관의 개별성이 고유한 비개념적 내용을 가지며 인식에 개념 **독립적**인 기여를 할 수 있다고 주장한다. 맥다월에 따르면 이같이 보편적 개념과는 달리 우리의 감성적 직관이 형성되는 **주관적 방식** 때문에 칸트의 관념론은 주관적 관념론에 떨어진다.

맥다월은 칸트가 직관과 개념의 통일을 위한 대부분을 수행하고 난 후에도 우리 감성의 시공간성, 즉 순수 직관의 형식이 개념적으로 판독될 수 없는 **날것의 성격**$^{brute\text{-}fact\ character}$을 가지고 있음을 고집한다고 지적한다.[35] 실로 칸트는 연역 과정의 대장정을 마무리하는 마지막 단계에서도 "종합의 통일", 즉 개념이 "모든 포착의 종합의 조건으로서 (이 직관들 안에서가 아니라) 이 직관들과 함께 이미 항상 동시에 주어진다"고 말함으로써, "안"이 아니라 "함께"라는 표현을 통해 직관과 개념을 동등하게 병렬시키고 외적으로 결합시키면서 양자의 **초월론적 구별**을 끝까지 견지하려고 한다.[36] 하지만 맥다월이 보기에 이런 그림을 가지고는 통각의 자발성을 감성론으로 확장함으로써 시공간에 대해 범주의 타당성을 정당화하려는 연역의 시도는 성공할 수 없다. 맥다월은 연역의 과제를 주관

---

35   같은 책, 76쪽.

36   I. Kant, *Kritik der reinen Vernunft*, B161.

적으로 보이는 개념 체계가 객관의 질서임을 증명하는 것이라고도 표현하기도 하는데, 이러한 특징을 갖는 연역이 성공하기 위해서는 순수 직관의 질료가 오성의 자발성의 **외부**에 있어서는 안 된다. 다시 말해서 비개념적인 성격을 지녀서는 안 된다.[37] 맥다월에 따르면 직관과 개념의 수미일관한 결합을 위해서는 순수 직관인 시간과 공간의 성격도 **개념적**이어야 한다. 그럼으로써 칸트의 연역, 즉 직관과 개념의 결합을 약화시키는 **외면성**은 제거되어야 한다.[38] 칸트와 달리 헤겔은 자연철학의 서두에서 시간과 공간을 **개념적**으로 구성하고 있다. 이 점에서 맥다월은 헤겔의 시공간에 대한 수미일관한 개념적 파악을 지지하고 있다고 할 수 있다. 맥다월은 칸트의 "비판적 관념론이 성공하려면 헤겔적 의미에서 사변적으로 되어야 한다"고 주장한다.[39] 칸트의 관념론이 일관성을 갖는 이론이려면, 직관과 개념의 결합은 개념주의적 방식 외에는 있을 수 없다. 그럼으로써 인간에 상대적인 것으로 제한된 관념론은 결국 헤겔의 절대적 관념론으로 귀결된다는 것이 맥다월의 생각이다.

개념이 온전히 직관을 관통하지 못한다는 것은 직관이 개념의 넘어설 수 없는 **경계**로 남는다는 것이다. 『마음과 세계』 제2장의 제목 "개념적인 것의 무경계성The Unboundedness of the Conceptual"이 말해 주듯이 맥다월은 헤겔과 함께 칸트의 직관에 대한 비개념적 견해를 비판하면서 칸트

---

37   J. McDowell, *Having the World in View*, 81-82쪽.

38   같은 책, 89쪽.

39   같은 책, 79쪽.

가 갖고 있는 개념주의적 단서를 발전시켜 나간다. 맥다월이 "개념적인 것의 무경계성"이라고 표현한 것은 헤겔이 말하는 "개념의 절대성"[40]이다. 이러한 표현을 통해 헤겔이 주장하는 것은 개념 밖에 있는 감각적 소재가 진리를 갖는 것이 아니라, 감각적 소재는 **개념화**되는 한에서만 진리를 갖는다는 것이다. 개념은 감각적 소재를 "자신의 고유한 형식"으로 가져옴으로써 그것에 "규정성"을 부여한다. 이같이 개념 파악되면서 감각적 "직관" 속에 있는 "**그 자체로 있는 것**_Anundfürsichsein_"은 "**정립된 존재**_Gesetztsein_"로 변환된다.[41] 사유하면서 개념은 감각적 소재를 관통하여 그것을 개념적인 것으로 정립한다. 헤겔에 따르면 철학적으로 사유하는 것은 감각적 소재의 직접적으로 주어진 우연적 내용을 수용하여 그것을 '그 자체로 있는 것', 독자적 타당성을 갖는 것으로 인정하는 것이 아니라 "근원적 사유"의 방식에 맞추어 "사태 자체의 필연성에 따라 나타나는 형태를 내용에 부여"하는 것이다.[42] 따라서 헤겔이 말하는 철학적 사유는 칸트처럼 추상적인 형식에 직관의 잡다를 포섭하는 것이 아니라, 감각적 소재의 구체적 내용 속으로 침투하여 그것의 개념적 연관을 드러내는 것이다. 그것은 몰개념적인 세계에 낯선 개념의 그물을 뒤집어씌우는 것이 아니라 세계에 내재한 논리적 본질을 개방하는 것이다.[43]

40   G. W. F. Hegel, _Wissenschaft der Logik II_, 264/24쪽.

41   같은 책, 255/18쪽.

42   G. W. F. Hegel, _Enzyklopädie der philosophischen Wissenschaften (1830) I_, §12, 56쪽.

43   C. Spahn, "Transformationen des Hegelianismus: Objektivität vor und nach McDowell", 『헤겔연구』 37, 한국헤겔학회, 2015, 151쪽 이하.

맥다월은 "개념적 능력이 수용성 속에서[in] 작용하지 수용성이 먼저 제공한 어떤 것에[on] 작용하는 것은 아니라"고 말하면서, "우리의 개념적 능력은 우리가 질료 속에서 어떤 선택을 하기 전에, 내용이 우리에게 도달될 때 이미 작용한다"고 주장한다.[44] 이러한 주장은 칸트의 직관과 개념의 결합에 관한 개념주의적 해석으로부터 나온 결과다. 맥다월은 개념주의자들이 항상 자신의 주장을 위한 전거로서 인용하는, 판단에서 표상들에게 통일성을 부여하는 기능이 직관에서의 표상들의 종합에 통일성을 부여하는 기능과 같다는 칸트의 언급[45]에 주목하면서 통각, 개념, 직관의 통일이 서로 결합되어 있다고 주장한다. 가령 맥다월에 따르면 판단 능력은 계사[is]를 통해 표현되는 **통각**에 의해 **개념**들을 결합하는 능력이면서, 또한 술어의 개념을 주어의 **대상**과 결합함으로써 심적으로 대상에로 향하는 능력이며, 이것은 **직관**의 능력에 다름 아니다. 이같이 판단, 통각, 직관이 서로 연결되어 있기 때문에, 직관은 자기의식적이라는 함축을 내포하고 있다고 맥다월은 주장한다. 이렇게 해서 **직관**은 외적으로 주어지는 방식으로 대상의 객관성을 형성하는 것이 아니라, **개념**의 자기규정, 즉 판단을 통해 생성되는 객관성이며, 칸트는 이 객관성의 본질이 **통각**이라고 한다. 맥다월은 이같이 직관, 개념, 통각을 하나로 통일시킴으로써 칸트의 관념론을 대상을 자기의식적 지성의 자유로운 자기규정 활동에 의해 파악하는 헤겔의 관념론에로 연결시킨다.[46] 물론 여기

44   J. McDowell, *Mind and World*, 10쪽.
45   I. Kant, *Kritik der reinen Vernunft*, A79/B104 이하.

서 헤겔이 말하는 **개념**의 자기규정 활동을 **자기의식**적 지성의 자기규정 활동으로 파악하는 맥다월의 방식은 헤겔과 같이 개념을 형이상학적 논리학의 체계로서 다루려 하지 않고 인식론적 맥락에서 사용되는 지성의 활동으로 파악하려는 차별적 의도를 함축하고 있다.

헤겔은 개념이 "자기 자신을 자유로이 규정한다"[47]고 한다. 이러한 개념의 자유로운 자기규정 활동은 개념 자신으로부터 실재성을 산출한다. 헤겔에 따르면 실재성은 개념 밖의 직관에서 오는 것이 아니라 개념이 직관을 관통하면서 "자신 안에 근거 지어진 변증법에 의해 … 실재성을 자기 자신으로부터 산출"[48]하는 것이다. 그 변증법은 개념이 자기규정을 통해 자기를 실현하는 과정인 개념, 판단, 추리의 전개를 통해 드러나는 내용들이다. 헤겔은 이러한 내용의 변증법을 통해 직관의 실재성을 개념의 형식으로 산출하면서 객관성을 구성한다. 이것은 절대적인 개념이 직관을 관통하면서 객관성을 형성하는 방식에 다름 아니다. 여기서 직관은 자신 안에서 **개념적** 연관을 잠재적으로 포함하고 있지만 '**어두운**_dunkel_' 경험적 소재이며, 개념은 그것의 개념적 연관을 '**선명한**_klar_' 형태로 드러낸다. 이것은 개념이 직관의 내용을 모사한다는 것이 아니라, 개념적으로 규정 가능한 직관을 자신의 논리적 활동에 따라 규정하는 것이며, 직관의 내용은 개념에 외적인 것이 아니라 개념 자신의 내용과 같기

---

46   J. McDowell, *Having the World in View*, 71-72쪽.

47   G. W. F. Hegel, *Wissenschaft der Logik II*, 279/36쪽.

48   같은 책, 264/25쪽.

때문에, 개념이 직관을 매개로 자신을 규정하는 개념의 자기규정에 다름 아니다. 헤겔이 말하는 '개념의 절대성', 또는 '개념이 절대적'이라는 의미는 개념이 칸트에게서처럼 외적으로 실재성을 부여하는 직관에 의해 제약되는 것이 아니라 그렇게 생각되는 실재성을 개념으로부터 개념의 자기규정을 통해 산출한다는 것이다. 맥다월은 칸트적 문제의 맥락에서 판단을 통해 개념의 통일과 직관의 통일을 일치시키면서 직관과 개념을 통일시키는 방식으로, 헤겔의 개념의 절대성 테제를 개념의 무경계성 테제로 변용한 것이다.

맥다월은 이러한 단서에 따라 직관, 또는 감각 "인상이 이미 개념적 내용을 포함하고"[49] 있기 때문에, 개념적으로 매개된 **감각** 인상이 다름 아니라 세계에 대해 언급하는 **판단**의 내용을 결정하는 "잠재적 결정인자"라고 주장한다.[50] 그에 따르면 데이비드슨이 주장하는 것처럼 충격이 개념 체계 외부에서 가해져서는 안 된다. 만일 충격이 개념 체계 외부에서 가해진다면 그것은 우리에게 오직 **인과적**인 영향력만을 발휘할 것이다. 하지만 우리가 세계를 경험하면서 언제나 원초적 번역의 상황에 놓인다는 데이비드슨의 주장은 과도한 것이다. 오히려 세계가 우리에게 **이성적**인 영향력을 발휘한다고 생각하는 것이 건전한 것이다. 이를 위해서는 세계가 우리에게 주는 충격이 이미 **개념적**이어야 한다.[51] 그럼으로

---

49   J. McDowell, *Mind and World*, 17쪽.
50   같은 책, 35쪽.
51   같은 책, 34쪽.

써 우리의 **개념은 세계에까지 미친다.** 헤겔의 표현으로 말하면 **개념은 세계를 관통한다.** 외부의 충격이 비개념적이라면 그것은 판단을 정당화하는 근거가 될 수 없다. 판단에 대한 정당화는 **세계의 특성을 지시**하는 것이어야 하며, 세계로부터 오는 충격이 개념적일 때만 그러한 지시가 가능하게 된다. 그럴 때만 우리는 개념의 틀로부터 세계의 특성을 지시함으로써 판단을 정당화할 수 있다.[52] 하지만 개념 틀로부터 세계를 지시하는 것은 고정된 개념 틀을 세계에 부과하는 것이 아니다. 헤겔이 생각하는 것과 마찬가지로 맥다월은 경험적 사태에 대해 사유를 할 때 사유는 자신이 현재 "합리적이라고 생각하는 개념적 연관의 자격에 대해서 지속적으로 반성해야 할 의무"를 갖는다고 말한다. 만약 "반성이 요구한다면 언제라도 기꺼이 개념을 변형"해야 한다.[53] 개념의 체계는 고정된 것이 아니라 사태의 연관에 따라 변화되어야 하기 때문에, "우리는 능동적으로 경험에 반응해서 우리의 세계상을 적합하게" 하여야 한다. 맥다월은 "세계가 역사적 전개의 어느 특정한 순간에 개념의 체계 내에서 완전해질 것"이라는 사실에 반대하면서 "반성의 의무가 영원한 것임"을 주장한다. 그러면서 "모든 탐구자가 궁극적으로 동의할 운명에 놓인 견해는 우리가 진리라고 부르는 것과 같다"는 퍼스[C. S. Peirce]의 견해에 따라 "탐구의 종료를 선언해도 좋을 어떤 사태"를 상정하는 것에 반대한다.[54]

---

52   같은 책, 39쪽.
53   같은 책, 12쪽 이하.
54   같은 책, 40쪽.

맥다월은 마음이 세계에 닿을 수 있다는 점에서 자신의 철학을 **경험론**이라고 한다. 하지만 그는 비개념적 감각 인상이 판단을 제약할 수 있다고 주장하는 영국의 고전적 경험론과 구별하여 자신의 경험론을 **최소 경험론**이라고 부른다. 말하자면 맥다월의 생각에 현대 영미 철학은 고전적 경험론과 같이 소여의 신화에 빠진 강한 경험론을 거부하면서 정당화에 있어서 개념 체계의 역할을 강조하는 정합론에 이르렀지만, 철학은 '허공 속에서 공회전'하는 정합론에 머물러서는 안 된다. 그래서 비록 **개념화된 감각 인상**일지라도 세계로부터 **최소한**의 제한이 판단에 가해져야 한다는 최소 경험주의를 통해서만 개념이 세계의 실재와 접촉하게 됨으로써 실재적 경험이 가능케 된다는 것이다. 맥다월은 경험론의 입장을 떠나지 않으면서 '개념의 무경계성' 테제를 통해 **세계가 그 자체 개념적**'이라는 헤겔의 절대적 관념론을 받아들임으로써 현대 영미 철학자 중 가장 강력한 형태의 헤겔주의를 대변한다. 그는 "개념의 영역이 외적 경계를 갖는다는 사실을 부정하는 것이 절대적 관념론의 핵심"이라고 주장하면서, "사유하는 가운데 나는 **타자** 속에 있지 않기 때문에 **자유롭다**"라는 헤겔의 언급이 자기가 말하려는 바를 정확하게 표현해 주는 것이라고 말한다.[55] 헤겔은 "타자 속에 있지 않다"라는 말에 이어 "나 자신에 머문다"라는 말을 덧붙인다.[56] 여기서 **타자**는 내가 개념적으로 **파악할 수**

---

55   같은 책, 44쪽.

56   G. W. F. Hegel, *Phänomenologie des Geistes*, Werke in zwanzig Bänden, Theorie Werkausgabe, Frankfurt a. M.: Suhrkamp, 1969ff., Bd. 3, 156/117쪽.

없는 것, 즉 비개념적인 것을 의미한다. 나는 사유하는 가운데 오직 내가 이성적으로 사유 가능한 대상하고만 관계하기 때문에 '나 자신에 머문다'. 헤겔은 이러한 맥락에서 **낯선 타자**에 **제약**되지 않는 사유의 자유를 언급하고 있다. 맥다월은 헤겔이 말하는 사유의 본성을 마음과 세계의 관계에 투사하여, 사유가 관계하는 세계의 실재는 "사유 가능한 내용 thinkable contents", 개념적인 것이라고 말한다.[57] 경험적 판단에 외부적 제약으로 기능하는 세계의 **실재**는 나의 개념 체계 밖에 있는 비개념적인 타자가 아니라, 내가 '**사유 가능한 내용**'이다.

세계는 나의 개별적 경험에 선행해서 **그 자체** 개념적인 것으로서 존재한다. 나의 **개별적** 경험은 나의 개별 경험에 독립해 있는 세계의 **일부분**을 대상으로 한다. 개별적 경험은 대상을 사유 가능한 전체의 **부분**으로서 이해하는 것인데, 그것은 내가 경험의 대상에 개념 연관을 부여함으로써 그것을 개념 체계 안에 위치 짓는 것이다.[58] 세계는 우리의 **개별 판단에 독립**해 있다. 하지만 세계가 우리의 개별 판단에 독립적이라고 할지라도, 우리가 "오도되지 않는다면is not misled" 우리의 사유는 세계에 닿는다.[59] 감각을 통해 외적 대상을 수용하는 인간에게 외적 대상은 실재하는 것이며, 인간은 **감각**에 오도되어 **경험적** 오류를 범할 수 있다. 하지만 대상이 개념적이기 때문에 **감각**에 흐려지지만 않는다면 인간의

---

57   J. McDowell, *Mind and World*, 28쪽.
58   같은 책, 36쪽.
59   같은 책, 29쪽.

사유는 오류를 범하지 않는다. 그래서 맥다월은 "그 자체로서의 사유와 세계 사이에는 간극gap이 없다"[60]고 선언한다. 이것은 "**존재하는** 것은 오직 그것이 **사고**Gedanke인 한에서만 존재한다"[61]는 헤겔의 주장의 맥다월식 표현이다. 헤겔은 이러한 주장을 자신의 『정신철학』의 주관 정신 편에서 제기하는데, 주관 정신이란 객관 정신으로서의 사회로 전개되기 이전 단계인 개별적인 정신이다. 그것은 감각하고 직관하기도 하는 정신이기 때문에[62] 경험적 판단을 할 때 오도될 수도 있다. 하지만 헤겔은 감각의 껍질을 뚫고 들어가 개념적 본질을 파악한다면 우리의 사유는 세계와 만난다고 주장한다. 칸트에게서도 인식의 진리란 직관이 개념에 **정합**하는 것conformatio이다. 왜냐하면, 질료로서의 직관은 **형식**인 개념에 의해 결합되어 객관으로서 성립하기 때문이다. 물론 이것은 직관이 온전히 개념주의적으로 해석될 때만 가능하다. 따라서 맥다월에 의하면 개념주의적

---

60   같은 책, 27쪽.

61   G. W. F. Hegel, *Enzyklopädie der philosophischen Wissenschaften (1830) III*, Werke in zwanzig Bänden, Theorie Werkausgabe, Frankfurt a. M.: Suhrkamp, 1969ff., Bd. 10, §465, 283쪽(강조는 나의 것). 여기서 사고(Gedanke)란 절대이념에 의해 사유된(gedacht) 것이며, 경험적으로 개별 인간에 의해 사유 가능한(denkbar) 것이다. 헤겔은 같은 절 Zusatz에서 "**사유는 존재다**"(284쪽)라는 파르메니데스의 명제를 자신의 주장과 같은 것으로 인용한다. 이 명제는 "사유와 있음은 같은 것"(김인곤 외, 『소크라테스 이전 철학자들의 단편선집』, 아카넷, 2005, 276쪽, 주 26 및 284쪽, 주 49)이라는 말을 달리 번역한 것으로서 "우리가 존재에 대해서 그것이 있다고 말하고 비존재에 대해서 그것이 있지 않다고 말할 때 우리는 진리를 파악하게 된다"(『형이상학』, 4권 7장)고 말하는 아리스토텔레스에로 이어지는 '존재와 사유의 동등성'에 관한 형이상학적 확신을 표현한다(J. Hirschberger, *Geschichte der Philosophie*, Frankfurt a. M.: Frechen Komet, 1999, 42쪽).

62   G. W. F. Hegel, *Enzyklopädie der philosophischen Wissenschaften (1830) III*, §446쪽 이하.

으로 해석된 칸트는 -덧붙여 물자체가 제거된다면- 헤겔의 절대적 관념론과 만나며, 그들의 접점이 말해 주는 것은 다름 아니라 사유와 세계가 **원리적으로** 일치한다는 것이다.[63]

4. 칸트의 물자체와 형식적 자기의식의 부정

맥다월의 『마음과 세계』에서 눈에 띄는 독특한 주장은 개념의 무경계성과 제2자연의 자연주의다. 제2자연의 자연주의는 자연에서 자발성의 공간을 만들기 위해 제기되는 새로운 자연주의다. 맥다월이 완화된 자연주의라고 일컫는 이 새로운 자연주의는 자연을 합리성이 깃들어 있는 것, 의미 있는 자연으로 해석한다. 맥다월은 이것을 "부분적으로 재마법화"[64]된 자연이라고도 하는데, 이 '재마법화'라는 표현은 목적론의 역사적 전환을 표현하기 위해 사용되는 표현이다. 아리스토텔레스의 내재적 목적론은 중세와 근세의 형이상학자들에 의해 외적, 우연적 목적론으로 타락하면서 자연과학에 의해 비과학적 자연관의 대표적 견해로 비난받았다. 하지만 칸트는 『판단력비판』의 목적론적 판단력비판에서 내재

---

63   이병덕은 맥다월의 '세계가 그 자체 개념적'이라는 주장, 즉 세계가 이해되기 전부터 개념적 구조를 가지고 있다는 존재론적 주장을 비판하면서, 개념 체계가 우리 사회에서 현재 통용되는 규범적 태도로서 해석되어야 한다는 실용주의적 입장을 피력한다 (이병덕, 「제2의 천성의 자연주의와 자연의 부분적 재마법화」, 『철학적 분석』 33, 한국분석철학회, 2015, 36쪽 이하). 하지만 앞서 살펴보았듯이 맥다월은 헤겔과 마찬가지로 개념 체계를 인류의 상호 주관적 합치라는 실용주의적 기준을 넘어서는 객관적인 것으로 본다.

64   J. McDowell, *Mind and World*, 74쪽, 88쪽, 97쪽.

적 목적론의 의미를 부각하였고, 헤겔은 그것을 자신의 『논리의 학』 개념론의 객관성 장에서 가장 고차적인 객관적 개념으로 다룸으로써 목적론을 부활시켰다.[65] 헤겔의 객관성 장은 객관적 자연의 세 가지 형식, 즉 기계론, 화학론, 목적론(유기체)을 다루는 것이기 때문에, 헤겔은 거기서 생물학적 자연 속에 목적이 깃들어 있다는 목적론적 자연관을 제시할 뿐만 아니라 기계론이 목적론에 포섭된다는 아리스토텔레스의 전통적인 견해를 체계화하고 있다. 이렇게 근세 자연과학에 의해 탈마법화된 자연에 다시 목적론적 의미를 부여하려는 시도는 자연의 '재마법화'라고 불린다. 맥다월은 자연을 기계론과 일치시키는 근대 자연과학의 자연관을 비판하면서 자연에 자율적 이성을 삼투시킴으로써 목적론적 자연관과 유사한 주장을 하고 있을 뿐만 아니라, 자연법칙의 영역, 즉 기계론이 개념적으로 파악되어 이성의 공간에 포함될 수 있다는 주장을 통해 기계론이 목적론에 포섭된다는 전통적 목적론의 입장을 따르고 있다.[66] 이 점에서 맥다월의 제2자연의 자연주의는 전통 목적론과 관련하여 깊이 고찰할

---

65 헤겔은 아리스토텔레스의 내재적 목적론이 근대의 외적 목적론보다 탁월한 것이며 칸트가 그것을 다시 일깨웠다고 평가한다(G. W. F. Hegel, *Enzyklopädie der philosophischen Wissenschaften* (1830) I, §204쪽, 360쪽). 하지만 헤겔은 칸트가 목적론적 관계를 단지 주관에만 귀속시켰다고 비판하면서 칸트보다 우월하다고 평가하는 아리스토텔레스의 객관적 목적론의 입장을 따른다(같은 책, §§55-56쪽, 139-141쪽).

66 내가 여기서 주장하는 것은 내재적 목적론이 기계론을 목적론에 포섭하는 것과 같이 맥다월이 기계론을 이성의 공간, 즉 개념 체계에 포섭시킨다는 유비적 관계만을 말하는 것이지, 맥다월이 개념 체계를 목적론으로 간주하는 목적론자라는 것을 말하는 것은 아니다. 내 생각에 개념 체계가 목적론적으로 생각될 때 맥다월의 주장은 체계적 수미일관성과 깊이를 획득할 수 있다. 하지만 맥다월은 내재적 목적론에 대한 이해를 결여하고 있기 때문에 그것을 거부한다.

가치가 있지만 별도의 글을 통해서 다루어져야 할 광범위한 주제이기 때문에 이 글에서는 본 주제에 연관된 정도만 대강 언급할 것이다.

제2자연의 자연주의를 설명하기 위해 맥다월은 아리스토텔레스의 실천적 지혜를 예로 들어 윤리적 훈육을 통해 사고와 행위의 습관이 제2자연으로 형성되는 과정을 설명한다.[67] 하지만 습관이란 자연적 동물 존재로서의 인간의 육체에 자율적 이성을 새겨 넣는 것이므로, 개념을 가지고 자연 세계를 지시하는 지금까지의 논의와 동일한 것이다. 맥다월은 제2자연의 형성이 "윤리적 요구 이외의 다른 이성적 요구"에 대한 반응도 포함한다면서, "아리스토텔레스가 윤리적 성격의 형성을 생각하는 방식을 일반화"한 것이 독일어의 "도야Bildung"라고 말한다.[68] 도야란 감성으로부터 이성을 순화하여 근거에로의 개방성을 갖게 되는 과정이며, 그런 과정을 거쳐 도야된 이성은 개념을 자연과 매개시키는 합리성의 능력을 지닌다. 따라서 제2자연의 자연주의는 지금까지 개념의 무경계성 테제를 통해 논의하였던, 개념이 자연과의 마찰 없이 공회전해서는 안 되며 자연을 관통해야 한다는 것, 직관이 개념주의적으로 해석되어야 한다는 주장과 같은 맥락에 있다. 제2자연의 자연주의 테제는 개념의 무경계성 테제에 기초하는 것이고 후자가 더욱 근원적인 것이라고 할 수 있다.[69]

실천적 지혜를 통한 습관의 형성은 맥다월이 제2자연의 자연주의

---

67 J. McDowell, *Mind and World*, 84쪽.

68 같은 곳.

69 C. Spahn, 앞의 논문, 149쪽, 주 76.

를 통해서 말하려고 하는 것의 한 가지 양상일 뿐이다. 제2자연의 자연주의를 통해 맥다월이 의도하는 것은 **일반적으로** 말해서 마음과 세계, 개념과 직관의 구체적이고 내적인 결합이라고 할 수 있다. 그래서 맥다월은 제2자연의 자연주의를 가지고 칸트에 비판적으로 접근하면서 개념주의적 칸트를 구상한다. 맥다월이 논의를 전개하는 틀은 셀라스의 **이성의 공간**과 **인과의 공간**이라는 구분이기 때문에, 제2자연의 자연주의를 통한 칸트에 대한 비판과 개념주의적 해석도 이 구분으로부터 출발한다. 맥다월은 셀라스가 말하는 '인과의 공간'을 "법칙의 왕국"이라는 용어로 대체하는 것이 타당하다고 주장한다.[70] 자연과학이 다루는 영역은 맹목적인 인과의 작용이 아니라 **개념적**인 성격을 지닌 '**법칙의 왕국**'이라는 생각이다. 셀라스는 자연의 영역을 칸트의 비개념적 직관 및 **물자체**에 상응하는 '**과학적 이미지**'로 설명한다. 이것은 '이성의 공간'의 밖에 놓여 있는 것이므로 **비개념적**이다. 셀라스는 '이성의 공간'이 갖는 **현시적 이미지**는 단지 인식적 차원에서만 실재적이며 존재적 차원에서는 **비실재적**이라고 규정한다. 반면에 **과학적 이미지**는 존재적 차원에서 실재하는 것이며 그 자체로 **실재**하는 것이다.[71] 이로써 셀라스의 논의는 물자체가 그 자체로 존재하는 것이며 현상은 우리의 의식에 대해서만 존재하는 관념적인 것이라는 칸트의 구도를 정확히 반영한다. 맥다월은 칸트와

---

70   J. McDowell, *Mind and World*, 71쪽.
71   김영건, 「맥도웰과 셀라스: 현시적 이미지와 과학적 이미지」, 『철학논집』 29, 서강대학교 철학연구소, 2012, 225쪽.

셀라스의 이러한 이분법을 소여의 신화의 잔재라고 본다. 왜냐하면 개념 체계 밖에 비개념적인 실재가 있다면 그것은 개념적으로 파악될 수 없으며, 비개념적인 실재가 개념적 판단을 제약한다는 소여의 신화에 다름 아니기 때문이다.

과학적 이미지가 어떤 방식으로든 인간에게 이해될 수 있으려면 그것은 **개념적**이어야 한다. 그래서 맥다월은 자연의 영역이 근거의 영역의 밖에 있어서는 안 되며, 그 안으로 포섭되어야 한다고 주장한다. 그에 따르면 자연은 근대 자연과학에 의해 **'탈마법화'된 자연**인 **법칙의 왕국**과 법칙적으로 파악될 수 없는 의미 있는 자연, 즉 맥다월에 의해 **재마법화된 자연**으로 구성된다. 후자는 제2자연의 자연이며 자율적 이성에 의해 매개된 자연이기 때문에 당연히 이성의 공간에 속한다. 근대 자연과학에 의해 '탈마법화'된 자연 역시 일견 개념적이지 않은 것으로 보이지만 상위의 **개념화**에 포섭될 수 있기 때문에 이성의 공간에 속한다. 아리스토텔레스는 맹목적 필연성의 과정, 즉 인과 과정이 이 과정을 관통하고 지배하는 상위의 목적론적 원인overall cause에 종속된다고 주장한다. 헤겔은 이것을 자신의 고유한 과정적 논리 전개 속에서 서술하면서, 개념이 법칙의 영역인 기계론 속에 잠재적으로 내재하다가 화학론을 거쳐 목적론에서 현재화된다고 설명한다. 말하자면 두 철학자에 따르면 목적이 법칙의 영역에서는 **명시적**으로 드러나지는 않지만 그 안에 **잠재**해 있고, 법칙의 기계론적 질서는 유기체의 목적론적 질서에 연결된다. 이러한 철학사적 맥락을 여기서 상론할 수는 없지만 맥다월의 주장을 일관성 있게 해석하려면 맥다월이 자연 속에서 기계적 질서와 유기적 질서가 통약 가능하다는 두 목적론자의 견해를 암묵적으로 공유하고 있다고 해석해야 한다. 맥다월은 때때로 법칙의 영역이 이성의 공간에 위치해야 한다고 하면서도, 때때로 법칙의 영역과 이성의 공간은 구별된다고 한다. 이러한 언급은 일관성을 결여한 것처럼 보일 수 있다. 하지만 전자는 법칙의 영역에 개념이 **잠재**해 있다는 양자의 **연속성**을 고려할 때 타당할 수 있고, 후자는 법칙의 영역의 **명시적**으로 드러난 모습이 개념과는 **다른** 형태를 띤다는 점에서 타당할 수 있다.[72]

맥다월은 이성의 공간과 자연의 공간을 통일시킨다. 그래야만 그의 근본 테제인 '개념의 무경계성'이 체계적으로 관철될 수 있기 때문이다. 맥다월은 칸트 철학과 관련하여 이러한 작업을 두 가지 방식으로 수

---

[72] 이병덕은 맥다월이 법칙의 왕국까지 포함하여 전체 자연을 재마법화하려는 것인지 자신의 말대로 "부분적인 재마법화"만을 의도하는지 모호한 태도를 취한다고 문제 삼는다. 법칙의 왕국을 이성의 공간에서 배제하는 "부분적 재마법화"가 맥다월의 의도라고 주장하는 일반적 견해에 반대하여, 이병덕은 맥다월이 전체 자연을 재마법화 한다고 주장한다(이병덕, 「제2의 천성의 자연주의와 자연의 부분적 재마법화」, 32쪽 이하). 나는 이병덕의 견해에 동의한다. 그럼에도 불구하고 **명시적**으로는 **제2자연**만이 재마법화되지만(부분적 재마법화), **묵시적**으로는 **법칙의 세계**도 개념적인 자연으로서 이성의 공간에 속한다면(전체적 재마법화) 전자를 염두에 두고 "부분적 재마법화"라고 표현하는 것은 부당하지 않다고 생각한다. ― 어찌 됐든 맥다월의 주장이 일관성을 지니려면 법칙의 왕국과 이성의 공간의 관계는 헤겔의 기계론과 목적론의 관계와 유비적으로 해석되어야 한다. 헤겔 논리학에서 기계론의 대상은 명시적으로는 개념(목적)이 결여되어 있는 것처럼 보이지만, 개념, 판단, 추리의 매개의 활동성이 상쇄된 결과인 단순한 동일성으로서 묵시적으로는 **개념적**인 것이다. 이같이 기계론은 모종의 **개념적**인 것이기 때문에, **실존하는 개념**인 **목적**의 질서, 즉 목적론에 속할 수 있다. 법칙의 왕국이 이성의 공간에 포함될 수 있는 모종의 성격의 것으로서 주장되려면, 헤겔의 기계론과 같이 명시적으로는 아니지만 묵시적으로 개념적인 것이어야 한다. 따라서 맥다월의 주장이 수미일관하려면 (내재적) 목적론이 되어야 한다.

행한다. 하나는 객관 쪽의 **물자체**를 제거하여 개념과 직관이 통일된 현상을 실재 세계로 만드는 것이고, 다른 하나는 주관 쪽의 **형식적 자기의식**을 제거하여 자아를 몸(직관)을 가지고 세계 속에서 사유하고 의지(개념)하는 구체적·경험적 자아로 만드는 것이다. 이렇게 하여 그는 비개념적 세계를 폐기하고 현상만을 실재하는 개념적 세계로 만듦으로써 이원론을 극복하고자 한다. 맥다월은 물자체가 진정한 실재의 기준이 되고 현상으로부터 독립해 있다면, 그것은 "우리가 자연 세계 속에서 원하는 객관성을 우리에게 쓸모없는, 아무것도 아닌 것으로 대체하는 것"[73]이라고 주장한다. 이러한 주장은 헤겔이 칸트의 인식론을 **심리주의**라고 비판하는 것과 같은 맥락에 있다. 헤겔은 칸트가 물자체를 상정함으로써 "경험의 전체를 주관성 속에 귀속시켰고", 현상을 그것이 "객관성임에도 불구하고 주관적인 것"으로 만들어 "심리적-사실적 토대 위에 기초" 지었다고 비판한다.[74] 헤겔과 맥다월은 물자체를 상정하게 되면 우리의 경험 세계인 현상이 단지 **주관적**일 뿐, 객관적으로 실재하지 않는 것이 되기 때문에, 칸트의 물자체 개념은 실재에 대한 경험으로서 정당화되어야 할 우리의 건전한 경험 개념을 훼손한다고 생각하는 것이다.

칸트는 실로 물자체 개념이 "감성의 참월을 제한하기 위한 **한계 개념**"으로서 "소극적"으로 "사용"되어야 한다고 조심스러운 입장을 취한

---

73   J. McDowell, "Two Sorts of Naturalism", in: J. McDowell, *Mind, Value and Reality*, Cambridge, Mass.: Harvard University Press, 2002, 179쪽.

74   G. W. F. Hegel, *Enzyklopädie der philosophischen Wissenschaften (1830) I*, §41, 113쪽 이하.

다.[75] 하지만 칸트는 물자체를 "현상의 **근거**"[76]라고 표현하기도 한다. 또한 물자체가 감성을 촉발한다는 촉발론은 일찍이 칸트 옹호자들에게도 문제가 되었다. 맥다월은 이러한 칸트의 문제를 정확히 파악하고 있다. 그는 "**인과성**은 구성된 **경험 세계 내에서** 작동하기 때문에" **물자체**와 **현상** 사이의 "상호 관계는 **인과적**일 수 없다"고 지적한다.[77] 그는 이러한 문제 있는 개념인 물자체를 제거하여 이성이 자율적이라는 "칸트의 통찰을 초월론적 관념론으로부터 해방"시키고자 한다. 그에 따르면 개념 체계, 즉 "로고스가 자연 세계"에 내재한다. 그리고 "주관성으로부터 낯선 것"(물자체)은 없다.[78] 이러한 입장으로부터 귀결되는 것은 **주관적**이면서 **자연적**(객관적)인 것으로서 헤겔이 말하는 절대이념과 같은 것이다. 헤겔은 절대이념을 **개념**과 **실재성**의 통일이라고 정의하는데, 이것은 자연과 사회를 관통하는 실재적인 개념을 말한다. 맥다월의 표현으로는 세계 속에서 사유하고 의지하는 자아로서 제2자연의 자연주의가 말하는 **자연**과 매개된 **자발성**에 다름 아니다. 맥다월은 이러한 개념을 가지고 칸트의 형식적 자기의식을 비판한다.

---

75   I. Kant, *Kritik der reinen Vernunft*, A255/B311.

76   같은 책, A277/B333, 강조는 나의 것.

77   J. McDowell, "Two Sorts of Naturalism", 182쪽, 강조는 나의 것. '물자체가 현상의 근거'라고 할 때, '근거'라는 용어가 '원인'이라는 의미라면 현상에만 사용될 인과 범주를 현상 너머에 적용하는 것은 오류다. '근거'라는 용어가 '원인'이 아니라 '범주가 현상의 근거'라고 할 때와 같은 의미를 지닌다고 해도, 근거로서의 범주는 현상에 내재적이기 때문에 초월적인 물자체를 범주와 같은 의미로 현상의 근거라고 할 수는 없다.

78   같은 곳.

칸트에 따르면 **초월론적 객체**로서의 물자체 맞은편에 **초월론적 주체**로서 자기의식이 있고 이 사이에서 현상이 성립한다. 따라서 물자체를 제거하여 현상을 세계의 실재로 만들려는 맥다월의 전략은 주관 속의 물자체라고 할 수 있는 자기의식의 초월성도 제거해야 한다. 칸트에게 통각이라고 불리는 이 초월론적 주체는 범주가 직관을 결합하여 하나의 객관성을 형성할 때 이 형성 작용에 통일성을 부여하는 인식의 최후 심급이라고 할 수 있다. 칸트에게 이 자기의식은 현상하지 않는 것이며, 범주의 근거이지만 범주처럼 구별을 지니는 것도 아니다. 통각은 그저 모든 의식에 수반되는 형식적 통일 작용일 뿐 어떠한 **내용**도 갖지 않은 것이다. 모든 의식에 수반되는 '나는 생각한다'는 통각은 물자체가 논리적 한계 개념이듯이 **논리적, 형식적** 의미만을 갖는다. 통각은 범주에 의한 표상의 종합에 논리적 통일성을 부여할 뿐, 그 자체 현상하지 않고 따라서 "어떤 직관과도 결합되어 있지 않기"[79] 때문에 그 **존재**가 지각될 수 없다. 따라서 '나는 생각한다'라는 통각의 '나'는 데카르트가 말하는 실체적 자아가 아니라 단지 **의식의 흐름**만을 가리킬 뿐이다. 이렇게 칸트는 자기의식을 초월론적인 것으로만 취급해야지, 거기에 어떠한 내용도 부가해서는 안 된다고 주장한다. 그것은 "(데카르트의 '나는 생각한다, 그러므로 나는 존재한다'와 같이) 어떤 현존에 대한 지각을 함유"하는 것이 아니라 "단지 가능성의 관점"에서만 고려되는 것으로서 물자체와 마찬가지로 "문제 있는

---

[79]   I. Kant, *Kritik der reinen Vernunft*, A350.

problematisch" 개념이다.[80]

　　칸트의 오류 추리론은 이러한 형식적 자아 개념을 가지고, 영혼을 실체라고 주장하였던 전통 형이상학의 영혼론을 비판한다. 거기서 칸트는 "우리가 지각할 수 있는 것은 나라고 하는 표상이 모든 사유에서 거듭하여 나타난다는 사실이지, 나라는 표상이 변화하는 사고를 포함하고 있는 지속적인 직관이라는 사실은 아니"라고 주장한다. 하지만 전통 형이상학과 데카르트는 이것을 구별하지 못하고 "논리적 주관"을 "실재적인 주관"이라고 주장함으로써 오류를 범했다는 것이다.[81] 칸트의 형식적 자기의식에 대한 맥다월의 비판도 지금까지와 마찬가지로 헤겔의 비판과 같은 맥락에 있기 때문에 맥다월을 보다 잘 이해하기 위해서는 먼저 헤겔의 비판을 들여다 볼 필요가 있다. 헤겔은 분명 영혼이 실체라고 생각하는 전통 형이상학에 대한 칸트의 비판을 잘 알고 있었음에도 불구하고 아리스토텔레스의 전통에 따라 "영혼이 실체"라고 주장한다.[82] 영혼은 "실체, 즉 사유와 존재의 통일"[83]이다. 헤겔은 오히려 영혼을 형식적 자기의식에만 국한하는 칸트의 자아 개념의 **빈약함**을 비판한다. 헤겔에 따르면 칸트는 자아가 "감각적 현존을 갖지 않기 때문에 … 실재성이 아니라 단지 **우리의** 사유"[84]일 뿐이라고 하지만, 자아는 단순히 **존재**하는 것보다

80　　같은 책, A347/B405.

81　　같은 책, A350쪽.

82　　G. W. F. Hegel, *Enzyklopädie der philosophischen Wissenschaften (1830) III*, §389, 43쪽.

83　　같은 책, 45쪽.

훨씬 **고차적인 실재성**을 포함한다. 왜냐하면 자아란 그것의 감각적 현존이 문제 되는 단순한 **사물**^res cogitans이 아니라 "**살아 있는 것**^das Lebendige"이고 "**정신**"으로서[85] "**현실성**의 계기"를 자신 안에 갖기 때문이다.[86]

헤겔에게 영혼은 **사유**일 뿐만 아니라 동시에 **존재**이며, 몸을 가지고 무의식적으로 **느끼는** 실체적인 정신이면서 **사유**하고 **의지**하는 현실적인 정신이다. 맥다월의 칸트 비판도 헤겔과 같이 칸트의 **빈약한** 자아 개념을 비판하고 그것을 구체적 자아로 확장한다. 맥다월에 따르면 칸트의 형식적 자기의식은 자아를 "의식의 흐름에만 국한해야 한다"[87]는 **협소한 전제** 아래서 주장된다. 하지만 맥다월은 "자아를 형식적인 것으로만 간주"한다면, 그러한 "자아가 신체에 어떻게 적합하게 되어 자신을 특정한 살아 있는 것으로서 알 수 있는지" 반문한다.[88] 맥다월은 칸트에게 있어서 "자기의식과 세계에 대한 의식의 **연결**"[89]이 설명되지 않고 있다는 사실을 날카롭게 지적한다. 이것은 통각이 모든 표상에 수반하면서 단지 **논리적** 통일만을 가능케 할 뿐, 그것이 실현되는 방식인 범주와의 **연결**에 대한 설명이 결여되어 있다는 독일 관념론자들의 비판과 같은 맥

---

84   G. W. F. Hegel, *Geschichte der Philosophie III*, Werke in zwanzig Bänden, Theorie Werkausgabe, Frankfurt a. M.: Suhrkamp, 1969ff., Bd. 20. 355쪽.

85   같은 책, 356쪽.

86   같은 책, 355쪽, 강조는 나의 것.

87   J. McDowell, *Mind and World*, 101쪽.

88   같은 책, 102쪽 이하.

89   같은 책, 103쪽, 강조는 나의 것.

락에 있다. 이러한 문제의식에서 피히테는 칸트의 통각을 절대적 자아로 대체하여, 절대 자아로부터 구체적인 개념(범주)들을 도출한 것이다. 셸링이 피히테의 자아를 자연을 통해 보완하고 헤겔이 양자의 통일인 절대적 형식의 논리로서 자신의 개념 체계를 구상한다는 것은 주지의 사실이다. 맥다월은 "사유하고 의도하는 주체는 살아 있는 동물"이라고 주장하면서,[90] 칸트의 형식적 자아를 바로 이렇게 "일상적으로 실체적으로 지속하면서 살아가는 경험적 주체"의 "추상일 뿐"인 것으로 간주한다.[91] 맥다월은 자기의식을 이와 같이 세계 속에서 사유하고 의지하면서 제2자연을 형성해 가는 **경험하는 자아**로서 설명한다. 이러한 자아는 1인칭적 자아일 뿐만 아니라 **3인칭**적 자아이기도 하다. 맥다월은 이러한 자아 개념을 가지고 데카르트와 칸트의 **공통 전제**인 **의식으로서의 자아**라는 협소한 틀을 벗어난다. 그럼으로써 자아의 실체성을 인정하면서도 칸트의 데카르트 비판으로부터 자유로워질 뿐만 아니라 칸트마저도 넘어서는 것이다.

5. 맥다월과 헤겔의 같음과 다름

맥다월이 제시하는 개념의 무경계성과 제2자연의 자연주의 테제는 칸트주의자의 눈에는 경험적 차원과 선험적 차원을 구별하는 데 실패

---

90   같은 책, 104쪽.
91   같은 책, 103쪽.

한 것으로 보일 수 있다.[92] 하지만 헤겔과 맥다월은 이러한 실패를 의도적으로 자처한다. 사변적 논리학은 초월론적 관념론이 지닌 주관적 성격과 형이상학이 지닌 객관적 성격을 지양한 철학적 관점이다. 헤겔은 칸트와 마찬가지로 감각적 소재가 아니라 그것을 **초월한** 개념이 그것의 객관성을 규정한다는 점에서 **초월론적**이다. 맥다월도 감각적 존재가 아니라 '사유 가능한 내용'이 경험 판단을 정당화하는 잠재적인 결정 인자라고 생각하는 점에서 그렇다고 할 수 있다. 실로 비개념적인 벌거벗은 감성적 직관이 아니라 개념이 인식을 정당화하는 결정적 요소라고 생각하는 점에서 헤겔과 맥다월은 칸트의 초월론 철학의 한 가지 주요 모티브를 따르고 있다. 하지만 그들은 개념이 감성적 직관과 결합하는 방식에서 양자의 초월론적 구별을 견지하는 칸트를 비판한다는 점에서 온전히 칸트적 의미의 초월론자가 아니다. 말하자면 그들은 칸트의 개념이 직관에 외적이기 때문에 직관을 관통하면서 직관과 온전히 결합하지 못한다는 점에서 칸트에 동의하지 않는다. 이런 의미에서 칸트의 초월이 이원론에 기초한 외재적 초월을 의미한다면 헤겔과 맥다월의 초월은 내재적 초월이라고 할 수 있다. 더불어 물자체가 제거되어 개념이 곧 세계의 구조가 될 때, 헤겔이 주장하고 맥다월이 옹호하는 **사변적** 관점은 칸트의 주관적 초월론 철학이 견지하는 비판적 관점과 형이상학의 객관적 관점을 자신의 계기로서 포함하는 **절대적** 관점이 된다. 사변적 관점이란 칸

---

92   김영건, 앞의 논문, 239쪽.

트의 초월론 철학과 전혀 다른 것이 아니라 그것을 절대적 관점에 맞춰 변용하여 계기로서 포함하고 있는 보다 상위의 포괄적 관점이다. 이것이 초월론적 관점이 사변적 관점으로 지양된다는 의미다.

맥다월의 개념의 무경계성 테제는 헤겔의 단서를 현대 철학에 적용하여 헤겔적 사유의 현재성을 확증하는 사례임에 틀림없다. 제2자연의 자연주의도 헤겔의 목적론적 자연관과 인륜성의 개념을 현대 철학의 방식으로 실현하고 있는 것이라고 할 수 있다. 하지만 맥다월의 철학이 주로 마음과 세계의 만남이라는 인식론적 문제 틀 안에서 작동하는 반면, 헤겔은 주관과 객관의 분리를 근본 원리로 하는 **인식론**을 진리 탐구에 부적절한 방법으로 간주한다. 헤겔은 주관과 객관의 분리를 회의주의 비판이라는 맥락에서 취급하고 자신의 사변적 방법의 고안을 통해 이 문제를 해결하고자 한다. 헤겔은 인식론 철학을 주관과 객관의 대립 속에 놓여 있는 근원적으로 문제 있는 관점이라고 생각하기 때문에,『정신현상학』에서처럼 이 관점을 체계적으로 극복하는 데 관심을 갖지, 이 관점을 진리 탐구의 기본 틀로 생각하지 않는다. 그는『정신현상학』의 작업을 통해 실체를 주체로 해명함으로써 **감각적 잡다**를『논리의 학』의 **존재**와 **본질** 규정으로 지양한다. 지양된 감각적 잡다의 다양성은 **개념**으로부터 개념의 형식으로 다시 산출된다.[93] 이같이 헤겔은 감각적 대상의 인식 문제를 자신의 철학적 **체계**의 구별 방식에 따라 **다층적**으로 다루고

---

93   G. W. F. Hegel, *Wissenschaft der Logik II*, 263쪽 이하/24쪽.

있다. 그렇기 때문에 주관과 객관의 대립 구도에서 의식의 경험을 다루는『정신현상학』에서 헤겔은 이 문제를 감각적 확신 장과 지각 장에서만 간단히 취급한다. 반면 맥다월은 헤겔 저서의 처음 두 장에서 문제되는 감각과 개념, 세계와 마음의 관계를 자신의 중심적인 철학적 문제로 다루고 있다.

최소 경험론을 주장하는 맥다월의 철학은 인식론적 틀 안에 머무르지만, 내용적으로는 헤겔을 따라 인식론에서의 이원론적 이론들을 부정한다. 그에게 이러한 이론들은 잘못된 논의들이고 치유되어야 할 질병들이다. 맥다월의『마음과 세계』는 철학적 **이론**이 아니라 '그림'이라는 용어를 사용하고, '걱정anxiety', '유혹temptation', '긴장tense', '으스스함spookiness', '쫓아내다exorcize'와 같은 낯선 표현들을 포함한다. 이것은 정적주의Quietism라고 불리는 그의 철학적 방법의 특징을 나타낸다. 정적주의란 신에 대한 무관심한 통찰을 통해 감정적 자극으로부터 자유롭고자 하는 종교 운동으로서, 장애라고 간주되는 기존 교회들의 필요성을 부정한다. 철학에서 정적주의는 같은 방법으로 이론철학의 필요성을 부정하고 철학자들에게 평화를 가져다주는 것을 목표로 하는 시도다.[94] 후기 비트겐슈타인은 철학이 자연과학처럼 세계에 대해 이론을 구성하려고 하면 형이상학이 되고 이것은 철학자들을 암흑 속에 몰아넣는다고 말한다. 이런 철학은 병 속에 빠져서 헤어나지 못하는 파리와 같은 신세인데, 참된

94   S. Dingli, *On Thinking and the World. John McDowell's Mind and World*, Aldershot: Ashgate Publishing Company, 2005, 13쪽.

철학은 이 파리에게 입구를 가르쳐 주는 행위여야 한다. 병 속에서 헤매는 파리는 철학의 질병이며, 철학은 이러한 질병을 치유하는 것이다. 맥다월은 후기 비트겐슈타인을 따라 철학은 잘못된 이론에 빠져 걱정하고 불안해하는 철학적 이론의 문제를 발견하고 불안의 원인을 드러냄으로써, 철학에 평안을 가져오고 다시 그러한 불안이 재발하지 않도록 하는 것이라고 생각한다. 이런 프로그램에 따라 작동하는 『마음과 세계』는 우선 이원론의 결과로서 대두되는 철학적 물음이 갖는 근심이 무엇인지를 식별해 내는 데서 출발한다. 그는 문제를 해결하기 위해 문제가 되는 두 후보 이론을 찾아내고, 마음과 세계의 관계를 개념이 매개한다는 단서를 통해 철학적 문제를 해결한다. 그의 철학적 작업은 이전의 그림에서 우리를 답답하게 만들었던 문제를 더 이상 그렇게 보이지 않게 하는 것을 목표로 한다.[95] 맥다월의 철학은 철학적 근심을 쫓아내 버리는 것을 목표로 하지 이론을 구축하여 철학적 근심에 대답하려는 '구성적 철학'이 아니다.[96] 그래서 맥다월은 자신이 말하는 제2자연의 자연주의가 무엇을 말하는지 이론적으로 설명하지 않으며, 이성의 논리적 공간을 구성하는 개념 체계에 대해 구체적인 해명을 시도하지 않는다. 실로 맥다월의 방법은 정적주의라는 소극적 태도를 가지고 있는 것처럼 보인다. 하지만 이원론과 논쟁하는 그의 철학적 작업은 충분히 논증적이라고 할 수 있다.[97] 맥다월에게는 후기 비트겐슈타인과 헤겔이 교묘하게 결합되어

---

95 같은 책, 23-24쪽.

96 J. McDowell, *Mind and World*, xxiv쪽.

있다. 전체적인 구도에서 맥다월은 비트겐슈타인을 따라 철학적 근심의 치유를 목표로 하지만, 이원론의 문제를 지적하고 헤겔의 관점을 해결책으로 제시할 때는 이론적으로 치밀한 논증을 수행한다. 맥다월은 문제에 대답하고 해결하는 것이 아니라 문제를 해소하는 것을 목표로 하지만 그의 논증은 충분히 문제에 대한 **해결**이라고 할 수 있다.

하지만 이 해결은 동시에 문제의 **해소**의 측면을 지닌다. 왜냐하면 이원론은 철학적 근심을 불러일으키는 불필요한 시도이고 그것의 해소는 본래의 상태인 일원론으로 돌아가는 것이기 때문이다. 맥다월은 칸트 이원론을 비판하는 헤겔의 통찰로부터 토대론과 정합론, 실재론과 반실재론의 갈등을 해결할 수 있는 실마리를 발견한다. 헤겔이 보기에 칸트는 우리의 인식이 **비개념적인 감성**에 제한되어 있다는 불필요한 **전제**를 설정함으로써, 본래 통일된 세계를 물자체와 현상으로 **양분**하였다. 감성에 제한된 인간 인식은 오직 현상만을 인식할 수 있기 때문에 세계는 모두 주관 안으로 옮겨지고, 상식적으로 모든 사람들이 편하게 객관성을 귀속시켰던 사물은 '자체'라는 부가어와 함께 내용 없는 '물자체'로 남는다. 이로써 인간이 사물 자체를 인식할 수 없다는 기이한 결론에 도달한다. 이제 철학은 어떻게 칸트의 주관주의를 극복하고 현상과 물자체, 마음과 세계를 결합할 수 있을지를 고민하면서 근심과 걱정에 휩싸이게 된

---

97   맥다월의 전반적인 서술이 그렇지만 가장 치밀한 칸트 해석자 중 하나인 앨리슨을 반박하면서 헤겔의 입장을 대안으로 제시하는 맥다월의 논증을 보면 그의 작업이 단순히 파리에게 입구를 지시한다는 말에서 연상되는 단순한 성격을 지니는 것은 아니다.

다. 칸트 이후 독일 관념론의 흐름은 칸트의 이원론이 잘못 설정한 **감성적 제한**이라는 전제를 제거하고 **존재와 사유가 동일**한 본래의 사태로 돌아간다. 그러한 흐름의 종착점에 있는 헤겔이 보기에 칸트는 존재와 사유가 통일되어 있는 사태의 밖에서 이 사태를 파악할 개념 체계를 인간의 판단 체계에 기초하여 미리 구성하고 있다. 여기서 개념 체계는 진리의 밖에서 진리 탐구를 위해 미리 예비된 전제다. 하지만 이것은 수영하기 전에 머릿속에서 수영의 방법을 상상하는 것일 뿐인데, 수영은 물속에서 동작을 해 봄으로써 터득해야 한다는 것이 헤겔의 생각이다. 세계로부터 우리의 개념 체계를 유리시켜 놓은 철학 이론은 어떻게 우리의 개념 체계가 세계에 도달할 수 있는지를 고민해야 한다. 하지만 이것은 잘못된 문제 설정이다. 칸트가 직관과 개념의 **초월론적 구별**을 전제하고 물자체와 자기의식을 각기 그것들의 **초월론적** 근거로서 설정하는 한, 직관과 개념을 결합하는 연역은 원리적으로 성공할 수 없고 마음과 세계는 연결될 수 없다.

앨리슨은 칸트의 초월론적 관념론처럼 사물 자체와 사물에 대한 인식을 구별하지 못하면, 전자에서 후자를 도출하는 전 비판적, **초월론적 실재론**에 빠지거나, 정반대로 전 비판적 실재론이 객관적 조건으로 간주하는 것을 주관적 조건으로만 간주하는 **주관적 관념론**에 빠진다고 주장한다. 이에 대해 맥다월은 칸트의 선택지를 주관이나 객관, 한 측에서 취하는 선택 말고 **사유의 조건과 대상의 조건이 불가분리하게 통일**되어 있다는 헤겔의 대안을 앨리슨이 생각하지 못하고 있다고 주장한다.[98] 우리는 반드시 앨리슨처럼 초월론적 관념론의 전제를 모든 이론을 평가

제1부 현대 영미 철학에서 헤겔로의 귀환

할 **절대적 기준**으로 삼아야 하는가? 맥다월은 칸트가 인식 비판과 그것을 통해 존재를 현상에 국한하는 일과 같은 특별한 **전제**를 만들어 내기 전에 존재했던 본래의 사태를 지시한다. 거기서는 우리가 평화롭게 지냈고 우리는 그리로 돌아가야 한다. 헤겔과 맥다월에 따르면 거기서는 주관과 객관이 **어떠한 전제도 없이** 상호 작용하면서 객관성의 내용이 드러나는데, 그 이유는 양자가 모두 **개념적**이기 때문이다. 직관은 그것이 개념적인 한에서만, 개념적일 수밖에 없는 인식에 기여할 수 있다. 반면 비개념적인 직관은 개념적 인식에 기여할 수 없으며, 개념은 그러한 직관에 침투하여 인식을 형성할 수 없다. 직관이 개념적이라면, 개념과 직관 사이의 **초월론적 구별**은 사라진다. 그렇게 되면 개념과는 반대되는 직관의 이질성의 근거가 되었던 물자체도 개념에 의해 관통되어 개념적으로 인식된다. 이제 잡다한 이론적 전제들과 복잡한 구별들이 제거되고 개념적인 주관과 객관이 상호 작용하게 되면서 개념적 인식이 전개된다. 인간 인식의 유한성은 미리 전제되어 인식의 방식을 고정하는 틀로 작동하는 것이 아니라 주관과 객관, 마음과 세계가 마주치는 과정 속에서 해체된다. 인간 인식은 유한하기 때문에 경험 속에서 수정되고 보완되는 과정을 운명으로 갖지만, 원리적으로 거기서 개념적인 진리가 온전히 드러난다. 그것은 사유와 존재가 본래 일치하기 때문에, 사유가 감각에 의해 오도되지 않으면 존재에 도달할 수 있다는 일원론적 관점에 의해 가능하

98   J. McDowell, *Having the World in View*, 80쪽, 주 15.

다. 경험을 통해 수정되고 보완되는 인식 과정은 감각에 의한 오도로부터 벗어나 존재와 합일하는 과정에 다름 아니다. 칸트에게서처럼 인간 인식이 비개념적인 직관에 제약되어 현상에만 갇혀 있는 것이 아니라, 헤겔과 맥다월의 그림에서는 사물 자체와의 접촉이 복원되고 사물 자체의 내용이 인간의 경험의 발전 과정을 통해서 드러난다.

칸트는 감성적 제한을 통해 물자체와 현상으로 본래의 사태를 분열시켜 놓았다. 하지만 감성적 제한을 제거하면 우리는 존재와 사유가 일치하는 본래의 사태에 도달할 수 있다. 헤겔은 칸트의 초월론적 관념론이 지니는 이원론을 비판하고 절대적 관념론을 제시함으로써 본래적 사태를 지시한다. 맥다월은 헤겔의 통찰을 공유하면서 토대론과 정합론, 실재론과 반실재론이라는 현대 영미 철학의 문제를 해소한다. 사태와 유리된 칸트의 개념 체계는 인과적 자극으로만 간주되는 세계로부터 유리된 정합론의 개념 체계와 같으며, 비개념적 직관과 그것의 초월론적 근거인 물자체는 토대론이 주장하는 비개념적 토대와 같은 것이다. 헤겔이 직관과 물자체를 관통하는 개념의 고안을 통해 이원론을 통합하는 절대적 관점을 제시하듯이, 맥다월은 경험에 항상 개념이 수반하며, 경험이 개념적이라는 주장을 통해 토대론과 정합설의 갈등을 해소한다. 헤겔과 맥다월의 절대주의의 입장에서 보면 모든 일면적이고 제한적인 입장은 잘못된 관점이며, 있는 그대로의 사태를 왜곡하고 철학에 근심을 안겨 주는 것이다. **무전제**에서 출발하고, 따라서 불필요한 전제가 야기하는 분열에서 해방된 헤겔과 맥다월의 그림에서, 철학은 이제 칸트 철학과 현대 영미 철학이 휩싸였던 걱정에서 벗어나 평안을 되찾는다. 헤겔

제1부 현대 영미 철학에서 헤겔로의 귀환

이 칸트를 비판하고 자신의 사변철학의 관점을 제시하는 것은 맥다월이 말하는 치유의 철학적 작업이라고 할 수 있다. 헤겔 철학은 전통적으로 잘못된 말놀이 때문에 통 속에서 헤메는 파리에 비유되던 형이상학의 대표적인 경우로 지칭되었다. 그것은 이제 맥다월을 통해 아이러니하게도 이원론의 이론들에게 통 밖의 본래적인 세계를 상기시키는 자reminder로 재해석되게 된다.

실로 맥다월은 칸트의 초월론 철학의 이원론을 지양한 사변철학의 일원론의 입장을 지지하면서 개념주의적 특성뿐만 아니라 사변철학 속에 지양된 초월론적 특징 또한 헤겔과 공유하고 있다. 하지만 그의 철학은 최소 경험론의 입장에 있는 만큼, 최소한의 초월론적 모티브를 수용하고 있을 뿐이다. 정적주의라는 성격을 지닌 그의 철학은 칸트와 헤겔처럼 개념에 대한 해명을 구체화하는 초월론적 작업을 본격적으로 시도하지는 않는다. 정적주의라는 철학적 방법이 개념 체계에 대한 이론적 구성과 제2자연에 대한 이론적 해명의 필요성을 부정하지만, 일반적인 철학적 입장에서는 그것이 면제될 수 없을 것이다. 맥다월은 헤겔의 통찰을 빌려 와 현대 철학의 문제들을 해결하는 데 사용하고 있을 뿐, 그러한 통찰의 타당성을 뒷받침할 이론 체계를 구성하지는 않는다. 그는 개념의 체계와 제2자연에 대한 타당성 증명을 그저 전통 이론에 맡겨 놓고 있을 뿐이다.

맥다월은 정적주의라는 방법론을 체계적 이론 구성에 대한 부담을 피하기 위한 도피처로 삼고 있는 것으로 보인다. 하지만 칸트나 헤겔과 같은 철학자들이 했던 것처럼 방대한 이론 체계의 수립에 노력을 들이는 대신, 문제 해결의 기준점이 될 전통적 철학 이론의 통찰에 기대어 현재의 문제 해결에 집중하는 것도 현대의 철학자들이 취할 수 있는 하나의 방법이 될 수 있다고 생각된다. 실로 맥다월의 철학적 시도는 헤겔적 사유의 단초를 통해 현대의 철학적 문제를 해결하고 있는 헤겔주의의 변형이며 헤겔적 사유의 현재성을 보여 주는 하나의 사례라고 할 수 있다. 헤겔, 비트겐슈타인, 맥다월은 본래적인 것을 가리는 제한을 제거한다는 점에서 정적주의라는 관점을 공유한다고 할 수 있다. 하지만 맥다월의 철학이 개념 체계에 대한 해명의 요구를 후기 비트겐슈타인처럼 언어의 **사용**에만 맡기고 있는 반면, 헤겔은 개념 체계를 탐구하고 변증법적으로 서술하는 시도를 통해서 정적주의를 넘어선다. 이 점에서 맥다월의 철학은 다음 장에서 개념 체계에 대한 칸트와 헤겔의 초월론적 작업과 비교하여 비판적으로 다루어질, 현대 영미 철학이 지니는 언어관의 한계를 벗어나지 못한다.

강순전, 「순수이성비판에서 일차적 현상과 이차적 현상의 구별 문제」, 『철학사상』 59, 서울대학교 철학사상연구소, 2016a.

_____, 『정신현상학의 이념』, 세창출판사, 2016b.

_____, 「피히테, 셸링, 헤겔에게 있어서 칸트의 자기의식의 전개」, 『철학연구』 54, 고려대학교 철학연구소, 2016c.

김영건, 「맥도웰과 셀라스: 현시적 이미지와 과학적 이미지」, 『철학논집』 29, 서강대학교 철학연구소, 2012.

김인곤 외, 『소크라테스 이전 철학자들의 단편 선집』, 아카넷, 2005.

이병덕, 「현대영미분석철학의 헤겔주의적 전회: 왜 칸트가 아니라 헤겔인가?」, 『헤겔연구』 23, 한국헤겔학회, 2008.

_____, 「제2의 천성의 자연주의와 자연의 부분적 재마법화」, 『철학적 분석』 33, 한국분석철학회, 2015.

Dingli, S., *On Thinking and the World. John McDowell's Mind and World*, Aldershot: Ashgate Publishing Company, 2005.

Hegel, G. W. F., *Phänomenologie des Geistes*, Werke in zwanzig Bänden, Theorie Werkausgabe, Frankfurt a. M.: Suhrkamp, 1969ff., Bd. 3.

_____, *Wissenschaft der Logik II*, Werke in zwanzig Bänden, Theorie Werkausgabe, Frankfurt a. M.: Suhrkamp, 1969ff., Bd. 6.

_____, *Enzyklopädie der philosophischen Wissenschaften* (1830) *I*, Werke in zwanzig Bänden, Theorie Werkausgabe, Frankfurt a. M.: Suhrkamp, 1969ff., Bd. 8.

_____, *Enzyklopädie der philosophischen Wissenschaften* (1830) *II*, Werke in zwanzig Bänden, Theorie Werkausgabe, Frankfurt a. M.: Suhrkamp, 1969ff., Bd. 9.

_____, *Enzyklopädie der philosophischen Wissenschaften* (1830) *III*, Werke in zwanzig Bänden, Theorie Werkausgabe, Frankfurt a. M.: Suhrkamp, 1969ff., Bd. 10.

_____, *Geschichte der Philosophie III*, Werke in zwanzig Bänden, Theorie Werkausgabe, Frankfurt a. M.: Suhrkamp, 1969ff., Bd. 20.

Henrich, D., "Die Beweisstruktur von Kants transzendentaler Deduktion", in: *Kant. Zur Deutung seiner Theorie von Erkennen und Handeln*, hrsg. v. G. Prauss, Koeln: Kiepenheuer & Witsch, 1973.

Hirschberger, J., *Geschichte der Philosophie*, Frankfurt a. M.: Frechen Komet, 1999(『서양철학사』 상권, 개정판, 강성위 옮김, 이문출판사, 2003).

Kant, I., *Kritik der reinen Vernunft*, Hamburg: Felix Meiner, 1998(『순수이성비판』, 백종현 옮김, 아카넷, 2014).

_____, *Logik*, Kants Gesammelte Schriften, AA., Berlin, 1900ff., Bd. 9.

McDowell, J., *Mind and World. with a new introduction*, 1. Aufl. Cambridge, Mass.: Harvard University Press, 1996.

_____, "Two Sorts of Naturalism", in: J. McDowell, *Mind, Value and Reality*, Cambridge, Mass.: Harvard University Press, 2002.

_____, *Having the World in View, Essays on Kant, Hegel and Sellars*, Cambridge, Mass.: Harvard University Press, 2009.

Redding, P., *Analytic Philosophy and the Return of Hegelian Thought*, Cambridge: Cambridge University Press, 2007.

Sellars, W., "Empiricism and the Philosophy of Mind", in: W. Sellars, *Science, Perception and Reality*, Atascadero, Calif.: Ridgeview Publishing Company, 1963[1991].

Spahn, C., "Transformationen des Hegelianismus: Objektivität vor und nach McDowell", 『헤겔연구』 37, 한국헤겔학회, 2015.

제5장

독일 고전 철학과
현대 영미 철학에서 개념과 언어
개념주의-비개념주의 논쟁을 중심으로

강순전

1. 개념과 언어

개념과 언어는 같은 것인가? 통상적 이해에서 보면 이러한 질문은 이상한 것임에 틀림없다, 왜냐하면 통상적으로 언어는 개념의 상위 집합으로서 언어가 아닌 개념은 없기 때문이다. 일상 언어에서 개념은 외연만 다를 뿐, 언어와 구별되는 특별한 성질을 갖지 않는다. 하지만 칸트와 헤겔의 독일 고전 철학에서 언어와 개념은 단지 외연의 차이가 아니라 **질적**인 차이를 가지고 있다. 칸트의 『순수이성비판』에서 말하는 (순수 오성) 개념과 헤겔 『논리의 학』에서 서술되는 개념은 일상 언어에서 말하는 속성들의 공통성에 붙여진 한갓된 **이름**이 아니다. 하지만 『순수이성비판』에서 등장하는 직관과 개념의 결합 문제를 둘러싸고 논쟁을 벌이는 현대 영미 철학자들에게도 언어와 개념은 같은 것이다. 독일 고전 철학과 현대 영미 철학의 공통 관심사인 직관과 개념의 결합 문제에서 개념에 대한 이해가 상이할 뿐만 아니라, 언어와 개념에 대한 관계를 달리 이해하고 있다는 점은 이 문제를 둘러싼 두 철학의 입장을 탐구하고, 현대 개념주의-비개념주의 논쟁을 평가하는 데 있어서 고려해야 할 중요한 점이다.

현대 개념주의-비개념주의 논쟁은 칸트의 서술이 두 가지 모순된 성격을 모두 포함하기 때문에 발생했다. 이 글은 우선 ① 칸트의 서술을 정밀히 분석하여 명백히 비개념주의적인 언급들을 소개하고, ② 개념주의적이지만 비개념주의적 주장으로 환원될 수 있는 언급들을 서술한 후에 마지막으로 비개념적으로 해석될 수 없는 명백한 개념주의적 언급들을 제시할 것이다. 그런 다음 ③ 현대 영미 철학에서 개념주의적 및 비개념주의적 칸트 해석의 다양한 논증들을 소개하고, ④ 최초의 개념주의자로 간주되는 헤겔의 칸트 입장에 대한 비판적 계승을 상술한 후에, 마지막으로 ⑤ 칸트와 헤겔의 입장에서 현대 영미 철학에서 전개되는 개념주의-비개념주의 논쟁을 평가할 것이다.

2. 칸트에게서 직관과 개념의 결합

칸트의 직관과 개념의 결합 문제와 관련하여 개념주의-비개념주의 논쟁이 발생한 이유는 칸트 자신이 가장 난해한 문제라고 고백한 연역의 과제가 이론의 여지가 없는 선명한 해결책을 제시하지는 못했기 때문인 것으로 보인다. 연역 장 서술의 대부분은 여러 가지 방식으로 직관과 개념의 결합의 필연성을 강조하지만, 칸트는 직관과 개념을 인식의 상이한 두 원천으로 간주하는 자신의 출발점을 끝까지 고수한다. 개념과 독립한 인식적 요소에 대한 칸트의 언급은 적지만 오해의 여지 없이 명시적으로 표현되면서 비개념주의자들을 위한 공간을 마련해 준다. 칸트는 감성론의 초입에 "경험적 직관"을 "무규정적인 대상"으로서 "현상"이라고 지칭하면서,[1] 오성에 의해 규정되지 않은 일차적인 현상의 가능성을 언급한다. 이러한 감성적 직관은 오성과 **관계 맺지 않고도** 현상할 수 있다.[2] 또한 칸트는 우리에게 최초로 직관이 주어지며, 직관이 의식과 결합된 것이 지각인데, "여러 지각들은 마음 안에서 그 자체로 흩어져서 낱낱으로 마주쳐지는 것"[3]이라는 언급이나, "모든 사고에 **앞서** 주어질 수 있는 표상은 직관"[4]이라는 언급을 통해서 개념과 독립적인 비개념적 인식 요소의 가능성을 주장하는 것으로 보인다. 이런 측면에서 보면, 칸트의 프로그램을 경험론과 합리론의 종합이라고 하듯이 비개념주의적 칸트는 경험론자처럼 발가벗은 비개념적 감각 자료의 존재와 감성적 직관에 의한 파악을 허락하는 것처럼 보인다. 이런 점에서 러셀은 칸트의 감성적 직관이 자신의 감각 자료와 같은 것이라고 한다. 러셀과 같은 비개

---

1   I. Kant, *Kritik der reinen Vernunft*, Hamburg: Felix Meiner, 1998, A20/B34.

2   같은 책, B122.

3   같은 책, A119 이하.

4   같은 책, B132.

념주의자는 칸트의 감성적 직관이 감각 자료와 마찬가지로 아직 사고가 결합된 앎^wissen은 아니지만, 직접지에 의한 앎^kennen이라고 주장할 것이다. 이러한 앎은 일정한 인식 내용을 지니고 있기 때문에 사고에 의한 인식의 정당화에서 내용적 기여를 할 수 있다는 것이 비개념주의자들의 주장이다.

하지만 이와 반대로 감성적 직관의 독립성, 즉 비개념적인 인식 내용의 존재를 부정하는 칸트의 언급은 앞의 언급보다 훨씬 긴 목록을 형성한다. 그중 많은 언급은 개념이나 통각이 직관의 잡다를 종속시키는 조건이며,[5] 포착의 종합, 즉 지각이 범주에 따라야 한다[6]는 언급처럼 개념을 벗어난 감성적 직관의 불가능성을 말하는 것처럼 보인다. 하지만 이러한 개념의 작용이 직관에 **순차적**으로 덧붙여지는 것이라고 생각될 수 있기 때문에, 위의 언급들은 개념에 앞선 비개념적 인식의 독립성을 부정하는 개념주의를 뒷받침할 절대적 논거가 될 수 없다. 하지만 그 밖에도 칸트는 이 같은 순차적 해석으로도 비껴갈 수 없는 강력한 개념주의적 언급들의 긴 목록을 제시한다. 칸트는 초판의 연역에서 인식의 세 원천으로 직관의 잡다, 상상력의 종합, 개념의 통일을 구분한 후에,[7] 상상력의 종합을 포착의 종합과 재생의 종합으로 세분한 후 개념에 의한

5   같은 책, B150.
6   같은 책, B162.
7   같은 책, A78 이하.

재인의 종합을 덧붙여 세 가지 종합에 대해 상술한다.[8] 칸트는 상상력의 모든 경험적 사용, 즉 재인, 재생뿐만 아니라 **포착**까지도 "범주들에 기초"한다고[9] 말하고, 보다 구체적으로 "통각의 통일 원칙에 따라서" 직관의 잡다가 "내 마음에 들어오게, 바꿔 말해 포착된다"고 서술한다.[10] 초판에서 제시하는 세 가지 종합 중 첫 번째 "직관에서 포착의 종합"[11]은 직관에서 일어나는 상상력에 의한 종합인데, 이 종합이 직관에서 일어난다는 종합의 귀속성 때문에 직관이 종합의 능력을 갖는다고 주장하는 해석[12]도 있지만, 재판의 주관적 연역에서 "상상력은 감성에 속"하지만,[13] "범주들에 따라 직관을 종합하는 상상력의 종합"은 "오성의 감성에 대한 작용"이고 "직관의 대상에 대한 오성의 최초의 적용"이라는 언급에서 나타나듯이,[14] 상상력은 판단력, 통각과 함께 오성의 능력이지만 직관에서, 즉 직관의 잡다가 포착될 때, 종합을 하는 작용이라는 의미에서 직관에 속한다고 이해해야 한다. 칸트가 결합은 대상 안에 있어서 오성이 받아들

---

8   같은 책, A98 이하.

9   같은 책, A125.

10   같은 책, A122.

11   같은 책, A98.

12   P. Rohs, "Bezieht sich nach Kant die Anschauung unmittelbar auf Gegenstände?", in: *Kant und die Berliner Aufklärung*, Vol. 1, Akten des IX, Internationalen Kant-Kongresses, Bd. II: Sektionen I-V, hrsg. v. V. Gerhardt, R.-P. Horstmann & R. Schumacher, Berlin: De Gruyter, 2001.

13   I. Kant, 앞의 책, B151.

14   같은 책, B152.

이는 것이 아니라 오성이 수행한 것이라고 말하고,[15] 판단에서의 통일 기능이 곧 직관에서의 통일 기능이라고 말하면서[16] 오직 **하나의 종합**만을 주장한다는 점에서, 직관에서 오성적이지 않은 모종의 감성적 결합이 수행된다는 비개념주의적 해석의 시도는 칸트의 생각과는 거리가 멀다고 할 수 있다. 이러한 사실은 "경험적 직관의 통일은 범주가 직관의 잡다에 지정하는 것"[17]이라는 언급을 통해서 뒷받침된다. 직관이 통일됨으로써 대상이 소여되는데, 칸트는 "직관의 통일이 **이미** 통각의 통일을 포함"[18] 한다고 말하기 때문에, 칸트의 생각은 직관이 먼저 주어지고 나서 개념과 통각이 거기에 작용한다는 비개념주의의 주장과 반대된다. 오히려 칸트의 주장은 종합이 지각을 가능케 하는데, 이 종합은 범주에 속한다는 개념주의적인 것이다.[19]

초월론transzendental 철학의 이념상, 경험을 가능케 하는 조건이 형성되어야 경험 대상이 주어질 수 있다. 감성론에서 감성의 형식을 설명하면서 칸트는 "주관의 수용성"이 "모든 직관에 선행"해야 한다고 말하는데, 여기서 수용성이라는 것이 수동적인 것이 아니라 이미 능동적인 종합 작용임을 유추할 수 있다. 이어지는 언급, 즉 직관의 형식이 경험적 직관에 선행하며, 형식이 순수 직관으로서 경험적 직관에 앞서 형성되어

---

15   같은 책, B135.

16   같은 책, A79/B104.

17   같은 책, B145.

18   같은 책, B144, 주, 강조는 나의 것.

19   같은 책, B161.

그 안에서 경험적 직관이 규정되어야 한다는 언급은 이러한 생각을 뒷받침한다.[20] 또한 칸트는 직관(의 인식)을 통해서 대상이 주어지지, 인식에 앞서 대상이 주어지지 않는다고 말하는데,[21] 감성의 형식과 관련한 이러한 언급들은 재판의 주관적 연역에서 상상력의 초월론적 종합이 **범주에 따라** 내감을 규정하여 시간 지평을 형성하면서 직관의 형식을 **기능하도록** 한다는 사실을 통해 구체화된다. 시공간이 직관의 형식으로서 기능하려면, 시공간은 형식적 직관으로서 통일되지 않으면 안 되는데, 순수한 직관의 잡다를 총괄하는 **형식적 직관**은 감각 기능에 의한 것이 아니라 **오성의 종합**에 의한 것이다. 칸트는 이 통일이 감성에서 이루어지는 것이기 때문에 감성에 속하는 것이라고 말하지만, 감성 안에서 오성에 의한 종합이 이루어짐으로써 감성의 형식이 작동하게 되는 것이다.[22] 따라서 감성 형식의 작동은 오성에 의존한다. 공간이 시간에, 시간이 오성의 종합 작용에 의존한다면 자발성 없이 수용성(질료인 경험적 직관의 잡다가 의식에 주어지는 일)은 불가능하다.

연역 장의 전반적인 논조는 개념주의적이다. 재판의 객관적 연역을 마무리하는 제20절의 제목은 범주를 모든 직관의 잡다를 한 의식 안에 모이게 하는 조건이라고 규정한다. 이 조건, 또는 판단하는 논리적 기

---

20   같은 책, A26/B42.
21   같은 책, B65/A48.
22   같은 책, B161, 주.

능에 의해 "잡다가 의식 일반에 보내"[23]져서 의식되고 소재로서 주어진다는 것이 칸트의 객관적 연역의 결론이다. 직관과 개념을 원리적으로 이종적인 것으로서 상정하고 양자의 결합을 시도하는 칸트의 프로그램은 매우 어려운 것이어서, 칸트의 복잡하고 미묘한 서술은 각기 개념주의와 비개념주의적으로 전혀 상반되게 해석될 빌미를 제공한다. 하지만 재판 주관적 연역의 마지막 단계에서 연역 전체를 마무리하면서 칸트는 감성과 오성, 직관과 개념의 역할을 대조적으로 서술한다. 이를 통해 개념의 역할을 강조하고 직관의 역할을 제한하는 개념주의적 해석을 위한 강력한 논거가 확인될 수 있다. 칸트는 개념과 통각이 "감성적 직관에 **앞서** 객관 일반에 관계"[24]한다고 말함으로써, 개념과 통각에 앞서 감성적 직관이 주어지는 것이 아니라, 거꾸로 직관이 주어지기 위해 개념과 통각이 작용해야 한다는 사실을 명백히 주장한다. 이어서 그는 이와 반대로 내감의 형식인 시간은 "직관의 한갓된 형식bloße Form der Anschauung"일 뿐이어서 "이 형식 안에서 잡다를 결합하지 못하기 때문에 전혀 내용적으로 규정된 직관도 포함하지 않는다"[25]고 말한다. 이로써 칸트는 직관에 앞서 개념이 대상에 관계하고 개념 없이 생각되는 직관의 형식은 아무런 내용도 갖지 않는다는 사실을 주장하면서, 개념 없이 직관의 잡다가 주어질 수 있고 비개념적 내용이 존재한다는 비개념주의의 주장을 배제한다.

---

23   같은 책, B143.

24   같은 책, B154, 강조는 나의 것.

25   같은 곳.

칸트는 다시 한번 감성과 오성의 관계를 규정하면서 연역의 주장을 마무리하는데,[26] 그는 잡다의 종합이 시간과 공간이라는 직관의 형식에 맞게 이루어져야 한다고 주장한 후에, 이어서 그렇지만 시공간은 감성적 **직관의 형식**일 뿐만 아니라 잡다의 통일을 통해 표상되는 **형식적 직관**이라고 덧붙인다. 형식적 직관이란 가령 시간이 표상될 때 순수한 시간 잡다가 "하나의 직관적 표상으로 총괄"되는 것을 말하는데, 앞서 말한 시공간이라는 직관의 형식에 따라 표상되는 모든 직관은 이러한 "잡다의 종합의 통일"에 따라 결합되어야 한다. 이 "종합적 통일은 근원적 의식이 직관 일반의 잡다를 범주에 따라 결합하는 통일"로서 "모든 포착의 종합의 조건으로서 직관들과 **함께 이미 동시에** 주어진다."[27] 여기서 다시 한번 포착, 즉 직관의 소여가 개념에 앞서 수행되는 것이 아니라 개념이 작동해야만 순수 직관인 시간의 잡다가 특정한 방식으로 조직되고, 그에 **따라** (직관의 형식인 시공간에 적합하게 나란히, 또는 선후적으로) 경험적 직관의 잡다가 결합되어 표상될 수 있다는 사실이 말해진다. 그런데 칸트는 여기서 개념이 직관들 **안에** 이미 주어진다고 표현하지 않고 직관과 **함께** 주어진다고 표현한다. 이 표현은 인식의 "완전히 상이한 두 가지 원천"[28]인 "감성과 오성"을 뒤섞지 않고 조심스럽게 분리하고 구별하면서 양자 중 어느 것도 다른 것에 우선할 수 없고, 어느 것도 다른 것으로 환원될

---

26   같은 책, B160 이하.
27   같은 책, B161.
28   같은 책, A271.

수 없는 것으로 취급하려는 칸트의 프로그램이 보여 주는 이원론적 출발점의 이념을 드러낸다.[29] 하지만 칸트의 서술상 경험적 직관의 수용을 위해 감성의 형식이 작동하기 위해 개념이 개입해야 할 뿐만 아니라, 잡다의 결합 방식과 특정한 대상으로 형성되는 통일이 개념에 의해 이루어진다면, 개념은 직관과 **함께**가 아니라 직관 **속에** 작용한다고 해야 한다. 경험적 직관의 잡다 속에 침투하지 않고 그것과 나란히 있으면서 그것을 결합한다는 것이 어떻게 가능한지 생각하기 어렵기 때문에, 칸트주의자인 코흐도 이원론을 고수하려는 칸트의 목적을 도외시한다면, "함께"보다는 "속에"라는 표현이 더 적절하다고 평가한다.[30] 맥다월도 개념이 비개념적 직관에 **"대해서**on **작용"**하는 것이 아니라 **"속에서**in **작용"**한다고 강조하면서, 이러한 사실을 자신의 개념주의적 해석, 즉 직관을 "이미 개념적 내용을 갖는 사건 내지 상태"로 보는 주장의 기초로 삼는다.[31] '함께'라고 표현하든 '속에'라고 표현하든 어쨌든 직관은 개념에 독립해서는 존립할 수 없고 불가분리한 통일 속에서만 대상으로 등장할 수 있다는 것이 칸트의 생각이다.

29   같은 책, A51 이하.

30   A. F. Koch, "Kants Kritik des Sinnesdatenatomismus im zweiten Teil der B-Deduktion", *prima philosophia* 5, 1992, 126쪽 이하.

31   J. McDowell, *Mind and World. With a New Introduction*, 1. Aufl. Cambridge, Mass.: Harvard University Press, 1996, 9쪽.

3. 현대 영미 철학에서 개념주의적 및 비개념주의적 칸트 해석

1) 셀라스의 언어철학적 비개념주의와 버드의 비개념주의적 비판

칸트의 서술에서 개념주의적 내용이 압도적으로 많은 분량을 차지하지만 적더라도 그와 반대되는 명백한 비개념주의적 주장이 포함되어 있기 때문에, 개념주의적 칸트 해석은 비개념주의적 칸트를 비판하면서 개념주의적 해석을 시도한다. 이러한 시도를 최초로 수행한 사람은 헤겔이다. 헤겔은 『순수이성비판』에서 인식론적 측면을 배제하고 순수오성 개념을 가장 중요한 철학적 내용으로 간주하면서, 자신의 논리학을 칸트가 미래의 과제로 남겨 놓았던 "순수이성의 체계",[32] 또는 "초월론 철학의 완벽한 체계",[33] 즉 범주들을 구체화하고 완성하는 일을 성취한 것이라고 주장한다. 말하자면 헤겔 자신의 철학은 칸트 철학의 단초를 발전시켜 완성한 것이며 칸트 철학은 그것의 정신에 충실할 때 자신의 철학으로 귀결될 수밖에 없다는 것이다. 이렇게 볼 때 칸트와 헤겔의 대립은 크지 않다. 실제로 독일의 많은 칸트학자들은 칸트의 이원론이 프로그램의 시작일 뿐이며 결국은 통일로 귀결된다는 점을 강조하고, 칸트와 헤겔 철학 전문가들은 칸트 철학의 헤겔 철학으로의 귀결과 두 철학의 연속성을 주장하기도 한다. 실로 독일에서 칸트와 헤겔, 그에 기초한 개념주의와 비개념주의의 대립은 그렇게 크지 않은 것처럼 보인다. 하지만

---

32   I. Kant, 앞의 책, A83/B109.

33   같은 책, A81/B107.

현대 영미 철학에서의 개념주의-비개념주의의 대립은 매우 첨예하다.

영미 개념주의의 선두주자 셀라스는 자신의 철학적 주장을 "헤겔적 명상"이라고 칭할 정도로 헤겔의 논증을 언어철학적으로 해명하고 있다. 비개념주의자들은 '이것'이라는 지시사에 의해 지시될 수 있는 개별자를 개념 독립적인 감성적 내용이라고 주장한다. 헤겔은『정신현상학』의 감각적 확신 장에서 '이것'으로 지시되는 개별적인 것이 항상 이미 매개되어 (축적적으로kumulativ) 보편적인 것으로만 파악될 수 있다는 점을 논증한다. 셀라스는 마찬가지로 '이것'으로 지시되는 것은 비개념주의자들이 말하는 감각적 직관의 개별자가 아니라 개별자에 대한 **개념적** 표상이라고 주장한다. '이것this'은 '이 그러한 종류의 것this such'이라고 생각되어야 하며, 직관은 비개념적인 것이 아니라 개념의 하위종, 따라서 **개념적**인 것이라고 보아야 한다.[34] 이러한 주장은 칸트의 주장을 개념주의적으로 해석한 것이다. 칸트는 재판의 주관적 연역에서 상상력이 **범주에 따라서** 내감의 형식인 시간을 규정하고 이렇게 형성된 형식적 직관에 경험적 직관의 잡다가 소여되는 방식으로 직관과 개념의 결합을 설명한다. 헤겔과 마찬가지로 셀라스는 이러한 연결에서 상상력을 제거해 버리고, 개념이 직관을 규정하는 관계에만 주목하여, 이렇게 개념에 의해 규정된 직관은 개념적인 것이라고 간주한다고 볼 수 있다. 개념주의자인 헤겔과 셀라스

---

34   W. Sellars, "Empiricism and the Philosophy of Mind", in: W. Sellars, *Science, Perception and Reality*, Atascadero, Calif.: Ridgeview Publishing Company, 1963[1991], 3쪽.

에게 상상력은 칸트가 이종적인 것이라고 선언한 개념과 직관의 초월론적 구별의 간격을 메우기 위해 도입한 불필요한 절충점이며, 철학적이기보다 심리학적인 기제라고 할 수 있다. 또한 셀라스는 초록색과 같은 감성적 직관도 감각 자료 이론이 주장하듯이 직접적인 감각적 대면을 통해 알려지는 것이 아니라, 다른 색깔들에 대한 개념을 알고 있어야 그것을 초록색으로 특정할 수 있으며, 그것이 햇빛에서는 초록색으로 보이지만 가게의 조명하에서는 파란색으로 보일 수 있으므로, 초록색으로 보는 것은 표준적인 조건에 대한 지식, 따라서 **개념**이 전제되어야 한다고 말한다.[35] 헤겔도 이미 파란색이 직접적으로가 아니라 빨간색이나 노란색 등과 구별되고 대립되는 한에서 현존하는 것이라고 말한다.[36] 셀라스는 경험적 직관을 파악하는 경험을 'X는 Y에게 초록색으로 보인다^{look}'라는 문장으로 표현하면서, 이것은 직관과 **개념**을 결합하는 'X는 초록색이다^{is}'라는 판단을 통해서만 설명될 수 있다고 한다. 비개념주의자들은 경험적 직관을 제공하는 look 문장에서 is 문장을 도출한다. 말하자면 look 문장이 제공하는 감각적 소여에 대한 정보가 is 문장의 주장을 정당화하는 데 기여한다는 것이다. 하지만 셀라스는 'X는 Y에게 초록색으로 보인다'라는 문장이 단지 그렇게 보일 뿐, 사실상 X는 초록색이 아니라는 주장을 함축할 수 있기 때문에, look 문장이 is 문장을 함축하지 않으며, 전자에

---

35   같은 책, 147쪽.

36   G. W. F. Hegel, *Vorlesungen über die Wissenschaft der Logik*, Sommersemster 1823, Nachschrift H. G. Hotho, Gesammelte Werke, Hamburg: Felix Meiner, 1968ff., 23,1, 202쪽.

서 후자로의 인식론적 이행이 불가능하다고 주장한다. 거꾸로 'X가 Y에게 초록색으로 보이는' 것은 'X가 초록색이다'라는 **객관적 사실**이 성립할 때만 가능하므로 전자는 후자를 논리적으로 전제하며 후자가 전자에 선행한다.[37] 이로써 셀라스는 개념이 직관에 논리적으로 우선하며 개념을 통해서만 직관이 주어질 수 있음을 주장한다. 이같이 셀라스는 '**근거의 논리적 공간**logical space of reasons'이라고 부르는 인식론적 정당화의 영역에서는 감성적 직관을 개념적인 것으로 해석하면서 수미일관하게 **개념주의적** 해석을 시도한다. 하지만 그는 언어적·이성적 정당화의 공간 밖에 있는 맹목적인 사실로서의 경험적 직관을 '**법칙의 영역**'에서 상정한다. 이것은 개념적 정당화의 대상이 아니라 자연과학에 의해 탐구되는 **인과의 영역**에 속한다.[38]

    *Revolutionary Kant*라는 방대한 『순수이성비판』 주석서를 집필한 버드는 칸트에게서 감성적 직관의 비개념적 특성이 인정되어야 한다고 주장한다. 버드는 셀라스의 look 문장이 'X가 초록색'이라는 것을 정당화하지 못한다고 해서 아무 내용도 보고하지 못하고 있다고 할 수 없다고 주장한다. 오히려 is 문장과 공통된 내용을 look 문장이 보고하고 있기 때문에 두 문장의 **비교**가 가능한 것이고, look 문장이 보고하는 **감각적**

---

37   W. Sellars, 앞의 글, 145쪽.

38   W. Sellars, *Science and Metaphysics. Variations on Kantian Themes*, London: Routledge & Kegan Paul, 1968[1982], 9쪽.

내용이 존재한다는 것이다.[39] 버드는 셀라스가 개념에 대한 직관의 의존 관계만을 인정하기 위해 look 표현을 사용하지 않고 is 표현만을 사용하는 공동체의 경우를 말하지만, 직관에 대한 개념의 의존 관계 또한 포함하는 쌍방적 의존 관계가 가능하며, 어떤 공동체가 is 표현만을 사용하면서도 특정한 경우에 오류를 범할 수 있는 look 표현을 가질 수 있다고 주장한다.[40] 버드는 셀라스가 직관의 개념 의존성이라는 한 방향의 의존성만을 주장하지만, 칸트의 이론은 **쌍방향**의 의존성을 포함하고 있다고 주장한다. 말하자면 칸트에게서 오성은 개별자를 현시하는 감성에 의존하고, 감성은 오성에 의해 규정되어야 하기 때문에 오성에 의존한다. 버드는 칸트가 오성이 결여된 감성이 진정한 지식을 제공한다고 생각하지 않았지만, 오성과 감성의 **명목적**인 구분을 상정하였다고 주장한다. 하지만 버드는 이렇게 구분된 감성이 셀라스가 비난한 소여의 신화에 떨어지지는 않는다고 주장한다.[41] 버드에 따르면 셀라스는 'look 문장을 이해하는 것'이 'is 문장을 이해하는 것'에 의존한다는 주장을 통해 '관찰(감각 경험)이 개념(언어, 근거의 공간)에 의존한다'는 사실을 주장하려고 한다. 하지만 버드는 언어 내에서 두 문장의 관계를 말하는 전자와 비언어적 경험과 언어 사이의 관계를 말하는 후자가 동일한 것이 아니라고 주장한다. 왜냐

39   G. Bird, *The Revolutionary Kant. A Commentary on the Critique of Pure Reason*, Chicago & La Salle, Ill.: Carus Publishing Company, 2006, 197쪽.

40   같은 책, 198쪽.

41   같은 책, 201쪽.

하면 언어를 갖지 않는 동물이 우리가 언어적으로 파악한 상황에 대해 **모종의 이해**를 가지고 건전한 반응을 보인다는 점에서 동물도 **"비언어적 개념"**을 가지고 있다고 할 수 있기 때문이다. 이렇게 볼 때 이해한다는 것과 그 이해한 것을 표현할 언어를 갖고 있다는 것은 다른 것이며, 언어가 어떤 사태를 이해하기 위한 **충분조건**이긴 하지만 필요조건은 아니라는 것이 버드의 주장이다.[42] 따라서 경험을 갖기 위해 언어를 반드시 가져야 하는 것은 아니다. 언어가 없이도 경험을 할 수 있는 동물과 같은 주관이 있다.

2) 비개념적 심적 내용으로서 유아, 동물의 대상 식별; 세밀성 논증에 대한 맥다월의 대응

버드뿐만 아니라 비개념주의자들은 개념적이지 않은 의식 내용의 가능성을 논증하기 위해 동물이나 아직 언어를 모르는 유아의 대상 식별 행위를 예로 들어 왔다. 칸트는 두 곳에서 서로 상반된 내용을 언급하는데, 그는 한편으로 "여러 지각들은 마음 안에서 그 자체로 흩어져서 낱낱으로 마주쳐지는 것"[43]이라고 언급하고, 다른 한편으로 "한 덩어리의 지각들"이 "내 마음에서 마주치지만 서로 떼어져 있어서 나 자신에 대한 하나의 의식에 귀속되지 않은 채로 있는"[44] 것은 불가능하다고 말한

---

42   같은 책, 199-201쪽.
43   I. Kant, 앞의 책, A119 이하.
44   같은 책, A122.

다. 개념주의자라고 할 수 있는 켐프 스미스는 개념을 의식 자체의 조건으로 보면서 전자의 가능성을 부정한다. 그에 따르면 개념 없이, 범주에 따르지 않고는 어떤 표상도 의식에서 실존할 수 없다는 것이 칸트의 생각이다. 그는 "객체와의 관계는 범주에 의해 형성되며, 그럼으로써만 어떤 종류의 의식이든 가능하기 때문에, 객체와의 관계, 또는 범주는 감각 표상을 지시하는 데 필수적"이라고 주장한다.[45] 그에게 의식과 의식함 awareness, 범주를 사용하는 판단 작용은 모두 같은 것이며, **의식**과 **자기의식**, **통각**은 **분리 불가능한 것**이다. 그는 동물이 의식을 갖지 않으며, 인간과 다른 비감각적 포착 능력만을 소유하고 있다고 본다. 이에 대해 페이튼은 범주 없이 객체에 대한 경험, 즉 지식은 있을 수 없지만, 직관이 **객체**에 관한 직관이라는 사실을 사유하지 않고도 의식적 직관을 갖는 것은 가능하다고 주장한다. 말하자면 객체를 지시하지 않는 직관이 가능하다는 것이다. 페이튼은 의식의 불투명한 경계, 수면과 각성, 유아의 초기 의식, 또는 칸트의 예로서 관념 연합,[46] 꿈,[47] 『프롤레고메나』 제18절에서 말하는 지각 판단이 범주에 의해서 객체를 지시하지 않고도 직관이 의식에 현전하는 경우라고 말한다.[48] 그는 동물로서 나, 동물적 의식으로서

---

45   N. K. Smith, *A Commentary to Kant's 'Critique of Pure Reason'*, with a new introduction by S. Gardner, New York: Palgrave Macmillan, 1923[2003], 222쪽.

46   I. Kant, 앞의 책, B142.

47   같은 책, A112.

48   H. J. Paton, *Kant's Metaphysic of Experience. A Commentary on the First Half of the Kritik der reinen Vernunft*, Vol. 1, London: Allen & Unwin, 1936, 330쪽 이하.

나가 가능하며, 통각의 통일에 의한 대상 연관 없이 관념 연합의 법칙에 의해 결합된 표상들 각각의 개별적 표상에 대한 의식이 가능하다고 주장한다.[49] 그는 나의 **동물적 부분**이 분리되어 실존하며, 그럴 경우 대상 지시적인 것으로서 의식되지 않는 분리된 소여 표상을 내가 의식하는 것이 가능하다고 말한다. 그러면서 그는 동물은 자기의식적이지는 않지만 의식적이라고 주장한다.

페이튼은 직관에 대한 개념의 완전한 지배에서 직관을 구출하여 그것의 독자성을 마련해 주기 위해 개념을 수반하는 충만된 의미in the full sense의 대상, 또는 의식과 개념 없이 가능한 대상, 또는 의식이라는 두 가지 구분을 수행하는데, 비개념주의자들은 이를 계승하여 강한 대상과 약한 대상, 좁은 의미의 인식과 넓은 의미의 인식을 구분한다. 그들은 두 번째 것으로 분류된 영역에 다양한 방식의 비개념적 의식 내용의 예시들을 채워 넣는다. 한나는 아직 언어를 습득하지 못한 유아의 경우, 자기의식적으로 의식하거나 논리적으로 추론하는 능력을 갖추지 않은 상태에서도 어떤 유형의 사물을 다른 유형과 구별한다고 말한다. 가령 유아는 말이라는 언어 없이도 말과 소를 서로 다른 유형의 사물로서 구별할 수 있는데, 이러한 유아의 의식은 비개념적 의식 내용의 한 사례다.[50] 코흐는 맹시의 경우와 같이 경험적 직관들을 개별적으로 흩어진 상태로 의

---

49   같은 책, 333쪽.
50   R. Hanna, "Beyond the Myth of the Myth: A Kantian Theory of Non-Conceptual Content", *International Journal of Philosophical Studies* 19(3), 2011, 348쪽.

식에 갖고 있지만, 그것을 통일적 의식에서 개념적으로 인식하지 못하는 의식 내용을 예로 들어 비개념주의적 칸트를 옹호한다. 개념주의를 공격하는 비개념주의의 강력한 논증 중 하나는 **미세한 세부에 관한 논증**$^{fine-}$ *grained detail argument*이다. 이 논증은 '개념이 감성적 잡다에서 추상된 보편'이라는 개념에 대한 통상적 이해에 기초한다. 비개념주의자들은 개념이라는 체가 너무 거칠어서 거르지 못하는 미세한 감성적 내용이 있다고 주장한다. 커리의 섬세한 맛, 초인종 소리의 독특한 음색은 말로써 온전히 형용할 수 없고 감각을 통해서만 알 수 있는 것이다.

　색 경험도 마찬가지다. 빨간색과 주황색 사이의 어떤 색과 같은 미세한 세부는 "주관이 처분할 수 있는 개념으로 온전히 포착되지 않는다."[51] 이에 대해 개념주의자 맥다월은 "저 색조"와 같은 **지시사**를 통해 색의 미세한 세부도 개념적으로 포착할 수 있다고 주장한다. 맥다월은 개념의 특징을 **재인식** 가능성에서 본다. 개념은 보편적 징표이고 이를 통해 우리는 이전에 보았던 대상과 지금 보는 대상이 동일한 것이라고 재인식할 수 있다. 빨간색과 주황색 사이의 미세한 색조를 우리는 빨간색이나 주황색과 같은 일반적 개념을 가지고 특정하고, 나중에 재인식할 수 없다. 하지만 맥다월은 그러한 미세한 색 경험도 우리의 기억을 통해 짧더라도 **지속**되기 때문에 재인식될 수 있다고 주장한다.[52] 따라서 우리는 미세한 색에 대해 빨간색, 주황색처럼 언어적으로 일반적인 명칭을

51　　J. McDowell, 앞의 책, 56쪽.

52　　같은 책, 57쪽.

부여할 수는 없지만 "저 색조"와 같은 지시사를 통해 포착하고 재인식할 수 있다. 동물의 지각과 관련하여서도 맥다월은 인간이 동물과 비개념적 내용을 공유하다가 인간은 그 비개념적 내용을 개념화한다고 생각해서는 안 된다고 페이튼의 주장에 반대한다. 인간은 동물과 공유하는 지각에 **덧붙여서** 개념적 인식을 하는 것이 아니라, 인간의 지각은 개념적 인식의 자발성의 능력을 통해 수용되는 것이어서 동물과는 다른 **특별한** 형태의 것이라고 보아야 한다는 것이다.[53] 맥다월에 따르면 동물의 지각이나 인지심리학적으로 탐구되는 지각 메커니즘은 철학의 영역이 아니다. 맥다월을 따르는 개념주의자 벤첼은 칸트에게 동물적 의식이나 유아의 의식 같은 것들은 고려의 대상이 아니었다고 비개념주의자들의 주장을 일축한다.[54]

4. 헤겔에게서 개념과 언어

1) 직관의 잡다의 다양한 결합 방식인 범주의 구체화

맥다월은 칸트의 직관과 개념의 종합 문제를 헤겔식으로 해결하면서 개념주의적 칸트를 통해 토대론과 정합론 사이에서 벌어진 분석철학의 오랜 분쟁을 해소한다. 이러한 과제를 수행하는 맥다월의 저술 『마

53 　　같은 책, 64쪽.

54 　　C. Wenzel, "Spielen nach Kant die Kategorien schon bei der Wahrnehmung eine Rolle?", *Kant-Studien* 96(4), 2005, 425쪽.

음과 세계』는 칸트의 문제에 대한 개념주의적 해석으로 가득 차 있고 헤겔의 이름은 등장하지 않는다. 하지만 그는 자신의 칸트 해석이 헤겔의 단초에 근거하고 있는 것임을 그 책의 서론에서 자신의 책이 "헤겔『정신현상학』의 서론"으로 읽히기를 희망한다는 말을 통해 고백한다. 실로 셀라스에게는 맹목적 인과성의 지배를 받는 제2의 직관 개념을 통해 비개념주의적 칸트의 이원론적 요소가 잔재하지만, 맥다월은 이것조차 소여의 신화라고 간주하여 셀라스의 법칙의 영역을 근거의 공간으로 일원화하는 헤겔적 일원론을 추구한다.[55] 맥다월이 헤겔적 시각에서 칸트가 의도한 연역이 성공하기 위해서는 헤겔과 같이 직관과 개념을 개념주의적으로 결합해야 한다고 주장하자, 한나와 버드 등 비개념주의자들은 그것이 칸트의 참된 모습이 아니라고 공격한다. 비개념주의자들이 주장하는 것처럼 칸트의 직관은 분명 비개념적인 것이고 그것이 칸트의 본래 모습이라고 해야 할 것이다. 하지만 맥다월과 헤겔은 그것을 인정하면서도, 그러한 이원론을 견지하면서 칸트가 의도한 연역을 성공적으로 수행할 수는 없기 때문에 직관을 개념적으로 해석해야 한다는 것이다. 물론 이에 반해 비개념주의자들은 직관에 비개념적 내용이 있고 그것이 인식을 정당화하는 데 기여한다고 주장한다. 헤겔은 이러한 주장의 기초가 되는 직관과 개념의 초월론적 구별을 부정하면서, 직관을 항상 개념에 의해 매개된 것으로 파악하는 개념주의적 해석을 통해 칸트의 기획을 완성하

---

55   이에 대한 자세한 논의는 이 책 제4장 「칸트의 직관-개념 관계 문제에 대한 헤겔적 해결로서 맥다월의 철학」 참조.

고자 한다. 이런 의미에서 헤겔은 자신의 철학을 칸트 철학의 **참된 귀결**이라고 주장한다.

　이러한 주장이 가능하기 위해서는 칸트와 헤겔 사이의 **연속성**이 토대로 놓여야 하는데, 그것은 다름 아닌 **개념**이다. 헤겔은 "객체란 그것의 개념 안에서 주어진 직관의 잡다가 통일되는 것"이라는 칸트의 언급에 주목한다. 헤겔에 따르면 "개념의 본질"은 이렇게 **직관의 잡다를 통일**하는 것이고, 그것이 "통각의 근원적이고 종합적인 통일이자 '나는 생각한다'라는 자기의식의 통일"로서 "『순수이성비판』에서 발견되는 가장 심원하고 풍부한 통찰"이다.[56] 칸트에게서 개념이란 통상적인 이해에서처럼 자아가 소유하는 것으로서 자아와 외적인 관계에 놓여 있는 것이 아니라, 자아 자체가 개념이다. 말하자면 자아로서의 개념은 현상 존재의 초월론적 구조다. 그런데 현상은 직관의 잡다가 결합되어 형성된다. 개념이 직관의 잡다를 통일하는 것이라면, **개념**의 구별에 따라 **직관의 잡다를 결합하는** 여러 가지 **방식**이 존재한다. 칸트는 직관의 잡다를 종합하는 방식을 판단표에서 얻었고, 헤겔은 직관의 잡다를 종합하는 칸트의 방식이 너무 추상적이고 형식적일 뿐이어서 결합의 방식을 충분히 제시하지 못한다고 비판한다. 헤겔에 따르면 칸트에게 우선 감성적 직관은 **소재**로서 **독자적**으로 있고 오성이 거기에 다가가 직관의 잡다를 통일시키는데, 이것은 소재를 **추상**에 의해 보편성의 형식으로 고양하는 것이

56　　G. W. F. Hegel, *Wissenschaft der Logik. Die Lehre vom Begriff* (1816), hrsg. v. H.-J. Gawoll, Hamburg: Felix Meiner, 1994, PhB 377, 13쪽.

다.[57] 헤겔은 추상 작용을 구체적인 것으로부터 이러저러한 징표들을 끄집어내고 다른 징표들을 제거하는 작업이라고 하는데, 이때 제거된 속성들의 "가치와 위엄"은 손상되지 않으며 완전히 타당한 것으로 남겨진다고 묘사한다.[58] 헤겔에게 이것은 소재의 풍부함을 받아들이지 못하는 "오성의 무능"을 말한다.[59]

헤겔은 경험적 **직관의 잡다**가 소재로서 **비감성적 내용**을 지니고 있음을 인정한다. 하지만 그것은 개념에 독립적으로 맞서 있는 독자적인 실재성으로서 인식을 정당화하는 근거인 것은 아니다. 헤겔은 직관, 즉 소재를 수용하는 것이 이미 "규정된 자극"[60]이며, 소재는 감각되면서 이미 "교정된 소재"[61]로서 주어진다고 주장한다. 자연에 있어서 소재로서의 직관은 오성에 선행하고 오성이 작동하기 위한 조건이 된다. 하지만 이것은 소재의 실재성이 오성의 인식 작용에 유입되어 인식을 정당화하는 데 기여한다는 것이 아니다. 개념은 변증법을 통해 직관을 파악하면서 그것의 무실성Nichtigkeit을 드러낸다. 이렇게 하면서 개념은 소재의 실재성에 어떤 손실도 입히지 않고 옆에 치워 놓는 것이 아니라, 그것을 그

---

57   같은 책, 17쪽.

58   같은 곳.

59   같은 책, 18쪽.

60   G. W. F. Hegel, *Enzyklopädie der philosophischen Wissenschaften (1830) III*, Werke in zwanzig Bänden, Theorie Werkausgabe, Frankfurt a. M.: Suhrkamp, 1969ff., Bd. 10, §447.

61   같은 책, §447A.

것의 본질인 개념으로 환원한다. 헤겔에게서 개념은 칸트에게서처럼 경험적 직관의 실재성에 제약되지 않는다. 왜냐하면 **직관**이 **지양**되어 **개념**으로 되기 때문이다.[62] 헤겔이 보기에 칸트가 하듯이 직관의 잡다를 독자적 실재성으로서 개념에 맞세우고 거기에 개념을 적용하는 것, 또는 잡다를 개념에 포섭하는 것은 서로 이질적인 요소를 **외적**으로 결합하는 것이다. 칸트의 '종합'이라는 화학적 용어가 바로 "그 자체 독자적으로 분리되어 있는 것들의 외적인 통일과 한갓된 결합"을 말해 준다.[63] 이것은 분명 비개념주의적 칸트의 문제이고 코흐와 맥다월은 이 문제를 개념주의적 입장에서 수정하고 있는 것이다.

칸트의 개념은 외부의 직관의 다양에 제약되어 있고 그것 없이는 공허하다. 하지만 헤겔의 개념은 "모든 유한한 규정과 잡다성의 근거이자 원천이다."[64] 이러한 절대적인 개념은 직관의 잡다를 관통하면서 잡다의 실재성을 개념 안에 지양하고 개념으로부터 개념의 방식으로 실재성을 산출한다. 경험적 소재인 직관의 잡다는 "개념 밖에서 개념에 앞서 현상하는 바대로 진리를 갖는 것이 아니라, 개념과의 동일성", 즉 자신의 실재성의 부정 속에서만 진리를 갖는다.[65] **경험적 소재**는 온전한 실재성으로 선재하던 것이 아니라 모호하고 **어두운 형태**로 개념적인 내용을 감

---

62 G. W. F. Hegel, *Wissenschaft der Logik. Die Lehre vom Begriff* (1816), 18쪽.

63 같은 책, 19쪽.

64 같은 책, 20쪽.

65 같은 책, 22쪽.

추고 있다가, "사유하면서 그것을 관통"[66]하는 **개념**에 의해 **선명성**을 얻고 개념의 형식, 즉 보편성으로 드러난다. 이때 개념의 보편성은 통상적으로 생각하는 **추상적 보편**, 즉 보편적이기만 한 보편은 아니다. 헤겔은 개념이 **보편적**이면서 동시에 **개별적**이라고 하는데, 이로써 헤겔은 직관을 개별 표상, 개념을 보편 표상이라고 구분한 칸트에 대해 개념주의적 수정을 가하는 것이다. 칸트에게서는 직관만이 대상과 직접 관계하고, 개념은 직관을 매개로 해서만 대상에 관계한다. 따라서 개념은 직관적이지 않고 **논변적**diskursiv이다. 하지만 개념이 보편적일 뿐 아니라 개별적이기도 하다는 말을 통해 헤겔이 주장하는 것은 개념이 직관에 대해서 단지 **반성**하는 것이 아니라, 경험적 소재가 주어지는 직관을 이미 **구조화**하는 질서이기도 하다는 것이다.

보편적인 개념이 개별적으로도 존재하기 위해 개념은 자신을 특수화한다. 헤겔의 개념은 보편자로서 자신의 원리에 따라 자신을 특수하게 구별하고 그것을 보편성 속에 통일하고 있는 개별자다. 따라서 헤겔의 개념은 보편, 특수, 개별이라는 세 계기의 매개를 포함하고 있다. 통상적 개념은 이 세 계기 중 보편성만을 개념의 특성으로 간주한다. 보편성은 단순한 자기 관계만을 표현할 뿐, 그 자체 아무런 구별도 가지고 있지 않다. 통상적으로 이해된 개념은 단지 보편적일 뿐이어서 자신의 방식으로 구별된 특수를 갖지 못하고 특수한 규정을 경험적 소재로부터 받

---

66   같은 책, 14쪽.

아들인다. 말하자면 한 개념을 다른 개념과 구별해 주는 **특수성**은 개념 자신 속에서 나오는 것이 아니라 **외부의 소재**가 지니는 실재성, 즉 특수한 성질들로부터 오는 것이다. 하지만 헤겔의 개념은 우선은 보편성이지만, 그것은 자기 관계하는 부정성이어서 자신을 부정하여 구별한다. 이때 개념의 보편성은 자신의 원리에 따라 자신을 구별하고 이렇게 구별된 특수한 규정들을 하나로 통일하여 개별 개념으로 성립한다. 이러한 구조를 본성으로 하는 개념은 직관의 잡다들을 관통하면서 잡다들을 자신의 원리에 따라 하나의 통일성 속에서 조직함으로써 하나의 통일된 개별 대상을 형성하는 방식으로 대상을 **개념 파악**한다. 거꾸로 말해서 개념은 경험적 직관의 잡다를 특수성으로 갖는 대상의 존재론적 구조라고 할 수 있다.

헤겔은 개념의 실현 과정이라고 할 수 있는 판단과 추론에 대한 서술에서 보편, 특수, 개별이라는 세 가지 개념의 계기들이 매개되는 여러 가지 방식을 발전적으로 전개한다. 그것은 개념의 계기들의 **외적·우연적** 매개와 **추상적 보편**에 대한 비판으로부터 내적·필연적 매개와 **유적 보편성**으로, 궁극적으로 그것의 논리적 형식인 객관성으로 이행한다. **추상적 보편**이란 "독자적으로 존립하는 개별자들의 총괄이며, 비교를 통해서 개별자들에게 부여되는 공통성"[67]을 말할 뿐이다. 이것은 그 자체 독자적인 원소들을 공통의 징표 아래서 포괄하는 **전칭성**_Allheit_을 말하는

---

67   같은 책, 85쪽.

것이다. 하지만 유^{Gattung}는 개별자들의 본질로서 "모든 개별 규정성을 자신의 실체적 견고함 속에 해소시켜서 포함한다."[68] **생명체**의 본성을 말하는 유 속에서 분지들은 온전한 통일성 속에 붙잡혀 있다. 헤겔에 따르면 개념의 계기들도 유적 보편성이 지니는 방식의 통일성을 지닌다. 하지만 **실체적**인 내용에 따라 계기들을 결합하는 유적 보편성은 **논리적 형식**에 의해 정립된 것이 아니다. 가령 구리(개별), 금속(특수), 전도체(보편)의 결합에서 구리가 금속이라는 유에 **내용상 필연적**으로 귀속되지만 구리 외에 다른 금속도 금속이라는 유에 귀속될 수 있으므로, 여기서 구리와 금속의 결합은 **우연적 외면성**을 포함한다. 하지만 A는 B이거나 C이거나 D인데, A가 C나 D가 아닐 경우 B로서 있다는 선언 판단에서처럼 A는 유적 보편성이지만 자신의 원리에 따라 필연적으로 B, C, D라는 특수성으로 구별되고 그 필연적인 가능성들 중 나머지를 부정하고 그중 하나인 B라는 개별성으로 있게 된다.[69] 이때 보편, 특수, 개별의 결합은 구리, 금속, 전도체의 경우에서 잔존했던 외적인 매개 가능성을 제거하고 개념의 온전히 **형식적**인 규정들만의 **결합**으로 성립한다. 헤겔은 이같이 개념, 판단, 추리에 관한 서술을 통해 보편, 특수, 개별이라는 개념의 계기들을 실현된 형식 속에서 정립하는데, 이렇게 **보편**이 **특수**로 구별되고 **개별**로서 정립되는 방식의 개념 계기들의 통일이 다름 아닌 **객체**다. 따라서 헤겔은 자신의 『논리의 학』 개념론 주관성 편에서 개념, 판단, 추론의 전개

---

68   같은 책, 87쪽.

69   같은 책, 147쪽.

를 통해 객관성 편으로 이행하는데, 이를 통해 "객체란 그것의 개념 안에서 주어진 직관의 잡다가 통일되는 것"이라는 칸트의 언급에 대한 자신의 버전을 제시하는 것이다. 칸트에게서 직관의 잡다가 통일되는 방식이 개념의 규정을 형성하고, 구별된 여러 개념이 있다는 것은 직관의 잡다를 통일하는 여러 가지 방식이 있다는 것이다. 헤겔이 말하는 **개념 파악**은 이러한 여러 가지 방식으로 직관을 관통하면서 자신을 구별하고 그것들을 통일하는 개별 개념의 형성 과정에 다름 아니다.

　　헤겔의 개념은 개념론에서 서술하는 그 자체 독자적인an und für sich 개념뿐만 아니라 잠재적, 가능적인an sich 형태의 개념, 즉 존재론과 본질론의 규정들도 포함한다. 헤겔은 자신의 논리학의 **존재론**과 **본질론**을 주관 정신론의 심리학에서 감정(감각), 또는 **직관**과 표상에 해당하는 영역이라고 말한다(III, 15). 헤겔은 『순수이성비판』의 작업을 심리학이라고 규정하기 때문에, 헤겔 논리학의 **존재 및 본질의 규정**들은 『순수이성비판』의 **감성적 직관**이 지니는 논리적 구조에 대한 서술이라고 할 수 있다. 헤겔에게서 직관들이 결합하는 방식은 다음과 같다. 우선 존재론의 규정들이 보여 주는 것처럼, 존재(임)와 무(아님)의 통일로서 생성이 생겨나고, 생성이란 현존재다. 이것은 칸트가 자신의 범주표에 대해서 긍정성(임)과 부정성(아님)의 통일로서 제한성(현존재)이 형성된다고 설명하는 것과 같은 **질**Qualität의 논리다. 헤겔 논리학 존재론의 현존재란 질을 규정성으로 갖는 것인데, 경험적 직관의 잡다의 속성은 질의 성격을 지니는 것으로서, 하나의 질은 자신을 규정하기 위해 타자에 관계하지만, 이 타자는 앞의 질을 근거 지을 수 있는 성격의 것이 아니기 때문에, 또 다른 질에게서 규정의 근거를 찾고자 관계하면서, 이 관계는 끊임없이 타자로 이행한다. 헤겔의 존재 논리가 보여 주는 것은 이같이 직관의 잡다가 갖는 그 자체로 흩어져서 어떠한 결합도 하지 못하고 끊임없이 타자 속에서 소멸되어 가는 덧없는 규정들이다. **양**^{Quantität}의 논리도 견인과 반발이라는 규정을 통해 시간과 공간의 직관 형식이 연속성을 지니면서도 분할되는 방식으로 조직되는 논리적 결합을 보여 준다. 이것은 칸트가 말하는 **형식적 직관**의 종합 방식을 제시하는 것이라고 할 수 있다. 그밖에도 본질 규정들이 보여 주는 관계성을 통해 헤겔은 **개념 이전에** 이미 직관 속에 잠재적인 개념의 구조가 다양한 방식으로 들어 있다는 사실을 주장하고 있다. 직관의 잡다들은 각기 **동일성**을 지니지만 타자와 **구별**되고 그 자체 **상이한 것**으로 서로 무관심하게 병치하거나 특정한 조건하에서 **대립**되기도 한다. 대립이 심화되어 **모순**을 통해 해체되어$^{zu \ Grunde \ gehen}$ **근거**로 통일되고 근거는 자신의 조건들을 모두 충족하여 **실존**하는 사물로 현상한다. **현상**과 **본질**, **내부**와 **외부**, **가능성**, **현실성**, **우연성**, **필연성**, **실체**와 **우유성**, **원인**과 **결과**, **상호 작용** 등 다양한 본질 관계들은 직관의 잡다가 결합하는 방식들을 말해 준다. 헤겔은 마지막 본질 규정인 상호 작용에서 **능동적 실체**와 **수동적 실체**의 관계가 다름 아니라 두 가지 측면으로 나타나는 한 가지 **개념**이 두 실체에 현상한 것이라고 함으로써(III, 8), 존재를 지양한 본질을 개념 속에 지양해 넣는다. 이로써 존재와 본질의 규정들은 개념에 선행하는 **직관의 논리적 구조**라고 할 수 있는데, 이러한 직관의 잡다의 논리적 구조는 앞서 말한 개념의 전개에서 **특수**의 단계에 속하면서 특수한 규정들의 다양한 매개 방식을 형성한다. 말하자면 **보편**

으로서의 개념은 자신의 원리에 따라 자신을 **구별**하는데, 이 구별은 **직관의 잡다**들의 다양한 **매개 방식**인 **존재 및 본질 규정**들을 포함한다. 이로써 존재 및 본질의 규정들은 개념의 **유적** 보편성의 원리에 따라 보편으로부터 필연적으로 도출되는 것이며, 헤겔의 개념은 **존재**에서 **본질**에 이르는 긴 매개 과정을 **특수성** 속에 압축하고 있는 것임이 드러난다.

이같이 헤겔의 개념은 통상적 개념처럼 **추상적 보편**이 아니라 **매개의 통일**이다. 헤겔은 통상적 개념은 자신이 말하는 세 가지 개념의 계기 중 보편성의 계기만을 추상한 것이라고 말한다. 그것은 속성들을 외적으로 총괄한 후에 그것에 **공통적 징표**를 부과한 것이기 때문에, 그것의 보편성은 속성의 특수성과 **필연적 연관이 없다**. 하지만 헤겔의 개념에서 보편성은 자신의 구별을 통해 특수성을 산출하므로 거기서 보편과 특수는 **분리 불가능**한 것이다. 마찬가지로 보편과 특수가 언제나 항상 통일된 것이기 때문에, 그것은 바로 개별이므로 보편, 특수, 개별은 분리 불가능한 하나의 통일을 형성하면서 서로가 동일한 **유기적 통일**을 형성한다. 이같이 헤겔의 개념은 통상적 개념과 같은 추상적 보편이 아니라 계기들의 매개적 통일이며, 경험적 소재의 잡다를 관통하면서 특수성을 구조화하여 하나의 개별적 객체를 형성하는 **구체적 보편**이다. 헤겔은 『순수이성비판』의 "범주"를 잡다를 "결합하는 여러 가지 방식"으로 간주하면서,[70] 칸트의 개념이 잡다를 결합하는 방식인 한에서 자신의 개념의

---

70   G. W. F. Hegel, *Vorlesungen über die Wissenschaft der Logik*, Sommersemester 1831, Nachschrift Karl Hegel, Gesammelte Werke, Hamburg: Felix Meiner, 1968ff.,

단초를 포함한다고 생각한다. 칸트의 통각은 개념에 따라 다양한 방식으로 잡다를 통일하여 객체를 형성한다. 이같이 개념은 경험적 잡다가 특정한 방식으로 결합할 것을 요구하며, 자신의 방식에 따라 그것들을 구조화하는 능동적 작용이다. 현상의 존재론적 구조인 칸트의 개념은 분명 이러한 개념의 능동성을 지니고 있지만, 칸트에게서는 "직관의 잡다가 너무나 강력하여서 그 자체 독자적인 개념"에 대한 고찰로 나아가지 못했다. 그래서 칸트의 개념은 헤겔의 것처럼 세분화되어 직관의 잡다를 구체적으로 조직하는 능동적 활동으로 발전하지 못하고, 직관에 제약되고 직관을 포섭하면서 추상적 방식으로만 직관의 다양성을 규율하는 규칙으로 머문다.

헤겔은 청년기부터 개념을 추상적 보편이 아니라 자신의 대립자와 함께 생각할 수밖에 없는 모순적 매개로서 생각했다. 초기의 헤겔은 이 개념의 대립을 통일시키는 원리를 고안하지 못하여 개념을 부정적인 것으로만 간주하고, "초월론적 직관(칸트의 지적 직관)"과 같은 비개념적·신비적 원리에 개념의 통일을 유보해 놓는다.[71] 1804/05년의 논리학은 "자기 관계하는 부정성"이나 "자기 자신의 타자"와 같은 변증법적 방법을 고안함으로써, 비개념적 직관에 의존하지 않고 오직 개념에 의해 개념을 통일하는 방법적 원리를 발전시킨다. 이로써 헤겔의 개념은 헤겔 고유

23,2, 680쪽.

71   G. W. F. Hegel, *Jenaer kritische Schriften*, Gesammelte Werke, Hamburg: Felix Meiner, 1968ff., 04, 27쪽.

의 **변증법적 매개** 방식에 따라 계기들이 통일된 독특한 의미의 보편 개념이 된다. 헤겔은 『논리의 학』의 도처에서 자신의 개념과 통상적 개념을 구별한다. 통상적 개념은 "비록 그것이 인간, 국가, 동물과 같이 구체적 내용을 가질지라도, 개념의 규정성이 개념의 구별의 **원리**가 아닌 한에서 공허한 개념으로 머문다."[72] **통상적 개념**은 **추상적 보편**인데, 추상적 보편이 공허하다고 해서 아무 내용도 갖지 않는다는 것은 아니다. 추상적 보편도 헤겔 자신의 개념과 같이 보편과 특수, 그리고 양자의 통일이라는 세 가지 계기를 모두 갖는다. 하지만 여기서 보편은 자신의 외부에서 주어지는 특수와 매개되지 못하고 **외적**으로 받아들여 그것과 **직접적**인 통일을 이룬다.[73] 말하자면 보편, 특수, 개별의 매개 방식이 문제다. 통상적 개념은 이 개념의 계기들이 외적으로 결합되지만, 헤겔의 개념은 세 계기가 직접적으로 서로 동일한 방식으로 분리 불가능한 통일을 이루면서 하나의 **총체성**을 형성한다. 따라서 헤겔에게 개념은 **특수로부터 추상된 보편**이 아니라 **계기가 곧 전체**인 **유기적 통일**성이다. 칸트에게서는 경험적 잡다의 특수가 개념의 보편을 제약하기 때문에, 개념은 충분히 유기적으로 조직되어 특수를 관통하지 못한다. 헤겔이 보기에 칸트의 개념은 특수를 조직하는 능동적 활동성의 단초를 지녔음에도 불구하고, 경험적 잡다의 실재성에 제약되어 추상적 보편으로 머물러서 유동적인 구

---

72   G. W. F. Hegel, *Wissenschaft der Logik. Die Lehre vom Begriff* (1816), 43쪽, 강조는 나의 것.
73   같은 책, 42쪽.

체화로 전진하지 못했다. 개념을 세 계기의 **총체성**으로 간주하는 헤겔의 개념관에서 볼 때, 보편성만을 개념의 진정한 계기로 간주하고 특수성을 외부로부터 받아들이는 통상적 개념은 추상적이고 **일면적**인 것이다.[74]

2) 직관과 표상 vs 개념; 일상 언어 vs 개념

이같이 헤겔은 자신의 개념을 통상적 개념과 구별할 뿐 아니라 통상적 언어와 구별함으로써 자신의 개념이 일상적 언어와 구조, 의미, 사용 방식에서 다르다는 사실을 주장한다. 이에 대한 논구를 위해 우선 헤겔이 자신의 사변적 심리학에서 언어를 **표상**의 산물로 본다는 사실에 주목해야 한다. 헤겔은 주관 정신의 대상 파악 방식을 해명하는 심리학의 단계를 **직관**, **표상**, **개념**적 사유로 구분한다. **표상**은 **상상력**의 능력으로서 상상력은 재현하고 연합하는 상상력일 뿐만 아니라, 이념을 감성적 형식으로 표현하는 예술 활동과 같이 상징화하는 상상력이며, 휘장이나 기, 기호를 통해 지성의 내용을 **기호화하는 상상력**이기도 하다. 언어는 가장 고차원적인 기호인 언어 기호를 만드는 상상력의 산물이다.[75] 하지만 상징과 기호를 통해 지성의 내용을 표현하는 상상력은 아직 그것을 **개념적**으로 파악하지는 못한다. 말하자면 상상력의 산물인 **언어**를 통해 지성적 내용을 표현하는 행위는 철학적 사유에 미치지 못하는 **일상적 언어 사용**이라고 할 수 있다. 이러한 방식의 언어 사용으로 철학적 사유는

---

74   같은 책, 152쪽.

75   G. W. F. Hegel, *Enzyklopädie der philosophischen Wissenschaften (1830) III*, §455-459.

할 수 없지만, 그것은 **표상**과 그 전 단계인 **직관**에 대해 적용될 수 있다. 헤겔은 주관 정신론의 심리학에서 감각, 또는 **직관**과 **상상력**을 『순수이성비판』에서 **감성적 직관의 잡다**에 상응하는 것으로 간주한다.[76] 따라서 상상력과 그것의 산물인 언어는 아직 개념 파악의 능력이 아니다.

　통상적인 언어, 일상 언어는 개념을 **오성**적으로 사용한다. 헤겔에 따르면 오성은 "규정을 고정시키고 그것을 다른 규정성으로부터 구별함으로써 이렇게 제한된 추상적인 것을 독자적으로 존립하는 것으로 간주한다."[77] 이같이 구체적 총체성으로부터 한 계기를 떼어 내서 다른 계기에 대립시키는 행위를 헤겔은 **추상**이라고 말한다.[78] 일상 언어는 개념을 **추상적 보편**으로 간주하는데, 추상적 보편은 오성이 개념의 보편성의 세 계기 중 보편만을 추상하여 고립시킨 것이기 때문에, 이성적 사유는 변증법을 통해 이 고립을 해체하고 계기들의 사변적 통일을 구성해야 한다. 잡다한 규정성들과의 관계에서 얘기하면, 오성은 그 자체로 "불안정한 규정성들에게 보편성의 형식을 통해 고정된 존립을 부여"[79]함으로써, 추상된 보편을 다른 추상적 보편으로부터 고립시킨다. 따라서 오성에 의해 형성된 추상적 보편으로서 언어적 개념은 서로 타자에 무관심한 독자성을 가지고 논리적으로 비교, 병렬, 배제, 포섭이라는 **외적** 관계만을 지

76　　G. W. F. Hegel, *Wissenschaft der Logik. Die Lehre vom Begriff (1816)*, 15쪽.

77　　G. W. F. Hegel, *Enzyklopädie der philosophischen Wissenschaften (1830) I*, Werke in zwanzig Bänden, Theorie Werkausgabe, Frankfurt a. M.: Suhrkamp, 1969ff., Bd. 8, §80.

78　　G. W. F. Hegel, *Wissenschaft der Logik. Die Lehre vom Begriff (1816)*, 41쪽.

79　　같은 책, 44쪽 이하.

닐 뿐이다. 여기서는 헤겔의 개념이 보여 주는 **일면적** 규정이 대립된 규정에 의해 **매개**되어 보다 높은 통일로 고양되거나, 변증법적인 방식으로 **매개**된 중층 구조가 하나의 언어적 개념 속에 포함되어 있는 일은 일어나지 않는다.

일상 언어는 **사실**을 표현한다. 그런데 헤겔에게 사실이란 필연성을 결여한 단순한 '지각'으로서 "계기하는 변화들"이자 "병존하는 대상들"이다.[80] 헤겔은 "의식의 사실"을 "자연에 의해서 인간 속에 심겨진 내용, 특히 상식이라고 부르는 것",[81] 또는 "직접적으로 의식에 드러나는"[82] 지식이라고 말한다. 사실, 또는 주지의 것은 아직 인식된 것이 아니다 Das Bekannte ist noch nicht erkannt. 그것은 그 반대의 내용으로 인식될 수도 있다. 헤겔은 개념의 논리에 기초하여 서술한 자신의 『법철학』에서 **개념**이 모든 **현실성**의 근거이고, 개념에 의해 정립되지 않은 현실성은 덧없는 현존재, 외적 우연성, 사건, 비본질적 현상, 비진리, 기만이라고 서술한다.[83] 헤겔에 따르면 사실을 현실로서 받아들이는 실증주의 법학은 로마법에서 인간에 대한 정의Definition를 찾을 수 없다. 왜냐하면 사실은 개념을 반영하지 않을 수 있기 때문이다. 인간에 대한 개념을 파악하지 못

---

80   G. W. F. Hegel, *Enzyklopädie der philosophischen Wissenschaften (1830) I*, §39.

81   같은 책, §63.

82   같은 책, §66.

83   G. W. F. Hegel, *Die Rechtsphilosophie von 1820. mit Hegels Vorlesungsnotizen 1821-1825*, hrsg. v. K.-H. Ilting, Stuttgart-Bad Cannstadt: Frommann-Holzboog 1974 (Rechtsphilosophie Edition Ilting Bd. 2), §1A, 80쪽.

하고 있는 노예제 사회에서 사실로서 통용되는 인간에 대한 정의는 개념에 상응하지 않기 때문에, 거기서는 인간에 대한 올바른 정의가 성립하지 않는다. 그래서 로마인들은 올바른 인간에 대한 정의를 가질 수 없었다. 헤겔은 "정의의 연역은 **어원**으로부터 귀결"되며, "정의가 특수한 경우들로부터 **추상**"되고 "인간의 감정이나 **표상**이 근저에 놓이게" 되기 때문에, "정의의 올바름은 현존하는 표상과의 일치"에서 찾아진다고 지적한다. 그렇기 때문에 일상적 어원으로부터 정의되는 일상 언어적 개념에서는 "내용과 관련하여 사태 자체의 필연성이, 형식과 관련하여서는 **개념**의 본성이 도외시된다." 따라서 현존하는 사실에 대해 얘기하는 일상 언어는 사념과 수다^{Räsonnement}를 포함하는 몰개념적인 표상의 영역이다. 하지만 헤겔은 "표상이 그것의 내용상 잘못되지 않았다면 개념이 그 안에 포함되어 있기 때문에" 우리는 "표상과 언어에서 개념에 상응하는 것"을 찾아 "표상을 개념으로 고양"시켜야 한다고 말한다.[84] 이 인용문의 표현에서 알 수 있듯이 헤겔은 언어를 아직 개념이 아닌 표상의 영역에 귀속시키고 있다. 개념도 언어적 표현을 벗어나지 못하는 한 넓은 의미에서 언어에 속하지만, **개념**은 일상 언어와는 달리 추상적 보편이 아닌 **매개의 총체성**으로 구조화되어 있고, 일상 언어의 의미와 다른 **철학적 통찰**을 포함하고 있으며, 일면적 계기를 대립자와 통일시키는 **변증법적 사유 과정**을 통해 보다 큰 의미 단위의 개념을 형성하는 데 사용된다.

---

84   같은 책, §2A, 86쪽.

헤겔은 **동일한 개념적 내용**이 **직관**과 **표상**, **개념**의 대상에서 그에 상응하는 방식으로 등장한다고 한다.[85] 그는 언어의 능력인 **표상**을 직관, 감정을 포함하는 **전**(前) **개념적**인 모든 **형식**을 대표하는 용어로 사용하면서, 철학의 과제란 "표상을 개념으로 정립"하는 것이라고 말한다.[86] 헤겔에 따르면 개념 이전의 경험적 직관은 개념의 내용을 감성적 어두움 속에 감추고 있는 **유사 개념적**인*quasibegrifflich* 것이라고 할 수 있다. 주관 정신론에서 헤겔은 **표상**의 단계에서 언어적 사고가 시작되기 이전에 상징적 기호에 의해 정신이 표현되는 단계, 그 이전에 **직관**의 단계, 그보다 더 앞서 **자연적 혼**이라는 전의식적, 무의식적 단계까지 철학적으로 서술하고 있는데, 이것들은 개념의 근저에 놓여 있고 개념에 의해 묶여서 하나의 통일된 사태로 존재하게 된다. 이런 의미에서 모든 감성적인 요소는 그것이 개념의 근저로서 작동하는 한, 개념과 항상 결합되어 있고 그것에 개념이 내재한다. 따라서 칸트가 질료, 또는 감성 자체에는 개념이 결여되어 있기 때문에 거기서 진리의 기준을 물을 수 없다고 말할 때,[87] 헤겔은 감성적인 것이 진리가 될 수 없다는 사실을, 이같이 칸트의 이원론적 토대 위에서가 아니라, 감성적인 것, 즉 직관과 표상을 개념적, 이성적인 것과 **연속적**이면서도 **단계적**인 것으로 파악하면서 주장한다. 헤겔에 따르면 감성적인 것은 다만 아직 개념의 형태로 명료화되지 않았

---

85   G. W. F. Hegel, *Enzyklopädie der philosophischen Wissenschaften* (1830) I, §3.
86   같은 책, §3A.
87   I. Kant, 앞의 책, B83/A59.

기 때문에 **사념**에 빠져 있는 것이다. 직관과 표상이라고 칭하는 이 단계는 감성에 의해 혼돈되어 아직 개념으로 명료화되지 못한 상태를 말한다. 따라서 헤겔에 따르면 직관과 표상이 개념을 결여한다는 것은 칸트가 보듯이 **형식**이 결여되어 있다는 것이 아니라, 아직 개념으로 고양되지 않은 **사념**의 단계에 있다는 것을 의미한다.[88] 물론 헤겔에게서도 사념은 진리가 아니며, 직관과 표상에서 진리를 찾을 수는 없다. 이같이 헤겔은 칸트와 동일한 결론에 도달하지만 다른 이유에서 그렇게 생각하는 것이다. 이같이 헤겔은 칸트의 직관과 개념의 구분을 표상과 개념이라는 연속적이면서도 단계적인 구분으로 변용한다. 헤겔에게 칸트가 말하는 직관의 영역은 이미 일상 언어를 통해 표현되는 오성적 **관계**를 포함하지만, 사변적 사유는 그 안에 내재한 잠재적인 **개념**적 특징을 파악함으로써 그것을 개념으로 고양한다. 전자의 특성인 **표상**은 일상 언어에 의해 파악되지만, 후자의 **개념**은 일상 언어의 추상적 보편으로 파악할 수 없는 특성을 지닌다. 이같이 헤겔은 일상 언어와 개념을 구별하면서 일상 언어가 개념적 사유에 적합하지 않다고 생각한다.

개념과 언어의 차이에 대해 좀 더 상론하기 전에 직관과 개념의 연속적이며 단계적인 파악이 가져다주는 직관과 개념의 보다 긴밀한 결합 방식과 양상에 대해 살펴 볼 필요가 있다. 헤겔은 직관과 개념의 내용을 동일한 것으로 봄으로써 양자의 통일을 **일원론**적으로 설명할 수 있

88　G. W. F. Hegel, *Wissenschaft der Logik. Die Lehre vom Begriff* (1816), 24쪽 이하.

다. 헤겔은 "이 세상에 새로운 것은 없다"라는 성경 구절을 "이 세상에 매개되지 않은 것은 없다"라는 의미로 해석하면서, 비개념적 칸트가 말하는 "마음 안에서 그 자체로 흩어져서 낱낱으로 마주쳐지는"[89] 지각의 존재를 부정한다. 헤겔에 따르면 파란색과 같은 감성적 직관도 낱낱으로 직관되어 특정될 수 있는 것이 아니라, 이미 다른 색과 구별되는 매개를 통해서만 파란색으로 특정될 수 있으므로 그 자체 매개된 것이다. 헤겔은 "우리가 감성적 방식이라고 부르는 모든 것" 속에 "사유가 포함되어 있다"고 말한다. 따라서 "감성적 지각"도 "숨겨진 방식의 사유"이며, **감각 소재** 속에도 이미 **개념적 질서**가 잠재적으로 숨겨져 있다. **직관**은 이미 이성적, **개념적 사유**가 포함된 활동이다. 그는 동물의 직관이 단순하다면, 인간의 직관은 다양하며, 도야된 인간은 도야되지 않은 인간과 다른 것을 예술 작품 안에서 본다고 말한다.[90] 또한 재능 있는 역사가는 개별성에 머물러 있지 않고 실체적인 것 전체를 직관하는 능력이 있으며, 훌륭한 시인은 직관에 따라서 작품을 쓰는 것이 아니라 숙고를 통해 자신의 직관을 유기적으로 발전시켜야 한다고 말한다.[91]

헤겔은 "내용 없는 사고는 공허하고, 개념 없는 직관은 맹목"[92]이

---

89   I. Kant, 앞의 책, A119 이하.

90   G. W. F. Hegel, *Vorlesungen über die Wissenschaft der Logik*, Sommersemester 1826, Nachschrift Anonymus, Gesammelte Werke, Hamburg: Felix Meiner, 1968ff., 23,1, 414쪽.

91   G. W. F. Hegel, *Enzyklopädie der philosophischen Wissenschaften (1830) III*, §349Z.

92   I. Kant, 앞의 책, A51/B75.

라는 칸트의 명제가 나타내는 직관과 개념의 관계에 대해 칸트처럼 **이원론**으로부터 양자의 종합을 성취하는 것이 아니라, 양자의 직접적인 통일을 **일원론**적으로 제시한다. 헤겔은 "감각, 경험 속에 들어 있지 않은 어떤 것도 사유 속에 없고" 그 반대도 마찬가지라고 말하면서, "정신이 세계의 원인"이라고 천명한다.[93] 이를 통해 헤겔이 말하고자 하는 것은 **직관**과 **개념**이 분리 불가능하게 통일되어 있는데, 그것들을 관통하는 **통일적 내용**은 **개념적인 것**이라는 것이다. 헤겔에 따르면 감정과 충동은 이미 자신 안에 개념적 내용을 포함하고 있다. "법적, 인륜적, 종교적 감정"은 개념적 "사유 속에서만 자신의 뿌리와 자리를 가지는 그러한 내용에 대한 감정이고 경험"이다.[94] 자유의 현존재인 법, 소유, 도덕, 가족, 시민 사회, 국가는 개념의 형태로 존재할 뿐만 아니라, 동시에 그것들에 충동이 수반된다.[95] 법 충동, 소유 충동, 도덕 충동, 성애 충동, 사교 충동, 국가에의 충동은 개념적으로 파악된 법, 소유, 도덕, 가족, 시민 사회, 국가의 근거로서 그것들을 지탱하는 힘이다. 헤겔에 따르면 철학에서 궁극적으로 중요한 것은 개념적 사유, 사상이지만 현실적으로 그것들은 항상 감성적인 것, 감정과 **더불어** 존재한다는 것이다. 법철학, 역사철학과 같은 실재철학에서 감정, 열정과 같은 비개념적, 비이성적 요소는 무시되

---

[93]   G. W. F. Hegel, *Enzyklopädie der philosophischen Wissenschaften* (1830) I, §3.

[94]   같은 곳.

[95]   G. W. F. Hegel, *Die Rechtsphilosophie von 1820. mit Hegels Vorlesungsnotizen 1821-1825*, §19.

는 것이 아니라 개념, 이성의 추동력이 된다.

충동과 같은 비개념적인 단계도 언어로 표현될 수 있는 인식 내용들을 지닌다는 점에서, 헤겔은 언어 밖에 있는 순수한 자연주의적 요소, 개념에 매개되지 않은 비개념적인 요소는 인정하지 않는다. 포스터는 헤겔 철학이 지니는 이러한 특성을 칸트 철학과 차별화된 특성으로 간주하면서, 헤겔이 칸트와 달리 헤르더로부터 영향을 받아 언어의 중요성을 인식하고 있었다고 지적한다. 포스터는 언어와 관련하여 헤겔 철학을 『예나 체계 기획 I』에서 『정신현상학』까지의 시기(1803-1807), 그 후 『논리의 학』, 『법철학』, 『미학』의 집필 시기(1807-1827), 『철학전서』 2판부터 『논리의 학』 재판 집필 시기(1827-1831)에 이르는 세 단계로 구분한다. 그는 헤겔이 첫 번째 시기(1803-1807)의 저서들에서 헤르더의 영향으로 언어에 관한 중요한 통찰을 담고 있다고 주장한다. 반면 두 번째 시기(1807-1827)에는 이러한 입장을 철회하는 실수를 범하다가, 마지막 시기(1827-1831)에 다시 첫 번째 시기의 입장으로 지혜로운 귀환을 한다고 주장한다.[96] 하지만 나의 생각에 포스터는 헤겔이 언어와 개념을 구별한다는 사실을 인지하지 못하고 있기 때문에 불필요한 시기 구분과 함께 헤겔의 언어관에 대한 잘못된 평가를 하고 있다. 헤겔은 일관되게 언어를 사유의 **수단**으로 보지만, 언어가 자신의 **외면성**을 지양하면서 개념이라는 **궁극적 목표**로 나아가야 한다고 생각한다. 포스터는 헤겔이 "사고는 본질적으로 언

---

96   M. Forster, *German Philosophy of Language. From Schlegel to Hegel and Beyond*, Oxford: Oxford University Press, 2011, 165쪽.

어에 의존하며 언어에 구속되어 있다"는 헤르더의 통찰을 『정신현상학』 감각적 확신 장에서 제스처를 포함해서 모든 언어적 표현이 사념이 아니라 보편적인 것임을 논증함으로써 계승한다고 주장한다.[97] 또한 『철학전서』 제462절에서 "우리가 사유하는 것은 이름 안에서다"라고 말하고 난 후에 보충Zusatz에서 "우리는 사상에게 객관성, 즉 외면성의 형식을 부여할 때만 규정적인 진정한 사상을 가질 수 있다. 분절화된 소리, 즉 단어만이 그러한 내적인 외면적 사물이다. 단어 없이 사유하기를 원하는 것은 명백히 어리석은 짓이다"라고 말하는 것도 자신의 주장을 뒷받침한다는 것이다. 하지만 감각적 확신 장의 논증은 단지 사적 언어의 불가능성을 말하는 언어적 차원의 주장이 아니라, 개별적인 것을 **지시**하는 행위와 같은 **비언어적 사태도 보편성**과 결부될 수밖에 없다는 예에서 보듯이, 단순한 것, 개별적인 것에서 보편적인 것으로의 이행의 **논리적 필연성**을 논증하는 것이다. 포스터는 『정신현상학』에서 지와 대상의 현상학적 관계 이면에 놓인 **논리학**적 요소에 대해 주목하지 못하고 있다. 『철학전서』의 경우도 그 이후에 개념적 사유가 얘기된다는 구분에 따라 보더라도, 표상의 단계에서 얘기되는 언어는 궁극적인 사유 수단이 아니라 개념적 사유로 지양되어야 하는 **외면성**을 지닌다. 우리는 일상 언어의 단어를 가지고 사유할 수밖에 없지만 단어들의 일상 언어적 의미와 외적인 상호 관계에 머물러서는 안 되고 그것들의 **외면성**과 일면성을 **지양**하

---

97   같은 책, 150쪽 이하.

여 **개념**을 사유해야 한다.

포스터에 따르면 헤겔은 "언어가 근본적으로 사회적"이라는 헤르더의 주장을 받아들여, 『예나 체계 기획 I』에서 "언어는 오직 한 민족의 작품으로서만 정신의 관념적 실존"이라고 주장하고, "언어는 보편적인 것"이기 때문에 모든 사람의 의식 속에서 반복되어 소통을 가능케 한다고 주장한다.[98] 또한 포스터는 『정신현상학』의 작업이 언어적 의미 및 개념화의 **개인주의적** 모델들이 지탱할 수 없음을 보여 줌으로써, 언어적 의미와 개념화는 **사회적**으로 공유된 언어 사용이라는 의미에서 보편성을 지닌다는 사실을 논증하는 것이라고 한다.[99] 하지만 헤겔은 『예나 체계 기획 I』에서 위의 인용문에 바로 이어서 정신의 실존인 언어 안에서 정신은 자신의 본질을 드러낸다고 말함으로써, 언어가 **정신의 본질**, 정신의 존재를 언표해야 한다고 주장한다. 따라서 헤겔에게 언어는 근원적으로 생산적인 것이 아니라, 생산하는 의식을 위해 이미 생산되어 있는 것이며, "**외면화**"의 "한갓된 **형식**"이다. 또한 헤겔은 언어가 "생성하는 의식을 위해 이념적 세계, 의식의 **비유기적** 본성으로 현존"하며, 생성하는 의식은 "실재성을 발견해야" 하고 "언어를 위해 존재 속에 있는 의미를 찾아내야 한다"고 주장한다.[100] 따라서 언어는 진리의 궁극적인 담지자

---

98   G. W. F. Hegel, *Jenaer Systementwurf I*, Gesammelte Werke, Hamburg: Felix Meiner, 1968ff., 06, 226쪽.

99   M. Forster, 앞의 책, 163쪽 이하.

100   G. W. F. Hegel, *Jenaer Systementwurf I*, 226쪽, 강조는 나의 것.

가 아니다. "언어는 … 자신의 자체 존재로 되기 위해, 개념에 따라 존재하는 바대로 되기 위해 부정되고 지양되어야 하는 외적인 것이다. 따라서 언어는 … **외적인** 것으로서 **지양**되고 자신의 **개념**으로 되면서 총체성으로 된다."[101] 포스터는 『정신현상학』의 작업이 논증하는 보편성을 언어적 사용이 가능한 토대로서의 **사회적 합의**로 생각하면서, 보다머와 함께 헤겔의 보편성 개념을 말장난으로 치부한다.[102] 헤겔 보편성 개념에 대한 포스터의 이해 부족은 "감각적 확신 장의 메시지는 언어가 사념된 것을 표현할 수 없고 오직 보편적인 것(모든 사람에게 **공통적인 것**)을 표현한다"는 그의 주장에서도 나타난다.[103] 독일 관념론 언어철학의 대표적 연구자인 포스터도 현대 영미 철학의 통상적 언어관에 머물러서 개념의 보편성을 **추상적 보편**으로만 간주하고 있는 것이다.

마지막으로 포스터는 헤겔이 『미학강의』에서뿐만 아니라 이미 『정신현상학』에서도 건축과 조각 같은 비언어적 표현 매체 속에 사고가 깃들어 있음을 인정하면서, 예술, 종교, 철학을 관통하는 **일원론적** 사고 내용을 전제하고 있다는 사실을 비판한다. 포스터에게 헤겔의 이러한 생각은 언어를 넘어선 벌거벗은 사태를 긍정하는 것으로 간주되면서 헤르더로부터 일탈하는 실수로 평가된다.[104] 하지만 이러한 포스터의 오판은

---

101   같은 책, 227쪽, 강조는 나의 것.

102   M. Forster, 앞의 책, 164쪽, 주 86.

103   같은 책, 153쪽.

104   같은 책, 158쪽 이하.

동일한 내용이 직관, 표상, 개념의 형식으로 대상화된다는 헤겔 철학의 주요한 통찰을 인식하지 못하고 있는 데서 기인한다. 포스터는 언어를 일상 언어의 차원에서만 이해하면서 그것을 진리 표현의 최종 심급에 두고 있다. 하지만 헤겔에게 일상 언어는 사실을 표현할 뿐이며 표상의 차원에 머물고 있기 때문에, 비판을 통해 그것의 외면성을 지양하면서 개념의 차원으로 고양되어야 할 것이다. 헤겔은 **오성**적 사유와 **표상**, **일상 언어**를 같은 차원에 두고 있다. 헤겔은 『논리의 학』 판단론에서 "주어와 술어의 무관심한 외면성에 기초하는 주관적 관계는 **문법적** 의미 속에서 자신의 온전한 타당성을 갖는다"[105]고 말한다. 헤겔은 형식논리적으로 계사에 의해 결합되는 두 개념도 "본래 개념 규정이 아니라 **표상 규정**"[106]일 뿐이라고 주장한다. 그에 따르면 진정한 **개념**은 판단에 대한 변증법적 사유를 통해 드러나는 "**객관적** 의미"[107]다. 판단론에서뿐만 아니라 추리론에서도 현존재 추리에서 다루는 삼단논법의 여러 형식과 거기에 포함된 항(개념)들이 개념적 의미를 지니는 것이 아니라, 그 형식들을 관통하는 **매개념**의 발전이 **개념**의 운동으로서 객관적 의미를 지니는 것이다. 반성 추리와 필연성의 추리를 통해 전개되는 매개념의 양극에 대한 통일 방식들은 **개념**이 실현되는 과정에 다름 아니다. 헤겔의 **개념**은 언어적으로 표현되는 표면적 서술 이면에서, 그것들을 관통하면서 그것들을 변증

---

105   G. W. F. Hegel, *Wissenschaft der Logik. Die Lehre vom Begriff (1816)*, 61쪽, 14-17행.

106   같은 책, 62쪽, 6행.

107   같은 책, 63쪽, 6행.

법적 방식으로 매개하는 독특한 **논리적인 질서**를 말한다. 헤겔은 개념론을 시작하는 첫 문장에서 이미 **"개념의 본성"**은 "대상의 개념처럼 그렇게 직접적으로 언급될 수 없으며, … 대상의 개념이 언급되기 위해 논리적으로 전제되는 것"이라고 말함으로써, 자신의 개념이 일상 언어의 개념이 갖는 공통성과 같이 **직접적**인 것이 아니라 **변증법적 매개**의 구조를 갖는 것임을 시사한다.[108] 형식논리학적 관계에서 항의 위치를 점하는 개념들도 헤겔적 의미에서는 개념이 아니다. 헤겔의 개념은 언어적 표현에서 직접적으로 드러나는 것이 아니라, 언어적 표현들의 변증법적으로 사유된 관계 속에서 드러나는 독특한 사유의 구조다. 이것이 직관의 잡다를 관통할 때, 그것들을 특정한 방식으로 결합하는 존재론적 구조가 된다. 헤겔의 개념은 직관의 잡다와 표상적 수다를 넘어 일반 논리학의 형식 속에서 표현되는 개념까지도 관통하면서 그것들의 관계를 변증법적으로 사유하고 존재론적으로 구조화하는 이성적 질서다. 이것은 직관의 잡다를 결합하는 초월론적 구조라는 칸트의 순수 오성 **개념**이 갖는 특징을 수용하여 발전시킨 것이다.

5. 개념주의-비개념주의 논쟁 평가

직관과 개념의 결합에 관해 칸트가 상반된 두 가지 언급을 하고

---

108   같은 책, 5쪽, 3행.

있는 것은 사실이기 때문에, 개념주의와 비개념주의의 논쟁에서 각자는 자신의 주장을 관철하기 위해 타자가 주장하는 경우가 성립될 수 없음을 논증해야 한다. 압도적으로 많은 칸트의 개념주의적 언급을 일일이 논박하는 것은 힘든 작업이기 때문에, 비개념주의자들의 전략은 칸트가 직접 언급하지는 않았지만 **직관적**으로 개념주의의 **반대 사례**가 되는 비개념적 직관의 사례를 찾아서 제시하는 방식으로 개념주의를 논박하는 것이다. 앞서 살펴본 대로 비개념주의자들은 수면과 각성, 언어를 모르는 유아나 동물의 의식, 관념 연합, 꿈, 지각 판단, 맹시와 같이 개념과 분리될 수 있는 직관의 여러 사례를 제시한다. 또한 이러한 대상이 자리할 수 있도록 충만된 의미의 대상, 또는 의식과 개념 없이 가능한 대상, 또는 의식, 강한 대상과 약한 대상, 좁은 의미의 인식과 넓은 의미의 인식을 구분한다. 하지만 이것은 칸트 자신의 텍스트에서 확인될 수 있는 것이 아니다. 벤첼의 말대로 유아나 동물의 의식은 칸트의 탐구 대상이 아니었고 꿈, 지각 판단, 관념 연합에 대한 칸트의 언급도 통각의 객관성에 대한 독자의 이해를 높이기 위해 제시한 반대 사례일 뿐, 칸트가 묘사하는 객관적 인식의 초기 단계를 형성하는 것은 아니다.[109] 맹시와 같은 병리적 현상이나 꿈, 수면에서 깨어난 몽롱한 각성 상태의 의식, 유아나 동물의 의식 같은 비정상적이고 **비표준적**인 의식 상태는 칸트의 논의 대상이 아니라 비개념주의를 정당화하기 위해 수집된 경험적 사례들이다. 이같

---

109   C. Wenzel, 앞의 글, 425쪽.

이 비개념주의는 칸트 자신의 언급보다 상식의 직관에 호소한다.

하지만 이들은 칸트가 말하는 "대상이 아니라 대상들에 관한 우리의 선험적인 인식 방식"(B25)을 다룬다는 초월론 철학의 이념과 코페르니쿠스적 전회의 의미를 망각하고 있다. 초월론 철학은 대상이 아니라 대상에 관한 우리의 인식을, 경험이 아니라 경험의 가능 조건을 탐구하는 것이다. 이러한 취지에서 『순수이성비판』 감성론의 논의도 경험적 직관의 성격을 규명하는 것이 아니라, 현상을 가능케 하는 조건으로서 시공간의 특성을 규명하는 것이며, 거기서 칸트는 시공간의 형식이 경험적 직관에 앞서 근저에 놓여 있어야 그것을 통해 경험적 직관이 주어질 수 있다고 역설한다. 칸트는 소여의 **경험적 절차**를 다루지 않는데, 그가 의도하는 것은 의식이 대상을 경험적으로, 즉 시공간에서 개별적으로 지시하는 내용이 아니라 그러한 지시에 대한 반성, 즉 **초월론적 고찰**이다. 한 나는 이러저러한 개별 대상을 비개념적, 또는 직관적으로 인식한다는 것은 단적으로 그것을 여기 지금, 또는 저기 그때에 유일무이한 방식으로 uniquely 위치시키는 것이라고 묘사하면서, 직관의 소여를 경험적으로 유일무이한 개별적 사건이라고 주장한다.[110] 하지만 칸트는 이러한 개별적 사건이 객관적 연역 18절에서 서술하는 경험적 통각이나 지각 판단의 사례라고 한다면 『순수이성비판』의 서술 대상이 아니라고 주장할 것이다. 만약 이것을 직관의 잡다를 수용하는 불가피한 개별적 경험이라고 하더

---

110   R. Hanna, "Kant and Nonconceptual Contents", *European Jeournal of Philosophy*, 2005, 278쪽.

라도, 칸트의 논의에 따르면 시공간과 범주라는 객관적 인식 조건에 의해 **보편화**되므로, 그것의 개별적 **독특성**은 인식의 정당화에 어떠한 내용적 기여도 하지 못한다. 셀라스의 예시를 통해 말하자면, 직관의 소여 과정은 look 문장이 아니라 see 문장이어야 할 것이다. look 문장이 호환 불가능한 개별적 독특성을 강조한다면, 그러한 독특성은『순수이성비판』에서는 고려되지 않는다. 그것은 커리의 섬세한 맛이나 초인종의 독특한 음색에서 개념화할 수 없는 감각적 독특성과 마찬가지로 개념이 작동하지 않는 순수한 감성의 영역으로서 **심리학**이나 **미학**의 대상이다. 『순수이성비판』에서는 직관을 수용하는 포착조차도 "범주들에 기초"하고,[111] 대상의 소여를 가능케 하는 "직관의 통일이 항상 이미 통각의 통일을 포함"[112]하기 때문에, 직관의 수용도 보편적 **규범성**을 지니는 것으로 생각되어야 한다. 가령 파란색이라는 경험적 직관은 개별자로서 개별적 시공간에서 수용되지만, 개별자가 위치한 시공간의 개별적 독특성이 여과된 채, 어느 시공간에서도 파란색으로 수용되는 **표준적** 성격을 지녀야 한다.

　　비개념주의자들이 제시하는 사례들은 객관적 인식의 경험적 예외 사례로서 객관적 인식의 한 단계를 점할 수 없을 뿐만 아니라, 개념주의를 약화시킬 수도 없다. 맹시와 같은 병리적 현상, 꿈과 같은 **비규범적** 상태는『순수이성비판』의 대상이 아니다. 코페르니쿠스적 전회는 칸

111　　I. Kant, 앞의 책, A125.

112　　같은 책, B144, 주.

트가 비판적 입장을 수립하기 위해 객관의 세계를 주관의 인식으로 옮겨놓은 것이기 때문에, 주관에서의 현상 존재도 **심리학적 우연성**에 지배되어서는 안 되고 외부의 객관 세계가 지닌다고 생각되는 **객관적 필연성**을 지녀야 한다. 꿈속에서는 던진 돌이 하늘로 솟구치는 일이 있을 수 있지만, 객관 세계에서는 항상 포물선을 그리면서 떨어져야 한다. 직관과 개념의 결합은 항상 후자와 같이 객관적 필연성에 따라 발생한다. 따라서 맹시와 꿈뿐만 아니라 유아나 동물의 의식, 인간 의식의 불투명한 경계, 관념 연합, 지각 판단과 같은 비표준적, 비규범적 의식들의 사례 역시 『순수이성비판』에서 어떤 자리도 차지할 수 없다. 칸트가 의도하는 것은 인간 의식의 풍부한 내용을 해명하기 위해 이러한 병리적이고 비규범적인 사례까지도 포함하는 **심리학**이 아니라, 자연법칙에 의해 지배된다고 생각되는 외부 세계와 마찬가지로 객관적 필연성을 지니는 현상 세계에 관한 **존재론**이다. 따라서 객체를 지시하지 않는 직관이 가능하다는 페이튼의 주장은 둥글고 붉다는 경험적 직관이 사과라는 실체에 속하지 않은 채 존재할 수 있다는 주장과 같다. 현실 세계에서 이런 일이 있을 수 없듯이, 칸트의 현상 존재론에서도 객체를 지시하지 않는 직관은 가능하지 않다. 이렇게 볼 때 "마음 안에서 그 자체로 흩어져서 낱낱으로 마주쳐지는"[113] 여러 지각은 인식의 첫 단계로서 존립할 수 있는 것이 아니라, 이원론에서 출발하는 칸트의 프로그램에서 직관의 특성을 독자에게 부

---

113   같은 책, A119 이하.

각하기 위한 조치일 뿐이라고 이해해야 한다. 또한 자연법칙에 의해 지배되지 않는 자연 현상이 없듯이, 개념에 의해 지배되지 않는 약한 대상, 또는 넓은 의미의 인식이라는 것도 칸트에게서는 성립하지 않는다. 자기의식을 수반하지 않는 대상 의식도 성립할 수 없다. 왜냐하면 **대상 의식**의 지향성이 **자기의식**에 의해 자아로 되돌려지는 **통일성**이 없다면 대상 속에서 자아가 상실되어 어떤 인식도 얻지 못할 것이기 때문이다. 경험의 소선을 해명한다는 초월론 철학의 이념은 비판철학의 입장에서 주관 안에서 객관적이고 필연적인 세계를 구축한다는 것이다. 하지만 비개념주의자들의 주장은 이러한 『순수이성비판』의 지반을 떠나 있다. 맥다월은 경험의 조건을 경험 가능 조건에서 찾는 칸트의 초월론 철학의 요구가 우선 주관적 조건으로 보이지만 그것은 객관 자체에 대한 조건으로서 요구되는 것이기도 하므로 헤겔의 절대적 관념론과 만난다고 한다.[114] 말하자면 칸트의 초월론 철학이 코페르니쿠스적 전회에 따라 주관에서의 경험의 가능 조건이 곧 객관 세계의 조건이기도 하다면, 그것은 주관적 관념론에 머무르지 않고 헤겔의 입장과 일치한다는 것이다. 코페르니쿠스적 전회의 의미를 이렇게 이해할 때 칸트 철학은 남김없이 개념주의적으로 해석되며 세계에 대한 명료하고 강력한 논증을 제시한다. 하지만 여기에 비개념주의적 잔여가 남게 되면 개념과 다른 직관과 그것의 원천으로서 물자체와 같은 복잡한 가정들이 개입되는 논증을 통해 세계가 설

---

114   J. McDowell, *Having the World in View*, *Essays on Kant*, *Hegel and Sellars*, Cambridge, Mass.: Harvard University Press, 2009, 75쪽.

명된다.[115]

　　헤겔은 칸트의 인식론이 심리주의에 떨어질 수 있다는 위험을 잘 알고 있었다. 경험론은 인지**심리학**의 고전적 이론이다. 칸트가 경험론을 합리론과 종합하기 위해 경험론이 다루었던 감각 지각의 과정을 감성론에서 다루는 한 『순수이성비판』은 칸트 자신이 배척했던 심리학과의 연결을 피할 수 없다. 실제로 칸트는 이런 것을 의식해서인지 감성론에서는 직관의 선험적 형식으로서 시공간의 경험에 대한 선재성을 강조하지만, 감각 지각의 경험적 과정에 대해서는 언급하지 않는다. 하지만 헤겔은 **표상**이나 **통각**과 같은 용어들이 이미 **심리학**의 용어임을 지적하면서 칸트의 **인식론**적 요소를 심리학이라는 이유로 배제하고 **개념**의 논리와 구조에만 집중한다. 헤겔의 존재론적 고찰은 비개념주의자들이 범하는 오해에서 벗어나서 개념주의적 칸트의 의도를 보다 효과적으로 전달할 수 있다. 직관, 또는 표상과 개념의 단계적 구별과 연속성을 주장하는 헤겔에 따르면, 비개념주의자들이 주장하는 직관의 고유한 내용이 개념과 형식을 달리하면서도 개념적 내용을 지닐 수 있다. 이 점에서 비개념주의를 주장하는 버드의 주장은 헤겔과 만난다. 버드는 개념적 의식 이전의 의식을 동물의 "비언어적 개념"과 같이 인간이 언어적 이해로 파악한 상황에 대해 모종의 이해를 갖고 있는 의식이라고 주장한다. 버드가 주장하는 **동물적 의식**의 **비언어적 개념**은 헤겔이 주장하는 것처럼 형식

115　　비개념주의적 칸트의 논증보다 헤겔의 논증이 우월하다는 주장에 대한 보다 상세한 서술은 이 책 제4장 제5절 네 번째 문단 참조.

에서는 아직 개념적인 것은 아니지만 **유사 개념적**인 것으로서 개념적으로 밝혀질 수 있는 **표상**과 같은 것으로 볼 수 있다. 버드는 실제로 직관이 개념을 통해 드러날 잠재적 성격을 담지하고 있다고 주장한다.[116] 이로써 비개념주의자들이 직관의 사례로 제시하는 것들이 버드의 제안에 따라 헤겔적으로 해석된 개념주의적 직관으로 해석될 수 있다. 언어가 어떤 사태를 이해하기 위한 충분조건이지만 필요조건은 아니라는 버드의 주장은, 언어로 표현되지 않지만 모종의 방식으로 이해된 직관의 단계가 존재한다는 것이다. 이 단계는 헤겔의 방식으로 말하면 개념적 내용을 잠재적으로 포함하고 있는 직관, 또는 표상의 단계다. 우리는 이미 건축과 조각 같은 **비언어적** 표현 매체가 **표상**의 단계에 위치하며 개념적으로 해석되고 개념적 사유로 이행할 수 있는 **유사 개념적** 사례임을 살펴보았다. 동물의 의식에 대해서도 헤겔은 맥다월처럼 비개념주의자와 대립각을 세우지 않는다. 맥다월과 켐프 스미스 같은 대부분의 현대 개념주의자들은 동물적 의식을 인간의 것과 전혀 이질적인 것으로 여기고 철학적 고찰의 대상에서 배제한다. 물론 헤겔도 동물적 의식에 대한 상세한 철학적 탐구를 수행하지는 않지만, 행성의 운동에서부터 그것에 영향받는 동물의 이동과 교미 충동, 인간의 본능과 민족성 같은 무의식적 특성을 거쳐 인간의 개념적 의식에 이르기까지 다양한 형식의 존재 계열이 개념적 내용의 표현들이라고 주장한다. 마치 헤겔이 추상적 개념과

---

116 G. Bird, 앞의 책, 196쪽 이하의 셀라스의 look 문장과 see 문장의 구별에 대한 버드의 비판과 주장 참조.

제1부 현대 영미 철학에서 헤겔로의 귀환

오성을 개념의 계기 중 하나인 보편성을 추상한 것이고 이성의 한 계기를 절대화한 것이라고 비판하면서도 그것들을 개념과 이성의 한 계기로서 포함하듯이, 헤겔은 아주 미약한 개념의 형식과 단순한 이성성이 동물의 의식 속에 들어 있다고 생각한다.

심리학적 오해에서 자유로운 헤겔의 존재론적 개념주의는 비개념주의자들이 제시하는 다양한 반례들을 자신의 이론 안에 체계적으로 위치 짓거나 정신의 다양한 방식으로 설명할 수 있다. 유아나 동물의 의식은 아직 개념적 형식으로 드러나진 않지만 개념적 내용을 잠재적으로 포함하는 유사 개념적인 것이다. "낱낱이 흩어져서 마주쳐지는 직관의 잡다"는 그 자체로는 대상이 아니며, 인식적, (현상)존재론적 측면에서 그것들의 종합을 통해 형성된 객체의 일부분으로서만 인식될 수 있다. 하지만 그것은 개념적 인식을 위한 경험적 소재로서 개념적 종합으로부터 **추상**되어 개별적 성질로서 이야기될 수 있다. 헤겔은 성질들이 **언어**적으로 표현되더라도 그것은 아직 **직관**과 표상의 영역에 머물 뿐, **개념** 파악이 아니라고 한다. 실로 칸트의 범주가 보여 주듯이 경험적인 감성적 직관들의 **소재**적 특징들은 개념이 아닌 경험으로부터 유래하며, 힘, 딱딱함, 각짐, 짬과 같은 **언어**로 표현될 수 있다. 칸트와 헤겔은 이러한 직관의 경험적 성격들이 개념에 의해 산출되는 것이 아니라 경험에서 유래하는 것이라고 생각한다. 하지만 이러한 경험적 직관들은 항상 개념에 의해 매개되어 다른 것들과의 관계 속에 있다. 개념주의자들이 주장하는 것은 경험으로부터 유래하는 직관의 고유한 성질이 **없다**는 것이 아니라, 그것이 항상 개념에 **매개**되어 있다는 것이다. 희다는 성질은 검정이나 파란색과의 구별을 통해서, 딱딱하다는 성질은 부드러움과의 구별을 통해서만 사유될 수 있다. 또한 그것들은 서로 인과 관계를 형성하거나 우유성으로서 실체에 관계한다. 반면에 비개념주의자들은 개념이 수반되지 않은 직관의 내용이 있다고 주장한다. 칸트가 직관과 개념을 명목상으로 구분하고 있고 인식은 쌍방향적 의존성을 갖는다는 버드의 주장을 감성이 경험적 소재를 제공하고 오성이 그 속에서 이미 작동하고 있다고 해석한다면, 어느 개념주의자도 버드에 반대하지 않을 것이다. 헤겔은 **동일한 개념적 내용**이 상이한 두 가지 **형식**을 지닌 대상 속에서 연속된다는 이론을 통해 양자를 결합한다. 이러한 이론을 통해서 버드와 같은 비개념주의자의 견해는 개념주의자의 그것과 합치한다. 헤겔은 객관적 필연성에 의해 지배되는 생시와 달리 표상들의 자유로운 연합이 일어나는 꿈의 비규범적인 상태를 구별한다. 하지만 헤겔은 각성과 꿈이 반복되어 일어날 수밖에 없기 때문에 서로 통일되어 있는 것이고, 이러한 통일의 정신적 형태가 감각이 된다고 하면서, 그것들을 정신의 계열 속에 위치 짓는다. 이로써 꿈은 독자적으로는 개념적이지 않다고 판정되지만, 계기로서 개념적인 것에 포함된다. 비개념주의자들이 주장하는 비개념적 의식 내용들은 헤겔에 의하면 가장 미약한 형태의 잠재적인 개념적 내용으로부터 명시적인 개념적 사유에 이르기까지 개념이 내재하는 다양한 정신적 대상들의 계열을 형성한다. 이와 같이 헤겔은 칸트의 인식론뿐만 아니라 그와 관련되어 제기되는 비개념주의적 의식 내용까지 모두 자신의 개념 존재론으로 변형하고 그 안에 위치 짓는다.

하지만 헤겔이 이렇게 직관과 개념을 그것들의 형식상의 차이에도 불구하고 동일한 내용으로 간주하고 비개념적 의식 내용을 개념의 계열 안에 통합할 수 있는 것은 그에게 직관과 개념이 모두 개념적이기 때문에 가능하다. 헤겔은 칸트처럼 직관과 개념의 초월론적 구별을 거부하고 직관의 형식인 시공간도 개념적으로 구성한다. 시공간의 논리는 『논리의 학』 독자 존재 장에서 양의 논리를 준비하는 견인과 반발의 논리 및 양 장에서 지속과 분할 같은 양의 논리로서 준비되고, 자연철학의 서두에서 시공간은 개념의 논리에 의해 지배되는 점의 자기부정을 통해 구성된다.[117] 하지만 맥다월은 칸트의 경우 순수 직관의 형식으로서 시공간이 갖는 비개념성 때문에 통각을 감성론에로 확장하려는 칸트의 연역의 시도가 실패할 수밖에 없다는 점을 지적한다.[118] 그는 연역이 성공하려면 이러한 이질성이 제거되어야 한다고 주장한다. 맥다월에 따르면 경험적 직관은 문제가 되지 않는다. 앞서 말했듯이 칸트와 헤겔에게 경험적 직관은 개념으로부터 유래하지 않으면서도 개념에 의해 매개될 수 있는 **소재**다. 그래서 헤겔은 칸트의 직관을 경험적 소재라고 부른다. 헤겔은 칸트 철학에서 감성의 힘이 너무 강하여 실재성을 감성적 직관에서 받아들이며 개념은 추상적이고 빈약하다는 점을 비판한다. 맥다월은 헤겔이 표현하는 '감성의 힘'을 개념이 관통하지 못하는 순수 직관의 이질성으로서 구체적으로 주제화한다. 맥다월이 보기에 문제는 경험적 직관이 아니

---

117   G. W. F. Hegel, *Enzyklopädie der philosophischen Wissenschaften* (1830) *II*, Werke in zwanzig Bänden, Theorie Werkausgabe, Frankfurt a. M.: Suhrkamp, 1969ff., Bd. 9, §§255-258 참조.

118   이하 J. McDowell, *Having the World in View*, 76-81쪽.

라 바로 이 순수 직관의 **선험적 형식**으로서 시공간의 성격이다. 칸트는 시공간이 논변적인 개념이 아니라 직관이라는 점을 다음과 같은 사실에 근거해서 논증한다. 가령 공간은 하나의 전체이고 많은 공간들은 하나의 동일한 공간의 부분들이지만, 개념들은 하나의 전체가 아니라 상이한 여러 개의 개념이 여러 개의 부분들을 갖는다. 공간은 주어진 부분들의 무한한 결합으로 생각되지만 개념이 무한하게 많은 상이한 표상들을 포함하고 있는 것은 아니다. 그래서 공간은 무한한 양을 자기 안에 포함하지만, 개념은 많은 표상을 자기 아래에 포함한다.[119] 이같이 칸트에게서 직관은 비개념적인 특성을 지니며, 칸트는 직관과 개념의 결합을 논증하고 난 후에도 직관과 개념의 **초월론적** 구별을 견지한다.

　　칸트주의자들은 연역도 지금까지 "순수 오성 개념의 연역은 그 시작이 이루어졌다"[120]라고 하는 칸트의 §21의 언급에 근거해서 §21을 기준으로 전반부와 후반부를 나누고, 양자가 각각 **개념**과 **직관**의 엄격한 구별에 기초하여 하나의 증명이지만 **두 가지** 방식의 연역을 형성한다고 주장한다. 코흐는 헤겔이 연역의 전반부만을 인정하고 후반부는 필요로 하지 않는다고 말하면서, 전반부 연역은 오직 시작일 뿐이며 후반부가 본래적인 연역이라고 주장한다.[121] 칸트주의자들은 전반부가 인식의 **주관적** 조건만을 말하며, 후반부에서 시공간과의 결합을 통해 범주의 객관적

119　I. Kant, 앞의 책, A24/B39 이하.

120　같은 책, B144쪽.

121　이 책의 제9장 「헤겔 철학에서 존재와 사유」, 제3절 마지막 페이지 참조.

타당성이 증명된다고 주장한다. 하지만 전반부의 연역을 아직 후반부에서 이루어질 감성학과의 연결이 수행되지 않기 때문에 주관적이라고 칭하더라도, 전반부에서 강조하는 이미 근원적인 결합은 언제나 객관성을 요구하는 것이다.[122] 왜냐하면, 인식의 주관적 조건이 단지 개념의 형식적으로 무모순적이지만 자의적인 결합이라는 의미에서의 사유 가능성을 말하는 것이 아니라, "직관 일반의 잡다와 관련하여" 범주에서 일어나는, 객관을 형성하는 결합을 말하는 것이기 때문이다. 맥다월은 후반부가 전반부의 논의를 명시적으로 감성론과 결합하는 것이지만, 후반부의 논의도 '형식적 직관'에 대한 논의에서 나타나듯이 **개념**이 직관의 통일을 가능케 하고 그럼으로써 소여를 가능케 하는 것을 증명하는 것이라는 점에 주목한다. 맥다월은 개념과 분리된 직관은 있을 수 없다고 생각하며, 연역 초반부(A89f/B122f)에서 칸트가 말하는 개념 없이도 현상할 수 있는 직관의 가능성은 칸트가 자신의 연역 프로젝트에 제기될 수 있는 잠재적 반론으로서 제시한 것일 뿐이라고 주장한다.[123] 따라서 맥다월에 따르면 후반부에서 말하는 형상적 종합도 전반부에서 말한 개념의 결합과 독립적인 직관의 결합이 아니라 결합의 대상인 직관을 명시적으로 소환하여 개념이 직관을 결합하는 것이며, 개념의 결합이 직관의 결합임을 주장한다. 실제로 칸트는 전반부에서 후반부로의 이행부로서 양자의 관계를 정

---

122   황순우, 「칸트의 초월 연역(1787년)의 증명 구조 분석」, 『철학』 66, 한국철학회, 2001, 88쪽.

123   J. McDowell, *Having the World in View*, 73쪽, 주 9.

리하는 §21에서 후반부의 §26에서 "경험적 직관의 통일은 … 범주가 주어진 직관의 잡다 일반에 지정하는 것임이" 감성학과의 연결 속에서, 즉 "경험적 직관이 감성에 주어지는 방식으로부터" 입증될 것이라고 예고한다.[124] 따라서 후반부는 전반부와 다른 "전혀 새로운 것이거나 추가적인 것이 아니며", 전반부와 "완전히 다른 사유와 수준의 것이 아니다."[125] 맥다월은 후반부 연역이 전반부에서 서술한 객관 자체를 우리의 감각에 주어지는 객관으로 이해할 것을 요구한다면 칸트의 관념론은 주관적 관념론에 떨어진다고 주장한다.[126] 말하자면 전반부의 객관성은 형식적·주관적 조건일 뿐, 실제로 객관적이기 위해 시공간의 개별적 구체성의 방식으로 조직되는 직관에 맞추어서 실재적으로 되고 그런 의미에서 객관화되어야 한다면 그것은 객관성을 포기하고 주관화하는 것이다.

코흐는 헤겔이 후반부를 무시하며 개념의 직관과의 결합을 진지하게 생각하지 않기 때문에 자신의 자연철학에서 직관과의 결합을 "지나가는 길에en passant" 거론해 보는 부수적인 것으로 다룬다고 주장한다.[127] 헤겔에게 후반부 연역은 맥다월이 말하는 정도로 직관이 개념에 의해 통

---

124   I. Kant, 앞의 책, B144 이하. §26은 맥다월이 관계하는 '형식적 직관'이 논의되는 곳이다. 칸트가 혼동하여 내용적으로 보다 적합한 §24을 §26로 잘못 표기한 것이라고 하더라도, §24에서 다루어지는 상상력의 초월적 종합으로서 형상적 종합은 "통각이 모든 결합의 원천으로서 직관 일반의 잡다에, 그러니까 모든 감성적 직관에 앞서 객관 일반에 관여하는" 것이다.

125   황순우, 앞의 논문, 99쪽

126   J. McDowell, *Having the World in View*, 87쪽.

127   이 책의 제9장 「헤겔 철학에서 존재와 사유」, 제3절 마지막 페이지 참조.

일된다는 내용만을 갖는데, 이는 이미 전반부에서 전제된 내용이다. 헤겔이 보기에 개념이 직관을 통일하는 방식이 형상적 종합과 나아가 도식론에서 인식적으로 구체화된다고 해도 상상력과 시간 도식의 결합 방식이 개념의 결합 방식을 넘어설 수 없다. 그는 인식론이 심리학에 떨어질 위험이 있기 때문에 철학은 칸트가 하듯이 개념적 결합 방식을 인식적으로 다양한 차원에서 변용하면서 서술하는 것이 아니라, 오히려 개념이 직관을 결합하는 다양한 방식을 규명해야 한다고 생각하면서, 칸트의 범주표를 인식 과정에서 구체화하는 것이 아니라 개념적으로 구체화하는 데 초점을 맞춘다.

비개념주의자들은 시공간의 이러한 비개념성 때문에 우리의 경험은 일차적으로 개별적 시공간에서 개별 주체에게 독특한 방식으로 개별화된다는 점을 강조한다. 하지만 개념주의자들은 이러한 개별적 독특성이 개념화될 수 없고 개념적 인식에 독립된 기여를 할 수 없다고 주장한다. 헤겔은 개별성이 항상 이미 개념적으로 보편 및 특수와 매개된 것으로만 존재한다고 주장한다. 그래서 앞서 말했듯이 직관의 개별성, 즉 칸트가 낱낱이 흩어져 마주쳐지는 지각들이라고 표현한 순전한 개별성도 이미 항상 개념적으로 매개되어서만 수용된다. 헤겔이 파악하기에 개념적 매개를 벗어나서 칸트적 순수 직관의 형식만을 띠고 있는 독특한 경험은 존재하지 않는다. 존재하더라도 개념적으로만 정당화될 수 있을 뿐인 객관적 인식에 기여하지 못하고, 철학의 대상이 아니라 심리학의 대상일 뿐이다. 이러한 생각은 하늘 아래 새로운 것이 없듯이 매개되지 않는 인식은 없다는 헤겔의 근본 통찰에 기초한다. 마찬가지로 맥다월은 벌거벗은 자연주의bald naturalism가 말하는 날것의 사실은 없다는 자신의 통찰에 기초해서 개념주의를 관철한다. 실로 개념주의와 비개념주의 논쟁에서 문제가 되는 것은 칸트의 언급에 대한 고증학적 확인이 아니다. 헤겔과 맥다월은 칸트가 직관과 개념의 초월론적 구별을 주장하는 이원론자라는 것을 인정한다. 그렇지만 그런 한에서 직관은 전통적 경험론과 벌거벗은 자연주의가 말하는 '날것의 사실'이라는 성질을 지니기 때문에, 칸트의 철학은 토대론의 문제에서 벗어나지 못한다. 토대론이 지니는 소여의 신화를 제거하기 위해 이질성이 제거되어야 하고, 직관은 개념적으로 해석되어야 한다는 것이 헤겔에서 맥다월로 이어지는 개념주의자들의 일관된 주장이다. 실로 비개념주의자들이 주장하는 직관의 독립성이 논증되기는 쉽지 않을 뿐만 아니라, 헤겔이 생각하는 것처럼 감성적 직관은 존재의 미약한 부분에 지나지 않는다. 따라서 칸트의 비개념주의적 요소를 수정하여 연역의 과제를 수미일관하게 해결하는 것, 즉 칸트 철학에서 헤겔 철학에로 나아가는 것이 보다 설득력을 지니는 독일 고전 철학의 통일된 그림이라고 할 수 있다.

개념주의-비개념주의 논쟁의 평가를 위해 마지막으로 개념주의와 비개념주의 모두에게 적용되는 문제점을 지적해야 한다. 이 논쟁에 가담하고 있는 현대 영미 철학자들은 모두 칸트와 헤겔이 생각하는 개념과는 다른 개념에 대해서 논하고 있다. 칸트와 헤겔에게서 **개념**은 현대 영미 철학의 개념처럼 발가벗은 자연주의적 세계에 맞서 있는 언어가 아니라 경험적 잡다 속으로 침투하여 그것을 구조화하는 **존재론적 원리**다. 그것은 잡다를 결합하는 다양한 방식이자, 잡다로 하여금 필연적으로 그러한 방식으로 조직되게 하는 **활동적 힘**이다. 현대 영미 철학자들은 개념을 **공동체**의 합의된 **규범**으로서 **추상적 보편**으로만 생각한다. 현대 영미 개념주의자들이 말하는 개념은 헤겔이 말하는 개념 이전에 **표상**적 단계에 속하는 언어일 뿐이다. 셀라스와 버드가 is 표현만을 사용하는 공동체에 대해서 그 공동체가 오류를 범할 수 있는 look 표현을 가질 수 있는 가능성을 가지고 논박하면서 논쟁을 펼칠 때, 우리는 이들이 생각하는 개념이 칸트와 헤겔의 개념과 얼마나 동떨어져 있는 것인가를 직감할 수 있다. 그들이 생각하는 언어는 사용이라는 주관적 정당화의 맥락 속에만 있지, 칸트와 헤겔의 개념은 존재를 구조화하는 진리가 아니다. 셀라스의 '초록색으로 보인다'와 '초록색이다'의 언어철학적 구별은 칸트의 주관적 통각과 객관적 통각의 차이[128]를 설득력 있게 보여 주고 있지만, **주관적** 관점과 **객관적** 관점만을 구별할 뿐, 통각의 객관적 통일이 다양한 **직관의 종합적 통일 방식**으로 성립하며 통일의 방식이 (순수 오성) 개념이라는 사실은 보여 주지 못한다. 말하자면 셀라스는 직관의 잡다를 결합하는 개념의 매개적 성격을 고려하지 않는다. 맥다월의 개념도 헤겔이 말하는 개념의 한 계기인 **추상적 보편**에만 머물 뿐, 거기에는 칸트와 헤겔이 했던 것처럼 일상 언어에 직접적으로 드러나지 않는 사태를 철학적 인식과 사유를 통해 개념화하는 작업이 결여되어 있다. 회슬레는 브랜덤의 경우에도 특정한 개념이 다른 개념들의 **종합**이라는 생각은 존재

---

128   I. Kant, 앞의 책, §18.

하지 않으며, 단지 개념들 사이의 **형식적**인 종속 관계와 배제 관계만이 존재한다고 주장한다. 현실의 본질적 구조를 발견하는 것이 아닌 추상적 보편과 그것들 사이의 형식적 관계는 **공동체의 합의**에 불과한 **언어**로서, 헤겔이 말하는 개념이 아니라 **표상**이다.[129] 맥다월이 지시사를 통해 미세한 세부인 색 경험을 포착하려는 시도도 개념이 아니라 이러한 일상 언어에 기초한다. 맥다월이 마음속에 지속되는 심리적 내용을 재인식하는 상상력은 **재생적** 상상력이며, 심리적 내용에 부여한 지시사는 색에 붙여진 **이름**일 뿐, 색의 개념이 아니다. 색의 미세한 세부는 지각의 예료 원칙에 따라 **생산적** 상상력이 객관적으로 구성하고 특정할 수 있다. 선험적 직관과 경험적 직관, 생산적 상상력과 재생적 상상력을 구별하지 않는 현대 영미 경험론자는 이러한 초월론적 원리를 알지 못한다. 그렇기 때문에 헤겔이 보기에 직관의 영역에서 **표상**적 사고에 머물 뿐이다.

　　노골적 자연주의가 주장하는 벌거벗은 자연에 맞서 현대 영미 개념주의자들은 철학을 **정당화**의 영역에 국한한다. **근거의 논리적 영역**에서는 개념을 **추상적 보편**으로 이해하는 **일상 언어**의 관계들을 통해 인식을 정당화한다. 이러한 언어철학적 관점에서 볼 때, 직관의 잡다를 결합하는 개념의 다양한 방식을 탐구하는 칸트와 헤겔의 철학은 **형이상학**이다. 칸트는 경험을 초월하여 그것의 가능 근거를 해명하는 자신의 초월

129　V. 회슬레, 「우리는 헤겔의 객관적 관념론에서 셀라스, 맥도웰 그리고 브랜덤의 연결 지점을 능가하는 어떤 것을 여전히 배울 수 있는가?」, 『비토리오 회슬레, 21세기 객관적 관념론』, 나종석 옮김, 에코리브르, 2007, 26쪽.

론 철학을 내재적 형이상학이라고 칭했고, 헤겔은 서슴없이 자신의 철학이 형이상학이라고 말한다. 지금까지 살펴본 것처럼 직관과 개념의 결합 문제를 형이상학을 받아들이지 않고 언어철학과 일상 언어에 기초한 인식론만으로는 설명하기 힘들다. 형이상학은 한갓 관념적인 것이 아니라, 경험과학의 성과 위에 성립된다. 경험과학의 모든 탐구는 **개념화**다. 헤겔은 자연의 기계적, 화학적 질서도 유기체의 목적론적 질서의 하위 구조로 간주함으로써 변증법적 논리에 포섭시킨다. 따라서 헤겔의 형이상학은 자연과학의 개념화를 포함한다. 독일 고전 철학에서 개념은 자연에 대립된 언어 사용자의 **주관적 정당화**의 수단이 아니라 경험과학의 성과를 수렴하여 존재의 구조를 탐구하는 **형이상학**의 도구다. 현대 영미 철학자들은 언어 우선성이라는 분석적 전통을 따르지만, 독일 고전 철학은 세계의 **이성적 구조**가 언어에 우선한다고 생각한다. 칸트와 헤겔은 사유가 언어를 벗어나서 수행될 수는 없다고 생각하지만, 세계의 객관적인 질서는 사회문화적으로 형성되고 해석학적으로 전승되는 언어의 주관적 성격에 의존하는 것이 아니라, 일상 언어의 문법을 넘어서는 개념적 사유를 통해 해명되어야 한다고 생각한다.

황순우, 「칸트의 초월 연역(1787년)의 증명 구조 분석」, 『철학』 66, 한국철학회, 2001.

회슬레, V., 「우리는 헤겔의 객관적 관념론에서 셀라스, 맥도웰 그리고 브랜덤의 연결 지점을 능가하는 어떤 것을 여전히 배울 수 있는가?」, 『비토리오 회슬레, 21세기 객관적 관념론』, 나종석 옮김, 에코리브르, 2007.

Bird, G., *The Revolutionary Kant. A Commentary on the Critique of Pure Reason*, Chicago & La Salle, Ill.: Carus Publishing Company, 2006.

Forster, M., *German Philosophy of Language. From Schlegel to Hegel and Beyond*, Oxford: Oxford University Press, 2011.

Hanna, R., "Kant and Nonconceptual Contents", *European Jeournal of Philosophy*, 2005.

_____, "Beyond the Myth of the Myth: A Kantian Theory of Non-Conceptual Content", in: *International Journal of Philosophical Studies* 19(3), 2011.

Hegel, G. W. F., *Jenaer Kritische Schriften*, Gesammelte Werke, Hamburg: Felix Meiner, 1968ff., 04.

_____, *Jenaer Systementwurf I*, Gesammelte Werke, Hamburg: Felix Meiner, 1968ff., 06.

_____, *Wissenschaft der Logik. Die Lehre vom Begriff (1816)*, hrsg. v. H.-J. Gawoll, Hamburg: Felix Meiner, 1994, PhB 377.

_____, *Die Rechtsphilosophie von 1820. mit Hegels Vorlesungsnotizen 1821-1825*, hrsg. v. K.-H. Ilting, Stuttgart-Bad Cannstadt: Frommann-Holzboog, 1974(Rechtsphilosophie Edition Ilting Bd. 2).

_____, *Vorlesungen über die Wissenschaft der Logik*, Sommersemster 1823, Nachschrift H. G. Hotho, Gesammelte Werke, Hamburg: Felix Meiner, 1968ff., 23,1.

_____, *Vorlesungen über die Wissenschaft der Logik*, Sommersemester 1826, Nachschrift Anonymus, Gesammelte Werke, Hamburg: Felix Meiner, 1968ff., 23,1.

_____, *Vorlesungen über die Wissenschaft der Logik*, Sommersemester 1831, Nachschrift K. Hegel, Gesammelte Werke, Hamburg: Felix Meiner, 1968ff., 23,2.

_____, *Enzyklopädie der philosophischen Wissenschaften (1830) I*, Werke in zwanzig Bänden, Theorie Werkausgabe, Frankfurt a. M.: Suhrkamp, 1969ff., Bd. 8.

_____, *Enzyklopädie der philosophischen Wissenschaften (1830) II*, Werke in zwanzig Bänden, Theorie Werkausgabe, Frankfurt a. M.: Suhrkamp, 1969ff., Bd. 9.

_____, *Enzyklopädie der philosophischen Wissenschaften (1830) III*, Werke in zwanzig Bänden, Theorie Werkausgabe, Frankfurt a. M.: Suhrkamp, 1969ff., Bd. 10.

Kant, I., *Kritik der reinen Vernunft*, Hamburg: Felix Meiner, 1998(『순수이성비판』, 백종현 옮김, 아카넷, 2014).

Koch, A. F., "Kants Kritik des Sinnesdatenatomismus im zweiten Teil der B-Deduktion", *prima philosophia* 5, 1992.

McDowell, J., *Mind and World. With a New Introduction*, 1. Aufl. Cambridge, Mass.: Harvard University Press, 1996.

Paton, H. J., *Kant's Metaphysic of Experience. A Commentary on the First Half of the Kritik der reinen Vernunft*, Vol. 1, London: Allen & Unwin, 1936.

Rohs, P., "Bezieht sich nach Kant die Anschauung unmittelbar auf Gegenstände?", in: *Kant und die Berliner Aufklärung*, Akten des IX, Internationalen Kant-Kongresses, Bd. II: Sektionen I-V, hrsg. v. V. Gerhardt, R.-P. Horstmann & R. Schumacher, Berlin: De Gruyter, 2001.

Sellars, W., "Empiricism and the Philosophy of Mind", in: W. Sellars, *Science, Perception and Reality*, Atascadero, Calif.: Ridgeview Publishing Company, 1963[1991].

_____, *Science and Metaphysics. Variations on Kantian Themes*, London: Routledge & Kegan Paul, 1968[1982].

Smith, N. K., *A Commentary to Kant's 'Critique of Pure Reason'*, with a new introduction by S. Gardner, New York: Palgrave Macmillan, 1923[2003].

Wenzel, C. H., "Spielen nach Kant die Kategorien schon bei der Wahrnehmung eine Rolle?", *Kant-Studien* 96(4), 2005.

분석적 헤겔 해석과
형이상학적 헤겔

제6장

헤겔 '논리학'에 대한 해석의 다양성과 그 문제들 I

이광모

1. 서론

어떤 철학의 현재성^{Aktualität}을 논의한다는 것은 그 철학이 현재 진행되고 있는 철학적 논의와 관련해서 어떤 의미를 갖는지를 고찰하는 것이다. 이러한 고찰이 가능하려면 다음과 같은 두 가지 조건이 충족되어야 할 것이다. 첫째, 시대와 상황은 다르지만 철학이 다루려는 문제는 보편적이다. 둘째, 당시의 문제를 고찰하는 언어는 현재의 문제를 고찰하는 언어로 환원될 수 있다. 나는 일단 이 두 조건이 충족될 수 있다는 전제 속에서 개념적 사유의 체계를 서술하려는 헤겔의 『논리의 학^{Wissenschaft der Logik}』이 '언어적 전향'을 거친 현대적 논의의 지평 속에서 어떤 의미를 갖는지를 논의하고자 한다.

하버마스가 말하듯이 현대의 철학적 논의의 지평은 '탈형이상학적 사유', '언어적 전회', '이성의 정향화' 등에 의해 이루어진다.[1] 이러한 지평 속에서 전개되는 논의들은 주로 언어적 표현의 의미가 어떻게 주어질 수 있으며, 존재하는 것이 그것에 대한 우리의 사고나 언어적 표현과 독립해서 존재할 수 있는지에 대한 문제로 귀결된다. 전자를 의미론 논쟁이라고 한다면 후자는 실재론 논쟁이라고 할 수 있다.[2] 헤겔 '논리학'의 현재적 의미가 개진되는 것도 바로 이러한 영역이다.

나는 이 글에서 '논리학'을 새롭게 이해하려는 시도들을 고찰할 것이다. 특히 '논리학'을 의미론으로 이해하려는 시도들과 범주론으로 이해하려는 시도들을 살펴볼 텐데, 그 이유는 이러한 해석의 근저에는 현대 철학적 논의들, 즉 존재하는 것이 우리의 사유 규정들과 독립적으로 존재할 수 있는지에 관한 실재론 논쟁뿐만 아니라 우리의 언어적 표현들의 의미가 획득되는 기준이 무엇인지에 관한 의미론적 논의들이 깔려 있기 때문이다. 물론 나는 몇몇 해석들이 정당한지 아닌지를 이 짧은 글에서 논증할 수는 없다. 그럼에도 불구하고 나는 그러한 해석들이 어떤 문제점을 지닐 수 있는지, 또는 어떤 장점들을 지니는지에 대해서는 분명히 지적하고자 한다. 그와 함께 마지막으로 나의 입장은 또한 무엇인지를 큰 틀에서 제시할 것이다.

---

1   J. 하버마스, 『탈형이상학적 사유』, 이진우 옮김, 문예출판사, 2000, 43-65쪽 참조.
2   A. C. 그렐링, 『철학적 논리학』, 이윤일 옮김, 선학사, 2005, 464쪽 참조.

2. 형이상학으로서의 '논리학'

헤겔 '논리학'에 대한 최근의 해석을 고찰하기 전에 먼저 우리는 전통적으로 '논리학'이 어떻게 이해되어 왔는지를 돌이켜 볼 필요가 있다. 전통적 이해에 따르면 헤겔은 일종의 전도된 스피노자로서 정신-형이상학자, 또는 정신-일원론자로 간주된다. 왜냐하면, 헤겔에게 있어 실재하는 것은 유한한 사물이 아니라 절대적 이념이며, 이 이념은 실체가 아니고 인간의 역사 속에서 스스로를 전개시키는 주체이기 때문이다. 이러한 이해를 대변하는 철학자는 찰스 테일러이다. 테일러는 헤겔이 묘사하는 세계란 하나의 초개인적 실재, 즉 정신이며, 여타의 존재자는 이 정신이 스스로를 실현해 나가는 과정의 일부라고 생각한다.[3] 또한 이러한 생각에 의하면 헤겔 철학은 실재를 자기의식적 구조를 갖는 정신으로 간주한다는 의미에서 관념론이다. 특히 이러한 관념론은 모든 사물은 인식하는 인간 주체에 의존한다는 주관적 관념론과 구분된다는 의미에서 '형이상학적 관념론'이라고 불릴 수 있다.

테일러는 '논리학'에 대한 해석 또한 정신 일원론으로 규정되는 헤겔 철학 전체에 대한 이해로부터 도출한다. 왜냐하면 그가 볼 때, '논리학'은 실체로서의 정신이 형성하는 세계에 대한 논리적 이해로서 관념론적 존재론을 정초하는 방법이 되기 때문이다. 따라서 테일러는 "만일 실

---

3   C. 테일러, 『헤겔철학과 현대의 위기』, 박찬국 옮김, 서광사, 2006, 72-76쪽 참조.

재가 존재하며 개념적 필연성에 따른 구조를 갖는다면, 논리학의 과제는
이러한 개념적 구조를 순수 개념적 논증에 의해 보여 주는 것"이라고 말
한다.[4] 이때 '논리학'에서 다뤄지는 개념들이 사물의 근거일 수 있는 이
유는, "유한한 주체인 우리가 지각하는 실재란 정신, 또는 무한한 주체가
구체화된 것"이기 때문이다.[5] 결국 '논리학'은 실재하는 세계의 본질에
대한 고찰로서 전통적인 의미의 형이상학이라고 할 수 있다. 하지만 문
제는 '논리학'을 이와 같이 형이상학으로 해석하는 것은 현대적 논의에서
는 받아들여지기 힘들 뿐만 아니라 헤겔 철학 자체에 대한 불신만을 준
다는 점이다. 그렇다면 어떤 해석이 현대에 있어 의미 있는 논의를 제공
해 줄 수 있는 것일까?

3. 의미론으로서의 '논리학'(풀다와 푼텔)

헤겔 '논리학'을 형이상학적 관점으로부터 벗어나 이해하려는 시
도는 일찍이 독일에서 나타난다. 풀다[H. F. Fulda]는 헤겔의 '논리학'에 대한
짧은 소견을 발표하는 글에서 '논리학'을 존재론적으로 논의하고 변호하
려는 입장에 대해 반대하며 의미론적 해석을 제시한다. 그는 "주관성도,
그리고 의식을 특징짓는 주관적 작용과 지향적 대상 사이의 대립도 끌어
들이지 않으면서 기초적 표현들의 의미들과 의미 연관이 체계화될 수 있

---

4   C. Taylor, *Hegel*, Cambridge: Cambridge University Press, 1975, 225쪽.
5   같은 곳.

음을 다시 발견한 것은 헤겔의 공적이다"라고 말한다.[6] 그에 따르면 헤겔의 '논리학'은 전통적으로 이해되는 형이상학의 과제, 즉 무엇이 존재하는가라는 물음에 대한 탐구와는 전혀 관계가 없다.[7] 오히려 '논리학'을 현대의 철학적 논의 속에서 의미 있게 이해할 수 있다면 그것은 다름 아닌 의미론이다.[8] 다시 말해 '논리학'은 "현존하는 표현들이 사용되는 가운데 생기는 의미들을 분석할 뿐만 아니라 이 의미들을 교정하고 그럼으로써 새로운 내용을 얻기 위한 수단을 제시한다."[9] '논리학'이 이러한 과제를 수행할 때 택하는 방법은 '후진적^{rückläufig} 정초 방식이다. 왜냐하면 논증이 시작되는 출발점에 있는 것은 고찰의 대상으로서 교정을 필요로 하는 규정들이며 논증은 이러한 규정들 속으로 이성을 투입하는 것이기 때문이다.

만일 풀다가 말하듯이 '논리학'의 내용이 일상적인 언어적 표현들의 의미에 대해 주어진 것을 출발점으로 점차 교정해 나가는 것이라고 한다면, 결국 '논리학'은 언어적 표현들에 대한 분석적 고찰은 아닌가라는 생각이 들 수 있다. 하지만 풀다는 후진적 정초 방식을 사용하는 '논리학'은 개념들에 대한 단순한 분석이 아니라 새로운 규정의 종합이라고 말한다. 특히 그는 이러한 종합을 개념들의 의미 확장이 자기 지시적

---

6   H. F. 풀다, 「변증법에 대한 미흡한 소견들」, 『헤겔변증법 연구』, 김창호·장춘익 옮김, 풀빛, 1983, 44쪽.

7   같은 책, 45쪽.

8   같은 책, 46쪽.

9   같은 책, 47쪽.

으로 이루어진다는 의미에서 '변증법적'이라고 부르기를 원한다. 하지만 문제는 이때 후진적으로 정초되는 개념들의 의미가 얼마나 타당성을 지닐 수 있는가이다. 왜냐하면, 출발점에서 주어진 것이 무규정적, 또는 추상적인 한, 그것으로부터 진행된 규정 또한 추상적일 수 있기 때문이다. 풀다 자신도 이 문제에 대해, 논리학에서 주어진 표현들이 존재론적인 예비 결정들을 결여하고 있고 단지 그 진행을 통해 재구성되는 한, 그 진행 과정의 성공은 보장할 수 없다고 말한다. 덧붙여 그는 "논거들은 그 엄격성의 정도에 있어서 차이가 심할 수 있다. 사실상 헤겔에 있어서도 그것은 그러하다. 헤겔 자신의 이해에 의거해 보아도 엄밀하게 내재적인 진행은 발견적heuristisch 경향을 띠고 있다"라고 말한다.[10]

'논리학'에 대한 풀다의 해석 가운데 특히 우리의 관심을 끄는 것은 그가 '사변적-논리적 명사들'이라고 부르는 사유 규정들이 무엇을 의미하는가이다. 그는 '논리학'이 고찰하는 '사유 규정들', '논리적 형식들', 또는 '범주들'이라고 불리는 사변적 명사들이란 다름 아닌 가능한 판단의 술어들이라고 말한다.[11] 이러한 술어들은 그 시초에 있어서 최소한의 의미만을 부여받는데, 그 최소의 의미는 추상 명사들에 대한 일상어적 규칙을 통해서 주어진다.[12] 하지만 고찰 단계에서 이러한 술어들은 애매성을 드러내게 되는데, 이때 나타나는 애매성은 근본적으로 그 명사들이

10 　　같은 책, 48쪽.
11 　　같은 책, 56쪽.
12 　　같은 책, 53쪽.

　　　　　　　　제2부 분석적 헤겔 해석과 형이상학적 헤겔

지시적 사용에 있어서 갖게 되는 애매성이다. 다시 말해 하나의 대상을 가능한 여러 술어를 통해 단번에 규정할 수 없다는 것으로부터 그 대상의 정체성은 궁극적으로 술어 1, 술어 2, 술어 3 등등으로서 확립될 수 없다는 결론에 이르게 된다. 풀다가 볼 때, 지시적 애매성에 근거해서 이러한 결론이 도출되게 되는 근본 이유는 "사유 규정들로서의 술어들에 대한 개별화의 기준들을 헤겔이 제시하지 않았으며 또 제시할 수도 없었다는 점에서 성립한다."[13] 그렇기 때문에 '논리학'의 기획이란 처음 사용된 술어 규정들을 다른 술어들과의 연관 속에서, 즉 병렬적이며 종속적인 관계 속에 넣음으로써 그 규정들이 갖는 애매성을 점차로 줄여 나가는 것이며, 종국에는 완전한 규정을 얻고자 하는 것이다.

　　독일에서 '논리학'을 의미론으로 고찰하는 철학자는 풀다만은 아니다. 푼텔L. B. Puntel 또한 그의 짧은 글, "Hegels 'Wissenschaft der Logik'. Eine systematische Semantik?"에서 헤겔 '논리학'은 단적으로 의미론 Semantik으로 읽힐 수 있다고 말한다.[14] 그러나 이때 푼텔이 생각하는 의미론은 풀다의 그것과는 또 다르다. 푼텔은 자신이 생각하는 의미론이 무엇인지를 설명하기 위해 분더리히D. Wunderlich에 기대어 일반적인 의미론을 다음과 같이 세 가지로 구분한다. 첫째, 언어적 표현들에 대한 언어 외적인 의미Bedeutung를 탐구하는 지시적 의미론Referenzsemantik, 둘째, 언

13　　같은 책, 58쪽.

14　　L. B. Puntel, "Hegels 'Wissenschaft der Logik'. Eine systematische Semantik?", in: *Ist systematische Philosophie möglich*, Hegel-Studien, hrsg. v. D. Henrich, Hamburg: Felix Meiner, 1964ff., Beiheft 17, 611-621쪽.

어적 표현들의 언어 내재적인 의미를 탐구하는 것으로서의 내용 의미론 Inhaltssemantik, 셋째, 언어적 표현들의 의미를 의사소통 상황 속에서 이해하려는 언어 행위 의미론Sprechhandlungssemantik이 그것이다.[15] 푼텔은 의미론을 이와 같이 세 종류로 구분할 때, 헤겔의 '논리학'은 우선 지시적 의미론은 될 수 없다고 말한다. 왜냐하면 '논리학'에서 서술되는 논리적 규정들은 직접적인 사태 연관Sachbezug을 포함하는 것이 아니라 오히려 그러한 사태 연관을 포함하는 언어적 행위들에 대한 규정이기 때문이다. 따라서 '논리학'에서 고찰되는 범주들이란 직접적이며 대상 연관적인 언어 지평에 대한 메타언어적 지평이라고 말해야 한다.[16]

그렇다면 '논리학'은 언어 행위 의미론인가? 물론 그것도 아니다. 왜냐하면 '논리학'에는 결코 일반적인 의사소통 연관, 즉 청자와 화자 간의 관계가 고려되고 있지 않기 때문이다. 결국 남는 것은 내용 의미론이다. 하지만 푼텔은 '논리학'을 분더리히가 제시하는 내용 의미론으로 생각하지도 않는다. 왜냐하면, 그때 내용 의미론이 탐구하는 언어적 표현들은 기본적으로 지시적 의미론과 동일한 사태 연관적, 또는 대상 연관적 표현들이며, 단지 그 표현들의 의미를 다른 표현들과의 연관 속에서, 다시 말해 표현들의 연결망Netz 속에서 고찰하기 때문이다. 그럼에도 불구하고 푼텔은 분더리히가 제시하는 의미론의 구분 가운데 고려해 볼 만한 것이 있다면 그것은 내용 의미론이지만 수정된 내용 의미론이어야 한

---

15   D. Wunderlich, *Grundlagen der Linguistik*, Hamburg: Rowohlt, 1974, 238-311쪽 참조.
16   L. B. Puntel, 앞의 논문, 612쪽.

다고 말한다. 그렇다면 그 수정된 내용 의미론이란 무엇인가?

푼텔에 따르면 '논리학'에서 다루어지는 언어 표현들이란 대상 연관적이 아니라 대상 연관적 표현들의 사용을 규제하는 진술 방식들, 또는 진술 도식들이다. 다시 말해 '논리학'에서 말하는 'Abbreviaturen'이란 언어의 대상 연관적 사용에 대한 규제 방식을 의미한다. 이러한 진술 방식들, 또는 도식들이 곧 범주들이므로, 이러한 범주들을 고찰하는 의미론은 (진술 방식에 관계되는) 범주적 내용 의미론이라고 해야 한다.[17] 푼텔의 말처럼 '논리학'이 이와 같은 범주적 내용 의미론으로 이해된다면, 이제 문제는 이것이 '논리학'의 독창성을 제시하기에 충분한가 하는 점이다.

푼텔이 볼 때, '논리학'의 독창성은 그것이 단순히 범주적 내용 의미론이라는 데 있는 것이 아니라 범주들을 '그 자체에 있어서*an ihnen selbst*' 고찰하려는 방식에 놓이게 된다. 왜냐하면, 전통적으로 범주들이 고찰될 때, 그 범주들의 의미가 그 자체에 있어서는 파악되지 않고 전제되었기 때문이다. 이것은 칸트에게서도 마찬가지이다. 그에게 있어 범주들은 서로에 대한 규정 관계 속에서 그 의미가 확보되는 것이 아니라 자아에 대한 동일한 관계 속에서 고찰된다. 이에 반해 '논리학'은 범주들을 서로의 귀속성*Kohärenz*에 따라 파악하기 때문에, 그것들이 갖게 되는 의미는 단순히 초월론적 주관성의 기능으로 이해되는 것이 아니라 상호 연관적인*kohärent* 전체의 요소들로서 이해된다.[18]

---

17   같은 곳.
18   언어적 지평의 구분에 의한 체계 구성의 방법에 대해서는 같은 논문, 614-620쪽 참조.

범주의 의미가 이처럼 상호 연관적인 전체의 요소로서 규정되는 것이 합당하다면, 풀다의 해석이 갖고 있는 문제가 무엇인지 분명해진다. 왜냐하면 풀다 또한 범주들의 의미를 그 자체에 있어서 고찰하기보다는 지시 연관 속에서 고찰하기 때문이다. 그렇기 때문에 푼텔은 범주적 내용 의미론에 근거해 풀다의 해석을 비판한다. 그에 따르면 풀다가 '논리학'을 지시적 의미론으로 해석하게 되는 근본적 이유는 지시적 의미론의 방법을 '논리학'으로 전이하기 때문이다. 다시 말하면 방법상의 오류metasis eis allo genos가 풀다로 하여금 '논리학'을 지시적 의미론으로 해석하게 만든다는 것이다.[19]

4. 범주론으로서의 '논리학'(하르트만)

독일에서는 '논리학'의 해석이 주로 의미론 논쟁에 정향되어 시도되었다면, 미국에서는 실재론 논쟁과 결부되어 전개된다. 일반적으로 '비형이상학적nonmetaphysical' 해석이라고 부를 수 있는 이 경향은 크게 두 가지로 분류되는데, 하나는 클라우스 하르트만K. Hartmann과 그의 제자들

---

19   같은 논문, 614쪽. 풀다에 대한 푼텔의 비판이 특히 우리의 관심을 끄는 이유는 최근에 헤겔의 철학을 의미론적 맥락에서 이해하려는 시도들 가운데 상당수가 '논리학'을 지시적 의미론으로 이해하려고 한다는 데 있다. 브랜덤의 헤겔 해석이 한 예인데, 이에 대한 비판으로는 황설중의 탁월한 논문 「헤겔은 프래그머티스트인가?: 브랜덤의 추론주의에 나타난 헤겔의 관념론」,『헤겔연구』20, 한국헤겔학회, 2006, 157-191쪽을 참조할 것.

에 의한 범주론적 해석이며[20] 다른 하나는 최근에 주목받고 있는 로버트 피핀에 의한 초월론적·관념론적 해석이다.[21] 먼저 하르트만의 범주론적 해석을 살펴보자.

하르트만에 따르면 '논리학'은 일종의 존재론으로서의 범주론이다. 따라서 누군가 '논리학'에서 실재의 구조에 대한 설명을 기대한다면, 그는 얻는 것이 아무것도 없을 것이다. 왜냐하면, 범주란 단지 대상이 무엇인지를 진술하는 개념들일 뿐이기 때문이다. 문제는 이러한 범주론적 해석이 얼마나 새로운 것일 수 있는가이다. 왜냐하면 범주론적 해석은 이미 헤겔 당시 셸링뿐만 아니라 20세기 초반 연구자들에 의해서도 제안된 것이기 때문이다.[22] 하르트만 해석의 의미를 이해하기 위해서는 존재

---

20   K. Hartmann, "Hegel: A Non Metaphysical View", in: *Hegel. A Collection of Critical Essays*, ed. by A. MacIntyre, Notre Dame & London: University of Notre Dame Press, 1976, 101-124쪽; K. Hartmann, "Die ontologische Option", in: *Die ontologische Option*, hrsg. v. K. Hartmann, Berlin & New York: de Gruyter, 1976, 1-30쪽; T. Pinkard, *Hegel's Dialectic. The Explanation of Possibility*, Philadelphia: Temple University Press, 1988; S. Bungay, "The Hegelian Project", in: *Hegel Reconsidered. Beyond Metaphysics and the Authoritarian State*, eds. by H. T. Engelhardt & T. Pinkard, Dordrecht, Boston & London: Kluwer Academic Publishers, 1994, 19-42쪽; K. Brinkmann, "Hegel's Metaphysics, or the Categorial Approach to Knowledge of Experience", in: *Hegel Reconsidered. Beyond Metaphysics and the Authoritarian State*, eds. by H. T. Engelhardt & T. Pinkard, Dordrecht, Boston & London: Kluwer Academic Publishers, 57-78쪽.

21   R. Pippin, *Hegel's Idealism. The Satisfactions of Self-Consciousness*, Cambridge: Cambridge University Press, 1989.

22   F. W. J. Schelling, *Zur Geschichte der neueren Philosophie. Münchener Vorlesungen*, Darmstadt: Wissenschaftliche Buchgesellschaft, 1974, 120-123쪽; E. v. Hartmann, *Eduard von Hartmanns Kritik der dialektischen Methode Hegels*,

론과 형이상학이 어떻게 다른지를 먼저 생각해 볼 필요가 있다.

바텐베르크[T. E. Wartenberg]에 따르면 존재론과 형이상학은 다음과 같이 구분된다. 즉 만일 어떤 이론이 세계 속에 있는 실재가 무엇인지를 주장한다면 그것은 형이상학이다. 반면 그 이론이 실재의 본성을 규정하는 범주들의 집합을 고찰한다면 그것은 존재론이다. 예를 들어 세계에 존재하는 궁극적 실재란 정신이며, 그 정신의 본성을 서술하는 것이 '논리학'이라고 한다면, 그것은 '논리학'을 형이상학으로 해석하는 것인 데 반해, 실재하는 것에 대한 언급은 전혀 없이 단지 실재의 규정들만을 서술하는 것이라면 그것은 범주론으로서의 존재론이라는 것이다.[23] 이러한 구분을 전제할 때, 하르트만의 해석이 앞서 살핀 테일러의 해석과 얼마나 다른지는 분명하지만, 여타의 범주론적 해석과 어떻게 다른지는 아직 명확하지 않다. 따라서 그 상이성을 설명하기 위해 하르트만은 다음과 같이 말한다. "'논리학'은 우리가 대상에 대해 그것이 **무엇**인지what it is를 진술하는 한에서 그 대상이 무엇**임**what it is을 설명하는 도식을 제공한다. 그설명은 일상 속에서 경험된 것을 개념들이라고 불리는 사유 규정 속으로 재구성하는 것인데, 그런 한에서 '논리학'은 범주론이 된다."[24] 이때 사용되는 범주의 특성은 아리스토텔레스, 또는 칸트의 그것과 다른데, 왜냐

Ansbach: Brügel, 1911, 75-119쪽.

23   T. E. Wartenberg, "Hegel's Idealism", in: *German Idealism*, ed. by K. Brinkmann, London & New York: Routledge, 2007, 322쪽.

24   K. Hartmann, "Hegel: A Non Metaphysical View", 103쪽.

하면 아리스토텔레스에 있어 범주가 개별 학문에서 전제되는 제일철학에 속하는 원리들로서 그 자체 절대적 타당성을 지니는 개념들이며, 칸트에게는 인식하는 주관의 기능들인 반면,[25] '논리학'에서 서술되는 범주들이란 인식하는 주관의 기능도 아니며, 또한 기하학이나 대수와 같은 학문들에 있어서 작동하는 필연적 공리들과 같은 것도 아니고 단지 우리가 대상에 대해 그것이 무엇인지 말하고자 하는 바의 것에 대한 물음들에 답하려는 개념들일 뿐이기 때문이다.[26] 그렇기 때문에 '논리학'에서 중요한 것은 범주의 필연성이 아니라 설명적 최선의 개념들이 된다.

　　범주에 대한 이러한 이해는 범주론으로서의 '논리학'이 이전의 범주론과는 차이를 지닌다는 것을 말해 준다. 왜냐하면 셸링이나 여타 연구가들에게 있어 범주가 술어 규정으로서 대상에 대한 일차적 규정들인 반면, '논리학'에서의 범주들이란 우리가 대상들이 무엇이라고 할 때, 왜 그것이 그러한지를 설명하는 합리적 개념들로서 일차적 대상 규정들이 아니라 반성적 차원에서 드러나는 대상의 이차적 의미들이 되기 때문이다.[27] 이렇게 본다면 '논리학'의 과제는 존재하는 사물의 본질을 해명하는 것이 아니라 단지 고찰하고자 하는 사태의 합리성을 보여 주는 것이 된다. 물론 이때 제시되는 합리성 또한 대상 개념들의 일차적 질서의 수준에서 성립하는 것이 아니라 체계적인 것으로서의 이차적 질서의 수준

25　　K. Hartmann, "Die ontologische Option", 2-3쪽.

26　　K. Hartmann, "Hegel: A Non Metaphysical View", 112-113쪽.

27　　같은 논문, 114쪽.

에서 성립한다.[28] 이러한 이차적 질서는 변증법이라 불리는 재구성의 과정을 통해 성립하는데, 그 과정은 범주들이 서로에 대해 갖는 친화력을 통해 혼합되는 과정으로서 이성을 만족시키는 체계로까지 나아가게 된다. 문제는 이때 이러한 재구성의 과정이 어떻게 진행되어야 이성이 만족할 수 있는가이다.

재구성의 과정은 먼저 무전제로부터 시작된다. 왜냐하면, 그렇지 않고 무엇인가 전제될 경우, 그 전제 자체는 해명되지 않은 채로 남게 될 것이기 때문이다. 무전제로부터 시작된 재구성의 과정은 첫째, 전진적이며, 둘째, 후행적이고, 셋째, 건축술적인 방법으로 이루어진다. 그 과정이 전진적이며 후행적이라는 것은 앞선 범주가 그다음에 오는 범주에 의해 정당화되지만, 그다음의 범주에 대한 설명은 퇴보적으로 앞선 과정에 의해 주어진다는 것을 의미한다. 마지막으로 건축술적이라는 것은 맨 처음 시작은 범주의 제로 영역인 무전제성(존재)으로부터 시작하지만, 그 전진은 범주화의 완성(개념)으로까지 나아간다는 것을 의미한다.[29]

이러한 재구성의 과정에 대해 핀카드는 다음과 같은 설명을 덧붙인다. "논리학은 우리가 양, 질 등으로 구분해서 나누는 개별자들의 개념인 범주들(존재론)과 더불어 시작하여 초구조적 현상에 대한 초구조적 설명의 논리학(본질론)으로 나가게 된다. 이것은 인과적으로 서로 관계하는 실체들의 세계에 대한 설명으로 끝이 나는데, 그러한 체계 전체가 세계

---

28   같은 곳.

29   K. Hartmann, "Hegel: A Non Metaphysical View", 105쪽.

실체가 된다. 이러한 인과적 체계가 자기 설명적self-explanatory이라고 말할 수는 있지만, 결코 자기 포함적self-subsumption이라고는 말할 수 없다. 자기 포함이란 범주들 사이의 논리적 관계이다. 따라서 우리는 실체를 넘어 개념적, 추론적 사상인 주체라는 범주로 나아가야 한다. 논리학은 자기 포함적이며 자기 설명적인 개념, 즉 이념에서 그 정점에 이르게 된다."[30]

　　'논리학'을 합리성 이론으로 해석하는 하르트만은 그러한 해석에 근거해 헤겔 철학 전체는 다음과 같이 이해되어야 한다고 말한다. 즉 '논리학'이 범주들을 그 대상들과 상관없이 비교적 추상적인 차원에서 고찰한다면, 실재철학은 실재적 대상들과 연관해서 '논리학'에서 서술된 범주들의 체계를 입증하는 것이며, 그렇기 때문에 '논리학'에서 '자연철학'으로의 이행은 은유적으로 해석되어야 한다는 것이다.[31] 하지만 헤겔 철학을 이와 같은 합리성 이론으로 해석할 때 문제가 되는 것은 소위 관념론으로 이해되는 그의 철학이 어떻게 처리되어야 하는가이다. 왜냐하면, 합리성 이론이란 세계를 합리적으로 이해하기 위해 '개념들의 범주 내재적 관계의 형식'만을 고찰하는 것이므로, 결국에는 지시와 관련해서 전적으로 의식 내재적으로 머물게 되며, 지시체와는 완전히 분리되는 것처럼 보이기 때문이다. 물론 헤겔이 이처럼 실재를 무시했다고 받아들이기는 힘들다. 따라서 하르트만은 헤겔을 관념론이라고 할 때, 그 관념론이

---

30 T. Pinkard, "How Kantian was Hegel?", in: *German Idealism*, ed. by K. Brinkmann, London & New York: Routledge, 2007, 268쪽.

31 K. Hartmann, "Hegel: A Non Metaphysical View", 114쪽.

란 분명히 사유 개념과 관련해서만 지시를 수용할 수 있다는 이론, 다시 말해 존재에 대한 지시는 이미 그 존재에 대한 사상의 구성적 특성을 이루게 된다고 주장하는 이론이라고 말한다.[32]

5. 초월론적 관념론transcendental Idealism 으로서의 '논리학'(피핀)

영미권에서 최근 주목받고 있는 '논리학'에 대한 또 다른 해석은 피핀R. Pippin에 의해 주어진다. 피핀은 자신의 저서 *Hegel's Idealism. The Satisfactions of Self-Consciousness*에서 하르트만과 마찬가지로 헤겔에 대한 정신 일원론spirit monism적 이해를 거부하고 비형이상학적 해석을 시도한다. 특히 그는 헤겔의 기획을 분석철학적 논의 가운데 하나인 실재론 논쟁의 틀에서 접근한다.[33] 그에 따르면 '논리학'은 근본적으로 칸트적 기획을 보존한다. 다시 말해 '논리학'은 칸트가 『순수이성비판』에서 제기한 대상에 대한 인식의 가능성에 대한 문제를 해결하고자 한다. 이것은 특히 두 가지 점에서 그러한데, 첫째는 헤겔이 현실성을 개념적으로 기초 지으려는 것은, 칸트가 인식 가능한 대상의 조건으로서 경험에 앞서는 개념적 조건을 고찰한 것과 같은 것이며, 둘째는 그러한 작업의 핵심이 가능한 판단의 자기반성적 특성에 초점을 맞추고 있다는 것 또한

---

32 같은 글, 115쪽.

33 A. C. 그렐링, 앞의 책, 430-442쪽 참조.

동일한 것이다.[34]

　'논리학'의 틀 내에서 볼 때, 첫 번째 사항이 '객관적 논리학'의 내용을 이루는 것이라고 한다면, 두 번째 사항은 '주체적 논리학'의 내용을 이룬다. 왜냐하면, 헤겔은 '객관적 논리학'에서 초월론적 논리학과 마찬가지로 존재하는 것이 무엇인지를 사유 규정 속에서 제시하고자 하는 반면, '주체적 논리학'에서는 사물의 본질을 이루는 개념이란 자신을 자각한 개념이라는 것을 제시하고자 하기 때문이다. 물론 그럼에도 불구하고 칸트와의 차이는 존재한다. 왜냐하면, 헤겔은 칸트의 범주 연역에 대해 불만족을 표시하면서,『정신현상학』을 통해 대상에 대한 인식 가능성 속에 내재하는 정신의 자발적 자기규정의 필연성을 강조하기 때문이다. 다시 말해 칸트가 범주의 객관적 타당성을 입증하기 위해 초월론적 연역을 통해 대상 연관적으로 그 타당성을 증명하는 데 반해, 헤겔은『정신현상학』을 통해 사유 규정들이 사물의 필연적 규정임을 입증하고 '논리학'에서는 단지 입증된 전제 속에서 범주들을 고찰하기 때문이다. 이렇게 본다면『정신현상학』은 사유 규정들을 범주로서 고찰하기 위한 연역과정이며, 그런 한에서 칸트의 '초월론적 연역'에 해당한다고 할 수 있다.

　물론 헤겔이 칸트가 제시하는 순수 개념의 객관적 타당성에 대한 논의를 부적절한 것으로 간주하고 주체와 객체의 동일성이라는 테제를 통해 그 부적절성을 수정한다는 점 이외에도 근본적인 차이가 존재한다.

34　R. Pippin, 앞의 책, 176쪽; R. Pippin, "Hegel and category theory", in: *German Idealism*, ed. by K. Brinkmann, London & New York: Routledge, 2007, 274쪽.

헤겔은 칸트가 논리적 가능성과 실재적 가능성을 구분하기 위해 불가피하게 개념 외부에 있는 직관에 의존함으로써 순수 개념의 타당성을 직관의 가능한 대상에 국한시킨 점 또한 비판한다. 사실 피핀이 볼 때, 헤겔의 관념론이 시작되는 것은 바로 이 지점이다. 왜냐하면 헤겔은 개념의 내용을 직관에 근거하는 초월론적 도식에 의해 해명하는 대신 한 개념을 다른 개념과의 관계 속에서 해명하는 데로 나아가며, 이것을 '논리학'의 과제로 삼기 때문이다.

이런 차이에도 불구하고 피핀은 헤겔의 사변철학은 여전히 칸트적인 초월론적 관념론의 지반 위에 서 있다고 말한다. 왜냐하면 그의 사변철학이란 모든 가능한 경험은 기본적으로 자발적 자기의식을 특징으로 하는 칸트적 통각의 초월론적 통일에 근거한다고 보기 때문이다.[35] 이렇게 본다면 칸트와 헤겔이 각기 고찰하는 선험적 개념의 필연성은 가능한 경험에 대한 자기의식적 성찰로부터 연유한다고 할 수 있으며, 그런 한에서 헤겔의 철학이란 칸트의 기획을 좇아 진정한 칸트주의자로서 칸트의 기획을 완성하려는 시도로 볼 수 있다는 것이다. 따라서 피핀은 헤겔 철학의 특성을 칸트에 견주어 다음과 같이 요약한다. 즉 "순수 개념에 관한 이론과 순수 개념의 필연적 선제presupposition를 정당화하는 통각에 대한 설명을 유지하라. 그리고 이 순수 개념의 객관성을 증명하는 일을 과제로 하라. 단, 순수 직관 이론을 포기하는 가운데 그렇게

---

35   R. Pippin, 앞의 책, 6쪽.

하라."[36]

6. 초월론적 관념론적 해석에 대한 핀카드의 비판

하르트만의 제자로서 상세한 논의 없이 선언적으로 '논리학'을 해석한 하르트만의 테제를 받아들여 그 해석을 정교화하는 것을 자신의 과제로 삼는 핀카드[T. Pinkard]는 피핀이 제시한 초월론적 관념론적 해석이 갖고 있는 문제점을 지적함으로써 범주적 해석의 정당성을 피력하고자 한다.[37] 핀카드는 피핀을 비판하기 전에 먼저 피핀의 헤겔 해석의 근본 특성을 두 개의 테제로 요약한다. 하나는 '초월론 테제'로서 '논리학'은 우리가 대상을 사유하기 위해 반드시 전제되어야 하는 필연적인 조건들로서의 범주들을 고찰하는 것을 과제로 한다는 것, 다른 하나는 '통각의 테제'로서 이러한 범주들을 재구성하는 원리는 자기의식적 통각이라는 것이다. 핀카드가 볼 때, 피핀은 기본적으로 이러한 테제들에 근거해서 헤겔이 칸트의 초월론 철학의 기획을 이어 간다고 간주한다.

물론 핀카드는 피핀이 헤겔을 칸트로부터 구분한다는 점 또한 지적한다. 그에 따르면 피핀은 헤겔이 칸트적 사유의 직관 의존성을 거부하고 범주들에 대해 사회적이며 상호 주관적 차원을 덧붙임으로써 칸

---

36 같은 책, 9쪽.
37 T. Pinkard, 앞의 책.

트로부터 멀어진다고 말한다.[38] 특히 피핀은 헤겔이 칸트로부터의 이러한 이탈을『정신현상학』을 통해 수행한다고 말하는데, 왜냐하면, 헤겔은 『정신현상학』 속에서 칸트에게는 추상적이었던 통각의 통일을 역사적인 주체로 대체하며, 칸트적 합리성의 이념을 좀 더 사회적인 것으로 바꾸기 때문이라는 것이다. 그렇게 본다면 '논리학'이 통각의 테제에 따라 해석될 수 있는 한,『정신현상학』은 '논리학'의 근거가 된다.[39]

이와 같은 피핀의 해석에 대해 핀카드가 문제 삼는 것은,『정신현상학』에서 통용될 수 있는 통각의 테제를 '논리학'으로까지 확장하는 것이 과연 합당한가이다. 다시 말하면 주, 객의 대립과 더불어 시작되는 의식철학의 원리를 그러한 대립이 극복된 사상^{Gedanken}의 영역에 적용하는 것이 올바른가 하는 점이다.[40] 핀카드에 따르면 의식은 반성적으로 스스로를 **자각하지만**^{aware}, 사상은 자신을 **포함하면서**^{subsume} **지시한다**^{refer to itself}. 전자는 심리학의 구조와 관련되는 것임에 반해, 후자는 논리적 구조와 관련된다. 결국 피핀은 통각의 테제를 '논리학'에 관련시킴으로써, 논리적인 것 자체를 고찰하려는 헤겔의 의도를 이해하는 데 실패하게 된다.[41]

좀 더 우호적으로 말한다면, 통각의 테제는 왜『정신현상학』이 '논

---

38   T. Pinkard, "How Kantian was Hegel?", 267쪽.

39   같은 논문, 268쪽.

40   같은 곳.

41   같은 곳.

리학'에 선행해야 하는지는 설명해 줄 수 있어도, 왜 헤겔의 체계가 '논리학' 자체를 요구하게 되는지에 대해서는 이해하기 어렵게 만든다는 것이다. 그뿐만 아니라 통각의 테제는 헤겔이 생각하는 의식과 사상의 차이를 이해하는 데 실패하게 함으로써 결국 실체가 주체로 이해되어야 한다는 헤겔의 명제 또한 이해하지 못하게 한다. 왜냐하면, 자기 설명적 실체 causa sui는 결코 자기 포함적self-subsuming일 수 없는데, 주체란 개념 사이의 추론적 사상inferential thought인 자기 포함을 의미하기 때문이다. 그리고 바로 이 점이 칸트가 어렴풋이 짐작은 했지만 의식의 제약 때문에 결국에는 실패하게 되는 칸트 기획의 핵심인 것이다.[42]

핀카드는 피핀 해석의 두 번째 특징인 초월론 테제는 더 심각한 문제를 지닌다고 말한다. 왜냐하면, 그러한 테제에 근거해 '논리학'을 해석하다 보면, 헤겔의 의도에 전혀 부합하지 않는 결과에 이르기 때문이다. 그 핵심은 피핀 스스로 말하듯이 '논리학'에서 고찰하는 범주들은 그것 없이는 결코 우리가 대상에 대한 개념적 인식을 할 수 없는 필연적인 규정들이어야 하는데, 실제로 전개되는 범주들은 너무 우연적이고 특수하기 때문에 대상 인식의 필연적 조건들로서 주장하기에 합당치 않다는 것이다. 이때 피핀이 예로 드는 것은 'elective affinity'이다. 하지만 핀카

---

42 같은 논문, 269쪽. 피핀에 대한 핀카드의 이러한 비판에 대해 나는 동의한다. 국내의 연구자 가운데서는 이정은이 피핀과 마찬가지로 '논리학'을 통각의 테제에 따라 해석한다. 그는 자신의 저서 『헤겔 〈대논리학〉의 자기의식이론』, 한국학술정보, 2006에서 "헤겔 대논리학은 순수한 자기의식의 사변 논리적 구조가 전개되며 이 구조의 전형은 개념론이다"(93쪽)라고 말하듯이 논리학은 자기의식의 논리적 구조에 대한 해명이라고 말한다. 나는 이러한 해석에 대해서도 핀카드의 비판이 유효하다고 생각한다.

드가 볼 때 이러한 문제들은 '논리학'을 초월론 테제에 따라 해석하기 때문에 생기는 것이며, 만일 우리가 다른 관점에서 바라본다면 전혀 발생하지 않는 문제인 것이다.[43] 다시 말해 '논리학'의 범주들을 대상을 사유하기 위해 필연적으로 전제되는 조건들이 아니라 대상을 단지 합리적으로 설명하기 위해 고안된 개념들로 바라본다면 그런 문제들은 발생하지 않는다는 것이다.

물론 초월론 테제를 포기하게 되면 범주의 필연적인 현실 연관성은 상실되고 범주들을 고찰하는 '논리학'은 단순히 사유의 유희로 남을수도 있다는 위험에 대해 핀카드도 잘 알고 있다. 그럼에도 불구하고 핀카드는, 이 문제는 칸트와 헤겔이 기획하는 내용의 핵심이지만, 헤겔의 입장에서 단적으로 대답할 수 있는 부분이라고 말한다. 즉 "현실적인 것은 이성적인 것이고, 이성적인 것은 현실적인 것이다"라는 명제가 그에 대한 대답이라는 것이다. 왜냐하면, 이 명제는 만일 어떤 것이 이성적 사상의 요건을 갖춘다면, 그것은 또한 사물 그 자체의 요건이기도 하다는 것을 말해 주고 있기 때문이다. 다시 말해 원리적으로 이성적 사상에 의해 알려질 수 없는 것은 없다는 것을 말해 주고 있기 때문이라는 것이다. 핀카드에 따르면 결국 '논리학'이 제공하려는 것은 앎에 대한 초월론적 조건이 아니라 우리의 사유 속에 있는 정합적이며 일관된 것이 무엇인지에 대한 설명이라는 것이다.[44]

---

43   T. Pinkard, "How Kantian was Hegel?", 269쪽.

44   같은 논문, 271쪽.

7. 범주론적 해석에 대한 피핀의 비판

피핀 또한 하르트만으로부터 핀카드로 이어지는 범주론적 해석의 문제점에 대해 비판한다. 그가 볼 때 범주론적 해석이란 단지 우리가 사물들에 대해 '그것이 무엇이다'라고 말할 때 그것이 무슨 의미인지를 설명하려는 시도이다. 다시 말해 범주론적 해석은 사물을 설명함에 있어 사용되는 범주들이 서로 양립 불가능한 상태로부터 벗어나 어떻게 가능한 범주들일 수 있는지를 설명한다는 것이다. 이러한 관점에서 볼 때, 피핀은 핀카드가 대상을 파악하기에 적절한 개념적 가능성들을 분석하는 것을 목표로 한다는 점에서 칸트의 후예임을 인정한다. 하지만 문제는 그다음에 성립한다. 왜냐하면 그렇게 범주들을 단지 대상이 무엇인지를 합리적으로 설명하기 위한 개념들로 해석할 때, 대상이 가능하기 위한 **필연적 조건**인 범주들의 완전한 체계를 확립하려는 칸트로부터 이어지는 헤겔의 기획은 포기될 뿐만 아니라, 헤겔의 철학적 설명을 사물을 설명하는 경쟁적인 이론들 가운데 하나인 분석적, 또는 기술적 이론으로 간주해 버리기 때문이다.[45]

특히 피핀은 범주론적 해석의 가장 심각한 문제는 그것이 설명하고 있는 것보다는 오히려 설명하고 있지 않는 것으로부터 나온다고 말한다. 그것은 다름 아닌 『정신현상학』과 '논리학'의 관계이다.[46] 왜냐하면

---

45   R. Pippin, "Hegel and category theory", 275쪽.

46   R. Pippin, 앞의 책, 178쪽.

핀카드가 주장하듯이 그렇게 대상에 대한 모든 인식은 우리가 갖고 있는 개념 도식에 의존한다고 할지라도, 세계의 존재를 설명하는 개념 도식으로부터 곧 실재 세계의 모습이 그렇다는 주장이 도출되지는 않기 때문이다. 결국 그러한 문제는 개념 도식들 가운데 어떤 것이 실재 세계를 표상하는지를 결정할 수 없다는 데로 나아가게 된다. 특히 이 문제는 헤겔 철학을 이해하는 데 있어 중요하다. 왜냐하면 헤겔은 칸트가 이러한 문제를 해결하기 위해 전제하는 직관을 거부하기 때문이다. 사실 이러한 직관에 대한 거부는 헤겔로 하여금 칸트의 '비판 전기'의 상태, 즉 논리적 가능성과 실재적 가능성의 구분 이전의 상태로 다시 돌아가게 만드는 것처럼 보이는데, 이러한 문제점을 해결하기 위해서라도 반드시 '논리학'과 『정신현상학』과의 연관을 고찰해야 한다.[47] 왜냐하면, 『정신현상학』은 '논리학'의 범주들의 객관적 타당성에 대한 '연역'이기 때문이다.

피핀의 범주론적 해석에 대한 또 다른 비판은 범주 전개의 필연성과 관련된다. 핀카드의 해석에 따르면, '논리학'의 개념 체계들은 절대적으로 자율적인, 즉 자기 설명적이며 자기 완결적인 과정에 의해 이루어진다. 하지만 그러한 범주들에 대한 서술이 단지 가능적 세계를 구성하는 개념들을 그리는 사유 게임이 되지 않기 위해서는, 그 범주들이 존재에 대한 필연적 개념들임을 제시해야 한다. 헤겔은 이것을 범주의 전개과정의 필연성 속에서 확립하고자 한다. 하지만 핀카드는 범주들의 전개

---

47   R. Pippin, "Hegel and category theory", 276-277쪽.

는 합리적 설명을 위한 것일 뿐 진리적 필연성은 없다고 말한다. 다시 말해 서로 대립되는 규정들이 하나의 사물에 대한 서술일 때, 다음으로 오는 범주는 그 대립적인 규정들을 포함하면서 그 규정들을 설명해 주는 상위 개념으로 선택된 것일 뿐, 그 필연성은 존재하지 않는다고 말한다. 하지만 이렇게 후행 범주가 선행 범주에 대해 필연적 귀결이 아니라 선행 범주를 설명하기 위한 여러 가능성 가운데 가장 합리적인 것으로 선택된 것이라면, 이것은 헤겔이 의도하는 '내재적 연역'을 거부하는 것이 된다. 그리고 그와 함께 '논리학'의 과정은 칸트가 의도한 실재적 가능성의 문제를 완전히 도외시하고 단순히 논리적 가능성의 세계만을 고찰하는 것이 된다. 결국 헤겔 철학은 참된 사변을 성취하는 것이 아니라 단순히 주관적 사유에 대한 고찰로 머물게 된다.[48]

8. 사변적 의미론으로서의 '논리학'

이제까지 살펴본 것처럼 '논리학'에 대한 해석은 다양하지만, 그 내용에 따르면 크게 두 가지 관점에서 정리될 수 있다. 하나는 범주의 의미를 어떻게 밝히는가의 문제이며, 다른 하나는 범주의 객관적 타당성을 어떻게 확보할 수 있는가의 문제이다. 전자를 의미론 문제라고 한다면, 후자는 실재론 문제라고도 할 수 있다. 하지만 이렇게 다른 두 문제가 실

---

48   같은 글, 278쪽.

제로는 서로 얽혀 있기 때문에[49] 의미론적 해석과 범주적 해석은 서로 연관된다. 이와 같은 연관은 풀다와 푼텔의 해석과 하르트만과 피핀의 해석이 교차적으로 공통점과 차이점을 갖는다는 것과 무관하지 않다.

먼저 '논리학'을 의미론으로 해석하려는 풀다와 푼텔의 근본적인 차이는 범주에 대한 서로 다른 이해이다. 풀다는 범주를 술어 개념으로 보는 반면, 푼텔은 범주를 대상과는 무관한 개념들의 연관인 이차적 규정들로 간주한다. 그렇기 때문에 풀다에게 범주의 의미가 지시 연관성 속에서 획득된다면, 푼텔에게는 대상 연관 없이 개념들 간의 관계 속에서 얻어진다. 이러한 상황은 피핀과 하르트만의 해석에서도 비슷한 방식으로 연출된다. 왜냐하면 피핀은 범주들의 타당성을 대상 연관적으로 확보하려고 하는 반면, 하르트만은 범주들 간의 무모순적 정합성으로부터 얻으려고 하기 때문이다. 이러한 고찰로부터 해석의 다양성과는 상관없이 다음과 같은 물음이 던져진다. 즉 '논리학'의 범주는 술어 개념인가, 아니면 이차적 질서의 또 다른 개념인가?

이러한 해석들 가운데 어떤 것이 더 설득력을 지니는지에 대해서는 논증이 필요하다. 왜냐하면, 그러한 판단을 위해서는 단순히 '논리학' 자체에 대한 해석의 문제만이 아니라 그 해석이 헤겔의 체계 전체와 얼마나 정합적일 수 있는지를 고려해야 하기 때문이다. 좀 더 구체적으로 말해 하나의 해석이 올바르다면, 그 해석은 『논리의 학』 내에서 '객관적

---

49   문장들의 의미를 진리 조건에 의해 밝히려고 하는 한, 의미론은 실재론과 동치이기 때문이다. A. C. 그렐링, 앞의 책, 389쪽 참조.

논리학'과 '주관적 논리학'에 대한 정합적인 설명뿐만 아니라, 『정신현상학』과 '논리학'과의 관계 및 '논리학'과 '자연철학'의 관계에 관해서도 합당한 설명을 제공할 수 있어야 하기 때문이다.[50] 물론 이 짧은 글에서 그러한 해석의 타당성을 논의할 수는 없다. 나는 단지 이제까지의 논의를 되돌아보면서 적어도 범주는 어떻게 이해되어야 하며 그 의미는 어떤 방식으로 해명되는지에 대한 나의 생각을 간단히 제시하는 선에서 논의를 마무리하고자 한다.

우선 나는 '논리학'을 비형이상학적으로 고찰하려는 입장에 대해서 기본적으로 동의한다. 왜냐하면, 헤겔 스스로 말하듯이 '논리학'은 우리의 일상적 언어 속에 이미 녹아 있는 사유 형식들을 '학문적 반성'을 통해 순수 사상의 형태로 재구성하는 것을 목표로 하기 때문이다.[51] 또한 이렇게 순수 사상의 형태로 재구성된 개념들은 대상이 무엇인지 의미 있게 말하기 위해 전제되어야 할 논리적 규정들이라는 점에서 '논리학'은 칸트의 초월론적 특성Transzendentalität에 대한 주장을 계승한다는 점도 인정한다. 하지만 그렇다고 해서 '논리학'에서 고찰되는 개념들이 피핀이 주장하듯이 그렇게 자기의식적 사유의 기능으로 파악되어야 한다는 견해에 대해서는 반대한다. 왜냐하면 헤겔은, 범주들을 자기의식적 통각의 활동으로 이해하려는 칸트에 대한 비판을 통해 분명하게 자신의 과제가

---

50   이광모, 『헤겔철학과 학문의 본질』, 용의 숲, 2006, 204-235쪽 참조.

51   G. W. F. Hegel, *Wissenschaft der Logik. Die Lehre vom Sein (1832)*, hrsg. v. H.-J. Gawoll, Hamburg: Felix Meiner, 1990, 14쪽, 4-5쪽, 그리고 19쪽, 33쪽.

범주들을 순수 논리적 차원에서 고찰하는 것임을 밝히기 때문이다.[52]

이렇게 되면 나의 견해는 '논리학'을 범주적 재구성 이론으로 이해하려는 하르트만이나 핀카드의 생각에 접근하는 듯이 보인다. 하지만 나는 이들의 견해 또한 온전히 받아들일 수 없다. 왜냐하면, '논리학'은 그들이 주장하듯이 그렇게 사물에 대한 합리적 설명을 제공하기 위한 기술 이론이 아니라, 헤겔 자신이 스스로 '논리의 학Wissenschaft der Logik'이라고 부르듯이 다양한 이론 중 하나이기를 넘어 '논리적인 것das Logische' 자체의 의미를 해명하고자 하기 때문이다.[53] 이런 관점에서 볼 때 '논리학'은 오히려 사유와 존재의 동일성이 전제되는 한에서, 존재 해명을 사유의 자기 해명을 통해 제시하려는 사변적 존재론이며 동시에 이성적 사유에 대한 재구성 이론이라고 보아야 한다.

물론 나는 이러한 생각이 의미론적 해석과 충돌한다고 생각하지 않는다. 왜냐하면, 반성적 고찰에 의해 도출된 개념들의 의미를 순수 논리적 차원에서, 즉 '사변적으로' 해명하고 그 타당성을 검토하려는 노력은 일종의 범주에 대한 사변적 의미론으로 이해될 수 있다고 생각하기 때문이다.[54] 더 나아가 '논리학'을 이와 같이 사변적 의미론으로 이해하

---

52   G. W. F. Hegel, *Enzyklopädie der philosophischen Wissenschaften im Grundrisse* *(1830)*, hrsg. v. F. Nicolin & O. Pöggeler, Hamburg: Felix Meiner, 1991, §41-42 참조.

53   G. W. F. Hegel, *Wissenschaft der Logik. Die Lehre vom Wesen*, Neu hrsg. H.-J. Gawoll, Hamburg: Felix Meiner, 1992, 10-11쪽.

54   헤겔에게 '사변적'이라는 것은 '순수 이론적'을 의미한다. 이에 대한 설명은 이광모, 「철학적 증명에 관하여: 칸트로부터 헤겔로의 전개를 중심으로」, 『철학연구』 45, 철학 연구회, 1999 참조.

는 것이 타당하다면, 그때 서술되는 범주 자체가 어떻게 이해되어야 하는지도 분명해진다. 왜냐하면 그 경우 범주들이란 더 이상 풀다나 피핀이 주장하듯이 어떤 특정한 개념으로서의 '술어들'로 이해될 수 없으며, 오히려 푼텔이 주장하듯이 이차적 질서에서 성립하는 개념들 간의 관계 방식으로 이해되어야 하기 때문이다.[55] 특히 범주가 이렇게 이해될 때 술어 개념으로는 설명할 수 없던 문제들이 해결된다. 다시 말해 '주관적 논리학'에서 전개되는 '판단'과 '추론'이 어떻게 범주로 이해될 수 있는지, 또는 '객관적 논리학'의 출발에 놓이는 '존재'도 범주인지에 대한 문제도 해결된다.[56]

　　마지막으로 '논리학'에서 헤겔이 '가치Wert'라고 부르는 범주의 의미가 어떻게 획득되는지에 대해서도 간단히 생각해 볼 필요가 있다. 범

---

[55]　푼텔은 범주를 '술어화의 방식(Prädikationsweise)'으로 이해하기를 제안한다. 이때 범주가 술어(Prädikaten)라는 것은 사물 일반의 개념들, 즉 대상들에 대한 직접적인 규정들로서, 술어적 명제 Fa의 F 자리에 대치될 수 있는 것들이다. 예를 들어 '실체', '사물', '원인' 등이 범주라고 할 때, 이 범주들을 통해 규정되는 대상은 "이 장미는 실체다", "이 장미는 사물이다", "이 장미는 원인이다" 등으로 표현될 수 있다. 반면 범주가 '술어화의 방식'이라는 것은 그것이 대상을 서술하는 "언어적 표현들을 진술(Aussage)로 결합하는 방식"을 의미한다. 이러한 범주들은 대상의 추상화를 통해 얻어지는 것이 아니라 대상에 대한 진술을 반성함으로써, 다시 말해 그 진술에 대한 형식화를 통해 얻어진다. 예를 들면 술어적 명제 Fa에서 '술어화적 방식'으로서의 범주란 a도 아니고 F도 아니라 a와 F의 결합 방식으로서 '이 꽃잎은 푸르다(dies Blatt ist grün)'라는 명제에서 "꽃잎"과 "푸르다"를 결합하는 방식이다. 그것은 "실체와 속성(Substanz-Akzidens)", "사물과 성질(Ding-Eigenschaft)", "내용과 형식(Inhalt-Form)" 등으로 이해될 수 있다(L. B. Puntel, "Transzendentalität und Logik" in: *Zur Zukunft der Transzendentalphilosophie*, Neue Hefte für Philosophie 14, 88-90쪽).

[56]　이광모, 앞의 책, 144-150쪽.

주의 의미 획득의 문제는 특히 헤겔의 철학을 칸트적 초월론주의와 구분해서 사변철학이라고 부를 수 있게끔 하는 부분으로서, 푼텔이 말하듯이 '논리학'의 가장 특징적인 부분이면서도 논란이 되는 부분이다. 어쨌든 범주가 푼텔이 지적하듯이 이차적 질서의 개념들 간의 관계 방식이라고 한다면 각 범주의 의미는 더 이상 대상 연관적으로 특히 직관에 의한 제약을 통해 주어질 수 없다. 나는 이러한 푼텔의 지적이 정당하다고 생각한다. 왜냐하면 헤겔은 하나의 범주 규정을 그 범주가 다른 범주를 제약하면서 동시에 제약된다는 것을 통해 제시하기 때문이다. 다시 말해 헤겔은 각 범주는 그 자체 단순히 분석적인 것이 아니라 실재성과 부정을 계기로 포함하는 종합적 규정임을 보여 줌으로써 그 범주의 의미가 확보된다는 것을 보여 준다. 그렇기 때문에 나는 헤겔 스스로 '변증법적'이라고 부르는 범주에 대한 이러한 규정, 즉 분석적이면서 동시에 종합적인 규정을 수행하는 '논리학'을 '사변적 의미론'으로 부르기를 제안한다. 왜냐하면, 그때 진행되는 모든 과정은 경험적 직관과 상관없이 순수 논리적 차원에서 이루어지기 때문이다.[57]

---

57   같은 책, 179-203쪽.

참고문헌

그렐링, A. C., 『철학적 논리학』, 이선일 옮김, 선학사, 2005.

이광모, 『헤겔철학과 학문의 본질』, 용의 숲, 2006.

_____, 「철학적 증명에 관하여: 칸트로부터 헤겔로의 전개를 중심으로」, 『철학연구』 45, 철학연구회, 1999.

이정은, 『헤겔〈대논리학〉의 자기의식이론』, 한국학술정보, 2006.

테일러, C., 『헤겔철학과 현대의 위기』, 박찬국 옮김, 서광사, 2006.

풀다, H. F., 「변증법에 대한 미흡한 소견들」, 『헤겔변증법 연구』, 김창호·장춘익 옮김, 풀빛, 1983.

하버마스, J., 『탈형이상학적 사유』, 이진우 옮김, 문예출판사, 2000.

황설중, 「헤겔은 프래그머티스트인가?: 브랜덤의 추론주의에 나타난 헤겔의 관념론」, 『헤겔연구』 20, 한국헤겔학회, 2006.

Bungay, S., "The Hegelian Project", in: *Hegel Reconsidered. Beyond Metaphysics and the Authoritarian State*, eds. by H. T. Engelhardt & T. Pinkard, Dordrecht, Boston & London: Kluwer Academic Publishers, 1994.

Brinkmann, K., "Hegel's Metaphysics, or the Categorial Approach to Knowledge of Experience", in: *Hegel Reconsidered. Beyond Metaphysics and the Authoritarian State*, eds. by H. T. Engelhardt & T. Pinkard, Dordrecht,

Boston & London: Kluwer Academic Publishers, 1994.

Hartmann, E. v., *Eduard von Hartmanns Kritik der dialektischen Methode Hegels*, Ansbach: Bruügel, 1911.

Hartmann, K., "Hegel: A Non Metaphysical View" in: *Hegel. A Collection of Critical Essays*, ed. by A. MacIntyre, Notre Dame & London: University of Notre Dame Press, 1976.

_____, "Die ontologische Option", in: *Die ontologische Option*, hrsg. v. K. Hartmann, Berlin & New York: de Gruyter, 1976.

Hegel, G. W. F., *Wissenschaft der Logik. Die Lehre vom Sein (1832)*, hrsg. v. H.-J. Gawoll, Hamburg: Felix Meiner, 1990.

_____, *Wissenschaft der Logik. Die Lehre vom Wesen*, Neu hrsg. H.-J. Gawoll, Hamburg: Felix Meiner, 1992.

_____, *Enzyklopädie der philosophischen Wissenschaften im Grundrisse (1830)*, hrsg. v. F. Nicolin & O. Pöggeler, Hamburg: Felix Meiner, 1991.

Puntel, B, "Hegels 'Wissenschaft der Logik'. Eine systematische Semantik?", in: *Ist systematische Philosophie möglich*, Hegel-Studien, hrsg. v. D. Henrich, Hamburg: Felix Meiner,, 1964ff., Beiheft 17.

_____, "Transzendentalität und Logik", in: *Zur Zukunft der Transzendentalphilosophie*, Neue Hefte für Philosophie 14, 1978.

Pinkard, T., *Hegel's Dialectic. The Explanation of Possibility*, Philadelphia: Temple University Press, 1988.

_____, "How Kantian was Hegel?", in: *German Idealism*, ed. by K. Brinkmann, London & New York: Routledge, 2007.

_____, "Hegel's Phenomenology and Logic: an overview", in: *German*

Idealism, ed. by K. Ameriks, Cambridge: Cambridge University Press, 2000.

Pippin, R., *Hegel's Idealism. The Satisfactions of Self-Consciousness*, Cambridge: Cambridge University Press, 1989.

Schelling, F. W. J., *Zur Geschichte der neueren Philosophie. Münchener Vorlesungen*, Darmstadt: Wissenschaftliche Buchgesellschaft, 1974.

Taylor, C., *Hegel*, Cambridge: Cambridge University Press, 1975.

Wartenberg, T. E., "Hegel's Idealism", in: *German Idealism*, ed. by K. Brinkmann, London & New York: Routledge, 2007.

White, A., *Absolute Knowledge. Hegel and the Problem of Metaphysics*, Athens, Oh. & London: Ohio University Press, 1983.

Wunderlich, D., *Grundlagen der Linguistik*, Hamburg: Rowohlt, 1974.

제7장

헤겔 '논리학'에 대한 해석의 다양성과 그 문제들 II

이광모

1. 서론

헤겔 철학에 대한 영미권의 관심은 최근 들어 '헤겔 르네상스'라고 일컬어질 만큼 고조되었다. 물론 이것은 'Semantic Pragmatism'이라는 이름 아래 헤겔의 도움으로 그 한계에 도달한 의미론적 및 인식론적인 문제에 새로운 해결책을 제시하려는 존 맥다월이나 로버트 브랜덤 등의 시도만을 염두에 두고 말하는 것은 아니다. 오히려 최근의 경향은 그동안 부정적으로 인식되던 '논리학'을 원문에 충실히 해석하려는 시도와 함께 시작된다. 소위 '비형이상학적' 헤겔 이해가 그것인데,[1] 이러한 이해에 따르면 헤겔 철학은 더 이상 시대에 뒤떨어진 형이상학이 아니라 "칸트 이전의 형이상학에서 볼 수 있던 존재와 사유에 대한 특정한 가정들을 극복하는 칸트 이후의 완전히 자기비판적인 학문"[2]의 전형이다.

물론 헤겔 철학을 이처럼 새롭게 이해하려는 시도가 갑자기 이루어진 것은 아니다. 영미권에서 헤겔 철학을 비형이상학적으로 해석하려는 시도는 1960년대 중반 텍사스 오스틴에 방문교수로 있으면서 헤겔 철학에 대한 범주론적 해석을 제안한 클라우스 하르트만K. Hartmann의 영향과 더불어 시작된다.[3] 하지만 이때 주된 관심사가 헤겔 철학이 정신 실체의 형이상학, 또는 초월적 존재자에 대한 서술로 이해되는 것에 대한 거부와 합리적 이해의 가능성을 제시하는 것에 놓였다면,[4] 최근의 관심사

---

1   헤겔 철학에 대한 비형이상학적 해석의 문제를 잘 정리해 놓은 논문으로는 S. Lumsden, "The rise of the non-metaphysical Hegel", in: *Philosophy Compass* 3(1), 2008, 51-65쪽 및 P. Heidberg, "Different Interpretation of Hegel's Logic and Metaphysics", in: *Northern European Journal of Philosophy* 16, 2015, 96-113쪽 참조.

2   S. Houlgate, "Hegel's Logic", in: *The Cambridge Companion to Hegel and Nineteenth-Century Philosophy*, ed. by F. C. Beiser, New York: Cambridge University Press, 2008, 124쪽.

3   K. Hartmann, "Hegel: A Non Metaphysical View", in: *Hegel. A Collection of Critical Essays*, ed. by A. MacIntyre, Notre Dame & London: University of Notre Dame Press, 1976, 101-124쪽. 하르트만의 제자들인 핀카드(T. Pinkard), 엥겔하르트(H. T. Engelhardt, JR.), 번게이(S. Bungay) 등에 의해 헤겔 철학에 대한 그의 범주론적 해석은 보다 정교해지게 된다. 이에 대해서는 *Hegel Reconsidered. Beyond Metaphysics and the Authoritarian State*, eds. by H. T. Engelhardt & T. Pinkard, Dordrecht, Boston & London: Kluwer Academic Publishers, 1994 참조.

4   이때 하르트만을 비롯해 그의 제자들이 주로 관심을 가졌던 것은 헤겔 철학의 원리인 개념은 그 체계 내에서 결코 정당화되지 않는다는 셸링의 비판(*Zur Geschichte der neueren Philosophie. Münchener Vorlesungen*, Darmstadt: Wissenschaftliche Buchgesellschaft, 1974, 111-127쪽)에 대해, 만일 헤겔 철학이 범주론으로 해석된다면 그러한 비판은 무의미하다는 것을 보여 주는 것이었으며(이에 대해서는 A. White, *Absolute Knowledge. Hegel and the Problem of Metaphysics*, Athens, Oh. & London: Ohio University Press, 1983, 15-90쪽; *Die ontologische Option*, hrsg. v. K. Hartmann, Berlin & New York: de Gruyter, 1976, 117-211쪽 참조), 이것은 헤겔 철학에 대한 비형이

는 텍스트 자체에 충실하면서도 어떻게 현대 철학적 논의 속에서 헤겔 철학의 의미를 드러내는가에 놓인다. 다시 말해, 형이상학이 초월적 존재자에 대한 이론으로 이해되던 당시의 상황에서 비형이상학적 해석은 그러한 초월적 존재자에 의존함이 없이 어떻게 객관적 세계의 합리성을 이해시켜야 하는가라는 과제 속에서 수행된 것이었다면,[5] 최근의 해석은 형이상학이 '사물의 본질에 관한 이론'으로[6] 이해되는 한에서, 헤겔의 철학은 어떻게 형이상학이면서도 동시에 칸트적인 의미의 초월론 철학적 의미를 지닐 수 있는가에 대한 물음에 답하려는 시도 속에서 수행된다. 이렇게 본다면, 최근의 해석은 영미권의 철학적 문제의식으로부터 나온 것이라 할 수 있다. 왜냐하면, 헤겔 철학이 형이상학인가 아닌가의 문제는 결국 의식 독립적인 사물에 대한 인식 문제로서의 실재론 논쟁 내지는 의미론 논쟁의 또 다른 버전 이외에 다른 것이 아니기 때문이다.[7]

상학적 해석에 있어 애초에 문제가 되었던 것은 최근 영미권에서 진행되는 논의와는 달리 철학의 근본 원리에 대한 근거 지음, 또는 정당화였음을 의미한다. 왜냐하면 최근의 영미권에서 진행되는 논의는 그들의 관심사인 인식 대상의 실재성이나 의미에 관한 논의를 배경으로 하기 때문이다.

5   이러한 문제의식 속에서 전개된 비형이상학적 해석에 관한 논의는 F. C. Beiser, "Hegel, A Polemic Review of H. T. Engelhardt & Terry Pinkard (eds.), *Hegel Reconsidered* ", in: *Hegel Bulletin* 16(2), 1995, 1-13쪽 참조.

6   앞으로 계속해서 논의하겠지만 형이상학에 대한 이러한 규정은 헤겔 자신으로부터 비롯된다.

7   이런 맥락에서 크라인스(J. Kreines)는 헤겔 철학에 대한 비형이상학적 해석의 문제는 결국 현대 영미권의 철학적 주제인 실재론과 의미론의 문제로 규정한다(J. Kreines, "Learning from Hegel what philosophy is all about: For the metaphysics of reason and against the priority of semantics", in: *Verifiche. Rivista di Scienze Umane* 41, 2012, 129-173쪽).

본 장에서 우리는 현대 철학적 논의 속에서 헤겔의 '논리학'이 어떻게 이해되어야 하는지를 간략히 제시하고자 한다. 이를 위해 먼저 '논리학'에 대한 최근의 네 가지 해석을 고찰할 것인데, 왜냐하면, 그러한 해석들은 각기 '논리학'을 이해하는 데 있어 우리가 주목해야 할 것이 무엇인지를 제시해 주기 때문이다. 이때 고찰될 네 명의 철학자는 테리 핀카드, 로버트 스턴, 스티븐 홀게이트 그리고 존 버비지인데, 왜냐하면, 핀카드는 '논리학'을 칸트의 초월론 철학적 이념에 따른 자기의식에 관한 서술로 간주하는 비형이상학적 해석의 전형을 보여 주는 반면, 스턴은 헤겔 철학에 대한 초월론 철학적 해석을 비판하면서 형이상학적 해석의 가능성을 제시하기 때문이며, 홀게이트는 이 둘을 비판하면서 '논리학'을 초월론 철학이자 동시에 형이상학으로 해석하는 반면, 버비지는 이들과는 또 다른 의미에서 형이상학적 해석을 보여 주기 때문이다.

　　문제는 이러한 해석들이 한편에서는 헤겔이 의도하는 바를 어느 정도 밝혀 주기는 하지만, 다른 한편에서는 오히려 그 의도하는 바를 가리기도 한다는 점이다. 따라서 '논리학'을 올바로 이해하기 위해서는 이러한 해석들 각각이 지니는 문제점들이 무엇인지를 파악해야 할 뿐만 아니라 어떤 해석이 합당한 것이려면 어떤 조건들을 충족시켜야 하는지도 파악해야 한다. 따라서 본 장에서는 이들의 해석을 살펴본 후, 그 문제점은 무엇인지, 그리고 올바른 이해를 위해 어떤 조건이 충족되어야 하는지를 서술한 후, 마지막으로 '논리학'에 대한 우리가 이해가 무엇인지를 제시하게 될 것이다.

2. '논리학'에 대한 다양한 해석들

1) 테리 핀카드의 해석

테리 핀카드는 헤겔 철학은 통상 사람들이 비난하는 것과 같이 수용 불가능한 관념론이 아닐 뿐만 아니라 더 나아가 어떠한 형이상학적 관념론의 의미도 지니지 않는다고 주장한다.[8] 그에 따르면, 이제까지 사람들은 헤겔 철학을 버클리의 관념론보다 더 나아간, 즉, 개인의 사유를 벗어나는 실체로서의 정신을 인정한다는 의미에서 절대적 관념론, 또는 절대정신의 형이상학이라고 생각했다.[9] 하지만 헤겔은 철학의 과제를 형이상학적 실체에 대한 서술로 간주한 적이 결코 없으며 오히려 경험의 개념들을 제한된 수의 근본적 원리에 따라 재구성하는 것에 있다고 여러 곳에서 말한다.[10] 이렇게 볼 때 그러한 과제를 수행하는 '논리학'은 형이상학적 관념론과는 전혀 무관한 범주론으로 이해되어야 한다. 왜냐하면 그때 제한된 수의 근본적 원리들이란 다름 아닌 사유 형식으로서의 범주들이며, '논리학'은 바로 이러한 범주들을 분석하고 재구성하기 때문이다.

문제는 헤겔이 '논리학'에서 고찰되는 범주를 "사물의 참된 본성"이라고 말한다는 점이다. 왜냐하면, 사유 형식인 범주가 사물의 본질을

---

8 T. Pinkard, "Hegel's Idealism and Hegel's Logic", in: *Zeitschrift für philosophische Forschung* 33(2), 1979, 210-226쪽.

9 같은 글, 210쪽.

10 같은 글, 211쪽.

제2부 분석적 헤겔 해석과 형이상학적 헤겔

이루는 것이라면 그러한 범주를 고찰하는 '논리학'은 결국 사물의 본질은 사유 규정에 의한 것임을 주장하는 관념론적 형이상학이 될 것이기 때문이다. 핀카드는 이 문제에 대해 헤겔이 사유 규정인 범주가 사물의 본성이라고 말할 때 그 의미는 범주 체계란 세계가 존재하는 방식에 대한 표상이라는 것일 뿐, 관념론과는 무관한 것이라 말한다. 다시 말해 '논리학'의 범주 체계란 칸트적 초월론 철학에서처럼 세계를 기술하는 데 있어 불가결한 '초월론적 틀'임을 말한다는 것이다.[11] 하지만 핀카드의 이러한 설명에도 불구하고 사유 규정인 범주가 어떻게 사물의 참된 본성일 수 있는가라는 물음은 여전히 남게 된다.

　　핀카드가 볼 때, 칸트와 경험론자들에게 그러한 물음이 계속 던져지는 이유는 그들이 범주를 '표상'이나 '이념idea'으로 잘못 이해하기 때문이다. 왜냐하면, '표상'이나 '이념' 속에서는 당연히 표상되는 대상과 주관은 분리되며 그런 한에서 범주의 객관적 실재성에 관한 물음은 제기될 수밖에 없기 때문이다. 하지만 사유 규정으로서의 범주란 표상이 아닌 주체의 사유 작용이며, 그 사유 작용은 항상 '지향성intentionality'이라는 것을 이해한다면 주체와 객체의 매개의 필요성은 사라지며, 그러한 물음 또한 의미 없게 된다. 왜냐하면, 지향성 속에서 대상이란 주체와 분리되는 실재가 아니라 의식의 '내포intension'일 것이며, 그런 한에서 사유와 대상 간의 관계는 의미론적 관계가 되고 의식과 세계 간의 차이는 명제와

11　　같은 글, 212쪽.

그 명제가 지시하는 대상 간의 차이, 또는 '내포'와 그 체현(象徵) 간의 차이가 될 것이기 때문이다.[12]

이처럼 사유의 특성이 지향성이라는 토대 위에서 핀카드는 '논리학'에서 서술되는 존재, 본질, 개념이 어떻게 지향적 구조 속에서 이해될 수 있는지를 설명한다. 그에 따르면, 사유가 지향성이라는 것은 곧 사유란 항상 '존재에 대한of being' 사유라는 것을 의미한다. 따라서 '논리학'의 첫 부분을 이루는 '존재론'과 '본질론'은 대상, 즉, '존재에 대한of being' 사유의 가능성이 무엇인지를 설명하는 것이며, '개념론'은 이러한 설명이 가능하기 위한 근거로서의 사유 자체의 가능성, 즉, 지향적 사유 자체의 가능성에 대한 해명이 된다.[13] 물론 이러한 해석에 대해, '개념'이란 사유의 행위이며 개념성이 지향성이라면, 그러한 개념을 고찰하는 '논리학'은 결국 심리학이 아닌가라는 비판이 제기될 수도 있다. 하지만 이러한 비판에 대해 핀카드는 지향성에 대한 범주적 설명은 후설에게서처럼 그렇게 행위에 관한 이론이 아니라 "사유 또는 내포의 체계를 구성하는 원리"[14]에 관한 이론이므로 심리학과는 무관한 순수 논리적 규정에 대한 고찰이라고 대답한다.

---

12   같은 글, 219쪽.
13   같은 글, 217쪽.
14   같은 글, 220쪽.

2) 로버트 스턴의 해석

'논리학'을 초월론 철학으로 이해하려는 핀카드와는 달리 로버트 스턴은 만일 우리가 헤겔의 텍스트에 충실히 머물고자 한다면, '논리학'은 형이상학으로 이해되어야 한다고 말한다.[15] 그에 따르면, '논리학'을 칸트적인 의미의 초월론 철학으로 이해하는 것은 헤겔 철학이 절대정신의 형이상학이나 아니면 초월적 관념론(유한한 대상은 존재하지 않고 절대적 이념만이 존재하며, 이 이념은 실체가 아니라 주체라는 생각)으로 해석되는 것을 피하기 위함이겠지만, 그렇다고 해서 그러한 해석이 정당화되는 것은 아니다. 특히 '논리학'이 초월론 철학으로 이해될 때 제기되는 문제는 어떻게 사유 규정이 사물 자체의 규정이라고 말할 수 있는가인데, 초월론 철학적 해석론자들은 반실재론적 입장을 택함으로써 이 문제를 해결하려고 한다. 다시 말해 '사물 자체', '진리', '인식' 등과 같은 개념들은 결국 우리가 사용하는 개념적 도식 안에서만 적용될 수 있는 것이기 때문에 사유 규정이 사물 자체의 규정이라고 할 수 있다는 것이다.

스턴이 볼 때, 문제는 그와 같이 반실재론적인 입장을 택하게 되면, 가능한 대상에 대한 규정의 문제가 '가능한 자기의식적 판단의 대상'에 대한 규정의 문제로 전환되는데, 바로 여기에 심각한 오류가 놓이게 된다는 데 있다. 왜냐하면, 헤겔은 범주를 자기의식의 조건으로부터 연역하는 것에 대해 분명히 반대하기 때문이다. 다시 말해, 헤겔은 범주를

---

15   R. Stern, "Hegel's Idealism", in: R. Stern, *Hegelian Metaphysics*, Oxford: Oxford University Press, 2009, 45-79쪽.

대상을 인식하기 위한 수단으로 간주하는 것이 아니라 사물의 본질로 규정하기 때문이다. 따라서 헤겔의 주장에 충실히 머물고자 한다면, 우리는 '논리학'을 사물의 본질인 범주를 고찰하는 형이상학, 또는 전통적인 의미에서의 실재론적 형이상학으로 이해해야 한다.

'논리학'이 이처럼 실재론적 형이상학이며 그러한 '논리학'을 토대로 성립하는 헤겔의 철학은 이념적 실재론이라는 것을 논증하기 위해 스턴은 '논리학'에서 헤겔이 말하는 '관념론'이 무엇을 의미하는지를 분석한다. 그에 따르면, 헤겔이 "모든 철학은 본래적으로 관념론이다"라고 말할 때, 그가 생각하는 관념론은 인식론적인 의미가 아니라 존재론적인 의미를 지닌다.[16] 다시 말해, 그때 관념론은 의식이 의식 외부의 사물과 어떻게 관계하는지, 그리고 의식 외부의 사물이라는 것이 도대체 무엇인지에 대해 논의하는 현대적 의미의 관념론과는 전혀 관계가 없는,[17] 전통적인 의미의 실재론적 형이상학의 의미를 지니게 된다. 왜냐하면 "모든 철학은 본래적으로 관념론이다"라는 것은 곧 "유한한 존재자는 결코 그 자체에 있어서 궁극적이며 절대적인 것으로 간주될 수 없고, 지속적이며 무한한 근거와 관계되어 있을 뿐만 아니라, 그것에 의해 유한한 사물은 제약됨으로써 실현되는realization 것"[18]임을 말하는 것이기 때문이다. 물론 이때 무한한 근거란 바로 이념적 실재ideal entities이며 그렇기 때문에 그것

---

16   같은 글, 67쪽.
17   같은 곳.
18   같은 글, 68쪽.

은 관념론이다.

특히 헤겔의 관념론이 이처럼 이념적 실재가 사물의 본성을 이루는 것이며 우리의 사유가 그러한 실재를 구성한다는 것을 주장하는 것이라면, 그 관념론은 결국 "사물의 참된 모습은 사유 속에 있음"을 주장하는 전통적 의미의 실재론과 마찬가지일 수 있다. 이런 까닭에 스턴은 헤겔을 실재론자이자 관념론자라고 말한다. 하지만 헤겔이 이처럼 이념 실재론자로서의 관념론자라면 그의 철학은 결국 칸트 이전의 철학으로 회귀하는 것이 아닌가라는 물음이 제기된다. 이러한 물음에 대해 스턴은 헤겔의 관념론은 칸트 이전의 철학으로의 회귀가 아니라, 오히려 칸트 철학의 계승이며 발전이라고 말한다. 왜냐하면, 이념적 실재가 사물의 본성이라는 것은, 곧 사물의 본성은 감각적이며 직접적으로 드러나는 개별자가 아니라, 오로지 사유에 의해서만 파악될 수 있는 보편자라는 것을 의미하는데, 이것은 칸트가 감각적으로 지각된 것은 자족적인 것이 아니라 이차적인 것이며, 사물에 대한 필연적인 인식은 오직 사유에 의해 주어져야 한다고 말하는 것과 같은 의미이기 때문이다.[19] 뿐만 아니라 초월론적 전회의 핵심이 사유에 의한 대상의 근거 지음이라고 한다면, 사물의 본성이 사유에 의해서만 파악될 수 있다는 것은 곧 초월론적 태도의 핵심을 말하는 것이기 때문이다.[20]

스턴이 볼 때 문제는 오히려 칸트에게 놓인다. 왜냐하면, 그는 대

---

19   같은 글, 73쪽.
20   같은 글, 76쪽.

상에 대한 인식을 위해서는 사유가 반드시 필요하다는 것을 인지했음에도 불구하고 그 사유가 사물 자체를 이루는 객관성을 갖는다는 것을 파악하지 못하고 그 사유를 단지 주관적인 '우리의' 사유로 간주함으로써 사물 자체와 사유 사이에 넘을 수 없는 한계를 만들었기 때문이다. 이렇게 본다면, 사물의 본질로서 이념적 실재를 주장하는 헤겔의 철학은 칸트의 입장을 계승하는 것이면서도 넘어서는 것이라 할 수 있다.

3) 스티븐 훌게이트의 해석

스티븐 훌게이트는 '논리학'을 초월론 철학으로 해석하는 입장과 형이상학으로 해석하는 입장은 각기 반만의 진실이며 올바른 해석은 그것을 초월론 철학이자 형이상학으로 간주하는 것이라고 말한다.[21] 그에 따르면, '논리학'은 단순히 초월론 철학이 아니라 강한 의미에서의 형이상학이며 존재론이지만, 동시에 비형이상학이다.[22] 그가 볼 때, 헤겔은 범주를 비판적으로 고찰한다는 점에서 칸트의 비판철학적 이념을 좇는다. 하지만 헤겔은 칸트처럼 범주를 단순히 주관성과 객관성의 구분에 따라 고찰하는 것이 아니라, 범주 그 자체의 본질적이며 필연적인 의미와 구조를 드러내고자 한다는 점에서는 칸트와 구분된다. 문제는 이때 범주의 존재론적 의미를 어떻게 이해해야 하는가인데, 헤겔은 범주를 사물 자체의 내재적 규정으로 간주한다. 따라서 만일 우리가 형이상학을

---

21   S. Houlgate, "Hegel's Logic", 111-134쪽.

22   같은 글, 123쪽.

'**실존하는** 대상'에 대한 서술, 또는 사물 자체의 내적인 구조에 대한 서술로 이해한다면, '논리학'은 형이상학이며 전통적 의미의 존재론이라 할 수 있다.[23]

하지만 여기서 우리는 '논리학'이 이처럼 형이상학이라면 어떻게 그것이 칸트적인 의미의 초월론 철학이라고 할 수 있는가라는 물음에 직면하게 되는데, 이 물음에 답하기 위해 홀게이트는 범주에 대한 '비판'의 의미를 검토한다. 그에 따르면, 칸트의 초월론적 비판의 핵심은 현실적인 것what is에 대한 인식과 가능적인 것what is possible에 대한 인식을 구분하는 데 놓인다. 다시 말해 경험적 직관이 주어지지 않은 경우, 사유가 인식하는 것은 현실적인 것이 아니라, 단지 가능적인 것일 뿐이라는 것이다. 홀게이트가 볼 때, 문제는 이러한 구분 자체가 실은 비판되지 않은 반성적 지성의 무비판적 전제라는 점이다. 그렇기 때문에 사유가 근본적으로 자기비판적이려면 그러한 전제 자체에 대한 비판이 선행되어야 하며, 그 비판이 진정한 비판이라면 어떤 것도 전제하지 않는 무전제로부터 시작되어야 한다.[24]

그렇다면 우리가 철저히 비판적 태도를 취함으로써 어떤 편견이나 선입견 없이 사유를 바라본다면, 그때 사유는 어떤 것일까? 이에 대해 홀게이트는 그때 사유는 존재에 대한 사유일 것이라 말한다.[25] 왜냐하면

23   같은 글, 118쪽.
24   같은 글, 120쪽
25   같은 곳.

가장 단순한 지각조차 '무엇이 있다there is'는 것으로부터 시작되기 때문이다. 이렇게 볼 때, 존재에 대한 사유로부터 시작하는 '논리학'은 어떤 선입견과 편견도 제거된 무전제로부터 시작하는 학일 뿐만 아니라 철저하게 비판적인 학이라 할 수 있다. 다시 말해 '논리학'은 존재의 규정을 고찰한다는 점에서는 형이상학이지만 어떤 것도 전제하지 않는다는 점에서 칸트의 비판적 이념을 철저히 수행하는 '비판적 형이상학' 내지는 '비형이상학'이라고 할 수 있다.[26]

4) 존 버비지의 해석

'논리학'을 스턴이나 홀게이트가 말하는 것과는 또 다른 의미에서의 형이상학으로 이해하는 철학자는 존 버비지이다.[27] 그에 따르면, 형이상학이란 의식 밖에 있는 사물 자체의 규정성에 대한 이론이다. 다시 말해 형이상학이란 우리가 그것을 사유하든 않든 상관없이 그 자체로 존재하는 사물이 우리의 사유 규정에 의해 파악될 수 있음을 주장하는 이론인데, '논리학'은 바로 이런 의미에서 형이상학이다. 따라서 '논리학'에 대한 올바른 해석은 개념에 대한 구성이 어떻게 사유와 독립해서 존재하는 사물에 대한 본질적 규정일 수 있는지를 해명하는 것이어야 한다. 이런 관점에서 볼 때, 피핀과 스턴, 그리고 홀게이트의 해석은 모두 '논리학'에

---

26   같은 글, 124쪽.

27   J. W. Burbidge, "Hegel's Logic as Metaphysics", in: *Hegel Bulletin* 35(1), 2014, 100-115쪽.

대한 적절한 해석이라 할 수 없다. 왜냐하면 그들의 해석 속에서는 어떻게 사유 규정이 사물의 본질적 규정일 수 있는지에 대한 논증이 보이지 않기 때문이다.[28]

　　우선 '논리학'을 칸트적 프로젝트에 따라 인식의 가능한 대상을 위해 요구되는 개념적 조건에 대한 탐구로 이해하는 피핀의 결정적인 문제는 그 개념들이 어떻게 실제 세계를 경험하게 해 준다고 말할 수 있는지에 대한 명확한 논거를 제시하지 못한다는 점이다. 이것은 로버트 스턴이나 홀게이트에게서도 마찬가지이다. 왜냐하면 스턴이 말하듯이 사유를 통해 사물의 본질인 이념적 실재가 파악된다면, 그때 파악된 이념적 실재란 여전히 사유에 따른 보편자일 뿐, 결코 사물 자체는 아닐 것이기 때문이며, 홀게이트의 주장대로 우리가 편견 없이 사유를 바라볼 때 사유의 대상인 존재와 현실적 존재가 다르다고 생각할 이유가 전혀 없다고 해서 그 둘이 같은 것이라는 결론은 도출되지 않기 때문이다.[29] 이런 까닭에 버비지는 피핀과 스턴, 그리고 홀게이트의 해석은 모두 개념적 범주들의 정합성에 관한 설명일 뿐이며 그 개념들과 현실적 세계와의 결합에 관한 논의, 즉 형이상학적 논의는 포함하지 않는다고 비판한다.[30] 그렇다면 버비지 자신은 '논리학'이 어떤 근거에서 사유와는 독립적인 사물에 대한 규정 이론으로서의 형이상학이라고 말하는 것일까?

28　　같은 글, 106쪽.
29　　같은 글, 104쪽.
30　　같은 글, 103쪽.

그에 따르면, 헤겔이 '논리학'을 형이상학으로 근거 짓는 방식은 칸트가 『도덕 형이상학』 및 『자연과학에 대한 형이상학적 근거 지음』 등을 통해 순수 지성의 범주 체계를 형이상학으로 근거 짓는 방식과 동일하다. 왜냐하면 그것들을 통해 칸트가 선험적ª priori 순수 지성 개념들에게 경험적 내용을 부여하고 그렇게 함으로써 순수 지성의 체계를 형이상학으로 규정하듯이, 헤겔은 '정신현상학'을 통해 '논리학'의 개념들에게 경험적 내용을 부여함으로써 순수 개념 체계들을 형이상학으로 만들기 때문이다. 이렇게 본다면 의식이 자신의 개념에 따라 대상을 파악하려 하지만, 그러한 파악에 오류가 있음을 깨닫고 자신의 개념을 수정해 나가는 가운데 마침내 대상에 대한 합당한 인식을 갖게 되는 과정을 서술하는 '정신현상학'은 '논리학'이 형이상학임을 연역하는 과정이라고 할 수 있다. 왜냐하면, 의식의 경험 과정의 결과로 주어진 '논리학'의 개념들이란 단순히 사유의 초월론적 범주들이 아니라 객관적 세계의 규정으로서 결국 객관적 세계에 내재하는 원리들이라 할 수 있을 것이기 때문이다.[31]

버비지에 따르면, 이렇게 해서 성립되는 형이상학으로서의 '논리학'은 다음과 같은 특성을 갖는다. 첫째, '논리학'에서 다루어지는 개념들은 경험의 역동성을 특징짓는 개념 틀을 수정하는 가운데 주어진 결과들이므로, 고립적인 의미를 갖는 것이 아니라 다른 개념들과 결합 및 연관

31   같은 글, 109쪽.

되며, 이것이 '논리학'에서 전개되는 개념의 필연성의 근거가 된다. 둘째, '논리학'의 개념들은 의식의 경험의 결과이기 때문에, 고정되고 수정 불가능한 절대적인 것이 아니라 개념적 반성과 시간의 흐름에 따라 언제든 수정되고 재구성될 수 있는 것들이다.[32] 따라서 '논리학'은, 그 다루어지는 개념들이 우리가 세계를 인식하는 틀이지만 고정된 것이 아니라 경험 과정 속에서 항상 새롭게 수정된다는 의미에서 형이상학이라고 할 수 있을 뿐만 아니라, 바로 이러한 의미의 형이상학만이 오늘날 의미 있는 형이상학일 수 있다.

3. '논리학'에 대한 해석들이 갖는 문제점

이제까지 고찰한 것을 되돌아볼 때, '논리학'에 대한 해석의 문제는 결국 '논리학'에서 고찰되는 사유 규정인 범주들이 갖는 존재론적 의미에 대한 이해의 문제라고 할 수 있다. 왜냐하면, 그 모든 해석의 중심에 놓이는 것은 사유 규정인 범주가 사물의 본질적 규정이라는 헤겔의 주장을 어떻게 이해해야 하는가라는 물음이기 때문이다. 우선 '논리학'을 초월론 철학의 확장으로 간주하는 핀카드의 견해는 범주를 세계를 기술하기 위해 불가결한 개념적 도식으로 간주한다는 점에서 형이상학적 해석과는 무관한 비형이상학적 해석이라고 할 수 있다. 문제는 이때 이

---

32   같은 글, 110쪽.

러한 범주가 어떻게 사물의 참된 본성일 수 있는지를 설명해야 하는데, 핀카드는 반실재론적 입장을 택함으로써 이에 대한 설명을 제공한다. 다시 말해 그에 따르면 사물이라는 것 자체가 오로지 우리의 개념적 도식 안에서만 의미를 지닐 수 있기 때문에, 사유 규정은 사물 자체의 규정일 수 있다는 것이다. 특히 그는 사유의 특성을 지향성으로 이해함으로써 사물의 본질에 대한 구성을 지향적 '내용intension'에 대한 구성으로 환원한다.

물론 이러한 해석이 전혀 근거 없는 것은 아니다. 왜냐하면, 헤겔 스스로 '논리학'은 우리 인식의 근원을 고찰하는 칸트의 초월론 철학과 같은 것이라고 말할 뿐만 아니라[33] 그때 말하는 '사물Ding'이란 의식 밖의 존재자가 아니라 독일어의 근원적 의미에 따라 '말Rede'과 같은 것이라고 표현하기 때문이다.[34] 하지만 헤겔은 동시에 칸트의 초월론 철학과 이전의 형이상학을 비교하면서 진리의 관점에서 볼 때, 이전의 형이상학은 "비판적으로 철학하는 것보다 더 높은 위치에 있으며"[35] '논리학'은 바로

---

33   G. W. F. Hegel, *Wissenschaft der Logik. Die Lehre vom Sein (1832)*, hrsg. v. H.-J. Gawoll, Hamburg: Felix Meiner, 1990, 48쪽.

34   이때 '말(Rede)'이란 사유의 의미 내용이라 할 수 있다. G. W. F. Hegel, *Wissenschaft der Logik. Die Lehre vom Sein (1832)*, 28쪽; G. W. F. Hegel, *Vorlesung über Logik und Metaphysik*, Vorlesungen. Ausgew. Nachschriften u. Manuskripte, hrsg. v. K. Gloy, Hamburg: Felix Meiner, Bd. 11, 1992, 6쪽.

35   G. W. F. Hegel, *Enzyklopädie der philosophischen Wissenschaften im Grundrisse (1830)*, hrsg. v. F. Nicolin & O. Pöggeler, Hamburg: Felix Meiner, 1991, §28; G. W. F. Hegel, *Wissenschaft der Logik. Die Lehre vom Sein (1832)*, 28쪽.

그런 의미에서 형이상학이라고도[36] 말한다. 왜냐하면, 칸트의 초월론 철학은 여전히 인식 주체로서의 자기의식에 대한 고찰인 반면, 이전의 형이상학은 객관적 사태 자체에 대한 고찰이며 그런 한에서 범주는 자기의식적 활동과는 무관한 "즉자 대자적으로 존재하는 사태", 또는 "존재하는 것의 이성"[37]을 의미하기 때문이다.

이렇게 본다면, '논리학'을 지향적 사유의 구성적 원리에 대한 서술로 간주하는 핀카드의 해석은 '논리학'의 일면적인 부분만을 고찰하는 결핍된 해석이라고 할 수 있다. 물론 핀카드의 해석을 지지하는 경우, 이러한 비판에 대해 헤겔이 말하는 "즉자 대자적으로 존재하는 사태", 또는 "존재하는 것의 이성"과 지향성 속에서 파악된 사태 자체는 다른 것이 아니며 그런 한에서 '논리학'이 전제하는 사변적 관점, 즉 사유와 대상 간의 분리가 극복된 관점이란 의식과 대상 간의 관계를 의미론적 관계로 고찰하는 지향적 사유의 관점이라고 말할 수도 있다. 하지만 지향성 속에서 파악되는 사태란 여전히 **자기의식적** 사유의 활동 속에서 구성되는 것이라는 점에서 헤겔이 범주를 '객관적 사상'으로 표현하고자 할 때 그 의미를 충분히 짚어 낸다고는 할 수 없다.

'논리학'을 자기의식적 사유에 대한 고찰로 간주하는 핀카드의 해석이 이처럼 일면적이라면 '논리학'을 아리스토텔레스적인 의미의 형이

---

36   G. W. F. Hegel, *Enzyklopädie der philosophischen Wissenschaften im Grundrisse* (1830), §24; G. W. F. Hegel, *Wissenschaft der Logik. Die Lehre vom Sein* (1832), 50쪽.

37   G. W. F. Hegel, *Wissenschaft der Logik. Die Lehre vom Sein* (1832), 19쪽.

상학, 즉 이념적 실재론으로 설명하는 스턴의 해석은 그것과는 다른 의미에서 또한 일면적이라고 할 수 있다. 왜냐하면 '논리학'의 범주들을 '이념적 실재ideal entities'로 규정하는 스턴의 해석은 왜 사유 규정이 사물의 본질적 규정인지, 그리고 그러한 사유 규정이 "존재하는 것의 이성"인지는 설명해 줄 수 있지만, '논리학'이 전제하는 '사변적 관점'의 의미를 충분히 고려하지 않기 때문이다.

헤겔은 『형이상학 강의』에서 오성 없이는 결코 이성이 있을 수 없으며, 의식과 대상의 대립을 전제하는 오성적 사유를 지양하는 것이 결코 "비오성이 된다는 것을 의미하지는 않는다"[38]고 말함으로써 사유 규정을 사물의 본질적 규정으로 간주하는 사변적 관점은 대상과 의식의 분리를 전제하는 오성적 관점을 폐기하는 것이 아니라 포함하면서 지양하는 것임을 분명히 한다. 달리 말해, 헤겔은 전통적 형이상학을 칸트가 비판한 것에 대해 "사유 규정이 칸트의 표현대로 사물 자체의 규정이 될 수 있는지, 아니면 오히려 이성적인 것의 규정이 될 수 있는 것인지, 또 어떻게 그러한지에 대한 사전 탐구 없이 그것들을 무비판적으로 사용했다는 비판은 정당한 것이었다"[39]고 말함으로써 사변적 관점이란 사유 규정이 곧 사물의 본질적 규정이라고 무비판적으로 받아들이는 것이 아니라, 비판적으로 고찰한 결과임을 분명히 한다. 따라서 '논리학'이 사변적 관점에 근거한다면, 이때 '논리학'은 사유 규정이 어떻게 사물의 본질적 규

---

38   G. W. F. Hegel, *Vorlesung über Logik und Metaphysik*, 1992, 15쪽.

39   G. W. F. Hegel, *Wissenschaft der Logik. Die Lehre vom Sein (1832)*, 51쪽.

제2부 분석적 헤겔 해석과 형이상학적 헤겔

정일 수 있는지에 대한 연역에 기초해야 한다.

하지만 헤겔 철학을 '이념적 실재론'으로 간주하는 스턴의 해석에서는 사유 규정은 곧 사물의 본질적 규정이라는 것이 직관적으로 주장될 뿐, 어떻게 해서 사유 규정인 범주가 사물의 본질적 규정일 수 있는지에 대한 논증은 보이지 않는다. 스턴은 오히려 범주를 스콜라철학이 주장하는 이념적 실재로 간주함으로써 헤겔 철학이 칸트 철학으로부터 넘겨받은 사유에 대한 비판적 성찰의 의미를 사장시켜 버린다. 이런 까닭에 스턴의 견해는 '논리학'이 갖는 존재론적인 의미를 적절히 파악했음에도 불구하고 여전히 일면적인 해석이라고 할 수 있다. 이렇게 본다면 '논리학'을 사유 규정에 대한 고찰로 간주하면서도 어떻게 그러한 규정이 사물 자체의 규정일 수 있는지를 설명하는 홀게이트와 버비지의 해석이 가장 바람직한 것으로 보이게 된다.

먼저 홀게이트의 해석은 '논리학'을 초월론 철학이면서 동시에 형이상학으로 본다는 점에서 가장 균형 잡힌 해석으로 보일 수 있다. 왜냐하면 그는 어떤 의미에서 '논리학'이 칸트적인 의미의 초월론 철학을 계승하는지, 그리고 왜 형이상학일 수 있는지를 적절히 설명하기 때문이다. 하지만 그의 설명에 있어 결정적인 문제는 버비지가 비판했듯이 스턴에게서처럼 사유 규정이 왜 사물의 본질적 규정이라고 할 수 있는지에 대한 논증이 제시되지 않는다는 점이다. 물론 그는 '정신현상학'의 역할에 대해 주목하기는 한다. 하지만 비록 '정신현상학'이 사유와 대상의 분리를 고집하는 일상적 의식을 사변적 관점으로 이끄는 역할을 할 수는 있다고는 하나 그것이 '논리학'을 위해 반드시 필요한 것은 아니라고 말한다. 왜냐하면, 존재에 대한 사유를 고찰하는 '논리학'은 그 자체로부터 시작되어야 하기 때문이다.

이런 주장과 함께 그가 제시하는 사변적 관점의 정당화는 일상적인 의식이 갖는 편견이나 선입견의 제거에 놓인다. 다시 말해, 우리가 선입견 없이 사유를 고찰한다면 그때 사유는 존재에 대한 사유로 드러난다는 것이다. 아마도 그가 이렇게 주장하는 까닭은 헤겔이 『철학강요』에서 '논리학'을 첫 번째 부분으로 하는 학문 체계의 출발은 순수하게 사유하기로 결심하는 철학자의 결단에 놓인다고 말하는 것을[40] 염두에 두었기 때문인 듯이 보인다. 하지만 그러한 생각이 버비지에 의해 비판되었다는 것은 차치하고라도, 그 경우 철학자의 순수 사유 속에서 사유와 일치하는 존재란 도대체 어떤 의미의 존재인지가 불분명해 보인다.

만약 그 존재가 대상에 대한 사유를 반성적으로 성찰하는 가운데 드러나는 존재라면 결국 그 존재는 핀카드가 지향적 사유의 대상으로 설명하는 '내포'와 같은 것으로 이해될 수 있으며 그 경우 핀카드가 부딪히는 문제에 봉착하게 될 것임은 분명해 보인다. 그렇지 않고 그 존재가 의식에 대립되는 것이라면, 문제는 다시 사유 규정이 어떻게 사물 자체의 규정일 수 있는지에 대한 물음으로 되돌아가게 된다. 이렇게 본다면, 사유 규정이 어떻게 사물의 본질적 규정일 수 있는지에 대한 해석에 있어서 가장 바람직한 것은 홀게이트의 해석이 아니라 버비지의 해석이 아닌

---

40   G. W. F. Hegel, *Enzyklopädie der philosophischen Wissenschaften im Grundrisse (1830)*, §17.

가라는 생각에 도달하게 된다. 왜냐하면 사유 규정이 어떻게 사물의 본질적 규정일 수 있는가를 설명하기 위해 그가 내세우는 전략은 그 둘이 반드시 같은 것이어야 할 필요는 없다는 것[41]이기 때문이다.

하지만 문제는 버비지가 제시하는 형이상학에 대한 개념이 헤겔이 의도하는 형이상학과는 근본적으로 다를 뿐만 아니라, 사유 규정이 사물의 본질적 규정일 수 있음에 대한 그의 논증 또한 헤겔의 의도와는 너무 다르게 작위적이라는 데 있다. 그에 따르면 형이상학이란 우리가 그것을 사유하든 않든 상관없이 그 자체로 존재하는 사물의 규정에 관한 이론이다.[42] 그러나 헤겔의 관점에서 본다면, 형이상학에 대한 이러한 이해는 의식과 대상의 대립을 전제하는 '반성적 오성', 즉 "현상하는 의식"의 관점에서 이해된 것일 뿐, 결코 사변적 관점으로부터 주어지는 것은 아니라고 할 수 있다.[43] 왜냐하면, 그가 이해하는 형이상학이란 경험과 사유 규정인 개념의 분리가 전제된 상태에서 그 둘을 통합하는 이론인 반면, 사변적 관점에서 이해되는 형이상학이란 '개념의 자기규정의 체계' 또는 '순수 사상 속에서 고찰된 세계에 관한 학문적 구조'이기[44] 때문이다. 따라서 개념이 어떻게 경험적 내용을 얻게 되는지에 대한 논의를 통해 헤겔의 '논리학'이 형이상학임을 주장하려는 버비지의 해석은 그 출발

---

41   J. W. Burbidge, 앞의 글, 104쪽.

42   같은 글, 103쪽.

43   G. W. F. Hegel, *Wissenschaft der Logik. Die Lehre vom Sein (1832)*, 27쪽.

44   같은 책, 50쪽.

에서부터 잘못 정향되어 있다고 할 수 있다.

물론 버비지 자신이 말하는 형이상학은 '정신현상학'을 전제하는 한에서의 '논리학'을 말하는 것이라 할 수 있다. 왜냐하면, '정신현상학'에서 대립되는 세계를 이해하려는 의식의 끊임없는 노력과 시행착오 덕분에 그 결과로 주어진 '논리학'은 객관적 세계를 구성하는 원리에 대한 고찰이라고 말할 수 있기 때문이다. 하지만 '정신현상학'에서 서술되는 경험과 개념의 통일을 프래그머티즘적으로 이해하려는 시도는 헤겔의 본래 의도와는 부합되지 않을 뿐만 아니라, 그 결과로 주어지는 '논리학'의 모습도 헤겔이 말하는 것과는 거리가 있어 보인다. 왜냐하면, 헤겔은 대상과 경험이 통일되는 근거를 실천적 적합성에 두는 것이 아니라 자기의식의 선험적ª priori 반성성에 두기 때문이다. 다시 말해, 대상과 개념의 일치는 스스로를 대상으로 구성하는 의식이 자신을 파악할 때 주어지기 때문이다.[45] 그런 까닭에 그 결과로 성립하는 '논리학'은 시대적 경험이 변하면 새롭게 구성될 수 있는 개념 체계가 아니라 필연적이며 완결된 진리의 체계일 수 있는 것이다.

물론 그렇다고 해서 버비지의 시도가 전혀 무의미한 것은 아니다. 왜냐하면 그의 시도는 상식적인 의식의 차원에서 나타나는 대상과 의식의 대립에 대해 철학이 무엇을 설명해야 하는지를 말하고 있기 때문이다. 다시 말해 철학은 사유와 대상 간의 분리가 어떤 근거에서 극복되고

---

45   G. W. F. Hegel, *Phänomenologie des Geistes*, hrsg. v. H. F. Wessels & H. Clairmont, Hamburg: Felix Meiner, 1988, 65쪽.

통일될 수 있는 것인지를 일상적인 의식에게 설명해야 할 의무를 지니고 있다는 것을 깨닫게 해 주기 때문이다. 헤겔이 '정신현상학'의 결과로 주어지는 사변적 관점을 통해 말하고자 하는 것은 바로 이것이다. 즉, 일상적 의식 속에서 절대적 대립으로 이해되는 대상과 의식은 그러한 대립에 대한 반성적 사유 속에서는 사유의 계기들로 이해될 뿐, 결코 자립적 구분으로 간주될 수는 없다는 것이다.

이제까지 살펴본 것처럼 '논리학'에 대한 해석들이 각기 나름의 문제를 지닌다면 올바른 해석은 과연 어떤 것이어야 하는지가 이제 해결해야 할 문제로 떠오르게 된다. 이제까지 논의를 돌이켜 볼 때, 만일 어떤 해석이 올바른 것이라면 그 해석은 다음과 같은 두 가지 물음에 합당한 대답을 줄 수 있어야 한다. 첫째, '논리학'은 어떻게 초월론 철학과 같은 것이면서도 동시에 사물 자체의 규정을 고찰하는 형이상학이라고 할 수 있는가? 둘째, 사유 규정이 사물 자체의 규정이라는 것을 어떻게 논증할 수 있는가?

4. '사변적 관점'에 대한 연역으로서의 '정신현상학'과 범주에 대한 진리 증명으로서의 자연철학

어떻게 '논리학'이 초월론 철학과 같은 것이면서 동시에 형이상학일 수 있는지를 이해하기 위해서는 먼저 헤겔이 생각하는 형이상학이 어떤 것인지를 생각해 보아야 한다. 그에 따르면, '논리학'은 "사물의 본질을 표현하는 사상 속에서 파악된 사물에 관한 학"[46]이라는 점에서 형이상학이다. 다시 말해, '논리학'이 형이상학인 이유는 첫째, 그것이 사물의 본질을 서술하기 때문이며, 둘째, 사물의 본질을 사유 규정을 통해 고찰하기 때문이라는 것이다. 여기서 주목해야 할 것은 이 두 번째 이유이다. 왜냐하면 '논리학'이 사물의 본질을 **사유 규정을 통해** 제시한다면, 이때 형이상학이란 존재와 사유의 즉자적 일치를 주장하는 아리스토텔레스적인 의미의 형이상학이 아니라 오히려 존재에 대한 탐구는 "사물에 대한 우리의 첫 번째 인식 원리들"[47]에 대한 탐구라고 생각하는 라이프니츠-볼프학파의 형이상학과 같은 것이라고 보는 것이 합당하기 때문이다.[48]

헤겔이 형이상학을 이처럼 라이프니츠-볼프학파적인 의미에서의 형이상학으로 생각한다면, 이제 '논리학'이 왜 초월론 철학과 같은 것이면서도 형이상학이라고 할 수 있는지가 해명된다. 우선 '논리학'은 존재에 대한 탐구를 사유 규정에 대한 고찰로 이해한다는 점에서 초월론 철학과 같은 것이라 할 수 있다.[49] 다시 말해 초월론 철학이 대상에 대한 우리의 개념을 탐구하는 것이라면, '논리학'도 "대상에 대한 순수 사유의 규

---

46   G. W. F. Hegel, *Enzyklopädie der philosophischen Wissenschaften im Grundrisse* *(1830)*, §24.

47   A. G. Baumgarten, *Metaphysik*, Halle: Hemmerde, §1, 1783.

48   라이프니츠-볼프 형이상학이 반성적 사유에 근거하고 있다는 것에 대한 논의는 B. von Giovanni와 S. J. Sala의 논문 "Die Transzendentale Logik Kants und die Ontologie der deutschen Schulphilosophie", in: *Philosophisches Jahrbuch* 95(1), 1988, 19-35쪽 참조.

49   G. W. F. Hegel, *Wissenschaft der Logik. Die Lehre vom Sein (1832)*, 48쪽.

칙들"[50]을 고찰한다는 점에서 초월론 철학과 같은 것이라 할 수 있다. 더욱이 이때 고찰되는 순수 사유 규정들이 사물의 본질적 규정이라는 점에서 '논리학'은 또한 형이상학이라 할 수 있는데, 문제는 이때 주관적 사유 규정이 어떻게 사물의 본질적 규정이라고 할 수 있는가이다. '논리학'이 칸트적 비판의 이념을 받아들이면서도 칸트와는 구분될 뿐만 아니라, 라이프니츠-볼프학파의 형이상학과도 구분되는 지점이 바로 여기이다. 왜냐하면, 사유 규정이 현상이 아니라 사물 자체의 규정이라는 것을 라이프니츠-볼프학파의 형이상학은 직접적으로 주장할 뿐, 어떻게 그럴 수 있는지에 대한 논증은 제시하지 않기 때문이다.

헤겔은 사유 규정인 범주가 어떻게 사물의 본질적 규정일 수 있는지, 다시 말해, '논리학'이 어떻게 초월론 철학이면서 동시에 형이상학일 수 있는지에 대한 답변을 초월론 철학은 근본적으로 '사변적 관점'에 근거하고 있다는 것을 보여 줌으로써 제시한다. 그에 따르면, 사유 규정이 대상 자체와는 구분되는 주관적 규정이라고 생각하는 것은 '반성적 오성'의 관점이다.[51] 이때 중요한 것은 대상과 의식의 구분이 의미 있기 위해서는, 즉 반성적 오성이 가능하기 위해서는 대상과 의식, 그 둘을 계기로 포함하는 근원적인 의식이 전제되어야 한다는 점이다. 왜냐하면 의식과 구분되는 대상이라는 것 자체가 의식에 대한 대상일 것이며, 그 구분 자체가 의식에 의해 이루어진 것이기 때문이다. 이렇게 본다면, 초월론 철

---

50   같은 곳.

51   같은 책, 28쪽.

학이 대상과 의식을 구분하고 대상에 대한 의식을 고찰하려고 하는 한, 그 철학은 이미 대상과 의식을 구분하면서 통합하고 있는 근원적 의식에 근거한다고 할 수 있다. 이러한 근원적 의식의 관점에서는 더 이상 사유 규정과 대상 자체의 규정이라는 구분은 의미가 없게 되며 그와 함께 의식과 사물이라는 구분 또한 소멸된다. 헤겔은 바로 이러한 근원적 의식의 관점을 '사변적 관점'이라 부르며, '논리학'이 형이상학이라 할 때, '논리학'은 바로 이러한 관점에 근거한 것이라 생각한다.

　　문제는 칸트의 경우에서처럼 초월론 철학이 사변적 관점에 근거한다는 것을 망각할 때 발생한다. 왜냐하면, 그 경우 사유 규정은 다시 주관적 의식의 규정으로 돌아가기 때문이다. 헤겔이 볼 때, 칸트가 이처럼 사변적 관점을 자신의 철학의 토대로 설정해 놓고도 다시 '반성적 오성'의 관점으로 되돌아가는 이유는 인식하는 주관에 너무 강조점을 두었기 때문이다.[52] 물론 그렇다고 해서 칸트를 무조건 비판할 수만은 없다. 왜냐하면 반성적 오성의 특징 자체가 스스로 사변적 관점에 근거되어 있으면서도 그 근거에 대해서는 반성하지 못하는 사유이기 때문이다. 따라서 이러한 사유에 대해 '논리학'이 형이상학임을 제시하려면, 왜 사유 규정이 사물의 본질적 규정일 수 있는지를 논증해야 한다.

　　헤겔은 '정신현상학'을 통해 이러한 논증을 제시한다. 바꿔 말하면, '정신현상학'은 일상적인 의식이 생각하듯이, 사물 자체와 그 사물에

52　　같은 책, 48쪽.

대한 개념은 다른 것이 아니라 하나이며, 사물 자체에 대한 인식은 의식 자신이 스스로를 인식하게 될 때 주어진다는 것을 논증한다. 이러한 논증의 결과인 '순수 지'는, 지가 항상 의식과 대상의 관계를 함축하는 한, 더 이상 '지'라고 불릴 수 없으며 '존재'라고 불려야 한다. 역으로 말한다면, 이렇게 주어진 '존재'에 대한 규정은 더 이상 의식이나 대상의 관점에서 서술될 수 없다. 왜냐하면, 그러한 존재란 이미 이 둘의 관점이 지양된 결과이기 때문이다. '논리학'이 이러한 존재를 고찰하며, 그런 한에서 형이상학이라면, '논리학'을 형이상학으로 가능케 하는 것은 바로 '정신현상학'이라 할 수 있다. 이런 까닭에 헤겔은 형이상학으로서의 "학문의 개념은 바로 거기(정신현상학)에서 정당화된다."[53] 또는 "이 학문의 개념은 의식을 통한 산출 이외에 달리 정당화될 수 없으며"[54] 그렇기 때문에 '정신현상학'은 형이상학으로서의 '논리학'에 대한 '연역'이라고 말한다.

　　'논리학'이 초월론 철학이면서 형이상학인 이유가 이처럼 초월론 철학이 사변적 관점에 근거하기 때문이라면, 결국 '논리학'을 초월론 철학의 확장으로 간주하면서 자기의식에 관한 현상학석 고찰로 해석하는 핀카드의 시도가 '논리학'에 대한 올바른 이해가 아닌가라는 생각이 들 수 있다. 하지만 이미 보았듯이 사변적 관점을 가능케 하는 근원적 의식은 더 이상 지향적 구조 속에서 이해될 수 없다. 왜냐하면, 지향적 구조란 항상 대상과 의식의 관계 속에서 성립하는 것인 반면, 근원적 의식은

53　　　같은 책, 32쪽.
54　　　같은 책, 33쪽.

이러한 관계를 지양한 것이기 때문이다.[55] 이런 까닭에 헤겔은 『철학강요』 제24절에서, 사변적 관점에서 파악되는 사유 규정은 의식에 귀속되는 것이 아닌 '객관적 사상'이며, '세계 속에 있는 이성'이라고 말한다. 왜냐하면, 그때 사유 규정이란 대상과 의식의 도식을 떠난 이성적 원리들이며, 우리가 세계의 합리성을 말하는 한, 그 합리성의 근거로서 객관적 세계의 구조를 이루는 것이기 때문이다.

　물론 그렇다고 해서 '논리학'의 범주들, 즉 '세계 속에 있는 이성'이 사유의 활동과는 독립적인 이념적 실재라고 말할 수는 없다. 왜냐하면, 그것이 의미를 지니는 한, 그것은 오로지 이성적 **사유에 대해** 의미를 지니는 것이며, 그런 한에서 항상 사유에 의해 포착되는 것이면서도, 사유를 자신의 계기로 포함하는 것이기 때문이다. 이런 까닭에 사물의 본질로서 사유 규정을 고찰하는 '논리학'은 스턴이 주장하듯이 이념적 실재론이라고 말할 수도 없을 뿐만 아니라 그렇다고 핀카드의 주장처럼 자기의식의 활동에 대한 현상학적 분석이라고도 말할 수도 없다. 오히려 적절하게 말하고자 한다면, '논리학'은 홀게이트가 주장하듯이 그 둘 다라고 말해야 한다.

　문제는 '정신현상학'이 이처럼 '논리학'의 관점인 사변적 관점을 정당화하는 것이라면, '정신현상학'을 전제로 하지 않는 '철학적 학문 체계'에서 그 첫 번째로 놓이는 '논리학'에 대해서는 어떻게 그 관점의 정당

55　같은 책, 49쪽.

성이 확보될 수 있는가이다. 이 경우 헤겔에 따르면, 학문 체계의 출발과 마찬가지인 '논리학'의 출발은 철학자의 직관에 놓인다. 다시 말해 순수하게 사유하기로 결심하는 철학자의 결단과 더불어 학문은 시작된다.[56] 홀게이트가 '논리학'이 전제하는 사변적 관점을 편견과 선입견이 배제된 철학자의 사유에 의존해서 설명하려고 했을 때 염두에 둔 것이 바로 헤겔의 이와 같은 설명이다. 하지만 버비지가 적절하게 비판하듯이 편견을 제거한 철학자의 사유 속에서 순수 사유 규정이 드러난다고 해서 그것이 곧 존재에 대한 규정이라고 말할 수는 없다. 그것은 논증되어야 한다. 헤겔에게 있어 진리가 '개념과 사물의 일치'인 한,[57] 그러한 논증은 사유 규정의 진리성에 대한 논증이 될 것이다.

　　헤겔은 이러한 논증, 즉 '논리학'에서 서술되는 범주 체계의 진리성에 대한 논증을 자연철학을 통해 제시한다. 그에 따르면, '논리학' 끝에서 순수 사유 규정의 총체인 "이념은 자유롭게 자신으로부터 스스로를 자연으로 방면entlassen한다."[58] 이때 이념이 스스로를 자연으로 방면한다는 것은 이념이 자신 밖에 있는 자연으로 자신을 내보내는 것이 아니라, 스스로를 자연이라는 모습으로 제시한다는 것이다. 이 경우 '자연'이란

56　　G. W. F. Hegel, *Enzyklopädie der philosophischen Wissenschaften im Grundrisse (1830)*, §17.

57　　G. W. F. Hegel, *Wissenschaft der Logik. Die Lehre vom Begriff (1816)*, hrsg. v. H.-J. Gawoll, Hamburg: Felix Meiner, 1994, 21쪽.

58　　G. W. F. Hegel, *Enzyklopädie der philosophischen Wissenschaften im Grundrisse (1830)*, §244.

우리가 일상적으로 생각하는 것처럼 주관적 사유와 대립되는 객관적인 것, 또는 물질적인 것이 아니라 외화된 한에서의 '이념', 즉 '개념'이 된다. 문제는 이때 '외화되었다'는 것이 무엇을 의미하는가이다. 헤겔은 『철학 강요』에서 이념의 외화를 이념이 그 "달리 있음Anderssein의 형식",[59] 또는 "자기 자신에 대해 스스로 부정적인 것으로서, 또는 외적으로"[60] 있게 되는 것이라고 말한다. 물론 이때 달리 있다는 것은 '순수 추상'의 영역이 아니라 감각적 사물의 영역에 있다는 것을 의미한다. 이것은 개념이 '논리학'의 대상으로 제시되기 위해 '부정되었던' 감각적 사물의 존재로 다시 파악되는 것을 의미하며, 그런 한에서 그 달리 있음의 형식 속에 있는 개념, 즉 자연은 순수 추상으로서의 개념이라는 관점에서 본다면 "자기 자신에 대해 스스로 부정적인 것으로서, 또는 외적인 것"으로 있게 되는 것이다.

이렇게 본다면, '이념의 자연으로의 방면', 또는 '이념의 외화'란 순수 추상으로서의 개념이 감각적 사물의 '존재'로 자신을 드러내는 것을 의미한다.[61] 이때 우리가 헤겔에게 있어 진리란 "개념과 사물의 일치"임을 기억한다면, 그러한 외화는 순수 개념이 진리임을 입증하는 과정이 된다. 왜냐하면, 헤겔에게 있어 사물의 진리란 스쳐 지나가는 감각적 형

---

59   같은 책, §247.

60   같은 곳.

61   '논리학'의 범주들에 대한 진리 증명으로서의 자연철학의 역할에 대해서는 이광모, 「'이념의 자연으로서의 외화'를 통해 고찰한 자연철학의 의미」, 『동서철학연구』 89, 한국동서철학회, 2018, 245-266쪽 참조.

식이 아니라 그 존재로서의 '개념'이기 때문이다. 사실 '자연'이란 이처럼 감각적 사물의 존재로서 '개념'이라는 생각은 헤겔에게서 처음 나타나는 것은 아니다. 왜냐하면 이미 칸트가 '자연'을 형식적인 의미와 실질적인 의미로 구분한 후, 실질적인 의미에서의 자연이 외적 감각의 대상들인 사물들의 총체라면, 형식적인 의미에서의 자연이란 "어떤 사물의 현존에 귀속되는 첫 번째 내적인 원리들"로서[62] 바로 '초월론적transzendental 논리학'에서 고찰되는 사유 규정들인 범주, 즉 개념이라고 말했기 때문이다.

물론 그렇다고 해서 헤겔이 자연을 외화된 이념으로 간주했을 때 그 자연이 칸트의 형식적인 의미의 자연과 완전히 일치하는 것은 아니다. 왜냐하면 칸트는 '개념'을 '존재'와 구분한 후, 그렇게 구분된 개념이 객관적 타당성을 갖기 위해서는, 다시 말해 사물의 존재 규정일 수 있기 위해서는 감각적 조건이 덧붙여져야 한다고 주장함으로써, 개념을 여전히 주관적 사유 규정들로 간주하는 반면,[63] 헤겔은 사물의 존재란 감각적 형식이 아니라 개념이라고 주장함으로써 개념이 그 자체 감각적 세계 사물의 존재임을 제시하기 때문이다.[64]

이렇게 본다면, 헤겔에게 있어 개념들의 총체인 이념이 스스로를 자연으로 방면한다는 것은 개념들이 순수 추상 속에 있는 사유 규정들이

---

62   I. Kant, *Metaphysische Anfangsgründe der Naturwissenschaft*, Darmstadt, 11쪽.

63   I. Kant, *Der einzig mögliche Beweisgrund zu einer Demonstration des Daseins Gottes*, 73쪽.

64   칸트는 '존재'와 '개념'을 구분하기 때문에 '개념'에 대한 증명은 그 진리성에 대한 증명이 아니라 단지 객관적 타당성에 대한 증명만이 가능하다고 생각한다.

아니라 감각적 사물과 그 사물들의 총체인 세계의 본질로서 자신을 드러내는 것이며, 헤겔에게 있어 진리가 대상의 존재와 그 개념의 일치인 한,[65] 그렇게 외화된 이념을 고찰하는 자연철학은 '논리학'에서 서술되는 사유 규정들이 어떻게 감각적 세계 사물의 본질적 규정들일 수 있는지에 대한 서술이라고 할 수 있으며, 그런 한에서 '논리학'의 범주 체계에 대한 진리 증명, 또는 사유 규정이 어떻게 사물의 본질적 규정일 수 있는지에 대한 증명이라고 할 수 있다.[66]

5. 결론

이제까지의 논의를 정리해 보자. 헤겔의 '논리학'은 단순히 대상을 **인식하기 위한** 사유의 조건을 고찰한다는 의미에서의 초월론 철학이 아니며, 그렇다고 사유 규정이 곧 존재 규정이라고 주장하는 아리스토텔레스적인 의미의 형이상학도 아니다. 헤겔의 '논리학'은 오히려 "선험적으로 대상과 관계를 맺는 개념들을 고찰한다"는 의미에서 초월론 철학이며 동시에 "사물의 본질을 사상 속에서 파악한다"는 의미에서 형이상학

---

65   헤겔에게 있어 진리란 주관적 형식과 감각적 내용의 결합이 아니라 "개념과 사물의 일치"[G. W. F. Hegel, *Wissenschaft der Logik. Die Lehre vom Begriff (1816)*, 21쪽], 즉 개념이 곧 사물의 존재임을 의미한다[G. W. F. Hegel, *Wissenschaft der Logik. Die Lehre vom Sein (1832)*, 19쪽].

66   자연철학이 '논리학'의 내용이 진리임을 어떻게 증명하는지에 대한 보다 상세한 논의는 이광모, 앞의 글, 246-263쪽 참조.

이다. 이러한 '논리학'에 대한 해석에 있어서 가장 중요한 것은 주관적 사유 규정인 범주가 어떻게 사물의 본질적 규정일 수 있는지에 대한 해명인데, 크게 볼 때, 이 해명은 세 가지로 나누어진다.

첫째, 비형이상학적 해석으로서, 사물 자체를 사유의 '내포'로 이해함으로써 사유 규정이 사물의 본질적 규정일 수 있다고 주장하는 핀카드의 견해가 그것이다.

둘째, 형이상학적 해석으로서, 사유 규정을 이념적 실재로 간주함으로써 사유 규정이 사물의 본질적 규정일 수 있다고 주장하는 스턴의 견해가 이에 해당한다.

셋째, 또 다른 의미의 형이상학적 해석으로서, 사유 규정과 사물의 본질적 규정을 구분한 후, 그 둘의 통합을 설명하려는 홀게이트와 버비지의 시도가 여기에 해당한다.

이러한 해석들은 나름으로 '논리학'이 지니는 의미를 드러내고는 있지만 근본적으로 다음과 같은 문제를 지닌다. 즉, 이러한 해석들은 모두 '반성적 오성'의 관점에서 사유 규정인 범주에 접근하기 때문에, 이 범주가 어떻게 사물의 본질적 규정일 수 있는가에 대한 해석에 있어서 초월론 철학적 주관주의를 채택하거나, 아니면 형이상학적 객관주의를 채택하게 된다. 하지만 이 둘 중 어느 것도 '논리학'에 대한 올바른 이해라 할 수 없으며, 올바른 이해는 '반성적 오성'을 계기로 포함하는 '사변적 관점'으로부터 범주에 접근할 때 주어진다. 이러한 접근은 주관적 사유 규정이 어떻게 객관적 세계 사물의 본질적 규정일 수 있는지에 대한 논증을 포함하며, 그 논증은 '정신현상학'과 '자연철학'을 통해 주어진다. 따라서 '논리학'이 초월론 철학이며 동시에 형이상학이라고 주장하기 위해서는 반드시 '정신현상학'과 '자연철학'의 의미와 역할에 대한 논의가 포함되어야 한다.

제2부 분석적 헤겔 해석과 형이상학적 헤겔

이광모, 「'이념의 자연으로의 외화'를 통해 고찰한 자연철학의 의미」, 『동서철학 연구』 89, 한국동서철학회, 2018, 246-263쪽.

Baumgarten, A. G., *Metaphysik*, Halle: Hemmerde, 1783.

Beiser, F. C., "Hegel, A Polemic Review of H. T. Engelhardt & Terry Pinkard (eds.), *Hegel Reconsidered* ", in: *Hegel Bulletin* 16(2), 1995.

Burbidge, J. W., "Hegel's Logic as Metaphysics", in: *Hegel Bulletin* 35(1), 2014.

Engelhardt, H. T. & Pinkard, T. (eds.), *Hegel Reconsidered. Beyond Metaphysics and the Authoritarian State*, Dordrecht, Boston & London: Kluwer Academic Publishers, 1994.

Hartmann, K., "Hegel: A Non Metaphysical View", in: *Hegel. A Collection of Critical Essays*, ed. by A. MacIntyre, Notre Dame & London: University of Notre Dame Press, 1976.

_____ (hg.), *Die ontologische Option*, Berlin & New York: de Gruyter, 1976.

Hegel, G. W. F., *Phänomenologie des Geistes*, hrsg. v. H. F. Wessels & H. Clairmont, Hamburg: Felix Meiner, 1988.

_____, *Wissenschaft der Logik. Die Lehre vom Sein (1832)*, hrsg. v. H.-J. Gawoll, Hamburg: Felix Meiner, 1990.

_____, *Enzyklopädie der philosophischen Wissenschaften im*

Grundrisse (1830), hrsg. v. F. Nicolin & O. Pöggeler, Hamburg: Felix Meiner, 1991.

_____, *Vorlesung über Logik und Metaphysik*, Vorlesungen. Ausgew. Nachschriften u. Manuskripte, hrsg. v. K. Gloy, Hamburg: Felix Meiner, Bd. 11, 1992.

_____, *Wissenschaft der Logik. Die Lehre vom Begriff (1816)*, hrsg. v. H.-J. Gawoll, Hamburg: Felix Meiner, 1994.

Houlgate, S., "Hegel's Logic", in: *The Cambridge Companion to Hegel and Nineteenth-Century Philosophy*, New York: Cambridge University Press, 2008.

Kreines, J., "Learning from Hegel what philosophy is all about: For the metaphysics of reason and against the priority of semantics", in: *Verifiche. Rivista di Scienze Umane* 41, 2012.

Lumsden, S., "The rise of the non-metaphysical Hegel", in: *Philosophy Compass* 3(1), 2008.

_____, "Hegel's Idealism and Hegel's Logic", in: *Zeitschrift für philosophische Forschung* 33(2), 1979.

Stern, R., "Hegel's Idealism", in: R. Stern, *Hegelian Metaphysics*, Oxford: Oxford University Press, 2009.

Von Giovanni, B. & Sala, S. J., "Die Transzendentale Logik Kants und die Ontologie der deutschen Schulphilosophie", in: *Philosophisches Jahrbuch* 95(1), 1988.

White, A., *Absolute Knowledge. Hegel and the problem of metaphysics*, Athens, Oh. & London: Ohio University Press, 1983.

규범적 존재론으로서 헤겔 논리학
형이상학적 독해의 관점들

랄프 보이탄 | 강순전 역

1. 서론

형이상학적 헤겔에 대한 질문, 더 정확하게 말해서 헤겔에 대한 형이상학적 독해에 대한 물음은 아이러니하게도 '분석적' 특징을 띤 헤겔 수용을 통해 다시 중요성을 얻게 되었다. 그러나 본 발표에서는 위의 질문에 대답하는 일에는 적게 관여할 것이고, 이 질문에 대한 분석적 특징을 띤 대답을 계속 발전시켜 나가거나 재구성하는 일에는 더욱 적게 관여할 것이다. 대신, 나는 이 질문에 답할 수 있는 체계적인 관점의 확장을 주장하고 싶다. 나의 논의의 기저에 놓인 테제는 사실상 헤겔이 형이상학자라는 것이다. 그러나 나는 여기서 충분히 설득력 있는 논증을 제시하는 것을 필요로 하지 않는다. 그러기에는 발표 시간이 충분하지 않다. 오히려, 나는 먼저 형이상학의 다의적인 개념을 유형적으로 구별하고, 그와 더불어 우선 헤겔이 어떤 의미에서 형이상학자로 읽힐 수 있을지에 대해 윤곽을 그려 보고자 한다. 헤겔의 『논리의 학』이 다각적인 의미에서 전적으로 형이상학으로 읽혀야 한다는 가정에 대한 텍스트 해석적 해명을 하고 난 후에(이것은 분석적 해석의 단초들을 넘어가는 것이다), 나는 마침내 '형이상학적 헤겔'이 언제, 그리고 어느 정도까지 체계적인 관심의 대상이 되는지를 명료화하고자 한다. 이때 형이상학적인 헤겔의 존재 사유가 비로소 ─미디어 철학에서 어느 정도 숙고된 개념적 전제인─ **매체성**을 '이성적으로' 사유하는, 즉 존재의 형식들에 대한 구성적 기능을 시야에 넣고 자유의 이념을 잊지 않으면서 매체성을 사유하는 이론 모델을 제공한다는 주장이 제기될 것이다. (이 시점에서 과도한 기대를 피하기 위해, 본 발표는 미디어 철학적 이론이나 논쟁에 관계하지 않고, 본 발표가 제안하는 형이상학적 독해에서 중요한 의미를 갖는 매체성의 구상에만 초점을 맞출 것이다. 어떻게 매체성에 대한 사상이 미디어 이론들에 편입되는가는 다른 자리에서 밝혀질 것이다. 하지만 그러한 사상이 매체 철학의 긴요하지만 결핍되어 있는 부분이라는 사실이 여기서 전제되어도 좋을 것이다)[1]

1   M. B. N. Hansen, *Feed-Forward. On the Future of Twenty-First-Century Media*, Chicago: The University of Chicago Press, 2015의 획기적인 미디어 철학적 연구는 화이트헤드에 이어서 "비(非)인간 중심적 설명"(250)의 형태를 띤 매체를 "자율적인 보충"으로서 논하면서 근본적인 어려움을 예시적으로 보여 준다. 말하자면 현상학적 의식 패러다임이 매체 존재론의 방향으로 전환하면서 주관성의 역할과 자유의 개념이 무시된다. 그러므로 매체(매체성)의 개념은 다시 한번 특별히 숙고되어야 한다.

2. 역사의 아이러니

  형이상학적 헤겔에 대한 물음이 현재적으로, 다시 말해서 분석적인 철학이 모종의 지배력을 발휘하고 있는 배경하에서 다시 의미를 얻을 수 있었다는 사실은 우선 놀라운 것임에 틀림없다. 헤겔이 분석적인 특징을 띤 전통에서 다시 주목을 끌 수 있었다는 사실은 일종의 아이러니라고 할 수 있다. 더욱이 헤겔이 더 이상 경멸의 대상으로만이 아니라 그동안 새로 획득해야 하는 이론적으로 중요한 대상으로서 주목받았기 때문에 그렇다. 그런데 '분석적 헤겔 수용'에 있어서 최근에 전개된 발전과 더불어 이야기는 정점에 이른다. 말하자면 이제는 더 이상 '헤겔' 일반뿐만 아니라 '형이상학적 헤겔'도 점점 진지하게 고려되고 있다.[2] 이것은 사실상 역사의 아이러니라고 할 수 있다. 왜냐하면 분석철학의 전통은 온전히 19세기의 정신 속에서 (그리고 20세기도 마찬가지로) 시작부터 결정적으로 '반-형이상학적'으로 등장했기 때문이다.[3]

  이러한 전통 일반에서 헤겔을 읽는다는 것은, '대담한' 것임에 틀림없을 것이다. 게다가 헤겔을 '형이상학적으로' 읽는다는 것은 분석적

---

2   레딩은 "헤겔에 있어서 범주는 단지 사유의 **형식**을 드러내 주기만 하는 것은 아니다"라고 말한다. P. Redding, *Analytic Philosophy and the Return of Hegelian Thought*, Cambridge: Cambridge University Press, 2007, 222쪽. 더 나아가 J. Kreines, *Reason in the World. Hegel's Metaphysics and its Philosophical Appeal*, Oxford: Oxford University Press, 2015의 "헤겔 형이상학"에 관한 주장을 참조하시오.

3   W. Welsch, "Hegel und die analytische Philosophie. Über einige Kongruenzen in Grundfragen der Philosophie", in: *Kritisches Jahrbuch der Philosophie* 8, 2003.

전통의 **목숨을 건 점프**라고까지는 말하지 않더라도 상당히 "대담한" 것으로 간주될 수 있을 것이다.

헤겔을 읽는 '분석적인' 대담함은 터무니없는 것이 아니고 어느 정도 일관성 있는 것이며, '형이상학적 헤겔'에 대한 조심스러운 접근이 자살행위가 아니라, 자신의 전통과 타 전통을 위해서는 더욱 생산적인 것이었다는 사실을 로버트 피핀의 작품들이 예시적으로 보여 주고 있다.[4] 피핀에게서 우리는 모든 결정적인 동기를 발견한다. ① 처음에는 피핀의 헤겔 해석에서도 **'반-형이상학적'** 사유라는 분석적인 주요 동기가 지배적이다. 그래서 헤겔에 있어서 무엇보다도 칸트 이전의 형이상학과 그에 상응하는 사물 존재론 및 실체 존재론에 대한 비판이 강조된다. ② 그러나 헤겔이 포스트-칸트주의자뿐만 아니라 넓은 의미에서, 또한 선구적인 분석적 형이상학 비판가로서도 중요하게 될 수 있었다는 사실은 무엇보다도 분석적 전통에서 또 다른 강력한 모티브인 **실용주의**와 관련이 있다. 헤겔은 이제 칸트보다 더 정확하게 사상(특히 이론)을 행동과의 진정한 연관 속에서, 행동을 상호 주관성 및 사회적·역사적으로 구체적인 맥락과의 연관 속에서 파악한 사상가로서 초점이 맞춰졌다. 미국적 전통에서 특히 지배적인 실용주의는 이중적 의미에서 **트로이의 목마**임이 밝혀

---

4   피핀의 헤겔 이해에 대한 자세한 설명은 다음의 논문에서 이미 수행되었기 때문에 여기서 생략할 수 있다. R. Beuthan, "Ein metaphysischer Hegel heute?", 『헤겔연구』 40, 한국헤겔학회, 2016. 앞으로는 일반적인 측면에 대해서만 간략하게 언급할 것이다. 피핀의 헤겔 해석에 대해서는 S. Houlgate, "Denken und Sein in Hegels Logik. Gedanken zu Hegel, Kant und Pippin", 『헤겔연구』 44, 한국헤겔학회, 2018을 참조하시오. 나의 논의는 그의 피핀에 후속하는 것이다.

졌다. 한편으로 그것을 통해 분석적 전통이 자신의 천적인 헤겔의 사상 체계로 들어가는 통로가 마련되었고, 다른 한편으로 헤겔과 헤겔 담론은 분석적 공동체로 한 걸음 내딛게 되었다(이 이야기가 어떻게 전개될지는 더 지켜보아야 한다). ③ 그러나 몇 년 전부터 피핀의 해석에는 강조점의 변화가 있었는데, 더 이상 형이상학적 비평가 헤겔에 일방적으로 초점을 맞추지 않고, 또한 전통 형이상학의 계기들을 연장시키는 헤겔 이론의 계기들에도 주목하고 있다. 피핀에게 그것은 무엇보다도 "사유의 사유"에 관한 아리스토텔레스의 프로그램으로서, 이것은 여전히 존경받을 만한 형이상학적 유산을 대표하며, 이제 더 이상 분석적·실용주의적으로 배제될 필요가 없게 되었다. 그동안 형이상학적 헤겔이라는 사상은 더 이상 절대적으로 **"금지된 것"**이 아니라 분석적-실용주의적 전통 안에서의 동기가 되었는데, 이러한 사실은 매우 조심스럽지만 명백한 표현으로 나타나고 있다.

피핀에게서 볼 수 있는 형이상학적 헤겔의 방향으로의 변화는 최근의 헤겔 연구에서 일정한 경향을 내빈하는 부분이다. 최근의 헤겔 연구에서는 이전의 저주 ―형이상학적 헤겔― 가 수용 가능한 주제가 되었다. 이때 물론 '형이상학적 헤겔'이 칸트 이후의 철학이라는 매우 제한적인 조건하에서만, 즉 강한 존재론적 주장의 후퇴하에서만 시야에 들어오게 된다는 사실이 간과되어서는 안 된다. 여기에서 문제가 되는 것은 **자기 자신에 관계하는 이성**에서 발생하는 **선험적인 것의 영역**이다. 따라서 그것은 현상도, 현상 뒤의 존재 영역도 아니며, 사유 필연성의 규정들인데, 이 규정들의 '논리' 내지 '논리적 공간'[5]이 (논리적으로) 파악될 수 있다.

이것은 나중에 실재성으로 연구될 것이다. 30년 전, 미래의 형이상학적 독해의 방향을 그것의 근본적 특징에 있어서 선취했던 풀다[H. F. Fulda]와 함께 말하자면, 문제가 되는 것은 "이성적인 것(주의: 존재자가 아니라!)의 규정들"(1988, 59쪽)이다.[6]

3. 형이상학의 작은 유형학

분석적-실용주의적 이론을 바탕으로 한 형이상학적 헤겔에 대한 최근의 수용은 이전(즉, 특히 칸트 이전의) 형이상학의 기본 가정을 배제하는 것에 주목하고 있다. 그러한 독해의 결과는 헤겔에게서 '탈-형이상학적인 형이상학자'만 보거나 편하게 말하자면 헤겔을 구형의 형이상학자가 아니라 모든 형이상학자 중에서 최고의 형이상학자라고 주장하는 것이다. (이것은 여전히 고전적 분석적 옵션인 형이상학을 열어 놓는다. 그것을 거부하는 것이 최선의 것이 될지라도 그렇다) 그가 낡은 형식의 형이상학자가 아니라는 사실을 보여 주는 것은 확실히 여기에서 중심적인 역할을 한다. 예를 들어, 코흐[A. F. Koch]의 명쾌한 헤겔 연구는 헤겔에게서 우리가 아마도 형이상학에 관

---

5   비트겐슈타인의 "논리적 공간"(Tractatus, Satz 1.13: "논리적 공간에서 사실들은 세계이다")에 관한 언급을 코흐는 헤겔 논리학의 해석에 사용하면서 계승한다. A. F. Koch, *Die Evolution des logischen Raumes. Aufsätze zu Hegels Nichtstandard-Metaphysik*, Tübingen: Mohr Siebeck, 2014.

6   H. F. Fulda, "Ontologie nach Kant und Hegel", in: *Metaphysik nach Kant? Stuttgarter Hegel-Kongreß 1987*, hrsg. v. D. Henrich & R. P. Horstman, Stuttgart: Klett-Cotta, 1988, 59쪽. 여기서 "이성의 형이상학"이라는 크라인스(Kreines)의 언급을 참조하라.

계할 것이지만, 다름 아닌 "비표준 형이상학"에 관계하고 있다고 강조한다.[7] 나는 "비표준 형이상학"이라는 주장을 공유한다. (다만 내가 걱정하는 것은 헤겔이 하듯이 철학의 근본적인 변형에 주목하는 **역사적 관점**에서, 우리가 결국 비표준 형이상학만을 발견하게 되는 것이다) 그러나 나에게 전반적으로 비춰지는 것은 형이상학적 헤겔에 대한 최근의 수용이 온전히 분석적 전통 내에서 형이상학적 전통에 대해 이전에 취했던 부정이라는 의미에서 단지 형이상학에 대한 오히려 좁은 이해만을 허용한다는 것이다. 분석철학의 전체 전통 연관이 유럽의 형이상학의 역사로 묘사될 수 있는 2천 년이 넘는 철학사에 대한 반발 운동으로서 규정되었다는 사실을 잊지 말아야 한다.

다음에서 나는 형이상학의 역사는 아니지만 넓고 다차원적인 의미를 파악하게 하는 형이상학의 짧은 유형론을 개괄하고자 한다. 원한다면 형이상학 이후의 사고를 위한 형이상학적 요구의 전 범위에 대한 개괄이라고 해도 좋다.[8] 이때 형이상학에 대한 분석적 전통(그리고 현상학, 해석학, 포스트 구조주의와 같은 다른 현대의 전통에서도 유사하지만)의 반발은 여러 사태의 층위에 관계될 수 있다는 사실이 분명해질 것이다. 유형학은 형이상학의 이러한 상이한 의미들, 즉 "칸트 이전의 형이상학pre-Kantian metaphysics"에 대해 말할 때 대부분 무시되는 다면성을 파악할 수 있도록 해야 한다. 차이를 분명히 하기 위해 나는 간단히 몇 개의 핵심 개념을 제시하고 그에 대

---

7   A. F. Koch, 앞의 책, 217쪽.

8   여기서 나는 이해를 보다 쉽게 하기 위해 이미 다른 곳에서 소개된 유형학을 재사용하고자 한다(R. Beuthan, 앞의 글).

한 간단한 설명을 제시할 것이다.

1) 존재

형이상학에 대한 가장 일반적이지만 또한 매우 불특정한 파악은 형이상학이 완전히 일반적으로 존재를 자신의 대상 영역으로 갖는 이론을 다룬다는 생각이다. 이 이론은 자신의 대상 영역을 존재의 상이한 형식들로 분화하고 비존재의 형식들과 구별하려고 함으로써 궁극적으로 어떤 것이 **존재하는지**(현실적으로 있는지) 또는 **존재하지 않는지**(가령 단지 가상, 또는 단순한 "무의미")를 규정할 수 있다는 생각이다. 이러한 형이상학에 대한 모호하고 광범위한 생각은 철학적 고전(아리스토텔레스 형이상학 이전에도 파르메니데스에게서)뿐만 아니라, 현대 자연과학이 이론 모델을 실체화하면서, 현대 자연과학의 영역에서 번성한 존재론적으로 단순화된 이론들에서도 은폐된 형태로 발견된다. 후자에서도 첫째로 어떤 것의 존재와 비존재가 결정되고, 둘째로 우리의 의견과 태도와는 독립적으로 현실적으로 존재하는 것을 설명하려는 이론이 추동된다.

2) 존재와 사유

더 강력하고, 원한다면 훨씬 도발적인 형이상학관이라고도 말해도 좋을 생각은 존재와 사유(내지 개념)가 동일하게 생각되어야 한다는 주장과 함께 진행된다. 이러한 가장 넓은 의미에서 로고스 중심적인 존재 주장은 1번처럼 주관 독립적인 존재에 대한 주장뿐만 아니라, 그것을 넘어서 그 자체에서 개념적으로 구조화된 존재에 대한 생각 또한 포함한다. 이 후자의 존재는 시간성에서 떼어 내진 존재의 질서를 구현하고 있다. 이러한 존재 주장은 패러다임의 방식으로 파르메니데스에게서 시작됐고 플라톤에 의해 발전되었다. (존재의 개념적 본성에 대한 강한 존재론적 주장은 헤겔에서도, 적어도 그의 실재철학에서 역할을 할 것이다)

3) 존재와 당위

① 우리의 관계 맺음과는 독립적인 존재가 ② 그 자체에서 개념적인 방식으로, 논리적, 법칙적이라는 사실을 인정한다고 하더라도, ③ 이러한 주관 독립적인 존재가 규범적 당위를 포함해야 한다는 사실은 선뜻 인정하려고 들지 않을 것이다. 그러나 여러 가지 관점에서 볼 때 과학적으로 계몽된 서구 유형의 세계관에서 특히 멀리 떨어진 이러한 주장은 형이상학에 대한 또 다른 시각을 나타낸다. 이러한 의미에서의 형이상학은 우리가 어떤 것을 존재로서, 가장 넓은 의미에서 현실적인 것으로 파악할 수 있기 위해서 그것이 **어떻게 있는지**를 규정하는 이론일 뿐만 아니라 어떤 것이 어떻게 존재해야 하는지를 규정하는 이론이다. 형이상학은 존재의 규정성을 해명할 뿐만 아니라 **어떤 것**(세계, 인간 등)**이 자신의 본질상 무엇으로 규정되어 있는지**를 해명한다. 형이상학에 대한 이러한 생각은 존재론적일 뿐만 아니라 규범적이기도 한 본질주의를 뒷받침한다. 즉 이런 종류의 형이상학은 **사물**이 그 본성에 따라 어떻게 존재해야 하는지, 그리고 영원한 존재의 질서에 따라 어떻게 존재해야 하는지에 대한 생각으로부터 **우리가** 이론적으로나 실천적으로 무엇을 해야 하고 시인해야 하는지에 대한 규범적 생각을 도출한다.

4) 무제약적인 것

하지만 형이상학적 요구의 절정은 그 규범적으로 전향된 본질주의를 가지고도 아직 도달되지 않을 것이다. 그것은 형이상학에 대한 생각이 앞에서 언급한 ① 존재론적 요구가 강한 ② 인식론적 및 ③ 규범적 요구를 ④ 총체적으로 무제약적인 근거 지음의 연관에 따라서 결합하는 순간에 비로소 가능하다. 그 순간, 이것 또는 저것이 (다소 방법적인 채비를 갖추고서) 설명되고, 추론되거나 요구될 뿐만 아니라, **모든 것이 하나 속에서**'hen kai pan', 말하자면 모든 것이 하나의 무제약적 전체 속에서 규정되고 근거 지어진 것으로 사유된다. 달리 말하면 그 순간 모든 것이 무제약적인 **"절대적"** 근거에 관계되고, 그럼으로써 "근거 지음"은 어떤 것을 근거 지음의 사슬과 추론의 계열 속에 정렬하는 것 이상의 것을 의미한다. 이러한 순간에 무제약자에 대한 관심으로 사람들을 놀라게 하는 형이상학에 대한 생각이 등장한다. 특히 서양식의 근대 과학주의적 맥락에서 가령 신에 대한 얘기와 함께 등장하는 **무제약자라는 생각**은 놀라운 것이다. 이러한 유형의 형이상학이 무제약자라는 생각을, 존재를 온전히 **원리**에 적용된 것으로서 (즉 하나의 지배적인 시작, 하나의 **원인**^{arché}으로부터) 사유하며, 전체로서 존재의 원리를 현재화하거나 내지는 원리가 전체 속에서 현재화되는 한에서, 이러한 형이상학에 대한 생각은 또한 (하이데거 이후로) 종종 "존재신론"이라고 칭해진다. (더 정확하게 말하면 악평을 얻게 된다)

이러한 유형학에 기초하여, '형이상학적 헤겔'에 대한 물음과 관련하여 여러 해답과 해답 전략이 대조될 수 있다. 극단적인 두 가지 입장이 분명하다. 하나는 해석 도구로서 가능한 형이상학의 네 가지 의미 각각을 피하려고 하거나, 다른 하나는 네 가지 의미를 모두 유효한 해석 도구로서 타당화하려고 시도하는 것이다. 이미 시사했듯이 전자의 입장에 서 있는 사람이 피핀이다. 그는 "사유의 사유"와 관련해서만 형이상학의 논의를 받아들일 수 있다고 생각함으로써, 형이상학의 첫 번째(존재), 세 번째(당위) 및 네 번째(무제약자) 의미를 완전히 배제하고, 세 번째에 대해서는 사고에 대한 특별한 관심만을 확립하려고 하지, 거기에 포함된 존재론적 주장('생각과 존재는 같다')을 확립하려고는 하지 않는다. 그러나 헤겔에서 네 가지 의미를 모두 볼 수 있다고 생각하는 반대의 입장이 내가 보기에 텍스트 해석학적인 이유에서 훨씬 더 그럴듯하게 보인다. 물론 그것을 증명하는 일은 여기서 제공될 수 없고 제공하려는 것도 아니다. 나는 다만 어느 정도까지 헤겔의 이론이 모든 의미를 어쨌든 포함하고 있을 뿐만 아니라, 거기서 모든 의미가 구성적으로 관련되어 있는지를 대략적으로 설명하고자 한다. (이로부터 헤겔의 형이상학에 대한 상이 도출될 것이며, 나는 마지막 장에서 그것에 관계할 것이다)

4. 헤겔 형이상학의 상象

헤겔 『논리의 학』 '서문'에 나오는 칸트 이후 "형이상학 없는 문화 민족"과 우리가 관련되어 있다는 "진기한 연극"에 대한[9] 헤겔의 놀람은 그가 그때 그런 상태를 내버려 두고 싶어 했다고 해석할 수 없다. 오히려 그는 형이상학을 "논리적 학문",[10] 또는 "논리학"으로 구상함으로써 형이상학을 새롭게 하는 것에 명시적으로 관심이 있다. 이 '논리학'은 형이상학일 것을 요구한다. 그것은 헤라클레이토스의 전통에서 말하는 로고스, 즉 "존재하는 것의 이성"[11]을 승인하는 것을 목표로 한다. 텍스트 해석학적으로 이 프로그램에 대해서는 의문의 여지가 없다. 그러나 그 프로그램은 결국 어떻게 이해해야 하는가?

이해의 문제는 '논리학'은 존재가 사유되든 그렇지 않든 그 자체 존재할 것이라는 존재에 관계하지 않고, 오히려 '논리학'은 결정적으로 '사고' 그 자체와 그것의 '산물'과 관계한다는 사실로부터 이미 생겨난다.[12] 그런데 헤겔에 따르면 순수 사유는 무전제적이기 때문에 처음부터 존재를 사유한다는 사실이 순수 사유의 본성에 속한다. 하지만 존재에 대한 모든 "표상"들은 존재가 사유에 외면적이라는 표상을 포함하여 모두 배제된다. 그러나 "존재" 일반에서, "표상"과 "자연적 의식"[13]에서 해방된 "순수한 사유"[14]는 무시되지 않는다. 헤겔에 따르면, 사유는 "반성 없는 존재"[15]라는 사유의 한계로부터 존재의 개념들을 전개하기 위해서 최

9   G. W. F. Hegel, *Wissenschaft der Logik I*, Werke in zwanzig Bänden, Theorie Werkausgabe, Frankfurt a. M.: Suhrkamp, 1969ff., Bd. 5, 6쪽.

10   같은 책, 16절.

11   같은 책, 30쪽.

12   같은 곳.

13   같은 책, 43쪽.

14   같은 곳.

15   G. W. F. Hegel, *Enzyklopädie der philosophischen Wissenschaft (1830) I*, Werke in zwanzig Bänden, Theorie Werkausgabe, Frankfurt a. M.: Suhrkamp, 1969ff., Bd. 8,

대한 무규정적인 일종의 한계 개념으로서의 **존재**에서 시작해야 한다. **사유**는 더 나아가서 발전 단계, 또는 "논리학"의 어느 단계에서도 "객체적인 사고"[16]이기를 포기하지 않는다. 따라서 발전된 개념들이 "주관" 속에 주관을 위한 한갓된 개념일 뿐이라는 사실에 만족하지 않는다. 헤겔에게 인식에 있어서 형식적인 것이 "실체적인 것"을 목표로 하는 한, 오히려 헤겔은 "논리학"의 "형이상학적 의미"[17]를 강조한다.

　　헤겔의 "형이상학적 의미"에서의 "객관적 사고"로서의 "논리학"에 대한 주장[18]은 순수 사유의 전개에 반영된다. 순수 사유는 "존재"로 시작될 뿐만 아니라 "객관 논리"(존재 논리와 필수 논리)의 처음 두 권의 책에서 "존재"에 대한 사고를 계속적으로 규정한다. 이때 헤겔은 명백히 전통적인 형이상학의 핵심 영역으로서의 "존재론"이라는 주제를 논리적으로 탐구한다. 하지만 "객관 논리"와 더불어 존재-주제와 그와 함께 논리학의 "형이상학적 의미"가 해결되는 것이고, 소위 "주관 논리"로의 이행과 함께 완전히 새로운 비형이상학적 주제가 모습을 드러내는 것이라고 보아야 할까? 헤겔 자신은 "객관적 논리가 이전의 형이상학의 자리를 차지한다"[19]고 언급하면서 이러한 해석을 시사한다. 하지만 내가 이 물음에 대해 약간 언급하기 전에 나는 우선 헤겔 논리학과 더불어 이미 적어도 앞

　　　82쪽.

16　　G. W. F. Hegel, *Wissenschaft der Logik I*, 40쪽.

17　　같은 책, 41쪽.

18　　같은 책, 40쪽.

19　　같은 책, 61쪽.

에서 언급한 형이상학의 두 가지 유형이 작동되고 있다는 사실을 확인하고 싶다. 말하자면 첫째로 "존재"(와 다른 존재론적 핵심 개념들)를 해명하고 그것의 진리에서 (즉 형식적으로가 아니라) 인식하는 하나의 이론, 간단히 말해서 존재의 형이상학과 둘째로 사유와 존재의 동일성이라는 강력한 형이상학적 주장을 포함하는 두 번째 이론이 그것이다. 하지만, 이런 질문을 할 수 있다면, 우리는 "주관 논리"와 함께 낡은 형이상학적 소재(존재-주제)를 제거한 사유의 단계에 도달하는 것일까? 헤겔은 실제로 "개념"과 "논리적 공간"에 대한 비형이상학적 사고를 위한 공간을 만들기 위해 형이상학적 유산을 비판적 개정에만 적용했다는 것이 적어도 지금 시점에 분명해지면 안 될까?

논리학의 세 번째 책과 더불어 우선 진정 개념의 "생산물"로서 파악되고 형이상학적 존재 규정으로서 파악되지 않는 그러한 개념이 전개된다는 것은 맞다. ("개념", "개념의 계기들", 판단 형식들과 추론 형식들을 참조) 하지만 이러한 사실이 존재의 사상이 개념 논리적으로 계속 규정되기 때문에 "존재"라는 시작부의 용어가 계속 핵심적인 역할을 한다는 사실을 분명히 배제하지 않는다.

『논리의 학』의 전체 경로를 거시적으로 살펴보자. 제1권에서 '존재'의 직접성은 이미 '현존재'로 계속 규정, 즉 매개되었다. 그렇게 규정된 존재의 직접성으로서 파악되었다. 그다음 제2권에서 "존재"는 본질논리적으로, 그것의 관계적 구조에 기초하여 우선 "가상"(지양된 존재)으로 해소된다. 그러나 "가상"(그다음에 더 자세히 말하면 반성)은 보다 높은 발전 국면의 시작이다. 이 단계에서 "존재"가 더 이상 직접성으로부터가 아니라 전적으로 매개로부터 매개된 직접성으로서 사유되고 그렇게 "실존"과 궁극적으로는 "현실성"으로서 파악될 수 있었다. 현실성 속에서 모든 매개 구조는 더 이상 존재의 직접성 뒤에 형이상학적 숨은 의미를 확장시키는 것이 아니라 (현실성으로서의) 존재의 직접성으로서 등장하였다. 그러나 동시에 그와 더불어 완전히 자기 내에서 매개된 "존재"가 사유될 수 있다. 제3권에서 드러나는 것처럼, 거기서는 모든 매개 구조("정립된 존재") 내지는 타자 관계가 타자로 나아가는 것이 아니라, 동시에 "즉자 대자 존재"의 자기 관계로 있다. 또는 다른 사물과의 관계가 더 이상 다른 사물로 연결되지는 않지만 동시에 "존재와 존재"의 자기 관계가 되는 "존재"가 전적으로 중재될 수 있다. 바로 이 정립된 존재와 즉자 대자 존재의 통일, 이 동일성(자기 자신에서 규정됨)과 차이(타자에 의해 규정됨)의 동일성, 또는 자기 관계와 타자 관계의 동일성을 헤겔은 "**개념**"이라고 부른다. 개념과 더불어 이제 "논리적인"[20]의 본래적 본성, 즉 타자 관계 속에서 절대적으로 자기규정되어, 그러므로 자유롭게 존재한다는 본성이 나타난다.

　　우리는 객관 논리 —말하자면 과거 형이상학의 존재 사유— 로부터 "개념"의 주관 논리로 이행할 때 정당하게 헤겔의 프로그램적 명제가 연상됨을 느낄 수 있다. 즉 문제가 되는 것은 "참된 것을 **실체**로서가 아니라 **마찬가지로 주체**로서 파악하고 표현하는 것"이다.[21] 그 안에서 "주

20　　G. W. F. Hegel, *Wissenschaft der Logik II*, Werke in zwanzig Bänden, Theorie Werkausgabe, Frankfurt a. M.: Suhrkamp, 1969ff., Bd. 6, 265쪽.

21　　G. W. F. Hegel, *Phänomenologie des Geistes*, Gesammelte Werke, hrsg. v. W. Bonsiepen & R. Heede, Hamburg: Felix Meiner, 1968ff., 09, 18쪽.

제8장 규범적 존재론으로서 헤겔 논리학　　　　　　　319

관 논리"의 시작과 함께 "논리학"이 대답하고자 하는 것, 즉 형이상학적 자기규정들(특히 "실체"의 규정)을 자유의 원리로부터, 따라서 개념의 자기규정으로부터 사유하는 것이 프로그램 방식으로 정식화된다. 그러나 "주관 논리"가 보여 주는 것은 저 수상쩍은 **"마찬가지로"**이다. 말하자면 직접적인 존재(그리고 나중에는 독자적으로 존립하는 "실체")였던 것이 사실상 단순히 절멸되는 것이 아니라, "개념"의 매개 운동의 결과로서, 즉 절대적인 자기규정의 결과로서 나타난다는 것이다. 이러한 의미에서 존재 사유는 또한 "주관 논리"에서 타당화된다. 하지만 이제 그것의 자기규정이 존재의 (생산적인) 근거로서 인식되는 '자유로운 개념'의 실현으로서 나타난다. 이제 사유의 산물로서가 아니라, 보다 정확히 말해서 "개념"이 "산물"로서 이해되어지는 "존재"의 규정들은 예전처럼 더 이상 단순히 동일한 것으로 존재할 수 없다. 그것은 달리 존재한다. 왜냐하면, 그것들은 이제 그것들의 근거로부터, 즉 "존재"의 자기규정으로부터 사유되어 있고 그렇게 자신의 구체화(자신의 근거에 의해서 근거 속에서 매개되고 동일성으로 내밀화된 구별들) 속에서 비로소 주제적으로 다루어질 수 있기 때문이다. 이러한 것은 이미 개념의 계기들 자체에서, 가령 '규정된 존재'[22]에서, 주관 논리에서는 '개별성'에서 나타난다. 그다음 "생명"의 객관적 실재성으로 전개되는 "객관성"의 규정에서 더욱 나타난다. 그리고 마지막으로 가장 높게 "주관적 실재성"과 "객관적 세계"의 매개가 "단순한 통일"[23] 속에서 합일되는

---

22   G. W. F. Hegel, *Wissenschaft der Logik II*, 466쪽.

23   같은 책, 572쪽.

절대이념에서 나타난다. 특히 여기서 헤겔이 존재-주제를 뒤(즉 객관 논리)에 남긴 것이 아니라 오히려 주관 논리에서 끝까지 추진하였다는 사실이 비로소 명백히 드러난다.

논리학의 끝에 "개념"의 절대적 자기 매개라는 투명한 배경하에서 (방법이라는 제목으로 논의된다) 처음의 "존재"가 <u>"충족된 존재"</u>[24]로 서술된다는 것이 결과이다. 말하자면 "존재"는 개념의 자기 전개를 통해서 ―사유의 절대적 자기규정 속에서 차별화(규정)의 생산적 놀이를 통해서― 비로소 '실재성의 전체'로서 밝혀진다. <u>"실재성"</u>으로서의 사유의 위상은 헤겔에게는 "존재"가 여기서 아직 순수 사유에 갇혀 있고 물질세계에 대한 어떤 접근도 만들어 내지 못하기 때문에(그리고 플라톤적인 이데아의 세상에 접근하지 않는다) 치욕적인 것이라고 할 수 없다. 순수 사유 속에서 존재는 논리 바깥의 지시의 국면으로 충족되는 것이 아니라 사유 필연적인 규정들의 전개에 의해서 채워진다. 이 규정들은 전체 매개 연관의 "집중적 총체성"[25]으로 합일되었다. 개념적 규정을 받을 수 있는 모든 존재자의 무제약적 근거인 이러한 매개 연관으로부터 헤겔에 따르면 제일 첫 번째로 나중에 세계와 세계 내적 존재자로 사유될 수 있는 것에 대한 이성적 내지 학적 이해가 발생한다. 헤겔과 함께 이것은 "하지만 경험적인 것은 그 자체 이념에 의해 이념으로부터만 파악될 수 있다"[26]는 명제로 표현된다. 모

---

24   같은 곳.
25   같은 곳.
26   같은 책, 494쪽.

든 존재 규정의 논리적으로 **무제약적**이고(왜냐하면, 사유의 자기규정 속에서 전개되기 때문에) 생산적인 근거라는 의미에서만 역사적으로 도발적으로 된 얘기, 즉 "자연의 창조 이전에 신의 영원한 본질"[27]에 관한 얘기가 이해될 수 있다.

앞에서 제시된 형이상학의 유형학과 관련하여 존재-주제의 전개로서 논리학을 개략적으로 독해한 것으로부터 무엇이 이끌어 내질 수 있나? 객관 논리에서 이미 형이상학의 두 유형(첫 번째 존재의 이론, 두 번째 존재와 사유의 동일성 주장)이 중요하였고, 그다음 적어도 주관 논리에서 형이상학의 다른 두 유형의 특징들(세 번째 존재와 당위, 네 번째 무제약자) 또한 나타난다. 보다 정확히 말해서 주관 논리는 존재의 저 근본 차원 속에서 등장하는데, 그 차원에서 존재의 차별화(구체화)는 존재론적이기도 하고 규범적이기도 한 원리, 말하자면 "자유"의 원리의 차별화로서 규정되어 나타난다. "자유"는 여기서 더 이상 순수 존재의 특성으로서 전제되어 있지 않고 (논리적 용어들의 변증법적 계속 규정의) 논리적 퍼포먼스 속에서 순수 사유의 자기규정이라는 의미에서 파악될 수 있는 것도 아니다. "자유"는 오히려 모든 존재 규정이 생산적 근거인 이념의 국면에서 등장한다. 그럼으로써 "이념"은 물론 영원한 존재의 성분과는 다른 것이다. 매개의 연관들 속에서 이념의 동일성은 헤겔이 강조하듯이 **과정과 하나**[28]이다. 그리고 과

---

27   G. W. F. Hegel, *Wissenschaft der Logik I*, 44쪽.

28   G. W. F. Hegel, *Wissenschaft der Logik II*, 467쪽.

정은 그것이 차이(대립)를 "영원히 생산"[29]해 내는 한, 본질적으로 생산적이다. 바로 이 점에서 헤겔에게 개념의 자유는 타당하게 된다. 왜냐하면 개념은 차별을 생산하면서 "자신 자신과 합일"(같은 곳)하기 때문이다. 말하자면 이념(내지 개념)이 생산하는 것과 관계하면서조차 이념은 '무제약자'의 위상을 상실하지 않는다. 이념은 자신을 타자(생산된 것) 위에 세우는 무제약자로서 사유되어선 안 된다. 오히려 무제약자는 단지 생산된 규정들의 차이 안에서, 차이를 통해서만 온전한 매개 연관의 동일성으로서 존재한다.

'무제약자'(이념)와 함께 ① 헤겔 철학의 원리, 즉 <u>규정의 근거로서 자유</u>가 타당화되며, ② 이념이 동시에 "존재"의 <u>생산적 근거</u>이고, ③ 자신의 근거인 투명한 매개 연관 속에 있는 "존재"가 "<u>충족된 존재</u>"라는 완전성으로서 파악된다는 의미에서, 나는 헤겔의 '논리적' 형이상학(또는 형이상학적 논리학)을 <u>규범적 존재론</u>으로서 표현하고자 한다.

5. 언제 형이상학적 헤겔이 관심을 끄는가?: 전망

일단 헤겔 논리학이 규범적 존재론이라는 사실을 가정하면, 언제 어떤 헤겔 이후의 조건에서 사유는 그에 대해 관심을 발견할 수 있는가? 내가 아는 한, (당분간은) 앞에서 시인했듯이 그동안 형이상학적인 것에 대

---

29   같은 책, 468쪽.

한 관심을 허용했지만 존재론이라는 의미에서의 형이상학에 대해 관심을 갖지는 않는 '분석철학'의 조건하에서는 규범적 존재론으로서의 논리학이 관심을 끌지는 않을 것이다. '규범적 존재론'이 관심을 끌 수 있는 곳은 바로 존재론적 물음이 이론적 담론의 핵심에 속하는 곳이다. 물론 매체 철학의 핵심적인 물음에 통속적이게도 매체Medium란 무엇인가라는 물음도 속한다는 사실이 매체 철학에 해당하지만, 그에 대한 대답은 이론적으로 모두 통속적인 것과는 다른 것이다. 이러한 의미에서 나는 형이상학적 헤겔이 바로 오늘날 —아마도 이전보다 더— 철학적 관심의 대상이라는 주장을 감행하고 싶다. 이것은 —칸트와 함께 말하자면— **"강단 개념"에 따른 철학**에 타당한 것은 아니지만, 확실히 논리적·논증적 일관성 이외에 "인간 이성의 본질적 목적들"에도 관심을 갖는 **"세계 개념"에 따른 철학**에 해당하는 것이다.[30] 우리가 칸트와 헤겔의 전통에 서게 된다면, 존재에 대한 물음을 진정한 이성적 관심과 연결한다는 것, 말하자면 자유에 대한 조망 속에서 사유한다는 것을 쉽게 이해할 수 있다. 어떤 철학적 관점과 어떤 문제 설정이 이러한 전통의 연장선에서 획득될 수 있는가?

혜겔 논리학에 대한 강하게 핵심을 강조하는 독해, "존재신론"이라는 이론 유형과 **첫 번째, 또는 최고 존재자**에 대한 주장을 가능한 한 배제해 버리는 전형적인 형이상학 이후의 관심을 따른다면, 우리는 헤겔

---

30   I. Kant, *Kritik der reinen Vernunft*, Hamburg: Felix Meiner, 1956, B866 이하.

논리학에 있어서 결국 (사유의 과정적 논리 안에서) 논리적 규정들의 존재 **곁에**, 또는 **위에** 독자적으로 존립할 존재자와 관계하지 않는다는 사실을 기꺼이 강조하게 될 것이다. 편하게 말해서 여기서는 사유 **위나 뒤에** 어떤 신도 지배하지 않는다. 오히려 여기서 지배하는 것은 이미 보았듯이 사유를 수행하는 가운데, 그리고 단계적으로 보다 분명하게 사유 규정과 존재 규정 속에서 타당하게 되는 자유의 원칙이다. 우리가 이 규정들의 존재 위상에 대해 묻는다면, 여기서 제안된 독해(규범적 존재론)가 "최고의 존재자"를 배제할 뿐만 아니라 논리 외적인 존재에서 확증될 수 있을 것이 한갓 '사유 구성'이라는 생각도 배제될 것이다. 오히려 이 사유 공간에서 전적으로 자신의 여러 가지 복합성의 수준(그리고 존재의 사유 모델이 아니라)에서 존재가 해명된다. 하지만 보다 자세히 우리는 다음과 같이 말할 수 있게 된다. 즉 여기서 전개된 존재는 근본으로부터 ─전체적으로, 개별적으로(개별적 존재 규정에서)─ **매개된 존재**이다. 좀 더 강조해서 말하면, 우리는 여기서 '**매체적 존재**'와 관계한다. 그 안에는 존재의 규정들의 한갓된 (경험적 사실로서) '앞에 놓여 있음'으로부터 이해되어야 하는 것이 아니라, 존재 규정들 사이의 차이와 존재의 동일성 구조 모두를 산출하는 매개 연관으로부터 이해되어야 한다는 사상이 놓여 있다. 간단히 말해서 존재하는 것은 두 번째 것이다(이때 첫 번째 것은 더 이상 신적인 심급이 아니며, 그 자체로 논증적으로 요구될 필요가 없다). 여기로부터 '**매체적 존재**'라는 잠정적 개념을 만들어 본다면, 다음과 같은 특징들이 역할을 해야만 할 것이다.

① 최고 존재자에 대한 방법적·논증적 포기
② 구성주의가 아님
③ 논리적 매개 과정의 결과로서 존재(존재 규정), 즉 매체적 존재
④ 자기 관계적 차별성에 근거한 <u>생산적인</u> 것으로서 논리
　 적 과정(개별자로서의 개념)
⑤ 순수 생산성으로서 자기 관계적 차별성(자유)

'매체적 존재'라는 주장을 제시한다면, 따라서 존재가 매개 과정(두 번째 것)을 통해서만 존재하며 단지 이러한 매개적 형식(달리 말하면 매체) 내에서만 존재로서 파악될 수 있다면, 불가피하게 '매체Medium'란 여기서 무엇인가라는 물음도 제기된다. 헤겔과 함께, 오늘날 논의의 맥락에서 보면 낯선, 정말로 어이없는 대답을 해야 할 것이다. 매체란 가령 의식(후설)이나 언어(푸코, 하버마스 등)나 의미(루만)나 '기술적 형식'(키틀러 등)이 아니라 개념이다. (이것은 물론 존재 뒤에 있는 존재가 아니다) 무엇보다도 이러한 대답은 헤겔의 이론을 '로고스 중심주의'로 비난하고 무시하는 결과를 낳았다. 이것은 내 생각에 심각한 실수다. 이것은 무엇보다도 '<u>매체성</u>'을 어떻게 생각할 것인가에 대한 광범위하고도 긴요한 철학적인 질문에 대한 답이 거의 없다는 사실에서 나타난다. 통상적으로 사람들은 **미디어 실증주의**에, 즉 역사적으로 선도적인 매체로서 추구되는 매체를 기반으로 매체의 개념을 해명하는 데 만족한다.[31] 또는 발신자/수신자 도식을 개발하고, 그것을 '기술 선험성'[32]과 결합한다. 어느 쪽이든, '매체성'의 문제는 표면적으로 처리된다. 하지만 "매체성"은 처음에는 우선 앞에 놓여 있어야만

하고 그다음에 기술될 수 있는 "매체"를 지시하는 것과는 달리 철학적으로 생각될 수 있는가?

　　마지막으로, 나는 헤겔의 '규범적 존재론'으로부터 (매체) 철학적으로 무엇을 배울 수 있는가라는 물음을 다룬다. 그에 대한 답은, 우리가 **매체성을 생각하는 법을 배울** 수 있다는 것이다. 우리는 여기서 미디어의 실증성 속에서 미디어의 개념을 무지에 빠뜨리지 않고 그것을 **논리적인 형식**으로서 사유하는 법을 배울 수 있다. 보다 정확히 말하면 매체성이 원초적·논리적 형식으로서 해명되어야 함을 배울 수 있다. 그 안에는 동시에 중요한 관점의 확장이 놓여 있다. 즉 존재를 진정으로 매개되거나 생산된 것으로 보이게 하는 그러한 매체성 사유는 동시에 자유의 개념과 구성적인 관계에 있는 존재 개념을 생각할 수 있는 가능성을 열어준다. 물론 이것은 우리가 단순히 헤겔 논리를 반복해야 한다는 것을 의미하지는 않는다. 그것은 단지 헤겔의 '논리'를 통해 우리는 존재를 그 원리의 생산성 속에서 인식하고, 원리를 자유로서 인식하는 '이성의 관심'을 타당하게 만드는 철학함의 패러다임의 형태를 갖는다는 것을 의미한

31　　M. McLuhan, *Understanding Media. The Extensions of Man*, London & New York: McGraw-Hill, 1964[2010]에서 그는 미디어 이론을 구성하기 위해 주도적 매체라는 생각을 패러다임 방식으로 도입했다. 나아가 포스트 구조주의 방식으로 모든 형태의 인간 중심주의를 지우려고 시도함으로써 매클루언에게서 지배적인 기술 선험성 주장을 급진화하는 F. Kittler, *Aufschreibesysteme 1800/1900*, München: Fink, 1985도 보시오.

32　　이와 관련하여 B. Stiegler, *Die Logik der Sorge. Verlust der Aufklärung durch Technik und Medien*, Frankfurt a. M.: Suhrkamp, 2008 참조.

다. '존재-생산성-자유'라는 이러한 '형이상학적' 삼원성을 '규범적 존재론'의 근본적인 특징으로 기억한다면, 매체성의 사유는 매체 개념을 '논리적 형식'으로까지 심화시킬 뿐만 아니라 근본으로부터, 즉 존재론적으로, 자유의 구조를 이러한 매개 연관 속에서 표현하는 도전에 직면하게 된다. 내가 보기에 그것이 오늘날의 철학의 과제이다. 그러나 헤겔 없이는 이 작업을 적절히 정식화하는 것이 불가능하지는 않더라도 어렵다.[33] 따라서 (헤겔이 분석철학에 들어왔음에도 불구하고) 대다수를 형성하는 헤겔 경멸자들이 매체성이라는 주제에 접근할 수 없고, 하더라도 자유를 배제하는 희생을 치르고서 겨우 할 수 있다는 사실은 거의 놀라운 일이 아닐 수 있다. 이것은 흥미로운 결과로 이어질 수 있을 것이다. 철학적으로 만족시킨다는 것은 —"세계 개념"의 의미에서— 그런 것일 수 없다.

6. 후기: 포스트 분석적 이론 지평

헤겔에 이어서, 실증적인 매체뿐만 아니라 마찬가지로 논리적인 형식으로서의 매체성에도 초점을 맞추면, 우리는 그와 더불어 포스트 분석적인 이론 지평으로 들어가게 된다는 사실이 즉시 명백해진다. '포스

33　비록 이 과제 자체가 명명되지는 않았지만, 오늘날 명백히 헤겔에게 영감을 얻어 현대의 논리적 근본 특징들을 발전시킨 획기적인 작품이 존재하며, 거기에는 자유와 매체성이라는 양 측면이 반영되어 있다. 가령 A. F. Koch, *Versuch über Wahrheit und Zeit*, Paderborn: Mentis, 2006; 논리적 형식으로서의 매체성의 문제와 관련하여 C.-A. Scheier, *Luhmanns Schatten. Zur Funktion der Philosophie in der medialen Moderne*, Hamburg: Felix Meiner, 2016을 참조.

트 분석적' 이론 및 사유 지평에 대한 논의는 분석철학의 두 가지 역사적-체계적인 전제에 대해 반성할 때 명백해진다. ① 언어의 우선성[34]과, ② 프레게의 함수 논리가 그것이다. 헤겔에 따르면, 두 전제 모두 수정되어야 하며, 그럼으로써 그것들의 의미가 무효화되지는 않을 것이지만 변화된 관점에서 새로이 평가될 수 있다.

① 헤겔에게서 (물론 헤겔에게서만은 아니지만) 배울 수 있는 것처럼, 사유(특히 논리적 사유)가 언어 속에서 운동한다는 사실이 필연적으로 사유의 규정이 그것들을 표현하는 실증적인 언어에서 도출된다는 것을 의미하는 것은 아니다. 자신의 규정들을 반성하는 철학적 사유는 헤겔에게서 개념의 차원을 개방할 수 있다. 개념은 언어 공동체 내에서 '그럴듯한' 것일 뿐만 아니라, 오히려 세계의 근원적인 통사를 서술하고 그렇게 하여 존재론적 의미를 갖는다. 반면에 분석적 전통은 철학의 존재론적 관심을 '언어적 전회'를 통해 크게 차단하거나[35] 과학의 영역으로 추방했다. 게다가 그들의 언어 우선주의는 매체성에 대한 헤겔의 이해와는 완전히 다르게 비언어학적 형식의 세계 이해를 제외시키거나 배제하는 것으로 귀결되었다. (반면 헤겔의 매체성 이해의 핵심인 헤겔의 개념은 언어의 중심적 역할을 지나치

---

34   언어 분석을 통해 전통적 형이상학과 이별을 고해야 했는데, 전통 형이상학은 일반적으로 언어 이론적인 천진함과 언어적 혼란으로 인해, 따라서 충분한 근거 없이 존재 주장을 제시하였다는 의심을 받았다. 이에 관해서는 이 책에 실린 C. Spahn, "Moore, Russel, Hegel und die Trennung von analytischer Philosophie und Hegelforschung", 『헤겔연구』 44, 한국헤겔학회, 2018의 논문을 참조.

35   후설 현상학의 획기화는 유사한 방식으로 영향을 미친다.

게 강조할 필요가 없고, 가령 육체적 움직임, 이미지 및 언어성의 상호 작용이 문제될 때 숨겨진 현대적 통찰력을 얻게 된다)[36] 서두에서 말한 실용주의는 실제로 언어의 분석적 우대를 뒤로 하고 사유의 비언어적인 형식들을 탐구하는 길을 닦았다.[37] 그러나 이와 더불어 (언어 중심주의와 관련하여) 분석철학을 넘어서려는 조짐들이 보이는데, 그것이 정통 분석론자들에게는 걱정이 되겠지만 헤겔주의자들은 그것을 걱정하지 않아도 될 것이다. 어쨌든, 매체성에 대한 헤겔의 사유는 우리가 분석적 언어 중심주의 속에서 자신을 잃지 않고, 고전적인 존재론적 질문(존재와 규범성의 연관)뿐만 아니라 현대의 정신철학적 질문들(육체성과 인지 기능의 연관)을 제외시키지 않은 채, 사유에 있어서 언어의 중요한 기능을 파악하는 것을 허락한다.

② 헤겔의 매체성에 대한 사상은 분석적 전통에서는 유사한 것을 찾기가 어려울 사유의 급진적인 반성성의 결과이다. 그 이유는 논리적이기도 하다. 왜냐하면 프레게의 함수 논리와 더불어, 즉 함수와 독립 변수로 명제를 분할함으로써(주어, 계사 및 술어라는 판단에 대한 고전적, 헤겔적 삼원성과 달리) 술어적인 함수들에 대한 생각이 주도적으로 되었는데, 이 함수들은 불완전하기 때문에 비술어적 존재에 의해 충족되어야만 하기 때문이다. 그러한 논리적 지평 안에서는, "개념"이라는 "충족된 존재"에 대한 헤

---

36   이에 대해 R. Beuthan, 앞의 글 참조.

37   예를 들어 S. Cavell, *The World Viewed. Reflections on the Ontology of Film*, Cambridge, Mass.: Harvard University Press, 1979; 그의 뒤를 이은 R. Pippin, *The Philosophical Hitchcock. "Vertigo" and the Anxieties of Unknowingness*, Chicago: The University of Chicago Press, 2018을 참조.

겔의 사상은 처음부터 "논리적으로" 접근할 수 없는 것으로 나타났음에 틀림없다. 게다가 헤겔의 매체성에 관한 사상은 함수들(술어적 개념들) 또는 더 일반적으로 말해서 함수적 구별들을 논의하지 않고, 모든 개념적 규정을 생산하는 근원적이고 생산적인 차이 자체를 반성할 때만 비로소 이해될 수 있다. 그래서 사유에 대한 헤겔의 반성성과 유사하게, (명제의 독립 변수의 위치를 차지하기 위한 후보라는 의미에서) 단순히 "주어진 것"도 (술어 또는 명제 함수라는 의미에서) 언어적으로 퇴적된 "개념들"의 집합도 반성하지 않는다면, 우리는 실제로 차이를, 즉 함수와 독립 변수 사이에 주어진 것이 아닌, 무엇보다도 먼저 각각의 규정을 가능하게 하는 구별을 반성해야만 할 것이다. 단순히 프레게의 논리에 기초하여 작동하고 추론하지 않으며 어렵게 사유될 수 있는 함수와 독립 변수 사이의 생산적 차이를 그 자체로 반성하는 이러한 사유는[38] 분석적 지평의 근본적인 한계를 표시할 것이다. 그러므로 우리가 형이상학적인 헤겔과 함께 매체성을 생각하기로 결심했다면, 우리는 무엇보다도 실용적인 명증성들로부터 멀어져야 하며, 자신의 규정들을 사유와 사유된 것의 한계에까지, 따라서 순수한 차이에까지 거슬러 추적하는 사유의 반성성을 다루어야 한다. 그러한 차이에 대한 사상은 논리학과 프레게의 논리에 반대하는 것이 아니라, 오히

---

38 그에 대한 예로서 철학사적으로도 논리학사적으로도 논의하고 있는 샤이어(C.-A. Scheier, 앞의 책)의 연구를 참조하라. 샤이어는 프레게 이후 초보적인 논리적 형식들에 대한 분석을 바탕으로 우리가 역사적인 지평에서 기술적 이유보다는 논리적인 이유에서 존재한다는 주장을 전개한다. 그는 이 역사적인 지평을 "매체적 현대성"(15쪽)이라고 부르고, 그 안에서 인식 가능한 논리적 형식(차별성에 관한 논리적으로 새로운 형식)을 다양한 20세기 이론(특히 루만과 데리다)에 입각하여 가시화한다.

려 그것들을 넘어서 그것들이 주제화하지 않는 전제를 반성하고 그렇게 매체성을 생산적인 차이로 통찰하기 시작한다. 그러한 사유는 포스트 분석적인 지평을 표시한다고 말할 수 있다.

요약하자면, 여러 의미에서 '형이상학적 헤겔'을 주장한 이 논문은 '현대적으로 생략된' 헤겔이 아니라 철저히 '형이상학적' 헤겔이라는 철학으로 흥미로운 연결점들을 보존한다는 확신에 의해 지탱된다는 점이 명백해졌을 것이다. 따라서 제안은 간단히 말하면 다음과 같다. 헤겔과 함께 매체성을 새로이 사유하라. 나는 헤겔이 매체성을 존재와 규범성이 구성적 연관(규범적 존재론) 속에 있는 (개념 내지 순수 사유의) 생산적 차이로서 논리적으로 사유한다는 사실을 여기서 보여 주려고 했다. 그러나 방금 말했듯이 헤겔과 연결된 매체성에 대한 사고가 포스트 분석적인 사유 지평으로 귀결된다는 사실이 가정되어야 한다. 왜냐하면 분석철학의 고전적 파악(언어 우선과 프레게 논리의 논리적 근본 형태)이 이론적으로 넘어서졌기 때문이다. 이러한 사실이 어떻게 (매체) 철학적으로 구체화될 수 있는지는 처음에 말했듯이 다른 지면에서 다루어진다.

Beuthan, Ralf, "Ein metaphysischer Hegel heute?", 『헤겔연구』 40, 한국헤겔학회, 2016.

Cavell, S., *The World Viewed. Reflections on the Ontology of Film*, Cambridge, Mass.: Harvard University Press, 1979.

Fulda, H. F., "Ontologie nach Kant und Hegel", in: *Metaphysik nach Kant? Stuttgarter Hegel-Kongreß 1987*, hrsg. v. D. Henrich & R. P. Horstman, Stuttgart: Klett-Cotta, 1988.

Hansen, M. B. N., *Feed-Forward. On the Future of Twenty-First-Century Media*, Chicago: The University of Chicago Press, 2015.

Hegel, G. W. F., *Wissenschaft der Logik I*, Werke in zwanzig Bänden, Theorie Werkausgabe, Frankfurt a. M.: Suhrkamp, 1969ff., Bd. 5.

_____, *Wissenschaft der Logik II*, Werke in zwanzig Bänden, Theorie Werkausgabe, Frankfurt a. M.: Suhrkamp, 1969ff., Bd. 6.

_____, *Enzyklopädie der philosophischen Wissenschaft (1830) I*, Werke in zwanzig Bänden, Theorie Werkausgabe, Frankfurt a. M.: Suhrkamp, 1969ff., Bd. 8.

_____, *Phänomenologie des Geistes*, Gesammelte Werke, hrsg. v. W. Bonsiepen & R. Heede, Hamburg: Felix Meiner, 1968ff., 09.

Houlgate, S., "Denken und Sein in Hegels Logik. Gedanken zu Hegel, Kant und Pippin", 『헤겔연구』 44, 한국헤겔학회, 2018.

Kant, I., *Kritik der reinen Vernunft*, Hamburg: Felix Meiner, 1956.

Kittler, F., *Aufschreibesysteme 1800/1900*, München: Fink, 1985.

Koch, A. F., *Versuch über Wahrheit und Zeit*, Paderborn: Mentis, 2006.

_____, "Sinnliche Gewissheit und Wahrnehmung. Die beiden ersten Kapitel der Phänomenologie des Geistes", in: *Hegels Phänomenologie des Geistes. Ein kooperativer Kommentar zu einem Schlüsselwerk der Moderne*, hrsg. v. W. Welsch & K. Vieweg, Frankfurt a. M.: Suhrkamp, 2008, 135-152.

_____, *Die Evolution des logischen Raumes. Aufsätze zu Hegels Nichtstandard-Metaphysik*, Tübingen: Mohr Siebeck, 2014.

Kreines, J., *Reason in the World. Hegel's Metaphysics and its Philosophical Appeal*, Oxford: Oxford University Press, 2015.

McLuhan, M., *Understanding Media. The Extensions of Man*, London & New York: McGraw-Hill, 1964[2010].

Pinkard, T., *Hegel's Phenomenology. The Sociality of Reason*, Cambridge: Cambridge University Press, 1996.

Pippin, R., *Hegel's Idealism. The Satisfaction of Self-Consciousness*, Cambridge: Cambridge University Press, 1999.

_____, *Die Verwirklichung der Freiheit. Der Idealismus als Diskurs der Moderne*, Frankfurt a. M. & New York: Campus, 2005.

_____, "Eine Logik der Erfahrung? Über Hegels *Phänomenologie des Geistes*", in: *Hegels Phänomenologie des Geistes. Ein kooperativer Kommentar zu einem Schlüsselwerk der Moderne*, hrsg. v. W. Welsch

& K. Vieweg, Frankfurt a. M.: Suhrkamp, 2008.

_____, *Hegel on Self-Consciousness. Desire and Death in the Phenomenology of Spirit*, Princeton & Oxford: Princeton University Press, 2011.

_____, "Brandoms Hegel", in: *Hegel in der neueren Philosophie*, Hegel-Studien, hrsg. v. T. Wyrwich, Hamburg: Felix Meiner, 2011, Beiheft 55.

_____, *Kunst als Philosophie. Hegel und die moderne Bildkunst*, Berlin: Suhrkamp, 2012.

_____, *The Philosophical Hitchcock. "Vertigo" and the Anxieties of Unknowingness*, Chicago: The University of Chicago Press, 2018.

Redding, P., *Analytic Philosophy and the Return of Hegelian Thought*, Cambridge: Cambridge University Press, 2007.

Scheier, C.-A., *Luhmanns Schatten. Zur Funktion der Philosophie in der medialen Moderne*, Hamburg: Felix Meiner, 2016.

Spahn, C., "Moore, Russel, Hegel und die Trennung von analytischer Philosophie und Hegelforschung", 『헤겔연구』 44, 한국헤겔학회, 2018.

Stiegler, B., *Die Logik der Sorge. Verlust der Aufklärung durch Technik und Medien*, Frankfurt a. M.: Suhrkamp, 2008.

Welsch, W., "Hegel und die analytische Philosophie. Über einige Kongruenzen in Grundfragen der Philosophie", in: *Kritisches Jahrbuch der Philosophie* 8, 2003.

제9장

헤겔 철학에서 존재와 사유

안톤 프리드리히 코흐 | 권영우 역

1. 통상적 보편 개념과 헤겔의 단수 형태의 개념^{Begriff im Singular}

『순수이성비판』의 초월론적^{transzendental} 감성론의 첫 단락을 보면 다음과 같은 칸트의 주장을 발견할 수 있다.

> "일체의 사유는 곧바로(직접적으로)든 아니면 돌아서(간접적으로)든, 어떤 징표를 매개로 결국은 직관들과, 그러니까 우리에게는 감성과 관계 맺는다. 왜냐하면 우리에게 다른 방식으로는 어떤 대상도 주어질 수 없으니 말이다."[1]

칸트에 따르면 직관의 보편적 형식은 시간과 공간이다. 따라서 우리의 사유는 시공간과, 그리고 모든 시공간 속에서 나타나는 대상들과 구성적 관계를 맺는다.

　　스트로슨P. F. Strawson도 이와 유사한 결론에 도달했고 칸트의 초월론적 철학Transzendentalphilosophie을 이러한 배경하에서 해석했다.[2] 스트로슨에 따르면 시간과 공간은 개별성의 보편적 형식이다. 기저를 이루는 시공간적 개별자들, 즉 사물과 개인은 판단의 범례적인 논리적 주체들이다. 사유와 시공간적 존재는 본질적으로 서로 짝을 이룬다. 사유는 가능한 판단에 술어를 제공하고 시공간은 주어를 제공한다.

　　존재와 사고의 이러한 공속성은 다음과 같이 해명될 수 있다. 사고의 단위는 판단이다. 그리고 기저를 이루는 (술어적) 판단에서 개별자들은 보편적 개념 아래 포섭된다. 이때 어떻게 수많은 개별자가 항상 하나의 보편적 개념에 속하는지는 결정되지 않은 채 남아 있다. 보편 개념들은 개별화되지 않으며, 개별화된다고 하더라도 기껏해야 우연히 그러하다. 하나의 보편적 개념 아래 많은 개별자가 포섭되는 것은 언제나 가능한 일이며, 더욱이 규칙이다. 우연히도 정확히 하나의 사물이 하나의 보편 개념에 속하게 될 때(예를 들어 달이 지구의 위성이라는 개념에 속하게 될 때), 개념은 우연히 개별화되지만 본질적으로 개별화되는 것은 아니다. 따라서

1　　I. Kant, *Kritik der reinen Vernunft*, hrsg. v. R. Schmidt, Hamburg: Felix Meiner, 1956, A19/B33.

2　　P. F. Strawson, *Individuals. an essay in descriptive metaphysics*, London: Methuen, 1959; P. F. Strawson, *The Bounds of Sense. an essay on Kant's Critique of pure reason*, London: Routledge, 1966.

사물들을 개별화하는 보편적인 원리는 개념의 논변적 성격egriffliche Diskurs 아니라 시공간의 체계다.

　여기까지는 좋다. 하지만 헤겔에게서 사태는 달리 서술된다. 『논리의 학』(간단히 논리학이라고 표현한다)은 헤겔의 사유와 존재에 관한 이론이며, 여기서 시공간은 어떠한 역할도 하지 못한다. 이러한 점에서 볼 때 헤겔은 사유를 ―시공간과 독립적으로 파악되는― 이념에 연결시키는 일종의 플라톤주의자다. 사실상 헤겔의 논리학은 다수 명사로서의 이념, 즉 "절대이념"에서 완성된다. 그리고 그 이념은

> "이념 자신의 절대적 진리 안에서, 이념의 특수성, 또는 … 타자 존재의 계기 및 자신의 반사된 모습인 **직접적 이념,** 그리고 자연으로서의 자기 자신을 자유롭게 자신으로부터 방면할 것 entlassen을 결심한다."[3]

　하지만 절대이념이 자기로부터 방면한 자기 자신인 자연을 헤겔은 더 이상 논리학에서가 아니라 실재철학Realphilosophie에서 고찰한다. 실재철학이 다루는 첫 번째 주제가 바로 공간이고, 두 번째 주제가 시간이다. 이같이 헤겔에게 있어서 시공간은 자연의 영역, 논리학 밖의 영역을

3　　G. W. F. Hegel, *Enzyklopädie der philosophischen Wissenschaft (1830) I*, Werke in zwanzig Bänden, Theorie Werkausgabe, Frankfurt a. M.: Suhrkamp, 1969ff., Bd. 8, §244.

정의한다. 이러한 점은 한편으로 칸트와 유사한 측면이다. 하지만 다른 한편으로 **논리학**에서 공간과 무엇보다 시간의 구조는 여러 가지 방식으로 논리적으로 미리 형성된다. 예를 들면 생성Werden, 변화, 자기외화와 이행, 양 등으로서 구성된다. 단지 시공간의 특징적 외면성과 위치 다양성은 **논리학**에서 아직 도달되지 않는다. 이런 점에서 헤겔에게서 시공간은 논리 외적인 것의 기호인 동시에 논리적으로 미리 형성된 것이기도 하다. 시공간 속에서 논리학 자신은 자신의 밖에 존재한다.

이것이 헤겔이 말하는 개념의 개념을 위한 귀결들이다. 모든 세상 사람이 개념들을 추상적인 보편 표상들로 이해하는데, 이 보편 표상들 각각에는 많은 사례들이 속하지만 때로는 적은 사례들이, 때로는 어떤 사례도 속하지 않는다. 하지만 오직 헤겔만 그렇게 생각하지 않는다. 헤겔에게 있어서 그러한 "보편 개념들"은 단순한 표상에 불과하며, 상상력의 활동성에 결부되고 따라서 시공간에 결부된다. 헤겔이 **개념**이라고 부르는 것은 통상적 개념과는 다르게 이해되어야 한다. 그리고 그의 개념은 통상적 의미로 설명하기 어려운 점이 있나. 헤겔에게 있어서 개념의 정의는 개념의 발생을 나타내고 있는 존재논리학, 그리고 본질논리학 전체에서 이루어진다. 개념에 대한 헤겔의 간략한 해명은 『철학전서Enz』의 개념논리학의 시작에서 찾을 수 있다.

"개념은 자신을 위해 존재하는 실체적 위력으로서 자유로운 것이며 총체성이다. 왜냐하면 각각의 계기(보편성, 특수성, 개별성)가 전체이기 때문이다. 그 전체는 개념이고 개념과 분리되지 않는 통일로서 정립된다. 개념은 자기 동일성 속에서 그 자체로an sich, 동시에 자신을 위해für sich 규정된 것이다."[4]

헤겔이 말하는 개념은 하나의 단일한 전체이며 총체성을 뜻한다. 우리가 현재적인 것을 논리적 공간 아래서 사태가 될 수 있는 모든 것인 동시에 생각될 수 있는 모든 것을 의미하는 전체로 파악할 때, 헤겔의 개념이란 논리적 공간 전체를 의미한다. 이와 달리 루이스는 논리적 공간을 가능한 세계들의 집합으로 간주한다. 헤겔이 말한 바와 같이 이러한 전체란 위력, 정확히 말해 실체적 위력, 즉 실체의 위력이다. 또한 이 위력은 단수 속에서 마치 스피노자와 유사하게 결국 무한한 실체의 위력을 의미한다.

총체성, 즉 논리적 공간은 헤겔의 **논리학** 속에서 연속해서 다양한 형태로 등장하는 것처럼 보인다. 논리적 공간은 본질논리학의 마지막에서는 단일한 실체로서, 그리고 개념논리학의 시작에서는 단일한 개념으로서 등장한다. 따라서 헤겔에게 있어서 논리적 공간은 진화하고 발전하는 것으로 나타난다. 그리고 실체에서 개념까지 논리적 공간이 나타나는 방식의 변화는 다음의 변화들과 연결된다. 실체적 위력, 즉 실체의 우연성을 넘어 그 실체에 작용하는 위력은 필연, 즉 눈이 먼 필연성이다. 왜냐하면, 그 위력은 이 우연들이 생기도록, 그리고 사라지도록 하기 때문

---

4   G. W. F. Hegel, *Enzyklopädie der philosophischen Wissenschaften* (1830) I, §160.

이다. 하지만 개념의 위력으로서의 지금은 "자기 자신을 위해 존재하는" 위력이며 자신의 독자 존재^{Fürsichsein} 속에서 "자유로운 것"이기도 하다.

자유는 헤겔에게 있어서 투명하게 된, 개념으로 파악된 필연성이지, 더 이상 눈이 먼 필연성이 아니다. 눈이 먼 필연성과 함께 작용하는 실체는 개념 안에서 그리고 개념으로서 무한하고 자유로운 주관성이 된 것처럼 보인다. 그것은 무한하다. 왜냐하면, 그것은 더 이상 자신 곁에 또는 자신에 앞선 타자들에 의해 규정되는 것이 아니라, "그 자체 독자적으로 규정된 것^{das an und für sich Bestimmte}"이기 때문이다. 개념은 논리학에서 개념에 선행했던 것(존재와 본질)의 원리이며, 자신 안에서 자신에 의해 규정된다. 더 자세히 보자면 개념은 자신을 보편성, 특수성, 그리고 개별성으로 규정하고, 이 계기들의 각각은 전체 개념이자 동시에 무한한 주관성이다.

이것이 보다 정확하게 무엇을 의미할지는 어쨌든 명확하다. 헤겔은 보편성과 개별성의 대조를 위해 논변적^{diskursiv} 사고와 시공간성의 이원성을 동원하지 않는다. 오히려 사유는 순수하게 자기 자신으로부터 이러한 대조를 산출해야 한다. 개념은 시공간적 개별 사물에 단순히 적용되는 개념이 아니라, 자기 자신 안에서 온전한 논리적 공간이며, 보편성, 특수성과 개별성으로 구성된 하나의 총체성이다. 논리적인 것은 자족적이며, (단수의) 개념은 논리적인 것의 원리다. 따라서 통상적인 보편 개념들, 즉 추상적이고 논변적인 표상들은 헤겔의 단수적 개념과 매우 다른 것이다. 플라톤적으로 말하면, 헤겔의 개념은 개념 자체, 또는 로고스 자체이며 모든 통상적 개념의 원리다.

헤겔이 **논리학**에서 시공간, 그리고 상상력과 관계하지 않고도 가능해야만 하는 사고를 고찰했다는 사실에 충실해 보자. 그럴 경우에도 사고는 끊임없이 자신을 변화시키고 발전해야 한다. 하지만 이것은 마치 무시간적인 자연수의 산술적 연속이 그래야 하는 것처럼 하나의 순수한 논리적 연속 속에서 변화·발전해야 한다. 물론 칸트는 무시간적 자연수의 산술적 연속에 대해 논박하려고 할 것이다. 그는 산술도 시간적 순서로부터 발원하게 한다. 그는 『순수이성비판』에서 개념들도 시간과 내적 연관을 갖는다고 주장한다. 왜냐하면, 개념들은 오직 도식을 만드는 상상력의 활동 덕분에 존재하기 때문이다. 순수 오성 개념들조차도 상상력이 그것들에게 순수하고 초월론적인 시간 도식들을 부여함으로써만 개념들이 된다. 도식이 없다면 개념들은 어떠한 적용 조건을 갖지 못할 것이다. 그리고 적용 조건이 없다면 개념들은 어떠한 개념도 아닐 것이다. 칸트는 이러한 사실을 가르치고 있으며, 이러한 사실은 사실상 우리의 통상적인 보편 개념들에게 타당하다.

헤겔이 칸트와 반대로 순수 사유와 상상력을 분리하고자 한다는 사실은 절대정신을 주제화하는 그의 철학 체계의 마지막 부분에 입각해서도 해명될 수 있다. **절대이념**은 **논리학**의 마지막에서 자신을 자기 자신으로부터 자유로이 자연으로서 방면하여 시공간의 형식 안으로 들어온다. 이러한 시공간의 형식 속에서 이념은 처음에는 자신에게 낯선 것이고 직접적이다. 하지만 헤겔의 자연철학과 정신철학은 어떻게 이념이 시공간 안에서 단계적으로 자기 자신에게 복귀하는지를 보여 준다. 우선 자연에서 생명이 동식물의 형식으로 생겨난다. 그다음 주관 정신이 개별

제2부 분석적 헤겔 해석과 형이상학적 헤겔

적 인간의 형식으로 나타나고, 객관 정신이 법, 도덕, 가족, 사회, 국가와 세계사적 국가들의 연속과 같은 인간적 제도들의 형식으로 나타난다. 마지막으로 이념은 예술, 종교, 철학이라는 위대한 문화적 능력들의 형태를 띤 절대정신으로서 다시 자신을 획득한다.

예술에는 감각적 직관의 인식 능력이 귀속될 수 있다. 이것은 절대이념이 인간화된 신의 형상 속에서 감각적인 조각 작품으로 드러나는 그리스 예술 종교에서 확인된다. 종교에는 상상력의 능력과 논변적이고 상상적으로 도식화된 오성적 사유의 능력이 귀속된다. 이것은 기독교에서 잘 드러나는데, 기독교는 지금은 현세에 부재한 '인간이 된 신 Gottmenschen'이 이 땅에서 살았던 삶을 기억하고, 그가 다시 이 땅에 오기를 기대하면서 신을 표상하는 종교다. 헤겔은 여기서 표상이라는 용어를 언급한다. 마지막으로 절대이념의 현시로서 예술과 종교와 같은 내용을 갖는 철학에는 철학의 특수한 실행 형식인 사변적이며, 개념으로 파악하는 본래적 사유가 귀속된다. 간단히 말해, 예술에서 우리는 감각적으로 직관하고, 종교에서는 상상적-논변적으로 표상하며(신상에서는 상상적으로 표상하고, 신학에서는 논증적으로 표상한다), 그리고 철학에서 우리는 동일한 내용, 즉 절대이념을 사유하고 개념적으로 파악한다. 우리 인간을 통해, 그리고 우리 안에서 절대이념은 자신을 직관하고, 스스로를 상상하며, 스스로를 사유한다. 이러한 점은 그리스 예술에서, 기독교에서, 그리고 사변적 철학에서 확인된다.

우리는 이러한 헤겔의 그림Bild을 논평하지 않은 채 놔두고 단지 그것을 이용하여 어떻게 헤겔이 근본적으로 ① 감각적 직관과, ② 상상적-논변적인 표상과, ③ 사변적 사유를 구별하는지를 강조하고자 한다. 헤겔에 따르면 순수 오성 개념(범주)을 포함해서 칸트와 모든 세상 사람이 개념이라고 부르는 것은 모두 상상적-논변적인 표상에 속한다. 따라서 그런 개념은 상상력의 영역에 속할 뿐 개념적으로 파악하는 사변적 사유 (즉, 좁은 의미에서, 그리고 본래적 의미에서의 사유)의 영역에는 속하지 않는다.

2. 논리적 선언주의와 논리적 연언주의

파르메니데스는 부정성이 사유될 수 없다고 주장했다. 하지만 그의 주장을 부정하는 것이 더 타당해 보인다. 파르메니데스는 부정성을 자신의 주장을 정식화하기 위해 사용한다. 우리는 부정성을 익숙하게 생각하지만, 파르메니데스는 부정성을 어떠한 사유도 아닌 뭔가 다른 것으로 보고 있다. 즉 그는 부정성을 사념, 가상, 상상, 또는 환상 등으로 본다. 그에 따르면 부정성은 노에시스가 아니라 억견에 해당한다. 이러한 것들은 부정성을 통해 표상될 수 있는 모든 것에 해당한다. 따라서 부정성은 차이, 변화, 운동, 다양성 등에도 해당한다. 부정성에 해당하는 이 모든 것, 즉 시공간적 우주 전체는 억견이고 가상에 불과하다. 하지만 논리적 우주(또는 논리적 공간)는 동종적이며, 고요한 단일 존재다. 사람들은 이러한 엘레아적 입장을 논리적 선언주의로 간주한다. 논리적 선언주의는 우리의 사유가 우리가 고요한 단일 존재를 긍정하거나, 변화와 다양성에 대한 표상이 부정과 가상 안에 사로잡혀 있는 것 둘 중 하나라고 말한다. 존재는 상상되지 않고, 변화는 사유되지 않는다. 즉 사유되는 것은 존재고, 변화란 단지 상상된 가상에 불과하다는 것이다.

언뜻 보기에 이것은 헤겔이 논리학에서 사유-존재를 고찰하고 실재철학에서 상상-변화를 고찰한 것과 유사하다고 볼 수 있다. 왜냐하면, 논리학은 논리적 공간의 학문이고, 실재철학은 인간세계를 포함한 시공간적 우주에 관한 철학적 학문이기 때문이다. 하지만 헤겔은 논리적 선언주의를 따르지 않고, 반대로 하나의 논리적 연언주의를 주장한다. 헤겔에 따르면 사유는 본질적으로 부정하는 활동이며, 모든 존재는 부정으로부터 나온다. 이것은 어떠한 순수 긍정도 부정으로부터 자유로울 수 없음을 보여 준다. 우리가 마치 논리학의 시작에서처럼 하나의 순수한, 파르메니데스적인 부정될 수 없는 존재를 사고하려고 노력하는 한, 이러한 존재는 암암리에 이미 항상 마찬가지로 순수하고 존재하지 않는 부정성과 무에 포섭된다. 우선 우리가 부정되지 않는 존재를 사고하려고 시도할 때 우리가 사유하는 첫 번째 현실적으로 사유 가능한 내용은 **현존재**인데, 그것은 긍정적이고 직접적인 것으로서 등장하지만, 실제로는 지배적인 **실재성**과 열등한 **부정**의 통일이다.

따라서 논리적 연언주의가 말하는 것은 모든 사유가 긍정 행위이기도 하고 부정 행위이기도 하며, 모든 사유 내용이 존재이기도 하며 또한 부정성이기도 하다는 사실이다. 파르메니데스의 교훈시^{Lehrgedicht}에서는 사유와 존재를 다루는 진리에 대한 이론에 뒤따라서 가상에 관한 이론인 우주론이 등장한다. 하지만 헤겔은 논리학과 실재철학을 파르메니데스처럼 구분하지 않는다. 이 두 가지 학문 분과에서는 진리, 그리고 존재와 사유가 문제 된다. 이 두 분과에서는 다른 한편으로 가상 내지는 한갓된 사념 또한 다루어진다. 오히려 두 분과를 구별해 주는 것은 이미 말했듯이 실재철학이 시공간의 외적 위치의 다양성에 기초하지만, 이것은 논리학에서는 낯선 일이라는 사실이다.

논리적 선언주의를 부정하는 사람이 반드시 논리적 연언주의자일 필요는 없을 것이다. 하지만 헤겔은 논리적 연언주의자다. 그는 우리가 순수한 긍정 속에서 부정과 모순을 생각할 수 있다고 주장한다. 또한 더 정확히 말해 우리의 사유는 부정하는 활동이라고 말한다. 따라서 우리는 한 번도 어떠한 순수한 긍정에 관해 사유해 본 적이 없다고 헤겔은 주장한다. 헤겔에 따르면 부정은 모순으로 이끌어진다. 그리고 결론적으로 사유는 본질적으로 모순 속에서 완성된다고 주장한다. 항상 사유되는 것은 부정되며, 동시에 부정을 통해 긍정된다. 그리고 사유의 추동력은 모순이다. 그 모순은 극복될 수밖에 없는 것이다. 비록 모순이 항상 위험한 상태로 남아 있을지라도 말이다. 전체 논리학은 사실상 영원한 모순의 극복(과정)으로 파악될 수 있다. 모순은 명민한 이론의 전환을 통해 제거되는 것처럼 보이지 않는다. 모순은 새로운 형식으로 다시 나타나기 마련이고 새로운 이론의 전환들을 지속적으로 요구한다. 그렇게 논리적 공간의 진화가 시작되기도 하고 완성되기도 한다. 헤겔은 모순율을 존재론적 원리로서 고수한다.

무모순성의 원리: 동일한 것이 사태로서 존재함과 동시에 존재하지 않는 것은 불가능하다.

이것은 헤겔이 궤변가가 아니라는 점을 보여 준다. 모순은 참이 될 수 없으며, 어떤 견고하고 참된 존재도 모순을 참으로 표현할 수 없다. 하지만 헤겔은 모순이 타당할richtig 수 있다는 점을 해명하고 강조한다. 말하자면 모순은 덧없는 이행, 또는 쉼 없는 상태를 설명하는 데 유효할 수 있다. 이러한 이행과 상태에서는 어떠한 진리도 발견될 수 없다. 왜냐하면 그것은 자기 자신과 일치하지 않으며, 따라서 사라져 버리기 때문이다. 이에 해당하는 모순의 논리적인 첫 번째 경우는 존재논리학의 시작부에서 나타나는 생성에 대한 사고다. 논리적 공간의 진화는 일종의 논리적인 최초 폭발Urknall인 생성과 함께 시작한다. 각각의 모든 생성에서, 그리고 논리 외적인 생성에서도 어떤 것은 ① 그러하면서, ② 동시에 그러하지 않다. 그래서 우리는 기꺼이 그렇게 말하고 싶어 한다. 이러한 방식으로 말하는 것은 실로 완전히 틀린 것은 아니지만 빗나간 것이다. 생성은 ① 긍정적인 그러함Der-Fall-Sein과, ② 부정성을 조립하는 방식으로 구성되지 않는다. 오히려 모든 생성은 영국인들이 말하듯이 쭉all the way down 생성(과정) 속에 있다. 생성은 실로 존재와 무의 결합이지만 생성의 계기들은 존재와 무 자체가 아니라, 재차 존재와 무가 결합된 것들인 발생과 소멸이다.

생성은 어떤 특별한 존재가 아니라, 덧없는 생성이다. 그리고 생성에 대한 사유는 그러함에 대한 정지된 사유가 아니라, 그 자신 덧없이 떠도는 자기 내 함몰In-sich-Zusammensinken이다.

이러한 사유는 극소의 논리적 순간 동안만 타당하다. 왜냐하면 그러한 사유는 A에서 비非A로의 급변에만 적합하기 때문이다. 하지만 그러한 사유는 참이 아니다. 왜냐하면, 그것은 곧바로 자신을 넘어서도록 내몰리고, 자기 자신에 의해 거짓으로 증명되어 버리기 때문이다. 마찬가지로 생성 자신도 자신을 넘어서도록 내몰려서 (상대적으로 정지된 현존재로 되고) 자기 자신과 일치하지 않는다. 그다음으로 본질논리학에서 이에 해당하는 모순의 첫 번째 경우는 가상이라는 시작에 대한 사상Anfangsgedanke이다. 이러한 이율배반적 내용은 자기 자신과 일치하지 않는 가상의 불안정한 사태에 적합하다. 이 가상은 본질논리학의 시작부에서 찾고 있는 본질을 완전히 은폐한다(물론 가상이 다른 한편으로 본질 자신의 자기 내 가현Scheinen-in-sich일 뿐일지라도 말이다).

하지만 왜 사유는 모순에 말려들어야 하는가? 왜 모순은 예기치 못한 사고 이상의 것인가? 그것은 헤겔과 무관하게 거짓말쟁이 역설이 증명하는 것처럼 부정은 불가피하게 모순으로 이끌리기 때문이다. 다음의 세 문장을 비교해 보자.

(1) 당신이 지금 읽는 문장은 아홉 개의 단어들로 이루어져 있다.[5]

(2) 당신이 지금 읽는 문장은 참도 아니고 거짓도 아니다.

(3) 당신이 지금 읽는 문장은 참이 아니다.

언뜻 보아도 문장 (1)은 분명히 참이다. 문장 (2)는 거짓이며, 문장

---

5   편집자 주: 원문의 "Der Satz, den Sie gerade lesen, hat neun Wörter"는 9개의 단어로 이루어져 있다. 따라서 이 문장은 참이다.

(3)은 이율배반, 즉 그 문장이 거짓일 때 오직 그때만 참이다. 여기서 문장 (1)과 문장 (2)는 (3)에게로 향할 수 있는 (자기 관계성 때문에) 무의미하다는 의심을 분산시키는 데만 소용된다. 그 결과 세 문장 모두가 마찬가지로 의미 있다(즉 참, 또는 거짓이다)고 생각하게 한다. 우리에게 문제가 되는 문장 (3), 즉 거짓말쟁이 역설은 콰인이 의미론적인 상승이라고 말한 이론적 조치를 통해 자기 자신에 대한 부정을 정식화하는 것이다. 말하자면 그 문장은 자신의 고유한 비진리를 언표하기 때문에 자기 자신을 부정한다.

헤겔은 논리학에서 단순 부정은 반드시 이중 부정으로 나아갈 뿐만 아니라, '자기 자신에 대한 부정'으로도 나아가고, 그럼으로써 부정의 이율배반으로 나아간다는 점을 보여 준다. 처음에 이것은 유한성의 논리학에서 자신의 타자로서 등장한다. 마찬가지로 본질논리학의 시작부에서 가상은 다시 이율배반적인 자기부정의 형식을 띤다. 비록 헤겔의 견해에 따라 부정이 무뎌지고 온순하게 되어 가는 중임에도 불구하고(여느 때와 마찬가지로 이것은 가능해야 한다), 개념논리학의 시작부에서 개념은 마찬가지로 다시 그래야만(이율배반적인 자기부정의 형식이어야) 한다. 지기 관계적이고 무한한 부정은 그다음에 절대이념으로서 완전히 무뎌지고 순화되어야만 할 것이다. 왜냐하면, 여기서 모순은 마침내 제어되고 논리적 공간의 진화는 정지된 고정점에 도달되어야만 했기 때문이다. 실재철학으로의 진행은 더 이상 어떠한 필연적인 진행이 아니라, 헤겔 자신이 말하는 것처럼, 자유로운 진행이다. 절대이념은 자기 자신과 일치하고 더 이상 자신과의 모순 속에 있지 않다. 따라서 그것은 이행하는 것이 아니라, "자연으로서 자기 자신에 외적으로"[6] 되면서 자유로운 결단에 따라 자신을 자기모순 속으로 정립한다. 실재철학은 이러한 새로운 모순의 연속적인 해소에 대해서 다룬다.

3. 헤겔의 논리학과 실재철학

때때로 헤겔 논리학은 범주들을 전개한다고 읽힌다. 이는 틀린 말은 아니지만 오해의 소지가 있다. 왜냐하면, 범주들은 용어들이며 술어들이기 때문이다. 하지만 술어들은 충족되지 않은, 보충될 필요가 있는 사유의 내용들이며, 그것들이 적용되는 공간적 개별 사물들이 존재할 때 비로소 형성될 수 있다. 실재철학은 시공간에 관한 것이다. 논리적 내용들, 즉 생성, 현존재, 질 등은 술어들이 아니라, 완전히 논리적인 사태들이며 논리적 공간의 상태들이다. 이 상태들은 그것들 중 어느 것도 자기 자신과 일치하지 않기 때문에 서로를 뒤따른다. 그래서 생성이라는 극소의 논리적 최초 폭발에 이어서 논리적 공간의 첫 번째 비교적 안정적인 상태인 현존재가 뒤따라 나온다. 그다음 이것은 이율배반적인 '자기 자신의 타자'와 논리적 공간의 유한화로 이끌고, 이 유한화는 무한자로 고양되는 등의 뒤따름이 이어진다.

서로 교대하는 이러한 논리적 사태들은 실로 우리의 외적 반성에서 쉽게 술어 형식으로 전환될 수 있다. 헤겔 자신도 (유한성에서 끄집어낸)

---

6   G. W. F. Hegel, *Enzyklopädie der philosophischen Wissenschaften* (1830) *I*, §250.

논리적 규정들이 절대자의 또는, 논리적 공간의 술어로서 취해질 수 있다고 말할 때, 그러한 전환을 제안한다. 절대자는 생성이며, 나중에는 무한성이고, 그다음에는 독자 존재Fürsichsein, 질Qualität 등이 된다. 하지만 술어 형식으로의 전환은 논리적 내용에 외적인 것이다. 더 나아가 논리적 내용은 절대자의 또는 논리적 공간의 술어지만, 많은 개별적인 것들에 적합할 수 있는 통상적인 술어는 아니다.

그러나 자연철학으로의 이행으로 이런 상황은 근본적으로, 그리고 즉시 바뀌어 버린다. "자연의 첫 번째, 또는 직접적인 규정은 자연의 **자기 외 존재**Außersichsein**의** 추상적 **보편성**이며, 그 자기 외 존재의 무매개적 무관심성인 공간이다."[7] 공간과 함께 즉각적으로 외적이고 객관적인 잡다의 영역이 마련된다. 이러한 잡다와 관련하여 우리는 일반적 의미의 개념들, 즉 추상적 보편 표상들을 형성하고 적용할 수 있다. 다시 말해 공간과 함께 논변적 사고의 영역이 마련된다. 그리고 시간, 장소, 운동과 물질이 즉시 뒤따라 나온다.

하지만 칸트의 경우와 달리 헤겔에게 처음부터 분명한 사실은 물질적인 시공간의 체계가 그것의 추상적인 외면성을 손상시키지 않은 채, 마치 사유에게 낯선 것처럼 보여질 뿐이지만, 실제로는 "타자 존재의 형식 속에 있는 이념"[8]에 다름 아니라는 것이다. 자연은 —우선은 인식되지 않은 상태로 존재하는— 이념이다! 따라서 논리적 내용들은 자연철학

---

7   같은 책, §254.
8   G. W. F. Hegel, *Enzyklopädie der philosophischen Wissenschaften (1830) I*, §247.

과 정신철학에서 다시 나타난다. 하지만 그것들은 논리학을 시공간적인 것에 기계적으로 적용하는 가운데 나타나는 것이 아니라, 새롭고 자립적인 탐구 속에서 시공간성의 고유한 조건들로 된다. 이때 논리적 내용은 사실상 그것이 논리학에서는 갖지 않았던 술어, 즉 범주의 형식을 얻게 된다.

동시에 칸트와는 달리 헤겔에게서는 별도로 범주를 연역할 필요가 없게 된다. 헤겔은 칸트에게 있어서 이러한 연역이 필요했다는 사실을 전혀 이해하지 못했다. 따라서 헤겔은 칸트를 다음과 같이 칭찬할 때도, 초월론적 연역과 그것의 시작을 혼동했다.

> "**개념의 본질**을 형성하는 **통일**이 **통각**의 **근원적-종합적** 통일로서, 즉 **나는 생각한다**, 또는 자기의식의 통일로서 인식된다는 것은 이성비판 속에서 발견되는 가장 심원하고 올바른 통찰들에 속한다. ─ 이 명제는 소위 범주들의 **초월론적** 연역을 형성한다."[9]

통각의 종합적 통일, 즉 잡다한 내용들을 하나의 의식으로 연결하는 것은 칸트에게 있어서 통각의 분석적 통일의 근저에 놓여 있다. 통각의 분석적 통일은 "나는 생각한다"를 수반함으로 표현된다. 하지만 이 분

9　G. W. F. Hegel, *Wissenschaft der Logik II*, Werke in zwanzig Bänden, Theorie Werkausgabe, Frankfurt a. M.: Suhrkamp, 1969ff., Bd. 6, 254쪽.

석적 통일은[10] 모든 보편 개념의 순수한 근본 형식이다. 이런 점에서 헤겔이 여기서 통상적인 보편 개념과 ─자신이 주제화하는─ 단수 명사로서의 개념을 칸트가 연결하고 있다는 사실을 보는 것은 정당하다. 이는 마치 헤겔이 칸트의 입장을 따라 그의 철학을 주제화하려 했던 것과 같다. 하지만 이것은 아직 초월론적 연역이 아니라, 칸트가 말한 것처럼 그러한 연역의 "시작"에 불과하다.[11]

　　본래적인 연역[12]은 범주와 시공간적 체계의 연결을 대상으로 삼는다. 이 연결은 칸트의 틀에서는 가장 어려운 문제다. 왜냐하면, 시간과 공간은 감성 형식으로서 사유에 절대적으로 외적인 것으로 나타나기 때문이다. 그래서 칸트는 상상력의 초월론적 종합으로서 근원적 종합이 시간을 논리적으로 미리 구조화하고 이 같은 방식으로 사유와 시간(그리고 공간)과의 본질적인 관계를 비로소 수립한다는 사실을 보여 주기 위해 많은 노력을 기울인다. 도식 장에서 추가적으로 밝힌 바처럼, 사고의 논리적 기능들은 순수한 시간-도식을 매개로 개념, 즉 순수한 오성 개념으로 고정화된다.

　　다른 한편으로 헤겔에게 시공간 체계의 외면성은 사고에 맞서 있는 절대적인 외면성이 아니라, 사유 자신에 의해 정립된 외면성이다. 이 외면성은 실재철학의 전개 과정에서 다시 지속적으로 해체되어서 마침

10　　I. Kant, 앞의 책, B133 이하, 주 참조.
11　　같은 책, §21, B144.
12　　같은 책, §§22-26.

내 절대정신으로서 이념은 시공간 안에서 다시 온전히 자기 자신으로 복귀하기에 이른다. 이때 칸트의 초월론적 연역이 수행해야 하는 모든 것이 한편으로 논리학에서 준비되어 있고, 다른 한편으로는 시공간적 물질에서 절대정신으로 이행하는 과정에서 아무런 강제력 없이 이야기한 김에 지나가는 말로 얘기하듯이 수행된다. 그렇기 때문에 헤겔에게는 아마도 초월론적 연역의 시작이 이미 그것의 완성인 것처럼 보일 수 있었던 것일 것이다.

Hegel, G. W. F., *Wissenschaft der Logik II*, Werke in zwanzig Bänden, Theorie Werkausgabe, Frankfurt a. M.: Suhrkamp, 1969ff., Bd. 6.

_____, *Enzyklopädie der philosophischen Wissenschaft (1830) I*, Werke in zwanzig Bänden, Theorie Werkausgabe, Frankfurt a. M.: Suhrkamp, 1969ff., Bd. 8.

Kant, I., *Kritik der reinen Vernunft*, hrsg. v. R. Schmidt, Hamburg: Felix Meiner, 1956.

Quine, W. V. O., *Philosophy of Logic*, Englewood Cliffs, N.J.: Prentice-Hall, 1970.

Strawson, P. F., *Individuals. an essay in descriptive metaphysics*, London: Methuen, 1959.

_____, *The Bounds of Sense. an essay on Kant's Critique of pure reason*, London: Routledge, 1966.

제10장

헤겔 논리학에서 사유와 존재
헤겔, 칸트 그리고 피핀에 대하여

스티븐 훌게이트 | 서세동·정대훈 역

1. 존재론으로서의 사변 논리학

  헤겔의 사변 논리학은 순수 사유에서 시작하여 어떻게 그러한 순수 사유가 발전하는지를 보여 준다. 사유(가령, 상상력 대신)에 관한 이러한 천착 덕분에 헤겔의 과업은 논리학으로 여겨진다. 그러나 그는 이 논리학이 사유만이 아니라 또한 존재와 관련이 있으며, 그래서 존재론, 또는 형이상학이기도 하다는 사실을 고수한다. 헤겔의 말을 따르면 논리학은 "순수 사유의 학문"이지만, 이 학문에서는 "존재가 순수 개념 그 자체로, 그리고 순수 개념이 진정한 존재로 알려진다."[1]

  하지만 칸트라면 논리학과 존재론의 이러한 융합을 적법하지 않다고 비난할 것이다. 이러한 '융합'을 정당화하는 것은 무엇인가? 그것은 논리학이 사유의 순수한 무규정성에서 시작한다는 점이다. 만약 사유가 판단이나 추리로 파악된다면, 사유는 또한 존재자 자체와 대립하는 우리의 활동으로 파악될 수 있다. 하지만 사변 논리학은 모든 특정한 법칙과 범주들을 추상하고 순수 사유에서 시작해야만 한다. 왜냐하면 사변 논리학이란 체계상의 어떠한 전제도 가져서는 안 되기 때문이다. 이런 방식으로 사유는 철저히 추상적이고 무규정적인 것으로 구상된다. 그러나 이것이 순전히 순수한 무인 것은 아니다. 사유는 자신의 "단순성" 속에서 현재하며 이로써 존재적seiend이다.[2] 그러나 이것은 어떠한 규정적 성격도 나타내지 않으며, 따라서 단순한 무규정적 존재이다. 곧 "그 이상의 어떤 규정도 없는"[3] 순수 존재로서의 순수 사유이다.

　따라서 사변 논리학은 존재론이다. 왜냐하면, ―사유에 귀속될 그 밖의 것들을 모두 추상한― 순수 사유란 그 자체로 순수 존재 외엔 아무것도 아니기 때문이다. 헤겔은 순수 사유와 순수 존재의 이 분리 불가능성을 논리학의 마지막 장에서 지적한다. 먼저 헤겔은, 최근에 ―그러니까 18세기 후반과 19세기 초반에― (예컨대, 칸트에 의해) 사유와 존재가 엄격하게 분리되었다는 사실을 우리에게 상기시킨다. "사상, 또는 개념과 존

1　G. W. F. Hegel, *Wissenschaft der Logik. Die Lehre vom Sein (1832)*, hrsg. v. H.-J. Gawoll, Hamburg: Felix Meiner, 2008, 46쪽.

2　G. W. F. Hegel, *Enzyklopädie der philosophischen Wissenschaften (1830) I*, Werke in zwanzig Bänden, Theorie Werkausgabe, Frankfurt a. M.: Suhrkamp, 1969ff., Bd. 8, § 78A.

3　G. W. F. Hegel, *Wissenschaft der Logik. Die Lehre vom Sein (1832)*, 71쪽.

재 사이의 익히 알려진 대립에 따라, 전자에는 그 자체로 어떤 존재도 귀속하지 않으며 이 존재가 사상 자체와는 독립된 고유한 근거를 지닌다는 것이 중요한 진리인 양 생각된다."[4] 그렇지만 동시에 헤겔은 존재가 (실존 Existenz이나 자연이 아니라) 단순한 존재로 이해되는 한, 그리고 사유가 추상적이고 무규정적인 것으로 이해되는 한, 사유와 존재의 이러한 분리가 해소된다고 주장한다. "존재의 단순한 규정이 … 그 자체로 너무나 빈곤하다는 사실 자체로 인해 이 존재에 대해 지양할 수 있는 것이 별로 없다." 그리고 이러한 존재에서는 "보편자 자체가 곧장 이러한 직접적인 것이다. 왜냐하면 추상적인 것으로서 보편자 역시 단지 존재das Sein에 불과한 추상적인 자기 관계이기 때문이다."[5] 엄밀하게 보자면 자기 관계의 구조는 "어떤 것Etwas"에 속하지, 존재에 속하지 않는다. 그러나, 존재가 아직도 타자와 구별되지 않은 채 단적이고도 단순하게 존재 자체인 한, 오직 자기 자신과 관계한다고 말할 수 있다. 이는 또한 무규정적인 "단순성"의 상태에 있는 사유에게도 똑같이 타당하다. 이런 사유 역시 다른 어떤 것과 전혀 구별되지 않으며(사유가 다른 어떤 것과 구별된다면 이 사유는 규정적일 것이다), 따라서 이 사유는 순수 존재와 똑같은 "추상적인 자기 관계"이다. 따라서 자신의 순수한 추상 속에서의 사유란 무규정적인 존재와 동일하다.

칸트에 따르면 일반 논리학은 "오직 사유의 순전한 형식에만 관계

4   G. W. F. Hegel, *Wissenschaft der Logik. Die Lehre vom Begriff (1816)*, hrsg. v. H.-J. Gawoll, Hamburg: Felix Meiner, 2003, 288쪽.

5   G. W. F. Hegel, *Wissenschaft der Logik. Die Lehre vom Sein (1832)*, 288쪽.

하며"[6] 존재하는 것에 관하여 적극적으로 알려 주지 않는다. 이와 달리 헤겔의 사변 논리학에서 우리는 그 출발점에서 추상적인 사유만이 아니라 존재와 마주치게 된다. 왜냐하면 양자는 서로 완전히 일치하기 때문이다. 따라서 논리학은 이후의 진행 과정 속에서 사유와 존재의 참된 본성을 동시에 펼쳐 낸다. 그럼에도 불구하고 이 논리학이 통상적인 의식에게 알려져 있는 바의 존재를, 말하자면 우리의 바깥에 놓여 있는 존재를 밝혀낼 수 있는지에 대해 사람들은 여전히 이렇게 물을 수 있다. '순수 사유가 그 자체로 순수 존재일 수 있다고 해도, 이 점이 곧장, 논리학이 스스로 사유의 외부에 있는 존재를 해명할 수 있다는 것을 의미할 수 있는가?' 하지만 내가 보기에 이 물음은 잘못 정식화되어 있다. 왜냐하면 이 물음은 사유의 존재와 존재 자체 사이에 어떤 명확한 구별이 존재한다고 전제하지만, 이러한 전제가 논리학의 시작에서 결코 허용되지 않기 때문이다.

추상적인 무규정적 사유와 일치하는 존재는 그 이상의 어떠한 자격 규정도 없는 무규정적 존재 그 자체이다. 게다가 우리는 논리학의 시작에서 사유의 전제들은 물론이고 존재에 대한 모든 전제를 무시해야만 하며, 이제 우리는 존재를 오직 무규정적 존재로 이해해도 된다. 바로 이 존재가 추상적 사유와 일치한다. 따라서 어떤 방식으로도 우리는 존재가 사유의 "바깥에" 있다고 전제할 수 없다. 반대로 논리학은 존재 그 자체

---

6   I. Kant, *Kritik der reinen Vernunft*, hrsg. v. R. Schmidt, Hamburg: Felix Meiner, B78.

의 본성을 드러내며 따라서 존재론이다. 왜냐하면 논리학이 사유를 우선은 순수한 존재로서 생각하며, 존재 또한 시작에서 이러한 순수 존재와 다른 것이 아니기 때문이다.

그렇지만 사람들은 계속해서, 이러한 사고 과정이 앞서 언급된 의혹을 완전히 제거하지는 못한다고 주장할 수 있다. 우리는, 논리학의 출발점에 놓여 있는 존재란 사유의 바깥에 있다는 식으로 이해될 수 없으며, 차라리 순수한 무규정적 존재라는 것, 그리고 이러한 이유로 논리학이 존재론으로 이해되어야 한다고 주장했다. 그러나 확실히 저 바깥에 —'자연'의 형식으로— 존재자가 있으며 여전히 어떻게 논리학이 이러한 '우리 밖 존재자'에 대해 우리에게 밝혀 줄 수 있는지가 분명치 않다. 하지만 이 의혹은 논리학의 도정 속에서 제거된다. 왜냐하면 우리가 시작점으로 삼는 무규정적 존재가 (이 도정 속에서) 우리를 둘러싼 유한한 사물과 자연의 영역 속으로 스스로를 변화시킨다는 사실이 해명되기 때문이다. 따라서 논리학은 정말로 "저 바깥에" 있는 것들의 참된 본성을 드러내 보인다. 그러나 이러한 과업이, 논리학이 사유와 사물들 사이에 있다고 상정되는 틈에 마법과도 같이 다리를 놓는 식으로 이루어지는 것은 아니다. 오히려 논리학이 먼저 무규정적인 존재 —무규정적인 사유와 일치하지만 그럼에도 존재 자체인 존재— 를 사유 앞에 갖다 놓고 그다음에는 곧 이러한 존재가 그의 고유한 논리에 의해 "저 바깥의" 존재로 변화된다는 것을 증명함으로써 이 과업이 수행된다. 따라서 사변 논리학에서 우리가 제일 먼저 마주치게 되는 존재는 우리의 맞은편에 있는 존재가 아니다. 우리는 사유를 통해 이 존재에 가 닿기 위해 어떻게 해서든지 우리의 사유가 이 존재에까지 뻗어 나가도록 하는 것이 아니다. 반대로 우리는 가장 먼저 순수한 무규정적 존재를 우리의 사유 앞에 가져와서, 이 존재 자체가 우리를 둘러싼 세계의 형식을 스스로에게 부여한다는 사실을 발견할 뿐이다.

따라서 지금까지 말한 것들로부터 헤겔이 사유의 참된 "한계"를 교만하게 경시하여 논리학과 존재론을 동일시한 것이 아니라는 사실을 우리는 분명히 알 수 있다. 칸트의 관점에서 사유는 본질적으로 논변적 diskursiv이며, 따라서 스스로 존재를 의식 앞에 결코 가져올 수 없다. 칸트에 따르면 개념이란 "가능한 판단의 술어"에 지나지 않기에, 사유는 기껏해야 어떤 대상의 순전한 가능성만을 파악할 수 있을 뿐이다.[7] 이런 입장에서는 헤겔의 주장, 곧 우리가 존재를 순전한 사유를 통해서 인식할 수 있다는 주장은 부당한 전제처럼 보일 것이다. 헤겔의 관점에서는 이와 달리 정확히 그 반대가 성립한다. 칸트가 독단적으로 사유를 한갓된 가능성과 사유 가능성에 한정시키고 있으므로 그야말로 너무 과다하게 사유에 관해 전제하고 있다는 것이다. 헤겔 자신이야말로 모든 전제를 소거하고 사유의 순전한 단순성 —이 단순성이란 그 자체로 순수한 무규정적 존재이다— 에서 시작한다. 따라서 논리학은 존재 자체를 사유 앞에 가져올 수 있도록 요구하는데, 이는 논리학이 흔히 말하듯 사유에 대해 과다하게 전제하기 때문이 아니라, 오히려 그야말로 사유에 관한 어떠한

---

7   I. Kant, 앞의 책, B94.

규정적인 것도 전제하지 않으며 이런 방식을 통해 논리학에게는 순수한 존재 이외에는 어떤 것도 남지 않기 때문이다. 헤겔 자신이 말한 것처럼 시작은 "아무것도 전제해서는 안 되며, 그 무엇에 의해서도 매개되어 있지 않을 뿐만 아니라 어떤 근거도 지니지 않음에 틀림없다. … 따라서 시작은 단적으로 어떤 무규정적인 것, 또는 차라리 오직 무규정적인 것 자체임에 틀림없다. … 따라서 시작은 순수 존재이다."[8]

분명히 헤겔은 순수 논리학이 존재를 인식할 수 있다는 자신의 주장을 통해서 칸트 이전 형이상학의 입장으로 되돌아간다. 그러나 그는 사유와 존재에 관해 칸트보다 훨씬 덜 전제함으로써 이를 수행한다. 이것이 칸트주의자는 (대부분) 이해할 수 없는 헤겔의 "비결"이다.

2. 칸트 이전의 그리고 칸트 이후의 논리학과 형이상학

그러므로 헤겔의 논리학은 똑같은 정도로 논리학이자 존재론이다. 헤겔 자신의 용어로 말하자면, 사변 논리학은 "본래적인 형이상학을 이루는 논리적 학문"이다.[9] 그에 따르면 특히 ─존재 논리와 본질 논리를 포괄하는─ "객관 논리학"이 "이전의 형이상학을 대신한다. 이 형이상학은 오직 사상Gedanken에 의하여 완성되어 있어야 하는, 세계에 대한 학문적인 건축물이었다."[10] 물론 헤겔은 논리학 전체에 걸쳐 모든 범주를 존

---

8   G. W. F. Hegel, *Wissenschaft der Logik. Die Lehre vom Sein (1832)*, 58-59쪽.

9   같은 책, 6쪽.

재의 형식으로만 파악하려고 한 것이 아니라 사유의 형식으로도 파악하고자 했으며, 그 결과 논리학 전체가 -개념 논리까지 포함하여- 형이상학으로 여겨지게 된다.

그러나 마지막 인용문이 시사하듯, 사변 논리학이 모든 점에서 이전의 형이상학과 일치하는 것은 아니며, 오히려 이전의 형이상학을 "대신하여" 등장한다. 그렇다면 이 둘은 어떻게 구별되는가? 첫째, 이전의 형이상학에 대립하여 사변 논리학은 오성Verstand의 권위를 결코 미리 앞세우지 않는다. 사변 논리학은 '사유가 적어도 판단'이라는 사실에서 출발하지도 않고, 또한 오성이 구상하는 범주들이 최종적이라는 사실에서 시작하지도 않는다. 도리어 헤겔의 관점에서 객관 논리학은 그러한 범주들에 관한 "진정한 비판"으로 여겨진다.[11] 왜냐하면, 논리학은 이 범주들을 우선은 무시하는 데서 시작하여, 그것들을 순수 존재로부터 도출하여 변증법적으로 증명하기 때문이다.

둘째로, 이 논리학은 영혼이나 신과 같은, 단순히 이성에 의해 전제되는 어떤 예지적인 "대상들"에 대한 파악을 요구하지 않는다. 사변 논리학은 이처럼 "대상"도 "어떤 것Etwas"도 아닌, 무규정적인 존재에서 시작한다. 그러한 존재는 무한한 것, 개념, 이념으로서 입증되고, 이런 의미에서 사유의 "대상"이 된다. 그럼에도 논리학이 그러한 대상에 대한 사유가 되는 것은 아니다. 왜냐하면, 논리학은 사유의 필연적 형식들을 발

---

10   같은 책, 50쪽.
11   같은 책, 51쪽.

전시켜서, 사유 내부에서 존재가 갖게 되는 더 풍부한 규정적 형식들 속에서 존재의 논리적인 구조를 밝혀내기 때문이다.

따라서 사변 논리학은 칸트 이전의 형이상학과 본질적으로 구별된다. 후자는 오성을 통해 저 바깥에서 (자연의 내부에서, 또는 자연의 저편에서) 발견되어야만 하는 어떤 실재를 해명한다고 생각한다. 그러나 사변 논리학은 스스로를 "순수한, 자신을 전개하는 자기의식"[12]으로 이해하며, 이 자기의식 내부에서 존재의 본성이 밝혀져야 한다. 그런데 철학의 두 형식(사변 논리학과 칸트 이전의 형이상학)은 칸트에 반대하여, 사유가 스스로 존재를 인식할 수 있다고 주장한다. 이런 이유로 사변철학은 이전의 형이상학을 "대신"하면서도 그 자체로 형이상학이기도 하다.

그러나 이전의 형이상학과 사변 논리학 사이에는 미묘한 차이가 존재한다. 헤겔에 따르면 이전의 형이상학은 "사유가 자기에 반하여 자기 안에 품고 있는 대립에 관한 의식"을 갖지 않았고,[13] 그렇기 때문에 사유가 사물의 참된 본성을 알려 줄 수 있다고 생각했다. 헤겔에 의하면, 이러한 순진한 믿음 속에 "의식의 일상적 행태"가 남아 있다. 사변 논리학은 그렇지 않다. 사변 논리학에서 관건이 되는 사유의 "대립"은 사유가 자기 자신과 존재 사이에서 이루는 구별이며, 헤겔은 사변 논리학이 이러한 구별을 철저하게 의식한다고 주장한다. 그 결과, "(사유와 존재의 일치라는) 철학적 이념에 반대해서 사유와 존재는 상이하다고 반복하는 사람들

---

12   같은 책, 33쪽.

13   G. W. F. Hegel, *Enzyklopädie der philosophischen Wissenschaften* (1830) I, 26절.

은 이것(사유와 존재의 상이성)이 철학자들에게도 알려져 있다는 점을 결국엔 "전제"해야 할 것이라고 헤겔은 쓴다.[14]

 칸트 이전 형이상학과 사변 논리학 사이의 이 차이는 양자 사이에서 칸트의 비판이 생겨났다는 사실에 의해 설명될 수 있다. 헤겔에 따르면, 칸트 철학은 중요한데, 왜냐하면, 그것이 오성의 범주들을 (비록 결함이 있긴 하지만) 비판적으로 검증하고 이 범주들 속에서 가능한 모든 인식 대상의 필연적인 형식을 보기 때문이다. 이로써 칸트는 형이상학을 근본적으로 변화시키고 사변 논리학의 길로 유도한다. 왜냐하면, 그의 비판은, 우리가 대상들에 대한 선험적으로 "형이상학적인" 인식에 도달해야 하는 한, 우리로 하여금 범주들과 이 범주들에 근거해 있는 원리들을 검토하도록 강제하기 때문이다. 따라서 헤겔의 말로 하자면 이미 비판철학이 "형이상학을 논리학으로" 만들었다.[15] 또는 칸트 자신의 말로 하자면, 비판이 "존재론이라는 위풍당당한 이름을" "겸손한, 순수 지성에 대한 한갓된 분석론으로" 대체했다.[16] 이와 함께 칸트는 새로운 종류의 논리학, 초월론적인 논리학을 도입한다. 초월론적 논리학은 (헤겔의 표현을 사용하자면) 이전의 형이상학을 "대신하여" 등장한다. 칸트에 따르면 일반 논리학은 가능한 대상들을 추상한 채 단지 "사유의 순전한 형식"만을 검토한다. 이것은 (모순율 같은) 규칙을 확정하며, 어떤 대상에 관해 사유하든 모든 사유

---

14 같은 책, 51절, 주.

15 G. W. F. Hegel, *Wissenschaft der Logik. Die Lehre vom Sein (1832)*, 35쪽.

16 I. Kant, 앞의 책, B303.

가 이 규칙에 따라야만 한다. 초월론적 논리학은 이와 달리, 사유가 단지 (형식상) 모순 없이, 그리고 오류 없이 추리하고자 할 뿐만 아니라 특정 대상을 인식하고자 하는 한에서, 사유가 따라야 할 규칙을 확정한다. 그러니까 이 논리학은, 어떤 것이 일반적으로 어떤 대상으로서 간주되어야 하는 한에서 그것이 어떻게 이해되어야 하는가를 규정한다. 따라서 이것은 "진리의 논리학"이지, 순전히 형식주의적인 타당성의 논리학은 아니다.[17]

헤겔은 『논리의 학』에서 그의 "객관 논리학"이 칸트의 "초월론적 논리학에 부분적으로 상응하리라는" 점을 명백히 인정한다.[18] 칸트가 자유와 반독단론을 강조한 것은, 헤겔로 하여금 전제 없는 논리학을 하도록 강제했다. 그러나 그뿐 아니라, 칸트는 또한 초월론적 논리학을 통해 헤겔의 논리학을 특징짓는 논리학과 형이상학의 통일을 선취한다. 그렇지만 칸트는 헤겔이 뜻한 바와 같은 완전한 통일에 도달하지는 못한다. 왜냐하면, 그는 범주에, 헤겔이 기술한 바와 같이, "본질적으로 주관적인 의미"를 부여하기 때문이다.[19] 그러므로 칸트의 범주를 통해 우리는 어떤 것이 대상으로 여겨져야 하는 한에서 그것이 어떻게 사유될 수 있는가를 이해하지만, 이로써 우리는 사물 그 자체가 어떤 것인지는 인식하지 못하며, 존재 그 자체를 의식에게 데려오지 못한다. ('범주를 통해 어

---

17   같은 책, B87.

18   G. W. F. Hegel, *Wissenschaft der Logik. Die Lehre vom Sein (1832)*, 48쪽.

19   같은 책, 35쪽.

면 것을 대상으로 사유'하는 것과 '사물 자체를 인식'하는 것은, 칸트에게는 그렇지 않지만, 헤겔에게는 결국 동일한 것으로 귀착된다) 따라서 헤겔은 칸트의 범주에 의해 산출되는 객관성을 순전히 주관적인 객관성, 우리에 대한 객관성으로 여긴다. 이는 칸트의 초월론적 논리학과 일치하는 형이상학이 다시금 다만 경험의 형이상학에 불과하다는 의미이다. 이 형이상학은 분명, "가능한 경험 일반의 형식(그리고 경험의 가능한 대상들의 형식)을 예취antizipieren"할 수 있겠으나,[20] 존재 자체의 구조를 밝혀내거나 선험적으로 "예취"할 수는 없다. 따라서 헤겔의 사변 논리학과 대조적으로, 칸트의 초월론적 논리학은 스피노자나 라이프니츠가 이해했던 것만큼 강한 의미의 형이상학을 유지하면서도 새롭게 수정된 형식이 결코 아니다.

이것이 사실인데, 왜냐하면 칸트의 견해에 따를 때 사유는 감각적 직관의 지원 없이는 다만 가능한 것, 또는 사유 가능한 것만을 파악할 수 있을 뿐, 존재하는 것 그 자체를 파악할 수는 없기 때문이다. 따라서 칸트는 존재를 사유로부터, 그리고 객관성으로부터 분리시킨다. 반면에 헤겔은 그렇게 하지 않는다. 헤겔에 따르면 순수 사유는 존재를 의식 앞으로 가져오는데, 이 존재는 (논리학의 도정 속에서) 잘 알려진 객관성의 영역 — 유한한 사물, 원인, 객체 등등의 영역 — 으로서 자신을 입증한다. 칸트에 따르면, 이와 달리 ("직접성"의 형식에서의) 존재란 어떤 객관적인 것으로 생각되기 이전에 감각적 직관에 의해 주어져야만 한다(하지만 이 두 가지는 동시에

---

20   I. Kant, 앞의 책, B303.

일어나는 것이지, 순차적으로 일어나는 것은 아니다).

이러한 사정은 실로 사유가 판단의 계사를 통해 규정적인 어떤 것
이 된다고ˢᵉⁱⁿ 칸트가 주장한다는 사실로 인해 복잡해진다. 하지만 우리
가 분해하는 사태에서 본질적인 것이 변하는 것은 아니다. 계사인 "이다
ⁱˢᵗ"는 직접성이라는 의미에서의 존재를 의식 앞에 가져올 수 있다. 그런
데 그뿐 아니라 계사는 "주어진 표상들의 객관적 통일과 주관적인 통일
을 구별하는" 데 이바지한다.[21] 즉, 계사는 우리로 하여금 한 물체가 나에
게 무겁다고 말할 수 있게 해 줄 뿐만 아니라, 또한 그 물체가 객관적으
로 무겁다고 판단할 수 있게끔 한다. 그 외에도 칸트는 나중에 제1 비판
서에서 사유와 존재를 보다 날카롭게 구별하면서 다음과 같이 말한다.
"따라서 대상에 대한 우리의 개념이 무엇을 얼마나 많이 포함하고 있든
지 간에, 이 개념에 실존을 부여하기 위해서는 우리는 그 개념 바깥으로
나와야만 한다."[22] 따라서 우리가 ―헤겔이 한 것처럼― "존재"를 우선은
단순한 직접성으로 이해하고 나중에서야 현실적인 실존으로 증명되는
것으로 이해한다면, 칸트에 따를 때 사유와 존재 사이에 어떤 가파른 대
립이 존재한다는 것, 그리고 존재가 "개념으로부터 도출되고 분석적으로
끄집어내질 수 없다"는 것이 틀림없는 사실이다.[23]

내 생각에 사변적 논리학자는 사유와 존재 간의 차이에 대한 의식

---

[21]   같은 책, B142.

[22]   같은 책, B629.

[23]   G. W. F. Hegel, *Enzyklopädie der philosophischen Wissenschaften (1830) I*, 51절.

을 가지고 있다. 왜냐하면, 이런 차이가 절대적인 것으로 취급되는 칸트의 비판철학이 사변 논리학에 앞서며, 이 비판이 사변 논리학을 필수적인 것으로 만들기 때문이다. 그렇다. 헤겔은 이러한 차이에 기초하여 자신의 논리학으로 나아간다. 따라서 그는 교조적인 방식으로 칸트에 대립하여 사유와 존재가 하나라고 주장하는 것이 아니라, 도리어 사유에 관한 칸트 자신의 천착에서 시작한다. 헤겔은 비판철학이 "형이상학에서 … 사용되어 온 오성 개념들의 가치를 우선 검사"한다는 점을 지적하면서,[24] 자신의 기획을 이 범주들을 "정화하는reinigen" 것으로 이해한다.[25] 따라서 헤겔의 기획은 스스로가 사유의 탐구라는 것을 완전히 의식한 채로 전개되는 논리학의 형태를 띤다.

그런데 헤겔의 논리학은 오성에 의해 전제되는 모든 개념적인 구별을 무시하고 그로부터 생겨나는 "사유의 단순성"에서 시작한다.[26] 게다가 바로 이러한 단순성은 명백히 사유라고도, 자유라고도 생각될 수 없고, 단지 무규정적인 존재로서 생각되어야 한다. 철학이 순수 사유에 초점을 맞추면서 칸트가 자명한 것으로 받아들였던 사유와 존재의 차이가 사라진다. 왜냐하면, 그러한 사유 자체가 순전한 존재로 주저앉아 버리기zusammensinkt 때문이다. 그러나 동시에 우리는 이 차이에 대한 반성적인 의식을 갖고 있는데, 왜냐하면, 우리는 이 존재가 사유가 시작점에서

24   같은 책, 41절.

25   G. W. F. Hegel, *Wissenschaft der Logik. Die Lehre vom Sein (1832)*, 17쪽.

26   G. W. F. Hegel, *Enzyklopädie der philosophischen Wissenschaften (1830) I*, §78A.

가지는 최소한의 형식이라는 것, 그리고 이에 따라, 우리가 이 존재를 탐구하고 존재론을 전개함으로써 사유를 탐구하고 논리학을 전개한다는 사실을 잘 알고 있기 때문이다. 그러므로 논리학의 시작에서 우리는 우리 앞에 놓여 있는 것에 대한 이중적 의식을 지닌다. 우리는 존재를 순수 존재로서 사유하지만, 동시에 그것이 순수 존재로서의 사유라는 것도 알고 있다. 의식의 이러한 두 형식이 우리의 철학적 이해에서 서로 다른 자리를 차지하고 있다. 첫째, 우리 앞에 놓여 있는 것이 그 자체로서 다루어지는 일차적 지평에서, 우리는 존재 —"더 이상의 어떤 규정도 없는" 존재[27]— 외에 어느 것과도 마주치지 않으며, 이러한 무규정적 존재만이 (존재 자체가 무 속으로 사라지고 이에 의해 '생성Werden'으로 입증됨으로써) 논리적인 전개를 추진해 나간다. 둘째, 그러나 반성적 지평에서 우리는 그러한 존재가 사유의 무규정적인 직접성(그리고 사유의 최초의 범주)이라는 것, 또한 이 존재가 칸트로부터 데카르트를 거쳐 (고대) 그리스인들에게까지 거슬러 올라가는 역사를 전제하는 추상의 결과라는 것에 대해 의식하고 있다. 따라서 이러한 존재와 사유의 '구별 속 통일Einheit-im-Unterschied'은 우리가 생성Werden에서 그리고 이후에 현존재Dasein에서 발견하여 우리가 주제로 삼는, 존재와 무의 통일과 구별된다. 왜냐하면, 존재 자체가 무 속으로 사라지고 생성에서 무와 합일되지만, 순수 존재가 사유의 최초의 무규정적 존재라는 것을 통찰하는 것은 우리, 철학자들이기 때문이다.

---

27   같은 책, 71쪽.

그밖에도 모든 것을 추상해 버린 순수 사유가 순수 존재와 다르지 않듯이, 순수 존재는 오직 사유에 대해서만 존재한다. 감각 지각이나 상상력이 아니라 오직 사유만이 순수 존재의 사상으로 이끄는 급진적인 추상을 완수할 능력을 지닌다. 따라서 우리가 사유에서 시작하든, 존재에서 시작하든, 모든 전제를 무시하면 이는 사유와 존재의 통일이라는 같은 결과로 이끈다. 바로 이 통일이 논리학의 "요소Element"를 이룬다.[28] 그렇지만 이 통일이 그 자체로 논리학의 대상인 것은 아니다. 논리학의 대상이란 순전한 존재이며, 논리학자로서 우리의 과제는 이 존재의 논리적 전개를 서술하는 데 있다. 이런 의미에서 논리학은, 헤겔이 구상한 것처럼, 순전한 존재론blosse Ontologie이다. 물론 우리는 그러한 존재론이 또한 하나의 논리학 ―사유의 내부에서 일어나는 존재 구조의 전개― 이기도 하다는 것을 의식하고 있으며 이 점에서 헤겔의 논리학은 오성의 범주에 관한 칸트의 검토에 근거하고 있다.

따라서 사변 논리학은 단지 칸트 이전의 논리학을 "대체"하는 것이 아니다. 왜냐하면, 사변 논리학은 강한 의미에서, 즉 칸트 이전의 의미에서 그리고 단지 초월론적이지만은 않은 의미에서 여전히 하나의 형이상학이기 때문이며, 존재의 근본 형식이 순수 존재 자체로부터 도출되기 때문이다. 그러나 이 논리학은 동시에 칸트 이후의 형이상학인데, 왜냐하면, 이 형이상학은 존재의 근본 형식과 일치하는 사유의 근본 범주

---

28   G. W. F. Hegel, *Wissenschaft der Logik. Die Lehre vom Sein (1832)*, 46쪽.

를 도출함으로써 존재의 근본 형식을 도출해 내기 때문이다. 또한 헤겔의 논리학은 폭넓은 의미에서 칸트의 비판에 빚지고 있다. 왜냐하면, 헤겔의 논리학은 철두철미 자기비판적인 학문 분과이기 때문이다. 이 학문 분과는 오성의 대립들을 전제하지 않고 모든 범주를 새로이 파악함으로써 그러한 범주들이 변증법적이라는 사실을 증명한다. "따라서 사변 논리학은 이전의 논리학과 형이상학을 포함하며, 그것들의 사상 형식들, 법칙들과 대상들을 보존하지만, 동시에 그것들을 더 나아간 범주들을 가지고 계속해서 형성하고 변형해 나간다."[29]

3. 현상학과 논리학

헤겔에 의하면 사변 논리학으로 나아가는 최단 경로는 단적으로, 사유(와 존재)에 관한 모든 전제를 제쳐 놓고 "사유 그 자체를 고찰하려는" "결단Entschluss"을 내리는 데에 있다.[30] 이 결단은 오직 사유의 단순한 존재를, 또는 무규정적인 존재만을 남겨 놓으며, 사변 논리학은 이에 따라 존재론일 뿐만 아니라 논리학이기도 하다.

그러나 사변 논리학으로 들어가는 다른 길도 존재한다. 이는 바로 현상학이다. 헤겔에 따르면 통상의 비철학적 의식은 인식 주체와 인식 대상 사이의 대립을 견지하며, 이러한 대립이 "철학으로 들어가는 입

---

29   G. W. F. Hegel, *Enzyklopädie der philosophischen Wissenschaften (1830) I*, 9절, 주.

30   G. W. F. Hegel, *Wissenschaft der Logik. Die Lehre vom Sein (1832)*, 58쪽.

구"를 봉쇄한다.[31] 왜냐하면, 철학은 주체와 객체의, 사유와 존재의 동일성에서 시작하기 때문이다. 그러나 현상학은 의식의 대립들을 지양하고 의식을 철학의 관점으로 이끈다. 이를 통해 현상학은 우리가 방금 고찰했던 (결단에 의한) 추상의 자유로운 행위와 유사한 기능을 한다. 양자 모두 비사변적인 의식에 의해 형성된 전제와 구별을 지양하는 데 소용된다. 물론 둘 사이에는 중요한 구별도 존재한다. 추상의 행위에 의해서는 우리가 그러한 전제들을 지양하는 반면, 현상학은 어떻게 (전제들에 대한) 확신 스스로가 파멸하게 되는지를 제시한다. 달리 말해, 현상학에 의해서는 철학의 관점이 통상적인 의식에게도 정당화되며 증명되지만, 순전한 결단에 의해서는 그러한 정당화가 달성되지 않는다.

현상학과 추상의 자유로운 행위가 철학으로 향하는 서로 완전히 다른 두 길은 아니다. 왜냐하면, 추상도 현상학을 통한 길을 따르고 난 후에 철학을 시작할 수 있기 때문이다. 그 이유는 우리가 철학을 시작할 때 철하이 현상학의 결과이고 현상학에 의해 매개되어 있다는 사실을 추상해야 하기 때문이다. 우리가 존재를 매개된 것으로 파악한다면, 존재는 결코 순수한 직접적인 존재가 아니다. 물론 헤겔이 나중에 언급하듯이, 존재는 그것이 매개되어 있다고 하는 사상에 의해 더 이상 직접적이지 않은 것으로, 즉 '본질'로 변화된다.[32] 그러나 논리학의 시작점에서 존

---

31   같은 책, 27쪽.

32   G. W. F. Hegel, *Wissenschaft der Logik. Die Lehre vom Wesen (1813)*, hrsg. v. H.-J. Gawoll, Hamburg: Felix Meiner, 1999, 3쪽.

재는 자신의 직접성 속에서 순수 존재로 파악되어야 한다. 왜냐하면, 오직 순수 존재만이 논리학의 절대적인 시작일 수 있기 때문이다. 따라서 우리는 이러한 존재가 매개된 결과라는 사실을 적극적으로 잊어버려야만 한다. 하지만, 이로써 우리는 이 존재가 사실상 (현상학의) 결과라는 것을 결코 부정하지는 않는다. 하지만 시작점에서 존재는 "마찬가지로 본질적으로, 그것이 시작으로서 존재한다는 바로 그 이유 때문에, 순수하게 직접적인 것이라는 일면성 속에서만 취해져야 한다."[33] 논리학이 현상학을 전제하고 현상학에 의해 필연적으로 형성되는 한, 논리학은 현상학과의 연결을 단절하고 그 이상의 어떤 규정, 또는 전제도 없는 순수 존재에서 시작해야만 한다.

따라서 우리가 순수하게 사유하겠다는 자유로운 결단을 통해 철학으로 진입하든 아니면 현상학을 통해서 그러하든, 논리학 자체가 시작될 수 있기 위해서는 그 이전에 추상 행위가 필요하다. 정말로 우리가 이러한 추상을 통해 순수 존재에 도달해야만 한다면, 존재가 추상의 결과라는 사실 역시도 추상해야만 한다. 헤겔은 "저 단순한 것, 직접적인 것인 존재에게서 존재가 완전한 추상의 결과라는 기억은 … 학문의 뒤편에 남겨진다"라고 말한다.[34] 이에 따르면 사변 논리학은 이중적인, 즉 (여타의 전제들뿐만 아니라) 자기 자신까지도 지양하는 추상을 전제한다. 이는 자기 자신까지 포함한 모든 것을 추상하고 이를 통해 순수 존재 외에는 아무

---

33 같은 책, 61쪽.

34 G. W. F. Hegel, *Wissenschaft der Logik. Die Lehre vom Sein (1832)*, 92쪽.

것도 남기지 않는 추상이다.

4. 헤겔 논리학에 대한 피핀R. Pippin의 해석

따라서 우리가 어떤 방식으로 사변철학으로 진입하든, 사변철학은 존재를 주제로 삼으며 이로써 사변철학은 존재론일 뿐만 아니라 논리학이기도 하다. 이런 해석과 달리 로버트 피핀은 획기적인 연구인『헤겔의 관념론Hegel's Idealism』(1989)에서 그가 "헤겔에 관한 비형이상학적 해석"이라고 부른 것을 고수한다. 그러나 실은 피핀의 헤겔이 철저하게 비형이상학적이지는 않다. 이는 피핀이 최근 저작들에서 강조한 바이지만, 이미『헤겔의 관념론』에서도 읽히는 것이다.[35]

피핀의 헤겔은 의심의 여지 없이, 자기의식으로 발전해 나가면서 "세계를 내던져 버리는" "어떤 '우주적 정신'"을 서술하는 칸트 이전 형이상학자는 아니다. 그는 칸트 이후의 사상가인데, 이는 "세계"나 "정신"에 대해 곧바로 표명하는 것을 단념하고 "인식 가능성의 조건들에 관심을 지닌다"는 점에서 그렇다.[36] 이런 의미에서 헤겔의 논리학은 비형이상학적이다. 그럼에도 피핀의 헤겔에 따르면 범주가 가능한 모든 인식 대상

35   R. Pippin, "Finite and Absolute Idealism. The Transcendental and Metaphysical Hegel", in: *The Transcendental Turn*, eds. by S. Gardner & M. Grist, Oxford: Oxford University Press, 2015, 159-160쪽을 보라.

36   R. Pippin, *Hegel's Idealism. The Satisfactions of Self-Consciousness*, Cambridge: Cambridge University Press, 1989, 39쪽, 95쪽.

이 가지는 구조를 규정하며, 이런 의미에서 헤겔의 논리학은 "'자신의 진리 속에 있는 대상들'에 관한 논리학"이며, 따라서 형이상학적이다.[37]

그러나 피핀이 이해하는 헤겔 논리학은 참된 형이상학, 곧 존재에 대한 진정한 이해 방식에 미치지 못한다는 의혹이 남는다. 의혹은 이렇다. 피핀이 이해하는 헤겔 논리학은 "개념적으로 '존재'일 수 있는 모든 것"[38]을 해명한다. 하지만 그러한 논리학은 이러한 해명을 수행하면서, 사유가 "개념 파악 가능한" 존재, 또는 객관성으로서 간주하는 것을 발견한다. 이로써 그러한 논리학은 단지 사유에 대해서 존재일 수밖에 없는 것을 전개할 뿐, 존재 그 자체를 전개하는 것은 아니다. 하지만 피핀은 이러한 의혹에 대한 중요한 답을 가지고 있다. 그 답은 '헤겔의 논리학에서는 사유에 대한 존재와 존재 자체 사이에 이해 가능한 어떠한 구별도 없다'는 것이다. "헤겔의 최종적 입장은 우리의 개념적 그물망과 '세계'(또는 '실재') 사이에는 어떤 가능한 대립도 존재하지 않는다는 것이다."[39] 이는 사실이다. 왜냐하면 그러한 대립의 한 측면을 이루는 "그 어떤 '실재'도 여전히 오직 또 하나의 다른 사유 규정일 뿐이기" 때문이다.[40] 또는 헤겔의 말로 하자면, "우리에 대한 사태die Sache für uns란 그 사태에 대한 우리의 개념과 다른 것일 수 없기" 때문이다.[41]

---

37   같은 책, 39쪽.
38   같은 책, 98쪽
39   같은 책, 91쪽.
40   같은 책, 187쪽.
41   G. W. F. Hegel, *Wissenschaft der Logik. Die Lehre vom Sein (1832)*, 15쪽.

피핀에 따르면, 오직 사유가 대상으로 규정한 것만이 가능한 대상이라는 주장이 헤겔 "관념론"의 핵심을 이룬다. 우리가 사유의 바깥에 있다고 추정하는 모든 "실재성"이 실은 사유에 의해 정립되는 것이기 때문에, 이 관념론에는 "사유에 상응하는 아무런 실재론적 경쟁자도 없다."[42] 따라서 피핀의 헤겔에 의하면, 존재 그 자체는 사유가 이해하고 있는 존재로서 남김없이 진술되며, 이런 의미에서 헤겔의 관념론이 유일하게 가능한 "실재론"이다.

하지만 피핀이 헤겔의 관념론에게서 어떠한 실재론적 경쟁자도 허락하지 않으면서 하나의 전제를 만들고 있다는 점이 두드러지게 눈에 띈다. 말하자면 헤겔의 관념론과 직접적인 실재론$^{ein\ direkter\ Realismus}$ — 이 실재론이 파악 가능한 실재론이라면— 이 합치될 수 없을 것이라는 사실을 전제한다. 이 둘을 통일하는 것은 엄청난 혼란이 초래될 것이라고 피핀은 말한다.[43] 하지만, 나는 이것이 맞지 않다고 생각한다.

나의 해석은 사변 논리학이 두 가지 방식으로 이해되어야 한다는 것이다. 한편으로 사변 논리학은 오직 그들을 통해서만 존재가 파악 가능한 그런 범주들을 도출한다. 그것은 동시에 다른 한편으로 존재에 대한 직접적인 존재론적 탐구인데, 이러한 탐구에서 모든 범주가 (피핀의 말에 따르면) "실재적인 것의 순수하게 이성적인 규정"[44]으로 입증된다. 이렇

---

42   R. Pippin, *Hegel's Idealism*, 91쪽, 99쪽, 216쪽.

43   같은 책, 188쪽, 191쪽.

44   같은 책, 180쪽.

게 양면을 가진 논리학이 하나의 논리학인 한, 피핀과 함께 다음과 같이 말하는 것이 우리에게 허락된다. 이 논리학은 하나의 형이상학이다. 왜냐하면, 이 속에서 전개되는 범주들에 의해 어떻게 존재가 사유되어야만 하는지, 또는 무엇이 "존재"로, "객관성"으로서 여겨질 수 있는지가 결정되기 때문이다. 그러나 피핀과 달리 우리에게는 이 논리학이 존재에 대한 직접적인 사상, 또는 지적 직관, 따라서 칸트 이전의 의미에서의 형이상학이라고 말하는 것 역시도 허락된다.

피핀은 헤겔이 범주에 관한 자신의 탐구를 "실재성에 대한" 어떤 "직접적인(즉 초월론적으로 연역된 것이 아닌) 주장"과 혼합한다는 것을 부정하면서 헤겔에게는 사태가 철저히 "개념적"이라고 주장한다.[45] 게다가 피핀은 그러한 혼합을 생각하는 것이 모순적이라고 할 것이다. 왜냐하면, 그에 의하면 이는 두 가지 대립하는 가능성을 결합하기 때문이다(둘 중 하나는 불가능하다). 첫 번째 가능성은 피핀의 헤겔이 선호하는 논리적 가능성인데, 이에 따르면 사유는 항상 사유가 파악 가능한 것으로 규정하는 것을 항상 의식하고 있다. 두 번째 (불가능한) 가능성은 피핀의 헤겔에 의해 거부되는 강한 의미에서의 형이상학적 가능성인데, 이에 따르면 사유가 "형이상학적으로 실재하는 피안"을 포괄할 수 있다.[46] 피핀에 의하면, 이 두 가능성은 서로를 배제하는데, 왜냐하면 사유가 언제나 파악 가능성이라는 자신의 개념에 의해 매개되는 한, 사유에게는 사유를 넘어서는 것

---

45   같은 책, 190쪽, 193쪽.
46   같은 책, 175쪽.

을 밝혀낼 능력이 없기 때문이다.

하지만 내 생각에 논리학의 존재론적 차원은 이른바 사유의 피안에 놓여 있다고 말해지는 것을 해명하는 작업을 말하는 것이 결코 아니다. 그것은 사유 그 자신인 존재에 대한 직접적 의식을 말한다. 논리학의 시작에서 사유는 자신의 고유한 단순성에 집중하지만, 이 단순성이 바로 그 자체 순수한 무규정적인 존재다. 따라서 사유는 자기 자신 외에 아무 것도 사유하지 않음으로써, 존재를 사유한다. 나는 이를 통해 논리학이 사실상 사유 자신에 의한 사유의 탐구라는 사실을 논박하려는 것이 결코 아니다. 하지만 시작에서 사유는 자기 자신을 단순한 무규정적 존재 -명시적으로 사유의 존재인 것은 아니고 차라리 순전히 존재 그 자체인 그런 존재- 로 파악한다. 따라서 논리학이란 처음부터 존재론이다. 왜냐하면 그것은 바로 사유의 사유로서 단적인 존재에 대한 직접적 사유, 또는 직접적 직관이기 때문이다.

이제 다음으로 우리는 어떻게 존재가 논리적으로 전개되는지, 그리고 동시에 어떤 범주들이 사유 속에 내재적인지를 발견한다. 그러므로 논리학의 경과 속에서 발생하는 모든 규정은 사유의 범주일 뿐만 아니라 또한 동시에 존재의 형식이다. 그렇지만 이 규정들이 사유의 범주라는 반성은 우리의 것이지, 명시적으로 규정들 자체에 속하는 것은 아니다. 그것들은 그 자체로 어떤 것임das Etwas-sein, 유한함das Endlich-sein 등과 같은 존재Sein의 순전한 형식들이다. 논리학의 세 번째 부분에서 존재가 (본질을 매개로 해서) 개념으로 변하지만, 이 개념은 여전히 계속해서 존재에 내재적인 하나의 존재론적 구조로 머물러 있다.[47] 논리학이 끝날 무렵에야 비로소 인식의 이념이 발생한다. 그러나 이것 또한 인식의 논리적-존재론적 구조이지, 아직도 자기의식적인 사유 그 자체는 아니다. 우리는 정신철학에서 비로소 자기의식적인 사유와 만나게 된다. 정신철학이 시작되면서부터 비로소 범주들이 의식된 사유의 형식들일 뿐만 아니라 존재의 형식들이기도 하다는 것이 체계 자체 안에서 명확해진다.

내 생각에 피핀은 시작에 관해 내가 여기서 변호했던 것과는 다른 해석을 대변하면서 논리학의 직접적으로 존재론적인 차원을 산과한다. 그에 따르면 논리학은 존재에 대한 사상에서 시작하지, 존재로서의 사유에서 시작하지 않는다. 시작에 대한 이러한 파악 방식은 현상학에서 논리학으로의 이행과 논리학 자체의 역할에 관한 그의 이해 방식에 상응한다.

앞에서 나는, 우리가 논리학으로 진입하는 것이 결단을 통한 추상의 힘을 통해서든지 아니면 현상학을 통해서든지 간에 논리학은 단순한 존재에서 시작하며 따라서 존재론일 수밖에 없다고 제안했다. 이와 달리 피핀은 현상학이 단지 순수한 존재로 이어질 뿐만 아니라 그보다 더 사유의 자기의식적인 탐구로 이어진다고 본다. 또는 피핀 자신의 말로 하자면, 현상학의 "결과"는 단지 "우리를 순수한 직접성으로 이끄는 데에 있는 것이 아니라 오히려 … 이 결과가 곧 논리학의 시작, 또는 '자기 자신에 대해 있는 사유das Denken für sich selbst'다."[48] 논리학의 출발점을 이루는 직접

---

47   G. W. F. Hegel, *Wissenschaft der Logik. Die Lehre vom Begriff (1816)*, 16쪽.

48   R. Pippin, *Hegel's Idealism*, 187쪽.

성이란 따라서 순전한 직접성, 또는 순수 존재 그 자체가 아니라 —순수 존재로서의 사유가 아니라— 차라리 순수 존재에 관한 사상이다.

피핀에 따르면 논리학의 과제는 이제 이 사상을 명시적으로 사상으로서 고찰하는 데에 있다. 보다 자세히 말하면 이는 존재에 관한 무규정적 사상이 "한 대상에 관한 가능한 사상"일 수 있는지를 탐구하는 것이다.[49] 피핀의 견해는 "존재"가 결코 그러한 사상일 수 없다는 것이다. 왜냐하면, "특정되지 않은 어떤 것 일반에 관한 순전한 사상 —피핀은 이 사상을 존재에 관한 사상과 동일시한다— 은 어떤 것에 관한 규정적인 사상이 결코 아니기 때문"[50]이라는 것이다. 그러므로 한 대상에 관한 사상이 가능해야만 한다면, 더 나아간 훨씬 더 복합적인 사상들이 필수적이다. 그리고 논리학의 과정 속에서 우리는, 그러한 사상의 개념적 조건들이, 그리고 그러한 사상의 특정 대상의 개념적인 조건들이 '본질'이나 '현상' 같은 반성 규정들을, 그리고 "정립하는 자발적인 반성", "가능한 자기의식적 판단", 그리고 피핀이 "개념"이라고 부르는 범주들의 전체 그물망을 모두 포괄한다는 사실을 발견한다.[51]

여기서 헤겔 논리학에 대한 피핀의 해석을 상세하게 검토하는 것이 내 목표는 아니다. 여기서의 목적은 다만 나의 관점에서, 왜 피핀이 논리학을 (초월론적으로 연역된 형이상학과 대립되는) 직접적인 형이상학, 또는 존

---

49   같은 책, 183쪽.
50   같은 곳.
51   같은 책, 216쪽, 240-241쪽, 250쪽.

재론으로 파악하지 않는지를 보여 주는 것일 뿐이다. 그는 내가 시사했던 방식으로 논리학을 파악하는 것을 거부하는데, 왜냐하면 그는 논리학이 시작점에서 단지 순수 존재에 관한 사상을 다룰 뿐이며, 그다음에도 계속해서 한 대상에 관한 규정된 사상을 위해 필요한 사상만을 다룬다고 생각하기 때문이다. 따라서 그는, 논리학이 사실상 순수 존재로서의 사유, 또는 순수 존재로서의 절대지에서 시작하며, 이런 이유로 사유의 탐구와 존재에 대한 직접적 의식이 동시적이라는 점을 통찰하고 있지 못하거나 아니면 적어도 이런 생각을 받아들이지 않는다.

내 생각에 헤겔의 논리학은 직접적으로 존재론적이기 때문에, 그것은 존재, 또는 "실재성"의 내재적 본성을 피핀이 인정할 수 있는 것보다 더 강한 의미에서 밝혀내고 있다. 하지만 피핀의 입장에서는, 우리가 피핀의 헤겔에서 발견하는 것보다 "더 강한" 의미에서의 존재란 있을 수 없다. 그의 헤겔에 따르면 사유가 "존재"로서 여겨지는 것을 규정하며, 사유에 있어서 이러한 규정은 존재일 수 있는 것 일반을 남김없이 진술한다. 따라서 사유에 대해서는 사유에 의해 구상될 수밖에 없는 존재와 —또는 사유에 대한 존재와— 존재 그 자체 사이에 그 어떤 의미 있는 구별도 없다. 후자는 전자와 같다. 이 점에서 나는 『헤겔 논리학의 개시*The Opening of Hegel's Logic*』에서 펼친 나의 주장, 곧 피핀 자신에게 헤겔의 논리학은 "개념적으로 '존재'일 수 있는 모든 것"을 개진하지만 "개념적으로 '존재sein'일 수 있는 모든 것"을 개진하지는 않는다는 나의 주장을 더 이상 유지하지 않는다.[52] 피핀의 헤겔에 따르면 이 둘 사이에는 어떤 구별도 없으며, 바로 그렇기에 논리학이 형이상학으로 여겨진다.

따라서 헤겔 논리학에 관한 피핀의 이해에 따르면 우리가 존재를 사유에 의해 파악된 존재와 동일시할 때 존재 또는 실재성으로부터 아무것도 상실되지 않는다. 하지만 내 생각엔 여전히 뭔가가 상실된다. 즉, 존재란 단지 사유에게 "존재"로 여겨지는 것일 뿐만 아니라 또한 존재, 온전히 독자적인 존재^{Sein ganz für sich}이기도 하다는 이념이 상실된다. 게다가 존재란 곧 사유, 다시 말해 이런 방식으로 존재를 파악하는 사유이기도 하다. 사유는 존재에 관한 이중적인 파악 방식을 지닌다. 한편으로 사유는 존재를 존재에 관한 자신의 개념과 동일시하지만, 다른 한편으로 존재를 존재로서, 즉 명백히 존재 자체이며, 더 이상 다른 것으로 환원되지 않는 존재로서 파악한다. 이는 결코 사유가 존재를 사유의 피안으로 옮겨 놓는다는 의미가 아니다. 하지만 피안이라는 형이상학적 관념은 존재가 환원 불가능한 존재이며, 단순히 '사유에 대한 존재'와 동일시될 수 없다는 것을 미숙하게나마 표현한다.

내 생각에 헤겔 논리학에 대한 피핀의 해석에는 존재의 이러한 환원 불가능성이 결여되어 있다. 또는 저어도 이 환원 불가능성이 강조되지 않는다. 이런 의미에서 나는 계속해서 (비록 나는 피핀 자신이 이에 반대할 것임을 시인하지만) 피핀이 해석하는 헤겔의 논리학은 "개념적으로 '존재'일 수 있는 모든 것"을 드러내지 못한다고 주장한다. 이와 달리 내 해석에 따르면 바로 이러한 환원 불가능한 존재에서 논리학이 시작된다. 왜냐하면,

52   S. Houlgate, *The Opening of Hegel's Logic. From Being to Infinity*, West Lafayette, Ind.: Purdue University Press, 2006, 141쪽을 보라.

논리학은 단지 존재에 관한 사상, 또는 순전히 '사유에 대한 존재'에서만이 아니라, 차라리 —그 이상의 아무런 규정도 없는 순수 존재인— 순수존재 자체로서의 사유에서 출발하는 것이기 때문이다. 그러한 존재는 (이후의 전개 과정에서) 순전한 존재보다 더 풍부한 것으로, 다시 말해 유한성, 무한성, 실체 등등으로 자신을 증명할 것이다. 하지만 이 존재가 비록 인식의 이념으로 변화되더라도, 환원 불가능한 것임을 멈추지는 않을 것이다. (분명, 자기의식적 정신의 형식 속에 있는 사유 —논리의 학문을 수행하고 있는 이 사유— 조차도 여전히 존재의 형식으로 머문다. 이 존재는 곧 '스스로를 자기의식적인 사유로까지 전개한 존재'다)

이 구별은 미묘해서 쉽게 간과될 수 있다. 피핀에 따르면 헤겔의 논리학은 "존재"를 사유에 의해 파악된 바의 존재와 동일시한다. 이 외의 다른 존재는 파악될 수도 없고 가능하지도 않다. 이는 나에게 근본적으로 올바른 것으로 보이긴 하지만, 더 상세한 규명을 필요로 하는 것으로 보인다. 즉, 사유 자신이 구상하는 존재는 사유가 구상하는 존재와 동일시되어서는 안 되며, 오히려 환원 불가능한 존재 그 자체로 남는다. 이는 사유와 존재 사이의 틈을 벌리는 어떤 새로운 쐐기를 박아 넣는 것이 아니다. 사유에 있어서는 사유와 그 범주에 의해, 그러니까 사유 자체 내에서 인정되어야만 하는 것 외에는 어떤 다른 존재도 존재하지 않는다. 그럼에도 불구하고 범주들을 통해 사유는 존재를 '사유에게 존재로 여겨지는 것'으로 환원될 수 없는 고유한 직접성과 고유한 생을 갖는 것으로 파악한다. 그리고 사유는 자신이 자신의 범주들을 통해 이 환원 불가능한 존재의 본성을 해명할 수 있다는 점에 대해서도 확신한다. 내 생각에 피핀은 이러한 생각을 놓치고 있다.

피핀은 헤겔의 논리학이 존재에 대한 직접적인 의식, "초월론적으로 연역된" 의식과 대립하는 직접적인 의식이라는 데에 반대하며, 또한 사유가 존재를 "사유에 대한 존재"보다 더 강한 의미에서 구상할 수 있다는 데에도 반대한다. 이에 따라 그는 헤겔의 논리학이 어떤 방식으로 "칸트 이전의" 형이상학일 수 있다는 주장을 거부한다. 피핀에 따르면 헤겔의 논리학은 결코 칸트 이후의 스피노자주의일 수 없다. 하지만 내 생각에 이것이야말로 아주 정확히 헤겔의 논리학이다.

Hegel, G. W. F., *Enzyklopädie der (1830) I*, Werke in zwanzig Bänden, Theorie Werkausgabe, Frankfurt a. M.: Suhrkamp, 1969ff., Bd. 8.

＿＿＿＿＿＿, *Wissenschaft der Logik. Die Lehre vom Begriff (1816)*, hrsg. v. H.-J. Gawoll, Hamburg: Felix Meiner, 2003.

＿＿＿＿＿＿, *Wissenschaft der Logik. Die Lehre vom Sein (1832)*, hrsg. v. H.-J. Gawoll, Hamburg: Felix Meiner, 2008.

＿＿＿＿＿＿, *Wissenschaft der Logik. Die Lehre vom Wesen (1813)*, hrsg. v. H.-J. Gawoll, Hamburg: Felix Meiner, 1999.

Houlgate, S., *The Opening of Hegel's Logic. From Being to Infinity*, West Lafayette, Ind.: Purdue University Press, 2006.

Kant, I., *Kritik der reinen Vernunft*, hrsg. v. R. Schmidt, Hamburg: Felix Meiner, 1990.

Pippin, R., "Finite and Absolute Idealism. The Transcendental and Metaphysical Hegel", in: *The Transcendental Turn*, eds. by S. Gardner & M. Grist, Oxford: Oxford University Press, 2015, pp.159-172.

＿＿＿＿＿, *Hegel's Idealism. The Satisfactions of Self-Consciousness*, Cambridge: Cambridge University Press, 1989.

===== 저자 및 역자 =====

저자

이병덕
성균관대학교 철학과 교수

크리스티안 슈판(Christian Spahn)
계명대학교 철학과 교수

권영우
고려대학교 철학과 교수

강순전
명지대학교 철학과 교수

이광모
숙명여자대학교 의사소통센터 교수

랄프 보이탄(Ralf Beuthan)
명지대학교 철학과 교수

안톤 프리드리히 코흐(Anton Friedrich Koch)
독일 하이델베르크대학교 철학과
교수

스티븐 홀게이트(Stephen Houlgate)
영국 워릭대학교 철학과 교수

역자

정대성
연세대학교 HK교수

서세동
서울대학교 철학과 박사과정

정대훈
한국과학기술대학교 교양학부 교수

한국헤겔학회 창립 30주년 및
국제학술대회 기념 기부자 명단

송영섭(동서회계법인 대표): 100만 원   채정병(PERLKA 대표): 100만 원

신재일(관악사 대표): 50만 원   채종준(한국학술정보 대표): 50만 원

김한상(명지대 교수): 20만 원

이하 한국헤겔학회 회원

송병옥: 100만 원	김윤구: 100만 원	윤병태: 50만 원
강순전: 50만 원	임미원: 50만 원	이종구: 30만 원
하광언: 30만 원	유헌식: 30만 원	이병옥: 30만 원
이재성: 30만 원	권영우: 30만 원	위상복: 20만 원
정미라: 20만 원	김준수: 20만 원	나종석: 20만 원
랄프 보이탄: 20만 원	권정임: 10만 원	박병기: 10만 원
김옥경: 10만 원		